MONUMENTS ARABES DE LA SICILE.

Palais ZIZZA façade latérale.

reste de puissance que les mamelouks conservaient encore.

Le vice-roi servit la Porte avec fidélité; son administration fut ferme et zélée; mais les mesures qu'il prit contre ses fiers antagonistes manquèrent de la suprême intelligence indispensable dans une mission si dificile.

Mohammed-Khosrew, dont la rivalité avec Méhémet-Ali attirait il y a quelques années les regards de l'Europe, allait, pour la première fois, se trouver face à face avec son futur compétiteur.

Cependant, Méhémet-Ali n'avait pas quitté l'Égypte; par son activité et l'importance de ses services, il avait conquis successivement les grades de *bynbachi,* chef de mille hommes, et de *capi-boulouk-bachi* ou chef de la police du palais. Enfin, il avait obtenu de Mohammed-Khosrew-Pacha le grade de *serchimé,* qui le mettait à la tête de trois à quatre mille Albanais.

Ainsi pourvu, et fort avant d'ailleurs dans les bonnes grâces du vice-roi, le jeune ambitieux voyait devant lui les moyens de déployer un jour son audace; il n'ignorait pas tout le parti qu'on pourrait tirer au besoin de ces soldats, hommes turbulents et pillards, toujours prêts à vendre leur dévouement. En attendant, le génie de Méhémet ne restait pas inactif; et comme ses supérieurs n'avaient plus rien à lui prescrire, il s'occupait sourdement à étendre et à fortifier l'influence et le crédit dont il jouissait parmi ses subordonnés.

Un événement imprévu vint seconder ses projets. A peine arrivé au pouvoir, Khosrew s'était empressé de combattre les mamelouks; mais cette entreprise téméraire n'avait eu pour résultat que la défaite des troupes envoyées contre eux.

Le serchimé Méhémet-Ali, qui faisait partie de l'expédition avec son corps d'Albanais, n'avait pu prendre part à l'action, à cause de son éloignement du champ de bataille; le général, honteux et mécontent d'une défaite, imagina d'en rejeter la responsabilité sur son lieutenant Méhémet, et l'accusa auprès de Khosrew. Celui-ci, dupe de cette accusation, ou feignant de l'être, s'en empara, et dès ce moment résolut la perte de Méhémet-Ali, dont il commençait à redouter l'influence.

Pour arriver à son but, le vice-roi, sous prétexte d'avoir à faire au *serchimé* une communication importante, le manda au milieu de la nuit; Méhémet, pénétrant aisément les intentions de Khosrew, se garda bien d'obtempérer à cette injonction. Mais la désobéissance allait le mettre dans une position critique; pour se tirer d'un aussi mauvais pas, il fallait une occasion favorable; il la trouva dans l'insurrection des soldats, irrités du retard qu'éprouvait le payement de leur solde. S'allier avec les mamelouks et leur ouvrir les portes du Caire, se joindre ensuite à Osman-Bardissy pour marcher contre Khosrew, fut pour Méhémet-Ali un projet aussi promptement conçu qu'exécuté. Il accule le vice-roi dans Damiette, s'empare de cette ville, et conduit son prisonnier au Caire, où il le confie à la garde du nestor des mamelouks, le vieil Ibrahim-Bey (1803).

La nouvelle de ces événements ne fut pas plutôt arrivée à Constantinople, que le sultan dépêcha en Égypte Ali-Gezairli-Pacha, pour remplacer Khosrew et châtier les auteurs de sa chute.

La confiance de la Porte coûta cher au nouveau vice-roi. N'ayant pu réduire les mamelouks et les Albanais par la force, il eut recours à la ruse; mais ses combinaisons, mal dirigées, le firent tomber entre les mains de ses ennemis. Indignés de sa duplicité, ils le mirent à mort.

Ce triomphe ranima un peu les espérances des mamelouks; ce n'était néanmoins qu'un peu de gloire sans portée pour leur avenir. Au même moment, le second bey des mamelouks, Mohammed-l'Elfy, revenait d'Angleterre, où il avait été réclamer un appui, et débarquait à Aboukir.

Bardissy vit avec une extrême inquiétude le retour de ce bey, son égal, qui venait partager et peut-être même lui ravir une position récemment conquise par des efforts personnels. Ces craintes n'étaient que trop fondées. Tandis que Bardissy étayait sa puissance sur ses armes, l'Elfy s'était fait le protégé de l'Angleterre; et, pour prix de cette protection, il avait pris des enga-

L'UNIVERS,

ou

HISTOIRE ET DESCRIPTION

DE TOUS LES PEUPLES,

DE LEURS RELIGIONS, MOEURS, COUTUMES, ETC.

ÉGYPTE MODERNE.

CHAPITRE Iᵉʳ.

SOMMAIRE. — PRÉCIS DE L'HISTOIRE DE MOHAMMED-ALI. — NOTICES SUR SA FAMILLE. — IBRAHIM-PACHA. — ISMAEL-PACHA. — TOUSSOUN-PACHA. — SAÏD-PACHA. — ZOHRA-PACHA. — ABBAS-PACHA. — AVENIR DE LA DYNASTIE NOUVELLE. — AHMED — BEY, DEFTERDAR.

Depuis le commencement du siècle un homme possède l'Egypte ; il en dirige les mouvements politiques ; il en accélère ou suspend l'activité sociale ; il en augmente ou diminue l'importance industrielle, commerciale et agricole ; il en transforme à son gré la puissance militaire ; il est le nerf, le cœur et la pensée de cette contrée mystérieuse et célèbre, dont le nom se mêle aux plus vieilles de nos traditions religieuses, et dont la connaissance est restée l'arcane de la science moderne. Sous les regards inquiets de l'Europe, attentive pendant plus de quarante ans, l'heureux soldat macédonien est devenu la personnification du peuple soumis à son autorité, et, au fond, l'histoire du pays se résume tout entière dans la seule biographie de Méhémet-Ali. Examiner les phases de sa longue vie ; saisir le fil conducteur qui l'a guidé au milieu de tant d'événements ; suivre les voies diverses par lesquelles il est parvenu à l'apogée de sa fortune ; enfin, projeter une égale et paisible clarté sur les scènes tantôt sombres et tantôt magnifiques de cette destinée remarquable, c'est assurément faire un tableau complet de l'Égypte actuelle sous le point de vue le plus intime, le plus réel, et le plus frappant. Nous avons donc jugé nécessaire de rassembler d'abord ici, dans une sorte d'introduction, les principaux faits du règne du grand pacha, et, en indiquant les traits significatifs de son caractère, de signaler les particularités curieuses de sa conduite. Cette esquisse, à laquelle se rattacheront les détails contenus dans les différents chapitres de cet ouvrage, aidera le lecteur à mieux apprécier l'état présent de la nation égyptienne, le rôle de l'homme célèbre sous la domination duquel elle se trouve placée.

Nous commencerons par dire quelques mots de l'origine et de l'enfance de Méhémet ou Mohammed-Ali, en dégageant la vérité, autant que possible, de tous les récits mensongers que les imaginations éblouies ont prodigué sur ses premières années.

Suivant la version la mieux fondée, Méhémet-Ali est né en 1768 ou 1769 (1182 de l'hégire), à Cavala, ville maritime de la Turquie d'Europe (1). Il

(1) Située dans la Macédoine, qui forme aujourd'hui la partie occidentale de la Roumélie, Cavala est sur le golfe du même nom, près de

1ʳᵉ *Livraison.* (ÉGYPTE MODERNE.)   1

était encore fort jeune lorsqu'il perdit son père, Ibrahim-Agha, qui était garde de sûreté des routes; et peu de temps après ce premier malheur, le seul parent qui lui restât, Toussoun - Agha, son oncle, *Mutesellim* de Cavala, fut décapité par ordre de la Porte.

Ainsi privé de famille, le jeune Méhémet fut recueilli par un ancien ami de son père, le *tchorbadji* (2) de Praousta, qui le fit élever avec son propre fils.

Cet homme, réservé à de si brillantes destinées, passa sa première jeunesse dans d'obscures fonctions militaires, où il trouva cependant plusieurs occasions de déployer beaucoup de sagacité et de bravoure; il rendit même de grands services à son protecteur pour la perception des impôts, opération toujours difficile en Turquie, et qui devient quelquefois une véritable expédition militaire.

Jaloux de récompenser Méhémet-Ali des services qu'il lui rendait, et désireux sans doute aussi de se l'attacher plus étroitement, le vieux tchorbadji le maria avec une de ses parentes qui venait de divorcer, et qui possédait quelque bien. Ce fut le commencement de la fortune du jeune homme; il avait alors dix-huit ans. Des relations avec un négociant français de Cavala lui avaient donné le goût du commerce; il s'y livra dès lors entièrement, et fit quelques opérations heureuses, notamment dans les tabacs, la plus riche production de son pays. Cette époque de sa vie n'a pas été sans influence sur l'Égypte, car on sait combien le pacha s'est efforcé, dans son gouvernement, de développer les ressources industrielles et commerciales.

L'invasion française le surprit au milieu de ces occupations paisibles. La Porte ayant fait alors une levée en Macédoine, le tchorbadji de Praousta reçut ordre de fournir un contingent de trois cents hommes. Il confia le commandement de cette petite troupe à son fils Ali-Agha, et lui donna pour lieutenant Méhémet-Ali, dont il avait déjà apprécié le mérite et l'expérience. Ces recrues macédoniennes joignirent l'escadre du capitan-pacha, et débarquèrent avec le grand vizir sur la presqu'île d'Aboukir, où bientôt se livra cette bataille si glorieuse pour la France et si désastreuse pour l'armée du sultan.

Après cette défaite, démoralisé, comme beaucoup d'autres chefs turcs, Ali-Agha laissa sa troupe sous la conduite de Méhémet-Ali, et quitta l'armée.

L'Égypte était alors au pouvoir de la France. Bonaparte, Desaix et Kléber l'avaient conquise par leurs victoires. Nous n'avons point à faire ici une histoire de la brillante campagne d'Égypte; et nous nous bornerons à tracer un bref aperçu de l'état du pays au moment où l'impéritie du général Menou forçait la France à renoncer à cette rapide et aventureuse conquête.

D'un côté, l'Égypte était occupée par les troupes du sultan, fortes de 4,000 Albanais, et par celles que l'Angleterre venait d'y débarquer sous la conduite de l'amiral Keith; de l'autre côté, elle était disputée par les mamelouks; et l'on se demandait si cette milice puissante recommencerait à dominer l'Égypte comme avant l'invasion, ou si le pays retomberait sous la dépendance de la Porte. Mais les mamelouks, épuisés par leurs luttes contre l'armée française, avaient même perdu la faculté de se recruter dans la Circassie et la Géorgie; la Porte, qui voulait faire gouverner l'Égypte par un vice-roi, empêchait ces contrées de leur fournir des soldats.

Les mamelouks avaient encore en eux-mêmes une autre cause de destruction : leurs deux beys principaux, Osman-Bardissy et Mohammed-l'Elfy, au lieu de doubler leur force en partageant franchement le pouvoir, comme l'avaient fait Mourad et Ibrahim Beys avant l'occupation française, se laissèrent absorber entièrement, ainsi qu'on va le voir tout à l'heure, dans une rivalité qui détermina leur ruine et celle de leur corps.

Le premier pacha investi de la vice-royauté de l'Égypte après le départ de l'armée française fut Mohammed-Khosrew, qui avait mission de détruire le

---

Philippi, autrefois Philippes, est à trente-deux lieues (128 kilomètres) nord-est de Salonique. C'est une place forte, qui a un port assez bon et assez commerçant et une population d'environ huit mille âmes, presque toute composée de musulmans. Le *caimakan* qui la commande dépend actuellement du gouvernement de Salonique.

(2) *Tchorbadji*, capitaine de janissaires auquel on donne différents postes militaires de l'empire.

gements de nature à compromettre l'avenir de l'Égypte.

Méhémet-Ali, qui saisissait toutes les occasions capables de servir ses projets ambitieux, et qui avait d'ailleurs un grand ascendant sur l'esprit de Bardissy, attisait la jalousie du bey, et le poussait dans une voie funeste. Ce fut lui qui décida le chef mamelouk à se défaire de son rival par la violence; cédant à ces perfides suggestions, il l'attira en effet dans un guet-apens; mais l'Elfy s'échappa, et gagna la Haute-Égypte.

Bardissy n'eut pas le temps de se féliciter d'une retraite qui le laissait maître absolu du pouvoir; malgré l'éloignement de son compétiteur, il était plus près que jamais de sa ruine. L'audace des Albanais, excitée par la scission ouverte de leurs chefs, venait de se réveiller tout à coup. Ils demandaient à grands cris huit mois de solde, et menaçaient Bardissy d'une révolte si leurs réclamations n'étaient pas écoutées. Pour se procurer les moyens de les apaiser, le bey frappa les habitants du Caire de contributions énormes, et par cette mesure maladroitement rigoureuse, augmenta encore son danger, en soulevant le ressentiment de la population. Les révoltés, d'ailleurs, n'acceptèrent pas cette réparation tardive; conduits par Méhémet-Ali lui-même, ils vinrent l'assiéger dans son palais, et Bardissy, après une vaine tentative de résistance, fut encore heureux de parvenir, grâce à son sang-froid et à son courage, à sortir sain et sauf du Caire, où il ne devait jamais rentrer (1804).

Méhémet-Ali, que cette révolution, dirigée avec autant d'habileté que de prudence, avait élevé au faîte du pouvoir, voulut se servir de son crédit auprès des oulémas pour faire rendre la liberté à Khosrew; mais les autres chefs albanais n'approuvant pas cette mesure, le prisonnier fut dirigé sur Rosette, où on le fit embarquer pour Constantinople. Forcé de céder sur ce point, Méhémet-Ali montra, en général, dans ses autres actes une grande déférence pour la Porte. Il exigea que la vice-royauté fût conférée à un pacha turc, et fit nommer à ce poste Kourschid-Pacha, gouverneur d'Alexandrie. Il fut lui-même désigné par les cheikhs et les chefs des troupes pour remplir les fonctions de kaimakan. Ces deux nominations, ratifiées par le sultan en 1804, révélèrent à Méhémet-Ali la haute influence qu'il exerçait déjà sur les affaires de l'Égypte.

Nous avons maintenant à décrire la conduite de Méhémet-Ali pendant les vicissitudes qu'éprouvèrent les prétentions rivales du corps des mamelouks et de la Porte, et la position qu'il se fit au milieu de ces deux partis tour à tour triomphants ou vaincus.

Les mamelouks, décimés par trois ans de guerre, n'étaient plus cette nombreuse et redoutable milice qui avait glorieusement combattu l'armée de Bonaparte. Le corps se composait alors seulement de six ou sept mille cavaliers, et l'argent manquait pour subvenir au recrutement. L'enrôlement de quelques rares transfuges des troupes turques, et les faibles tributs qu'ils percevaient encore avec peine dans les provinces de la Thébaïde : c'étaient là toutes les ressources d'une puissance qui décroissait chaque jour.

D'un autre côté, la force des Turcs n'avait ni base solide dans le pays ni homogénéité; leurs troupes, formées en grande partie d'Albanais venus en Égypte pour repousser l'invasion française, irritaient les populations par leurs pillages, qui devenaient de plus en plus fréquents à mesure que le payement de leur solde s'arriérait davantage.

Loin d'embrasser ouvertement l'un ou l'autre de ces partis, Méhémet-Ali se contenta d'entretenir leur rivalité. Ce grade de chef albanais, qui lui donnait l'air d'un subalterne, facilitait beaucoup le rôle qu'il voulait jouer.

Il travailla silencieusement avec une persévérance et une souplesse infinies. Flattant l'ambition des uns, nourrissant le ressentiment des autres; gagnant les faibles par ses caresses, imposant aux forts par son autorité; présidant à toutes les révolutions du Caire; s'attachant à la cause des pachas quand il fallait soutenir les mamelouks, et quand les pachas acquéraient une certaine force s'alliant avec les mamelouks contre ses alliés de la veille : du reste, ne négligeant rien pour trouver dans le peuple un appui, et se servant, pour y arriver, des cheikhs et des oulémas, qu'il se conciliait, les

Sa'Cadet (Si-YOUBBAH, le Dôme) près Palmyre.

uns par des dehors religieux, les autres par son amour apparent du bien public, il se maintint ainsi pendant les nombreux changements qui amenèrent tel ou tel parti au pouvoir. Enfin, au commencement du mois de mars 1805, comme le peuple se fatiguait de commotions aussi violentes que fréquentes, il s'engagea envers les cheikhs à tout ramener dans l'ordre s'ils consentaient à le servir de leur concours et de leur influence. Sûr des oulémas, il fomenta une révolte, assiégea Kourschyd-Pacha dans la citadelle, se rendit maître du Caire dans l'espace de quelques jours, et compléta son œuvre en chassant les mamelouks. Il fut aussitôt proclamé pacha par les Albanais et les oulémas, qu'avaient séduits sa valeur ou ses artifices. Fidèle à son système de prudence, et pour se créer un nouveau titre aux faveurs de la Porte, Méhémet-Ali feignit de refuser. Après bien des hésitations, qui cédèrent devant de magnifiques présents, ou peut-être devant la considération des difficultés rencontrées jusqu'alors pour établir régulièrement l'autorité des pachas, le gouvernement turc se détermina à sanctionner le choix du peuple égyptien. Méhémet-Ali reçut le firman d'investiture le 9 juillet 1805; mais pendant les sept années qui suivirent il ne commanda que dans la Basse-Égypte : encore Alexandrie demeura-t-elle tout ce temps soumise à un officier délégué par le sultan. Quant à la Haute-Égypte, elle était restée l'apanage des beys mamelouks, qui avaient su se maintenir dans le Saïd.

Dès que Méhémet-Ali fut arrivé au pouvoir, l'Elfy, qui avait reformé son parti dans la Haute-Égypte, mit tout en œuvre pour renverser le nouveau pacha.

Il offrit d'abord à Kourschyd son alliance pour l'aider à reprendre son poste; il promit sa soumission à la Porte si elle voulait chasser le nouveau dignitaire, puis il se tourna vers l'Angleterre, et n'eut pas de peine à s'assurer son concours en promettant de lui livrer les principaux ports de l'Égypte. Cette négociation, que M. Drovetti, consul de France à Alexandrie, fit échouer une première fois auprès du capitan-pacha, en dépit des menaces d'invasion proférées par les agents anglais, se renoua quelques temps après, sous l'influence de l'ambassadeur d'Angleterre, qui demanda, au nom de son gouvernement, le rétablissement des mamelouks, prenant sous sa responsabilité la fidélité de l'Elfy. La Porte envoya aussitôt une flotte en Égypte porter à Méhémet-Ali un firman qui le nommait au pachalik de Salonique. Dans cette conjoncture, le vice-roi, se sentant soutenu par les cheikhs, qui l'avaient aidé à s'emparer du pouvoir, ne chercha qu'à temporiser; il rencontra bientôt un nouvel appui dans les beys mamelouks du parti de Bardissy, qui oublièrent leurs griefs personnels pour se venger de l'ennemi commun. En même temps, vingt-cinq mamelouks français (1), gagnés par M. Drovetti, quittèrent les drapeaux de l'Elfy pour ceux de Méhémet-Ali.

Enfin, le pacha d'Égypte avait dans l'ambassadeur français à Constantinople un zélé défenseur auprès du capitan-pacha. Ce dernier, voyant que la scission des mamelouks les mettait dans l'impossibilité absolue de jamais reconquérir leur ancienne puissance, plaida la cause de Méhémet-Ali auprès de la Porte, et en obtint un firman qui le rétablissait dans sa vice-royauté, à la seule condition (2) de payer un tribut annuel de 4,000 bourses (5,000,000 fr., environ).

La puissance de Méhémet-Ali commençait à se consolider, et la mort presque simultanée d'Osman Bardissy et de Mohammed l'Elfy (novembre 1806 et janvier 1807) semblait lui promettre une certaine tranquillité pour l'avenir, lorsque le 17 mars suivant les Anglais, mécontents de sa réconciliation avec la Porte, débarquèrent en Égypte sept ou huit mille hommes, dans l'intention de réveiller les mamelouks, qui s'endor-

(1) Lors du départ de l'armée française, huit cents soldats environ, de toutes armes, demeurèrent en Égypte. C'étaient des malades, des traîneurs, des maraudeurs, qui furent forcés d'embrasser l'islamisme et incorporés dans les mamelouks. La guerre et les maladies les ont décimés, et il n'en reste plus aujourd'hui que cinq ou six, qui végètent misérablement.
(2) On lui imposa l'obligation d'envoyer aux lieux saints les présents usités, tant en vivres qu'en argent, et de laisser au sultan les revenus des échelles d'Alexandrie, de Rosette et de Damiette. Méhémet-Ali donna 4,000 bourses pour ce tribut, et expédia 6,000 ardebs de blé à Djedda. L'ardeb équivalant à 182,12 litres.

maient dans des divisions de famille et de palais, et de leur prêter main-forte.

Une partie des troupes anglaises, sous la conduite du général Fraser, s'empara d'Alexandrie, où les Anglais demeurèrent six mois sans avoir pu tenter aucune autre entreprise; le reste de la petite armée, dirigé sur Rosette, fut taillé en pièces par une poignée d'Arnautes.

Ainsi échoua cette expédition; le vice-roi, qui au commencement de la campagne avait donné des preuves d'une véritable cruauté orientale, et envoyé au Caire plus de mille têtes anglaises pour orner la place de Roumlyeh, termina ses opérations par un acte de générosité européenne, et rendit ses prisonniers sans rançon. Le plan de défense adopté par le pacha était l'œuvre de M. Drovetti, auquel revient par conséquent une part de la gloire de ce rapide triomphe.

Méhémet-Ali, n'ayant plus à s'inquiéter des Anglais, qui avaient évacué l'Égypte depuis le 14 septembre 1807, commençait à donner essor à ses idées d'ambition, lorsque la politique ombrageuse de la Porte trouva prudent d'envoyer l'astucieux pacha contre les Wahabys (1), qui menaçaient d'envahir les saints lieux. Avant d'obéir à ces ordres, le vice-roi comprit que pour s'engager dans une guerre aussi périlleuse, et qui exigeait un rassemblement de forces imposant, il devait préserver l'Égypte des dangers que l'éloignement des troupes allait rendre plus imminents. Or, l'Égypte n'avait pas de plus grands ennemis que les mamelouks; depuis 1808 ils avaient repris les armes, et tenaient le pays dans une constante agitation. Méhémet-Ali se détermina donc à extirper les racines mêmes de la guerre civile, et l'extermination complète de cette milice redoutable fut promptement arrêtée dans son esprit. Il n'y avait pas à hésiter sur le choix des moyens. La guerre n'avait pas pu réussir, il ne restait que le meurtre, et le vice-roi adopta cet effroyable parti. Il invita donc le corps entier des mamelouks à une fête qu'il avait l'intention de donner dans le palais de la citadelle en l'honneur du départ de Toussoun-Pacha pour la Mecque.

Ce palais est bâti sur le roc, et on y arrive par des chemins encaissés à pic dans des quartiers de rochers. Le 1er mars 1811, jour fixé pour la solennité, Méhémet-Ali reçut lui-même ses invités avec un luxe royal, et une cordialité faite pour dissiper les soupçons si les mamelouks en avaient conçu. La fête se passa sans accident fâcheux. Lorsqu'elle fut terminée, on fixa l'ordre de la sortie, et on donna le signal du départ, après les cérémonies d'usage; les janissaires précédaient immédiatement les mamelucks. A peine les premiers avaient-ils atteint la porte de Roumlyeh que Saleh-Kock, le chef des Albanais, donna ordre de tirer sur les mamelouks engagés dans le défilé. En même temps, les soldats embusqués derrière les murs de la citadelle commencèrent un carnage d'autant plus affreux, que la défense était complétement impossible dans cette gorge étroite et sans issue; les chevaux une fois engagés ne pouvaient plus manœuvrer : après avoir résisté aux plus vaillants soldats du monde, après tant de faits d'armes célèbres, il fallait recevoir là une mort obscure, sans gloire, et sans vengeance. Quelques mamelouks cependant jetèrent leurs *jubés*, et, le sabre à la main, tentèrent de frapper les Albanais postés sur les rochers; ceux-là moururent du moins en combattant. Chahyn-Bey tomba devant la porte du palais de Salah-Ed-Din; son corps fut traîné dans les rues par la soldatesque. Soleiman-Bey, demi-nu et couvert de blessures, parvint jusqu'aux terrasses du harem, où il implora vainement protection; il fut saisi et décapité. Hassan-Bey, le frère du célèbre Elfy, préférant aller au-devant de la mort, lança son cheval au galop, franchit les parapets et tomba tout meurtri au pied des murailles, où quelques Arabes l'arrachèrent à une mort certaine en favorisant sa fuite. Le petit nombre de ceux qui échappèrent au carnage se réfugia en Syrie, ou dans le Dongolah.

Pendant que cet horrible drame se passait au Caire, des scènes analogues complétaient la catastrophe dans les diverses provinces, dont les gouverneurs avaient reçu l'injonction expresse d'é-

---

(1) Les Wahabys sont des sectaires qui veulent ramener la religion à la simplicité du Koran; ils peuvent être justement qualifiés, par analogie, les protestants de l'islamisme. Ils occupent toute la partie de l'Arabie appelée le pays de Nedj.

gorger jusqu'au dernier des mamelouks disséminés sur la surface de l'Égypte. Presque tous périrent, et ce corps célèbre fut à jamais anéanti, car le peu d'hommes qui survécurent étaient impuissants à le reconstituer.

Les mamelouks français, qui se trouvaient à cette époque dans la capitale, et qu'on n'avait pas les mêmes raisons de redouter, furent seuls exceptés du massacre d'après les ordres formels du pacha.

Ainsi finit, en un seul jour, cette lutte si longue; cette série de combats, de vengeances et de représailles, fut couronnée par un de ces grands forfaits, nombreux dans l'histoire, et que la politique excuse peut-être malgré l'extrême horreur qu'ils inspirent toujours. Tel fut aussi la fin tragique du puissant corps des janissaires, quelques années plus tard : seulement, Méhémet-Ali sembla résoudre et exécuter sa terrible sentence avec une pusillanimité que la nécessité inéluctable put seule vaincre, tandisque Mahmoud présida en personne à l'accomplissement de ses ordres avec l'horrible sang-froid d'un héros (1). Du reste, ces sanglantes œuvres de l'ambition et de l'antagonisme ne sont pas une manifestation particulière aux mœurs asiatiques ; les fastes de nos potentats européens sont illustrés par des exemples analogues de barbarie. Sans parler de la Saint-Barthélemy, qui eut bien sa majesté d'infamie, nous pouvons citer la destruction des strélitz, qui tombèrent victimes des calculs monarchiques du czar Pierre le Grand ; et de nos jours, dans la guerre acharnée, atroce, qui,

de 1810 à 1836, a ravagé l'Espagne, Ferdinand VII fit tailler en pièces, sous ses yeux, des soldats qu'il avait lui-même poussés à la révolte, — boucherie plus hideuse que celle des mamelouks et des janissaires, et fruit d'une des trahisons les plus exécrables qui se puissent imaginer. En fait de perfidie et de cruauté, l'Occident ne le cède en rien à l'Orient.

Bien que Méhémet-Ali ne se méprît pas sur les intentions qui avaient suggéré à la Porte l'expédition contre les Wahabys, il s'empressa de faire les préparatifs de cette longue guerre, pendant laquelle Toussoun et Ibrahim Pachas, ses deux fils, ne parvinrent en plusieurs années qu'à affaiblir les redoutables sectaires qui désolaient l'Arabie et interrompaient les pèlerinages ; lui-même commandait une armée dans le Hedjaz, lorsque Latif-Pacha arriva muni d'un firman d'investiture au pachalik d'Égypte. Heureusement, Méhémet-Ali avait laissé pour vekyl, à son départ, un homme de cœur dévoué à sa cause, Méhémet-Bey. Le fidèle ministre feignit de favoriser les prétentions de l'envoyé du divan, s'empara de sa personne, et le fit publiquement décapiter.

C'est de ce moment que date véritablement le règne de Méhémet-Ali. Paisible possesseur d'un pays fertile, il avisa promptement aux moyens de réparer le mauvais état des finances, et comprit toutes les ressources qu'on pouvait tirer de l'agriculture et du commerce pour la réalisation de ses vues ambitieuses. Il fallait tout mener de front dans le gouvernement d'un pays pendant tant d'années théâtre d'une guerre incessante : ramener le paysan qui avait abandonné les terres pendant les troubles ; fonder un ordre politique et civil pour rassurer les habitants, et faire reprendre les travaux depuis longtemps délaissés.

La chose la plus importante était de réprimer les courses déprédatrices des Bédouins ; pour s'assurer l'obéissance de ces hordes jusques-là insoumises, il retint leurs cheikhs en otage ; en même temps il imposait un frein aux malversations des Coptes, entre les mains desquels se trouvait de temps immémorial l'administration des terres.

Une paix stable ayant été ainsi ga-

---

(1) On a dit que pendant cette épouvantable scène de meurtre Méhémet-Ali s'était placé sur une terrasse d'où il pouvait tout voir, et qu'assis sur de somptueux tapis, au milieu de ses confidents dévoués, il fumait tranquillement son riche narguileh. Ces détails sont inexacts. Méhémet Ali n'avait mis dans le secret que Méhémet-Bey-Lazouglou, son intime ami, et Saleh-Koch, chef des janissaires. Au moment de l'exécution, il s'enferma dans le divan, où il avait reçu les principaux chefs des mamelouks ; quand ceux-ci furent sortis, on congédia tout le monde, et le pacha demeura seul. Pâle, défait, silencieux, le regard fixe, il avait quitté son chiché. Au plus fort de la fusillade, son émotion fut si profonde, qu'il sentit son cœur défaillir, et demanda un peu d'eau. On a dit aussi que les mamelouks furent tués au milieu d'une vaste cour, il n'en est rien ; ils furent assaillis dans un chemin étroit, escarpé et montueux, où ils ne purent se défendre.

rantie à l'intérieur du pays, la sollicitude du pacha se porta sur une entreprise toujours difficile à accomplir après de longues crises; il avisa au moyen de favoriser et de régulariser la rentrée des impôts, sans gêner les opérations financières des particuliers, déjà entravées par la rareté du numéraire. Dans ce but, il rétablit l'usage de percevoir le tribut en nature. Grâce à cette mesure, et à de sages combinaisons administratives, les affaires reprirent bientôt leur cours. A l'aide du tribut payé en nature, il organisa le commerce d'exportation. Mille barques, construites à ses frais, sillonnaient en tous sens les eaux du Nil, et portaient les produits de l'Égypte sur les bords de la Méditerranée, où d'immenses magasins servaient d'entrepôts aux marchandises destinées aux pays étrangers.

Méhémet-Ali entretenait des relations suivies avec les négociants européens; le pays dut à ce contact bienfaiteur beaucoup d'heureuses innovations, et l'agriculture s'enrichit de quelques productions jusques-là inconnues. Un français, M. Jumel, introduisit en Égypte la culture du coton à longue soie, tandis que M. Drovetti, resté l'ami du pacha, lui facilitait, par des conseils intelligents et expérimentés, l'établissement des manufactures, et l'aidait de sa connaissance des hommes et des choses. Bientôt on vit s'élever des filatures de coton, des fabriques de draps, d'indiennes, de tarbouches, une raffinerie de sucre, une distillerie de rhum, des salpétrières par évaporation, etc.. etc.

Le commerce extérieur emportait par année jusqu'à sept cent mille ardebs de céréales, et plus de six cent mille balles de coton. En échange, les millions de l'Europe arrivaient dans les coffres du pacha industriel, et les revenus de l'Égypte, qui, jusqu'à cette époque, n'avaient jamais dépassé trente millions, étaient plus que doublés en 1816.

Le peu de succès que Méhémet-Ali avait obtenu à la tête des troupes irrégulières, lors de son expédition contre les redoutables Wahabys, le décida à réaliser l'idée, qu'il nourrissait depuis longtemps, d'une organisation militaire à l'européenne. Ce fut dès lors l'occupation unique de l'audacieux pacha, et le but exclusif de sa persévérance. Le Nizam-Djédyd fut proclamé au mois de juillet 1815, et toutes les troupes reçurent l'ordre de s'organiser sur le modèle de l'armée française. Cette entreprise qui, en 1807, avait coûté la vie à Sélim III, faillit aussi être fatale à Méhémet-Ali.

L'existence de certains préjugés religieux particuliers aux musulmans et d'une indiscipline consacrée par une longue impunité, la force des habitudes invétérées, toutes les circonstances de la situation enfin, devaient faire pressentir la désobéissance. Les premières démonstrations de mécontentement ne firent qu'irriter le désir de Méhémet-Ali; il se montra inébranlable, et prit des mesures énergiques, qui portèrent bientôt l'exaspération au comble. Une insurrection terrible éclata parmi tous ces étrangers mercenaires qui composaient presque entièrement l'armée les troupes, furieuses, marchèrent contre le tyran, contre le *giaour*; le palais fut pillé, et le pacha eut à peine le temps de s'enfermer dans sa citadelle. Pour sauver sa vie et ressaisir l'autorité, sa seule ressource fut une promesse solennelle de renoncer à ses projets. Méhémet-Ali ajourna donc l'accomplissement de ses vues sur l'organisation militaire, et se réserva d'en faire d'abord l'essai sur les indigènes, hommes plus faciles à manier que des étrangers turbulents, nourris des vieux principes des okaz et des mamelouks. La guerre qui continuait en Arabie lui permit de se défaire des hommes les plus indomptables, qu'il envoya dans le Hedjaz, sous le commandement d'Ibrahim-Pacha, son fils aîné.

Un succès vint à cette époque consoler Méhémet-Ali de l'échec qu'avaient reçu ses tentatives réformatrices. Ibrahim, après une longue suite de désastres, parvint, en 1818, à faire prisonnier le chef des Wahabys, *Abd-Allah-Ebn-Sououd*, qu'il envoya au Caire porter au grand pacha (titre qu'on donne souvent à Méhémet-Ali en Égypte) une partie des bijoux enlevés au temple de la Mekke. Ce malheureux fut ensuite conduit à Constantinople, où son supplice témoigna de la victoire, mais non de la clémence des orthodoxes. Pour récompenser Ibrahim de ses services, le sultan lui envoya une pelisse d'honneur, et le nomma pacha de la Mekke, titre qui lui conférait le premier rang parmi les visirs et les pachas, et le plaçait même au-dessus de son père dans la hiérarchie des dignitaires de l'empire turc. Il éleva en même temps le vice-roi à la dignité de khan, attribut de la maison ottomane, et distinction la plus insigne qui pût être accordée à un pacha, puisqu'elle était auparavant réservée aux seuls souverains de la Crimée.

Après avoir détruit Daryeh, capitale du Nedj, et dispersé les schismatiques, Méhémet-Ali avait formé le projet d'étendre ses possessions dans l'intérieur de l'Afrique et de soumettre le pays des Noirs, où il espérait trouver de grandes ressources. Cette contrée passait pour recéler de très-riches mines d'or, situées dans les environs du Bahr-el-Azraq (le fleuve Bleu). Stimulé par l'envie de posséder ces trésors, il organisa une armée d'expédition, dont il donna le commandement à Ismaël-Pacha, un de ses fils; cinq mille hommes de troupes irrégulières, dix pièces de canon et un mortier partirent donc pour le Sennaar en 1820.

La seule peuplade capable d'opposer quelque résistance aux forces égyptiennes était celle des *Dar-Chaguyan* ou *Chaylayés*, tribu d'origine étrangère, mais établie en Nubie depuis un temps immémorial, selon l'historien Abd-Allah Ben-Ahmed. Aussi bons cavaliers que les mamelouks, et comme eux combattant presque toujours à cheval, les Chaylayé, qui comptaient environ dix mille hommes, étaient devenus, à cause de leur caractère belliqueux, la terreur des tribus voisines. Néanmoins, n'ayant pour toutes armes que leurs *djellabés*, ou épées à deux tranchants, un poignard, et des javelines qu'ils lancent avec une grande dextérité, ils ne purent résister longtemps à l'artillerie de Méhémet-Ali. Après deux combats, où leur adresse à lancer la javeline ne les empêcha pas de perdre beaucoup de monde, le mélek Chaous, leur chef, vint avec sa tribu faire sa soumission à Ismaël-Pacha. Le général égyptien prit alors possession du Sennaar, et pénétra jusqu'à Fazoql, où il croyait trouver des mines d'or, but essentiel de cette aventureuse expédition.

Les maladies et les privations de tout genre avaient beaucoup diminué les troupes d'Ismaël, lorsque son beau-frère, le defterdar Ahmed-Bey, vint le rejoindre avec trois mille hommes pour continuer les opérations. Ismaël profita sur-le-champ de cette circonstance pour laisser son armée à Métama et descendre jusqu'à Chendy, où il voulait lever quelques troupes et de l'argent. « Je veux, » vint-il dire au mélek Nemr, « je veux qu'avant cinq jours tu remplisses ma barque d'or, et que tu me fournisses deux mille soldats pour mon armée. » Sur une observation du mélek, le pacha consentit néanmoins à réduire le tribut à 20,000 piastres (1) fortes d'Espagne (110,000 f., environ). Mais, comme le mélek demandait un plus long délai, Ismaël jura, en le frappant de sa pipe au visage, qu'il le ferait empaler s'il ne payait ponctuellement. D'autant plus furieux de cet outrage, que sa soumission n'avait été pour lui qu'une source de vexations, et n'avait fait que l'exposer à des actes arbitraires, Nemr résolut de se venger. Ayant facilement soulevé une population aussi mécontente que lui de la domination égyptienne, il fit apporter près de la résidence temporaire d'Ismaël une grande quantité de paille et de tiges sèches de doura, sous prétexte de nourrir les chevaux du pacha. Le soir, une foule d'hommes et de femmes, assemblés autour de cette maison, commencèrent à exécuter, au son du tambourin et des chants, une de ces danses solennelles et graves particulières au pays. En entendant ces chants, que les conjurés composent pour la circonstance, toute la tribu se joint aux danseurs, et répète les refrains menaçants. Tout à coup, à un signal donné, les gardes du pacha sont attaqués à l'improviste, et refoulés dans son habitation. Alors les noirs entassent autour de cette masure les matières combustibles qu'ils ont préparées, et mettent le feu de tous les côtés à la fois. C'est en vain qu'Ismaël, ses mamelouks et ses serviteurs essayent de se frayer un pas-

(1) Il s'agit ici de la piastre espagnole ou gourde, la seule monnaie qui, avec les sicles d'or, avait alors cours dans le Sennaar. La gourde ou colonnade vaut aujourd'hui de 20 à 21 piastres égyptiennes, soit environ cinq francs ou cinq francs 25 centimes.

sage au milieu des flammes; ils sont étouffés et brûlés aux cris de joie d'une foule immense, qui pendant trois jours, ne pouvant se rassasier de vengeance, continua d'insulter à leurs corps défigurés. En même temps la révolte s'organisait à Métama, où l'oncle de Nemr massacra le reste de la suite d'Ismaël.

Le bruit de cette horrible nouvelle fit accourir le defterdar du Kordofan; il parut avec sa petite armée, et défit complétement les troupes bien plus nombreuses d'un ennemi qui, dans l'ivresse d'un triomphe récent encore, dédaignant une guerre de partisans où seulement se trouvaient pour lui des chances de succès, avait voulu essayer ses forces en rase campagne, et accepter un combat régulier. Le defterdar avait juré sur le cadavre de son beau-frère de faire tomber vingt mille têtes pour venger sa mort; investi du commandement en chef du Sennaar et du Kordofan, il poursuivit avec la dernière rigueur l'exécution de son vœu. Dans son acharnement implacable, il inventa pour ses victimes des raffinements de torture et de nouveaux supplices, et tint si cruellement sa parole, qu'il devint un objet de terreur non-seulement pour les naturels, mais encore pour ses propres soldats. Il resta en possession du commandement jusqu'à l'année 1824, durant laquelle Rustem-Bey vint avec des troupes réglées le remplacer dans le gouvernement de ces contrées.

Les armes du conquérant ont ruiné pour longtemps l'agriculture et le commerce dans le Sennaar et le Kordofan, et depuis qu'elles sont rangées sous la domination du grand pacha ces deux provinces ne sont plus guère que le marché central où les Turcs s'approvisionnent d'esclaves.

Méhémet-Ali n'avait pas oublié ses projets d'organisation militaire; mais il avait vu combien il serait imprudent d'en occuper de nouveau la capitale, qui s'était violemment déclarée, en 1815, contre ses prétentions novatrices; il se décida prudemment à préparer en secret les bases de cette grande réforme, qu'il pouvait introduire plus facilement dans les conjonctures présentes.

Les expéditions du Sennaar et du Kordofan avaient alors purgé presque entièrement l'Égypte d'une soldatesque factieuse, à laquelle toute idée de discipline devait être absolument insupportable.

Méhémet-Ali envoya donc à Assouan, sur les frontières de l'Égypte, quelques centaines de mamelouks faisant partie tant de sa maison que de celle de quelques grands de sa cour; et là un officier français, nommé Sève, depuis Soliman-Pacha, fut chargé de leur éducation militaire. Après avoir surmonté des difficultés et bravé des dangers de tout genre, Sève parvint à former avec ces mamelouks les cadres de plusieurs régiments que des fellahs et des nègres vinrent aussitôt remplir. Pendant que ces nouveaux régiments apprenaient les manœuvres européennes, l'œuvre d'organisation se poursuivait à la fois, sans perte de temps, sur tous les points du royaume et sous toutes les formes : à Alexandrie, on formait et on instruisait une marine; au Caire, un Français montait une fabrique de fusils et une fonderie de canons, tandis que l'hôpital militaire d'Abouzabel, l'école d'état-major de Kanka et l'artillerie égyptienne s'organisaient simultanément par les soins de trois autres de nos compatriotes.

Toutes ces innovations exigeaient des dépenses énormes, et contraignaient Méhémet-Ali à augmenter de beaucoup les impôts, aux murmures de la population. Les fellahs, arrachés à leur famille, à leurs champs, pour peupler les régiments ou les fabriques, maudissaient ces institutions des infidèles qui les opprimaient sans leur apporter ou leur faire entrevoir aucune compensation, aucun avantage.

Le mécontentement était général. Ce fut dans le Saïd que l'émeute éclata au commencement de l'année 1824; un chef marabout de Deraveh harangua le peuple à la prière du vendredi, et fanatisa toute l'assemblée. Le hasard voulut que plusieurs bataillons des nouvelles troupes, expédiées au Sennaar pour remplacer le reste des milices irrégulières, se rencontrassent avec les mécontents; ce fut un puissant renfort pour les insurgés; leur parti, encore grossi par une centaine de fellahs, se trouva bientôt fort d'environ vingt mille hommes. Cette insurrection, formidable en apparence, n'eut pas les suites fâcheuses qu'on pouvait en attendre, et fut au contraire favorable aux vues du pacha. En effet, conduits par un chef incapable, à qui le fanatisme avait seul donné un caractère, manquant d'ensemble, et marchant sans but déterminé, les révoltés perdirent, en divers engagements, près d'un tiers de leurs forces, et furent bientôt obligés de rentrer dans l'ordre, pour subir, après leur défaite, un joug plus pesant encore.

Une insurrection bien autrement importante, et qui menaçait d'enlever à l'empire ottoman une de ses plus belles provinces, vint révéler à Méhémet-Ali l'étendue de son pouvoir. Favorisé par les sympathies de l'Europe civilisée, l'affranchissement de la Grèce faisait chaque jour des progrès alarmants. Le sultan, effrayé, tenta de lui susciter un adversaire plus terrible que ceux qu'elle avait eu jusqu'alors à combattre. Espérant peut-être aussi porter un coup à la puissance toujours croissante du pacha d'Égypte, qui avait alors vingt-quatre mille hommes de troupes réglées, il lui ordonna de marcher contre les rebelles, et réclama l'appui de l'armée et de la flotte de son vassal, lui donnant ainsi la mesure de sa propre impuissance. Trop faible encore pour imiter les Grecs, et comprenant fort bien qu'il se rendrait odieux parmi les musulmans s'il refusait de mettre une partie de ses forces à la disposition du sultan, Méhémet-Ali s'empressa d'obéir; il comptait, d'ailleurs, par cet acte de soumission faire prendre le change à la Sublime-Porte sur les idées d'indépendance dont il se berçait déjà.

Vers le milieu de juillet 1824, dix-sept mille hommes, huit cents chevaux, quatre compagnies de sapeurs, et l'artillerie de siège et de campagne partaient d'Alexandrie sur l'escadre du pacha, forte de soixante-trois vaisseaux et de cent bâtiments de transport de toutes nations. L'expédition était commandée par Ibrahim-Pacha. Ce chef, en qui le développement de véritables talents militaires n'avait point étouffé les instincts cruels, viola en maintes occasions toutes les lois de la guerre. En peu de temps, la Candie fut pacifiée, et la Morée fut, sinon soumise, au moins momentanément réduite à l'impuissance par les massacres qu'on y fit et le nombre des esclaves qu'on envoya en Égypte.

Le succès de cette expédition avait fait comprendre à Méhémet-Ali tout ce qu'il pouvait attendre de ses troupes, et ses projets s'en étaient considérablement agrandis. Il pensait déjà à s'emparer de la Syrie, lorsque la bataille de Navarin vint, du même coup, anéantir sa flotte et celle de la Turquie, et le forcer d'ajourner l'exécution de ses plans de conquête.

On attribue à Méhémet-Ali, au sujet de la coopération de la France à la victoire de Navarin, un propos dont nous n'avons pu vérifier l'authenticité, et que par conséquent nous ne voulons pas garantir, mais que nous ne pouvons néanmoins passer sous silence, parce qu'il exprime aussi notre pensée sur la conduite insensée du gouvernement français dans cette circonstance. Quand le vice-roi apprit le grand désastre auquel il participait d'une façon funeste, il se borna, dit-on, pour toute plainte, à prononcer ces mots : *Je ne comprends pas que les canons français aient tiré contre leurs vaisseaux!* réflexion aussi profondément judicieuse qu'elle a dû être amère, et qui prend dans notre pensée le même caractère de censure et de regret que nous pouvons lui supposer dans celle du pacha, car nous sommes convaincu qu'il nous était facile d'obtenir et d'assurer l'indépendance de la Grèce sans coup férir; mais nous avons été dupes, dans cette affaire et dans celles qui sont survenues depuis, des vues égoïstes de la diplomatie astucieuse de l'Angleterre et de la Russie. Comme auparavant nous avions travaillé aveuglément pour ces deux puissances envahissantes, nous les avons encore servies dernièrement en Syrie et dans l'Asie Mineure : Méhémet a perdu une flotte d'abord, puis son importance politique; mais nous, combien n'avons-nous pas perdu, là par notre assistance, ici par notre inaction, également maladroites et fatales? A l'égard du célèbre carnage dont on s'est si ridiculement glorifié dans notre pays, le motif d'une persécution de la part des Turcs ne saurait être accueilli, car la destruction de l'armée musulmane fut résolue par les trois puissances alliées au point de vue de considérations humanitaires; nous ajouterons de plus que, pour terminer au plus tôt la lutte que soutenaient les Grecs contre leurs oppresseurs, les trois escadres philhellènes tuèrent beaucoup plus d'hommes en un seul jour que les deux partis ne s'en étaient tué mutuellement depuis le commencement de la guerre. De toutes manières, nous aurons toujours à regretter d'avoir manifesté une telle fureur homicide vis-à-vis de peuples dont nous aurions pu si facilement régler le différend, en leur donnant l'exemple de la modération et des moyens pacifiques.

Assez politique pour dissimuler le chagrin qu'il ressentait d'avoir perdu ses forces navales, le pacha ne songea qu'à réparer ce désastre avec toute l'ardeur naturelle à son âme ambitieuse. Il construisit un arsenal maritime à Alexandrie, et peu de temps après sa marine fut recréée dans des proportions supérieures à celles qu'elle avait avant sa défaite.

Pendant la guerre de Morée, toutes les réformes administratives ou agricoles de Méhémet-Ali n'avaient plus d'autre but que d'entretenir l'armée et la flotte, et de payer les subsides que la Porte demandait impérieusement. Le vice-roi dépeuplait les champs pour peupler les tentes, et pressurait le pays pour enrichir les chefs et nourrir les soldats. Afin de réaliser plus sûrement les capitaux qui lui étaient indispensables, il voulut tout accaparer. Au mépris du précepte du Koran qui défend le monopole, toutes les productions de l'Égypte furent déposées dans les magasins de l'État; le pouvoir s'attribuait le droit exclusif de les vendre. Mais, forcé souvent de placer les marchandises à crédit et sans garanties, le pacha ne retira pas de cette mesure tout le bénéfice qu'on pouvait en espérer. Il monopolisa aussi l'industrie, en forçant à travailler exclusivement pour lui les ouvriers de toutes classes, assujettis tyranniquement à se charger d'apaltes. De là le découragement des travailleurs et la mauvaise qualité des produits. Il voulut aussi que ses manufactures l'affranchissent de toute dépendance vis-à-vis de l'Europe; mais ces opérations lui devinrent beaucoup plus dispendieuses que les achats de produits étrangers auxquels elles étaient substituées, et elles eurent l'inconvénient d'enlever à la terre des bras dix fois plus productifs dans les champs que dans les ateliers.

Comme ces ressources ne suffisaient pas encore à ses nombreuses dépenses personnelles réunies aux sommes que lui coûtait la guerre de Morée, le pacha civilisateur se jeta dans toutes les voies de l'arbitraire pour en créer de nouvelles; il soumit chaque fellah à une contribution extraordinaire de huit piastres, sous prétexte de pourvoir aux frais de la guerre contre les infidèles. Sous le même prétexte, il frappa chaque maison de l'Égypte d'une taxe dont le produit total s'élevait à quarante-cinq mille bourses (cinq millions six cent vingt cinq mille francs environ). Au moyen de la perception de l'impôt en nature, la majeure partie des produits du sol étaient déjà en sa possession; ces augmentations d'impôt enlevèrent au fellah les faibles droits qui lui restaient sur la récolte des champs cultivés péniblement par ses mains; elle appartint tout entière au vice-roi: il prescrivait le genre de culture qui lui était utile ou agréable, pour acheter ensuite la récolte au prix fixé suivant sa volonté.

Le pacha était donc de fait l'unique propriétaire de l'Égypte; les malheureux habitants, placés dans l'alternative de payer les contributions ou de mourir sous le bâton, vendirent d'abord ce qu'ils avaient de plus précieux, puis leurs bestiaux; enfin, se trouvant complètement dépouillés, ils quittèrent une patrie où le soleil ne mûrissait plus de moissons pour eux, et des familles entières émigrèrent en Syrie. La loi de solidarité, établie pour remédier au mal, ne fit que l'aggraver; en moins de cinq ans, malgré les postes de Bédouins établis dans le désert, dix mille fellahs avaient quitté l'Égypte.

Tel était l'état du pays au retour d'Ibrahim-Pacha, lorsque la Morée venait d'être pacifiée par la tardive médiation des puissances européennes.

La campagne de Morée avait coûté au pacha plus de 80,000,000 de piastres (environ 20,000,000 de francs) et plus de trente mille hommes.

MONUMENTS ARABES DE LA SICILE.

San Giovanni degli eremiti. Mosquée transformée en église.

Un grand divan extraordinaire de tous les membres du gouvernement fut convoqué au Caire pour délibérer sur les expédients capables de réparer ou d'atténuer les conséquences ruineuses d'une guerre soutenue pour les intérêts de l'empire ottoman.

Le conseil, composé d'hommes ignorant les véritables intérêts du pays, ou trop craintifs et serviles pour donner leur opinion, se borna à introduire quelques réformes sans valeur dans l'administration et dans l'armée; décision insignifiante et qui ne pouvait rien changer au sort de la population arabe. Une seule délibération importante eut lieu dans ce conseil : on résolut d'abandonner dorénavant aux spéculateurs européens l'exportation des produits nationaux, mesure bien tardive, mais incontestablement sage, qui rendit au commerce une immense activité, et apporta quelque amélioration dans les finances du pacha.

Méhémet-Ali, puissant et redouté au dehors, sécure et opulent au dedans, chercha dans l'exécution des projets que son ambition avait conçus depuis longtemps un nouveau moyen d'étendre sa domination.

Ses yeux se tournèrent encore une fois vers la Syrie, dont bien des raisons lui conseillaient la conquête. A l'époque de l'expédition en Morée, le divan avait promis de lui abandonner cette province, qui, par sa position géographique, devait couvrir, comme un rempart inexpugnable, les frontières de l'Égypte, et fournir au commerce et à l'industrie de cette contrée une foule de productions qui lui manquent. Le territoire de la Syrie possède des bois, des mines de fer, des houillères, et une population nombreuse.

Quelques différends avec Abd-Allah, pacha d'Acre, suffirent à Méhémet-Ali pour justifier une agression contre la Syrie.

Abd Allah était le successeur de Soleyman. Les sollicitations pressantes des autres pachas de la Syrie l'avaient engagé dans une révolte contre le sultan Mahmoud, qui, par ses réformes religieuses et sociales, excitait alors un grand mécontentement dans l'armée et dans la population turques. Méhémet-Ali, saisissant avec empressement l'occasion d'avoir un allié en Syrie, avait réconcilié le rebelle avec Mahmoud ; il lui avait en outre prêté une somme de onze mille bourses (1).

Une fois le danger passé, Abd-Allah, oubliant le service que lui avait rendu Méhémet-Ali, refusa de rembourser la somme prêtée et de renvoyer de son pachalik les nombreux fellahs, qui venaient se placer sous sa protection. Bien loin de s'y opposer, il favorisait au contraire l'émigration, et disait hautement que les Égyptiens étaient avant tout les sujets de la Sublime-Porte, et non les esclaves du vice-roi Méhémet-Ali. Bien que ce langage public alléguât une raison spécieuse, au fond, le véritable motif d'Abd-Allad était le devoir de ne jamais trahir ni livrer ses hôtes, coutume antique, révérée et religieusement pratiquée dans tout l'Orient. Mais cette émigration devenait contagieuse, car, malgré des postes nombreux de Bédouins établis dans le désert pour la prévenir, dix-huit mille hommes, tant soldats que fellahs, avaient déjà passé en Syrie à l'époque de l'expédition qui en fit la conquête. Il était urgent de prendre des mesures efficaces pour arrêter les fuyards et empêcher l'Égypte de se dépeupler.

Irrité de l'ingratitude d'Abd-Allah, et trouvant dans le désir d'en tirer vengeance un nouvel argument en faveur de la guerre préméditée dans son esprit, Méhémet-Ali écrivit au pacha déloyal qu'il irait reprendre ses dix-huit mille fellahs, et qu'avec eux il prendrait *un homme de plus*. Puis il fit toutes les dispositions utiles pour hâter le départ de son armée. L'état d'épuisement auquel le traité d'Andrinople avait réduit la Turquie était d'ailleurs une circonstance trop favorable à ses projets d'agrandissement pour qu'il n'en profitât pas. Les préparatifs de la guerre, interrompus quelque temps par le choléra, furent poussés avec une nouvelle vigueur

---

(1) 1,375,000 francs. La bourse contient 500 piastres, qui valent 125 francs environ. La valeur de la piastre ayant varié fréquemment, il est impossible de donner une réduction exactement conforme aux rapports existants, selon les diverses époques; nous avons adopté partout le tarif actuel, dans lequel la piastre équivaut à 25 centimes.

après la cessation du fléau. Au commencement de novembre 1831, vingt-quatre mille hommes d'infanterie et plus de quatre-vingts bouches à feu se mirent en route pour la Syrie.

Une partie de l'armée prit la route du désert; l'autre, composée de quelques troupes d'élite, à la tête desquelles se trouvaient Ibrahim et son état-major, partit d'Alexandrie, et fut débarquée à à Jaffa par la flotte.

Abd-Allah, n'ayant que trois mille hommes à opposer aux Égyptiens, ne songea pas à défendre la Palestine, et se retira dans Saint-Jean-d'Acre, surnommée *la pucelle* depuis les tentatives infructueuses de l'armée française. Le plan d'Abd-Allah était de ménager ses troupes pour les opposer, toutes fraîches et pleines d'ardeur, à l'armée déjà fatiguée de son ennemi; il pensait avec raison que le général égyptien devait graduellement diminuer ses forces en laissant des garnisons dans les villes conquises, et que, par conséquent, plus la rencontre des deux armées serait reculée, plus elle serait favorable aux Syriens. Il envoya donc seulement en campagne un corps de cavalerie, moins pour combattre que pour observer les mouvements d'Ibrahim.

Gaza, Jaffa, Caïffa tombèrent rapidement au pouvoir du généralissime; mais il n'en fut pas de même de Saint-Jean d'Acre, contre laquelle avaient déjà échoué toutes les savantes combinaisons de Bonaparte (1). Ibrahim, qui s'é- tait vanté d'être plus heureux que le héros français, se dirigea sur cette place existent dans les relations, dans la manière de voir de ces divers écrivains, et des nombreuses, des graves rectifications que les plus récents ont eu à faire aux notions données par leurs devanciers; de cette étude éclairée ressort surtout une conclusion surprenante, et qui mérite d'être signalée, c'est que, entre les deux célèbres auteurs cités, celui qui se montre le moins digne de créance n'est pas le romanesque et poétique Savary, si souvent accusé de mensonge et si souvent aussi réhabilité par l'observation judicieuse et attentive, mais bien Volney, le philosophe sévère et tranchant, au caractère duquel est décerné si généralement une réputation de véracité inflexible, quoique ses allures, en apparence véridiques, encourent fréquemment peut-être, à meilleur titre, la qualification de boutades de mauvaise humeur, de parti pris de critique caustique et morose : l'un et l'autre sont inexacts, sans doute, dans leurs tableaux de l'Orient; mais quel voyageur peut se vanter d'avoir toujours scrupuleusement proscrit la fiction, d'être exempt de toute inexactitude dans ses récits? Du moins les riantes descriptions, les décorations enchanteresses de Savary sont tracées avec la bonne foi de l'enthousiasme; aucune de ses erreurs ne procède d'une intention maligne, et elles ont été peu dangereuses; celles de Volney, au contraire, qui, de son aveu même, semblent introduites dans son livre par suite d'un plan prémédité de contradiction, concernent des choses d'un tout autre ordre, et deviennent des actes d'une haute importance : son système de dénigrement, de dépréciation injuste des Orientaux a pu avoir une influence funeste sur les événements politiques et militaires qui ont décidé du sort actuel du monde. Qui sait si des moyens plus puissants, convenablement préparés et combinés à propos, n'auraient pu assurer à Bonaparte la prise de Saint-Jean d'Acre, et quelles possibilités magnifiques, flottant alors sur les vagues de l'avenir, sont venues s'anéantir sans retour sur le rivage fatal où, pour la première fois, a fait naufrage la fortune du vainqueur de l'Italie et de l'Égypte? Mais on avait lu dans la narration du consciencieux Volney, publiée en 1785, le passage suivant, que nous extrayons textuellement du voyage en Syrie et en Égypte, tome II, pages 89 et 90 :

« Acre, que Daher voulait habiter, n'offrait
« aucune défense; l'ennemi pouvait le surprendre
« par terre et par mer : il résolut d'y pourvoir.
« Dès 1750, sous prétexte de se faire bâtir
« une maison, il construisit à l'angle du
« nord, sur la mer, un palais qu'il munit de
« canons. Puis, pour protéger le port, il bâtit
« quelques tours; enfin, il ferma la ville, du
« côté de terre, par un mur auquel il ne laissa
« que deux portes. Tout cela passa chez les
« Turks pour des *ouvrages;* mais parmi nous
« on en rirait. Le palais de Daher, avec ses
« murs hauts et minces, son fossé étroit et ses
« tours antiques, est incapable de résistance :
« quatre pièces de campagne renverseraient,
« en deux volées, et les murs et les mauvais
« canons que l'on a guindés dessus à cinquante
« pieds de hauteur. Le mur de la ville est encore
« plus faible; il est sans fossé, sans rempart,
« et n'a pas trois pieds de profondeur.

---

(1) Il est assez curieux de noter ici que lors du siège de Saint-Jean d'Acre par Bonaparte la place ne fut pas défendue par les Turcs, mais par deux émigrés français; l'un, natif de Bourges, se nommait Phelippeaux; l'autre se nommait Fromelin. En mentionnant ici la présence coupable de deux de nos compatriotes au milieu de nos ennemis et ses conséquences, nous sommes conduit à ajouter quelques réflexions sur certaines causes auxquelles il faut peut-être attribuer aussi les résultats de notre entreprise contre cette ville : si des Français transfuges ont, par l'emploi volontairement hostile de leurs lumières et de leur courage, contribué puissamment à l'insuccès de nos armes, d'autres, dont le dévouement à leur pays demeure irréprochable, n'ont pas été, par les fausses indications de la maladresse, de l'ignorance ou de la partialité, des instruments moins réels et moins actifs de ce revers. A l'examen comparatif des ouvrages de Savary, de Volney, et des voyageurs qui ont ultérieurement exploré l'Orient, on est étonné des différences capitales qui

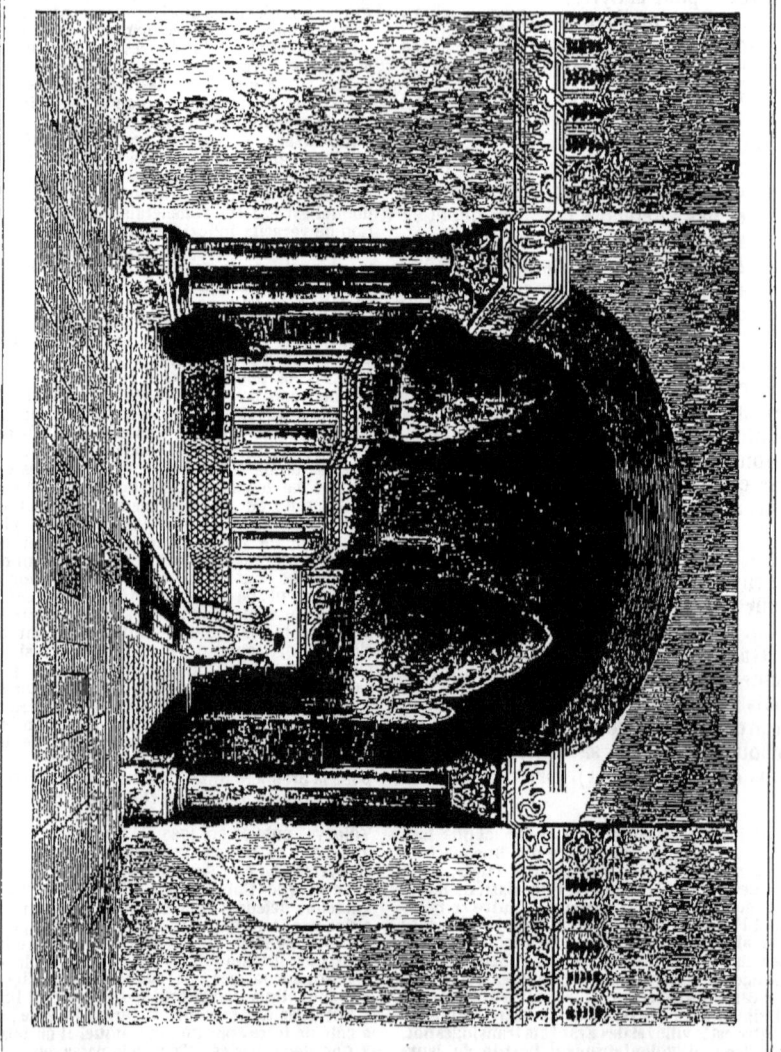

ÉGYPTE MODERNE.

avec 60 bouches à feu et un équipage de siége assez considérable, tandis qu'une escadre, composée de cinq vaisseaux de ligne et de plusieurs frégates, arrivait d'un autre côté pour seconder les opérations de l'armée de terre.

Sans se laisser terrifier par l'importance de ces forces, les assiégés se défendirent avec opiniâtreté.

Beaucoup de sang fut versé dans les deux camps; un assaut désespéré, bravement repoussé par les Syriens, était bientôt suivi d'une sortie reçue courageusement par les Égyptiens. Les boulets et les bombes pleuvaient nuit et jour. Assiégés et assiégeants lançaient sans cesse des fusées à la congrève, qui dévoraient les tentes et les édifices. Les mines et les contremines ébranlaient et labouraient le terrain; et les deux partis n'oubliaient aucun des moyens de destruction que la science a mis à la portée de la tactique moderne. Après un siége de trois mois la place tenait comme aux premiers jours. Abd-Allah, riant derrière ses murs des efforts des Égyptiens, attendait tranquillement l'armée ottomane, qui s'avançait pour les chasser de la Syrie.

De son côté, au lieu de se fatiguer d'une aussi longue résistance, Ibrahim s'obstinait de plus en plus à cette conquête difficile. Il voulait absolument s'emparer de la forteresse, qui avait bravé les efforts de Napoléon, et mettait tout en œuvre pour exciter l'ardeur de ses soldats.

« Dans toute cette partie de l'Asie on ne con« naît ni bastions, ni ligne de défense, ni che« mins couverts, ni remparts; rien en un mot « de la fortification moderne. Une frégate, « montée de trente canons, bombarderait « toute la côte sans difficulté; mais, comme « l'ignorance est commune aux assaillants et « aux assaillis, la balance reste égale. » Pleine de confiance dans ces assertions, la *furia Francese* alla se ruer témérairement et se briser contre cette ville *sans remparts*, qu'elle attaqua avec des *pièces de campagne*; les tours antiques, que *deux volées* devaient faire crouler, sont restées inébranlables, et les fossés *profonds* de la place ont englouti au pied de *ses bastions* l'élite de nos légions victorieuses. Telles ont été les déplorables suites de l'inadvertance ou des travers d'esprit d'un homme estimé sérieux et capable. De pareils égarements ne sauraient être trop rigoureusement blâmés. Déjà, au sujet des mêmes faits, M. Marcel avait émis, sur les effets des renseignements erronés, une opinion que nous partageons et dont nous reproduisons en partie les termes dans ces lignes.

Cependant les Égyptiens commençaient à croire qu'ils avaient trop préjugé de leurs forces; les rigueurs de l'hiver, les fatigues du siége, et les privations de tout genre, avaient occasionné un grand nombre de maladies parmi les troupes d'Ibrahim : les Nubiens surtout avaient peine à résister à l'influence d'un climat si différent du leur. Craignant que le découragement des siens ne devînt un trop puissant auxiliaire pour Abd-Allah, le fils de Méhémet-Ali avait ordonné un assaut général, lorsqu'il apprit que le pacha d'Alep marchait au secours de Saint-Jean d'Acre, à la tête de quatre mille hommes. Sans attendre d'être assiégé dans son propre camp, il part aussitôt avec l'élite de ses troupes, atteint dans la plaine de Héren le pacha d'Alep, auquel les pachas de Kaïsserie et de Maadé venaient de se joindre, puis, après un combat sanglant, il revient victorieux autour de Saint-Jean d'Acre, et reprend l'offensive avec une nouvelle vigueur, en modifiant ses plans d'attaque d'après les conseils d'un officier italien du génie, nommé Romey.

Les munitions de guerre et les vivres destinés à ravitailler la place assiégée servirent, au contraire, à augmenter les moyens d'attaque des assiégeants, en même temps que ce succès rapide relevait le courage de l'armée égyptienne, et faisait passer le doute et le découragement dans les rangs de leurs ennemis. Ayant régularisé les travaux du siége, Ibrahim-pacha prit quelques mesures importantes, qui augmentèrent les chances de réussite. Ces préparatifs achevés, il donna le signal d'un assaut décisif, dont il fit une fête belliqueuse pour exalter ses soldats. Ce fut au bruit de fanfares éclatantes que l'attaque s'opéra simultanément sur tous les points accessibles de la place; on se battit avec acharnement de part et d'autre; chacun fit bien son devoir, et la journée entière s'écoula dans une lutte terrible, dont l'issue resta longtemps incertaine entre les deux partis; mais Ibrahim, s'étant jeté en avant lui-même, entraîna ses soldats fatigués, et entra enfin dans Saint-Jean d'Acre le 27 mai 1832, après six mois de siége.

Abd-Allah, fait prisonnier, fut amené

à Méhémet-Ali, qui, au lieu de le traiter avec la rigueur orientale, comme s'y attendait le captif, se contenta de l'accabler de sarcasmes, et de l'envoyer vivre en simple particulier à Roudah.

Ainsi tomba sous les efforts d'un général semi-barbare une place qui avait résisté au plus grand des généraux modernes des contrées civilisées. Saint-Jean-d'Acre n'était plus qu'un amas de ruines. Méhémet-Ali fit restaurer la célèbre forteresse, et même compléter le système de fortification de cette place d'après les indications que les deux derniers siéges avaient pu fournir; il s'en fit une retraite sûre en cas d'événements malheureux, et ordonna qu'on y entretînt de grands approvisionnements de toutes sortes : précautions que la trahison devait rendre inutiles. Mais nous devons suivre pour le moment la marche victorieuse de l'armée du pacha. Maître de ce point, dont la possession était pour lui d'un haut intérêt, Ibrahim songea sérieusement à repousser les troupes ottomanes, qui semblaient avoir pris le parti d'attendre les événements, et de rester en observation.

Il envoya donc un corps d'armée à Tripoli, et marcha lui-même sur Damas, dont il s'empara sans éprouver aucune résistance de la part d'Ali-Pacha, commandant de cette place. Après avoir ainsi abandonné lâchement une ville importante, sur laquelle ils paraissaient s'être repliés pour la défendre, les Osmanlis continuèrent leur mouvement de retraite. Alors Ibrahim, concentrant ses forces, qui se montaient à environ trente mille hommes, se porta sur Homs, où s'était arrêtée l'armée du sultan, commandée par Méhémet-Pacha et forte de trente-cinq mille combattants. La bataille se livra le 7 juillet 1832. Les Osmanlis commencèrent l'attaque; mais ils furent bientôt déconcertés par l'ensemble des manœuvres de Soliman-Pacha, et, la peur se mettant dans leurs rangs, ils se retirèrent en désordre, laissant sur le champ de bataille deux mille morts, trois mille prisonniers, et plusieurs pièces de canon. Les Égyptiens n'eurent que deux cents hommes tués, et moins de deux cents blessés.

Ibrahim, sans perdre un moment, poursuivit l'armée vaincue jusqu'à Haleb; après l'en avoir chassée, il prit possession de la ville, l'une des plus considérables de la Syrie, et se remit en marche pour rejoindre l'ennemi, qu'il atteignit et combattit à Beylan.

Là, le général de l'armée turque entreprit vainement d'arrêter la marche victorieuse des Égyptiens; espérant profiter de l'avantage de la position, il y avait établi des batteries, et attendait de pied ferme. Mais la force morale d'Ibrahim était alors immense; après quelques décharges d'artillerie, il forma son armée en colonne, et la lança sur les Osmanlis à la baïonnette. La journée fut encore favorable aux Égyptiens; les Turcs laissèrent deux mille prisonniers et vingt-cinq pièces de canon sur le champ de bataille. Le colonel du 18e régiment osmanli, ébloui par la gloire d'Ibrahim, passa dans les rangs du vainqueur. Les soldats d'Alich-Pacha imitèrent cet exemple. C'était un spectacle étrange pour l'Orient qu'une armée turque mise en déroute par des soldats égyptiens, par des hommes que les Turcs considéraient comme leurs humbles esclaves depuis trois cents ans ! La conséquence de cette dernière victoire, qui assurait au vainqueur les défilés du Taurus, fut l'occupation d'Adana, de Tarsous, et la conquête de la Syrie entière.

Mahmoud, effrayé des revers successifs de son armée, fit un suprême effort pour s'opposer aux progrès d'un ennemi qui semblait menacer son trône. Une nouvelle armée, forte d'environ cinquante mille hommes, formée en grande partie de troupes régulières, commandée par Reschyd-Pacha, grand-visir de la Porte-Ottomane, et munie d'une artillerie formidable, fut envoyée contre les Égyptiens.

Cependant Ibrahim avait rassemblé son armée à Adana, pour la remettre en état de tenir la campagne lorsque l'occasion le demanderait. Informé des préparatifs formidables du gouvernement turc, il partit, le 14 octobre, pour reconnaître les défilés du Taurus, et se dirigea sur Koniah. A peine eut-il pénétré dans les plaines de l'Anatolie, que Smyrne et plusieurs autres villes importantes lui ouvrirent leurs portes, et se déclarèrent en sa faveur; ce fut donc par une véritable route triomphale qu'il atteignit Koniah, où il trouva un matériel d'artillerie considérable et une très-grande quantité de vivres que Méhémet-Pacha avait abandonnés la veille en évacuant la ville.

Cette fois l'adversaire du fils de Méhémet-Ali allait donc être Reschyd-Pacha, le vainqueur du rebelle Mustapha; Mahmoud n'avait trouvé que lui qui fût digne de sa confiance dans cette position critique, et il lui avait conféré le titre de grand visir et donné des pouvoirs illimités. « Sauve l'empire, s'était « écrié le sultan, et ma reconnaissance « sera magnifique. » En même temps, pour enflammer le fanatisme de l'armée, Mahmoud lançait un *fetfa* solennel contre le pacha d'Égypte et son fils; leur tête fut mise à prix, et on promit la bienveillance du prophète et les faveurs du sultan à celui qui délivrerait le Saint-Empire de ces terribles ennemis. Impatient de justifier le choix de son maître, le nouveau visir traversa bientôt le Bosphore à la tête de 60,000 hommes, et s'avança vers Koniah, où Ibrahim était déjà arrivé, en poursuivant les restes de la précédente armée turque.

La position avait paru bonne au général égyptien; il avait déjà fait reconnaître de tous côtés le terrain et exécuter différentes évolutions, dans le but de familiariser les troupes avec le lieu de l'action.

Le 18 et le 19 décembre, il battit l'avant-garde des Turcs, et peu de temps après, ayant appris que les Osmanlis se mettaient en marche pour le joindre, il fit ranger son armée en bataille. Le temps semblait devoir être peu propice à une action, un épais brouillard obscurcissait presque entièrement l'atmosphère. Les Égyptiens aperçurent bientôt l'armée turque s'avançant en bon ordre, quoique fort embarrassée pour prendre position sur un terrain qu'elle ne connaissait pas, et qu'elle ne pouvait même explorer parfaitement à cause de cette brume. Elle se développa donc un peu au hasard, sans calculer l'espace qu'elle occuperait, de sorte qu'un grand intervalle fut laissé entre la cavalerie et la gauche de l'infanterie.

A peine cette évolution était-elle complétement achevée qu'une éclaircie subite fit connaître aux Égyptiens l'ordre de bataille de leurs ennemis; Ibrahim se jeta vivement dans l'espace qui séparait les deux corps d'armée, culbuta la cavalerie, fit prisonnier le grand-visir, et mit le désordre dans l'infanterie, qui cessa aussitôt toute résistance et n'opéra sa retraite qu'avec la plus grande difficulté.

Cette manœuvre brillante, dont l'exécution fut due à l'habileté de Soliman-Pacha, non-seulement donna la victoire aux Égyptiens, qui semblaient devoir être écrasés par des forces supérieures, et assura à Méhémet-Ali la conquête de la Syrie entière, mais encore eut un effet prodigieux sur les esprits. La journée du 24 décembre ouvrait à Ibrahim les portes de Constantinople. Mécontents, les peuples de l'Anatolie voyaient en lui le libérateur qui avait déjà sauvé l'islamisme des redoutables Wahabys, et s'attendaient à voir briser par lui le joug abhorré qui pesait sur eux. Son nom seul était un talisman. L'enthousiasme fut tel, qu'à Smyrne, par exemple, le mutesellim fut renvoyé de la ville, où une autorité nouvelle fut constituée au nom de Méhémet-Ali. Si le lendemain de cette bataille Ibrahim eût marché sur la ville sainte, il y faisait une révolution; il se posait en pontife de l'islamisme, et proclamait la déchéance du sultan, avant que ce prince eût organisé la moindre résistance. C'en était fait : le trône des derniers fils d'Othman passait aux mains d'un soldat albanais. Mais le généralissime prit trop tard cette résolution, et ce ne fut qu'un mois après la victoire (le 20 janvier 1833) qu'il se mit en marche pour le Bosphore. Déjà il était arrivé à Kutahieh, et quelques journées seulement le séparaient de Scutari, lorsque Méhémet-Ali, ayant appris que l'escadre ottomane avait ordre de se rendre en Syrie, envoya l'escadre égyptienne à la rencontre des vaisseaux du sultan. Les deux flottes furent bientôt en présence : celle des Turcs était plus nombreuse, celle de l'Égypte mieux équipée, et les avantages pouvaient être égaux; mais les succès de l'armée de terre électrisaient la marine de Méhémet-Ali, ce qui fit craindre au capitan-pacha que la flotte de la Sublime-Porte n'eût le même sort que son armée; il refusa donc le combat, et rentra dans le Bosphore. A la nouvelle de cet événe-

2me *Livraison.* (ÉGYPTE MODERNE.)

ment, qui le livrait à la merci de son ennemi, Mahmoud, épouvanté, sollicita l'appui de la Russie : 20,000 Russes partirent immédiatement pour Constantinople; néanmoins ils n'atteignirent la capitale de l'empire ottoman qu'après un laps de temps qui aurait permis à Ibrahim de s'en rendre maître. Le sultan sortit de cette crise terrible, en signant le traité de Rustaich et d'Unkiar-Skalessy. Par ce traité, le pacha d'Égypte reçut l'investiture de la Syrie, et l'intervention de la Russie dans les affaires de la Porte Ottomane fut authentiquement consacrée.

On a peine à comprendre l'incurie de la Porte dans toute cette expédition. Elle semble trembler devant son pacha; les armées qu'elle envoie en Syrie laissent Ibrahim prendre constamment l'initiative, condition de succès presque infaillible à la guerre; la flotte turque, bien plus nombreuse que celle d'Ibrahim, reste inactive lorsqu'elle pouvait assurément empêcher celui-ci de transporter des troupes et des munitions. Enfin, quand l'armée égyptienne s'était imprudemment avancée dans l'Asie Mineure, quelques milliers d'hommes jetés dans le Taurus auraient probablement changé la face des événements, et on néglige même de recourir à cet expédient désespéré. Il est difficile, en un mot, de pratiquer plus complétement la doctrine du fatalisme, et de s'en rapporter avec plus d'abandon à la prévoyance d'Allah qui dirige tout.

La conquête de la Syrie, accomplie par Méhémet-Ali dans l'espace d'une année, a valu au vice-roi d'inappréciables avantages, et l'on peut dire qu'elle a complété sa puissance. L'adjonction de cette contrée était nécessaire pour garantir au pacha la possession libre et tranquille de l'Égypte, dont les véritables frontières ne sont pas dans les sables de Suez, mais aux montagnes du Taurus.

La guerre de 1832 a tracé la configuration naturelle du nouveau royaume arabe avec l'ancienne délimitation. Autrefois la Porte menaçait sans cesse son pacha, et le tenait en respect par ses armées de terre et de mer; maintenant la Syrie, qui, comme un poste avancé de l'armée du sultan, gardait à vue le vice-roi suspect, est devenue la sentinelle protectrice de celui qu'elle surveillait jadis; et même, maître aujourd'hui du district d'Adama, c'est Méhémet-Ali qui tient le sultan en échec.

La bataille de Koniah avait profondément excité le ressentiment de Mahmoud. Depuis ce jour fatal à son armée, le sultan cherchait les moyens de se venger de l'homme dont l'audace avait ébranlé son trône, et qui pouvait peut-être, par la suite, attaquer son empire plus directement encore. Il mit donc tout en œuvre pour ruiner la puissance de Méhémet-Ali.

Son premier soin fut de fomenter des troubles en Syrie, afin d'ébranler le crédit et d'affaiblir l'armée de son redoutable vassal. Ce fut aussi dans ce but de destruction par la guerre astucieuse qu'il signa un traité de commerce dont l'application à l'Égypte devait faire naître des embarras de toute nature, et mettre en opposition les intérêts du vice-roi et ceux des puissances européennes.

En même temps que Mahmoud appelait à son aide toute la diplomatie orientale, il s'occupait de réorganiser son armée et de relever sa marine. Enfin, lorsqu'il crut s'être mis en état de soutenir victorieusement une nouvelle lutte, il envoya en Asie Mineure 23,000 hommes d'infanterie, 14,000 de cavalerie, et 140 bouches à feu, sous le commandement du séraskier Hafiz-Pacha. Méhémet-Ali répondit à cette démonstration en faisant marcher sur le même point une armée de 43,000 hommes, commandée par Ibrahim.

Les ennemis étaient en présence au commencement du mois de juin 1839, et vinrent camper au sud de Nézib. Un espace de 6,000 mètres environ les séparait l'un de l'autre. L'endroit où était placée la gauche du camp ottoman lui offrait une protection naturelle, puisqu'elle se trouvait une assez vaste étendue de terrain fortement accidenté, circonstance qui présentait beaucoup d'obstacles aux mouvements des troupes et rendait l'attaque dans cette direction très-désavantageuse pour l'armée égyptienne. Le 23 juin, il n'y avait encore eu que des engagements sans importance entre les deux armées; sur ces entrefaites, vers minuit, Hafiz-Pacha, informé que plusieurs régiments syriens avaient

MONUMENTS ARABES DE LA SICILE

Panthéon de la CUBA.

l'intention de passer dans ses rangs, résolut de faciliter leur désertion, en attaquant à l'improviste le camp égyptien. A cet effet, il fit lancer 260 obus sur l'armée ennemie; mais il n'obtint pas de cette manœuvre tout le succès qu'il espérait, malgré le trouble et la confusion que cette attaque imprévue jeta nécessairement parmi les soldats. L'énergie d'Ibrahim et de Soliman-Pacha opposa promptement une barrière aux transfuges, et quelques centaines seulement parvinrent à gagner le camp des Turcs. Cet incident fit comprendre au généralissime qu'il devenait urgent de mettre un terme à de semblables tentatives, en livrant une grande bataille.

Au lever du soleil, les troupes égyptiennes se mirent en marche, précédées par les Hawaris, qui escarmouchaient avec les troupes irrégulières, tandis que leur général se portait sur les derrières de l'armée turque. Hafiz-Pacha resta quelque temps immobile, et tout à coup fit pleuvoir sur les Égyptiens le feu d'une terrible artillerie, auquel ceux-ci répondirent en faisant jouer toutes leurs batteries.

L'engagement durait depuis près de deux heures, quand les munitions d'Ibrahim se trouvèrent épuisées. Ce fut pour lui un moment terrible. Tandis qu'il était obligé de ralentir son feu, seize bataillons, principalement composés de Syriens, profitaient de son anxiété pour tenter de passer dans le camp ennemi. Dans cette conjoncture, un officier français, M. Petit, conseilla à Hafiz-Pacha de marcher à la baïonnette. Heureusement pour l'armée égyptienne, Hafiz hésita devant une manœuvre qui lui donnait inévitablement la victoire; Ibrahim, le sabre à la main, sous le feu de l'artillerie turque, força les fuyards à rentrer en ligne, et reçut bientôt de nouvelles munitions. Il ordonna alors une attaque générale, et, ayant porté ses batteries en avant, il fit exécuter, à la distance de 600 mètres, un feu à mitraille si bien nourri, que l'ennemi fut en un instant complétement déconcerté.

Les Bachi-Bozouks, troupes irrégulières, prirent la fuite, et bientôt le désordre fut à son comble. Malgré l'activité et la bravoure déployées par Hafiz-Pacha et les officiers européens de l'armée turque pour ranimer les soldats, une grande partie de l'infanterie, qui jusque-là avait montré beaucoup de sang-froid, suivit l'exemple des Bachi-Bozouks et abandonna ses armes. La cavalerie n'avait pas donné, par suite de l'inhabileté de son général en chef; elle fut entraînée dans la déroute, mais elle exécuta sa retraite avec ordre.

Une fois encore la victoire s'était déclarée en faveur du pacha.

Le séraskier se retira sur Marach avec le reste de son armée, laissant 4,000 morts et 2,000 blessés sur le champ de bataille. Plus de 100 pièces de canon, 4,000 tentes, des provisions de toute espèce et 1,200 ou 1,500 prisonniers restèrent aussi au pouvoir des Égyptiens, qui eurent de leur côté 3,000 hommes au moins hors de combat. Telle fut l'issue de la journée de Nézib, journée sanglante et décisive, qui consolidait définitivement la puissance de Méhémet-Ali en Égypte, et dont la Porte n'aurait vraisemblablement jamais pu se relever par ses propres forces.

Mais un événement, en dehors des combinaisons de la politique et de la force des armes, vint, à cet instant même, remettre tout en question en Orient. Six jours après la bataille de Nézib, le 30 juin de cette même année, l'implacable adversaire de Méhémet-Ali, Mahmoud mourut de phthisie pulmonaire, laissant pour héritier d'un empire si fortement ébranlé un jeune homme de dix-sept ans, étiolé par l'éducation du harem.

Bien des croyants, en cherchant un appui pour l'islamisme, menacé jusque dans Constantinople par la protection perfide de quelques puissances européennes, ne virent qu'un seul homme capable de relever la Turquie et de lui conserver son indépendance. L'amiral, Achmet-Pacha fut du nombre des partisans de Méhémet-Ali; et le 14 juillet la flotte ottomane entra dans le port d'Alexandrie, aux acclamations de l'Égypte triomphante, pour apporter sa soumission à l'heureux vice-roi.

Ce fut là le point culminant de la gloire de Méhémet-Ali, et dès cette heure, où l'Anatolie s'était prosternée à ses pieds, où Constantinople semblait l'appeler de ses vœux, il vit de jour en jour sa grandeur s'abaisser, et son influence politique s'éteindre.

A peine Ibrahim avait-il eu le temps de prendre une résolution d'après ces nouvelles éblouissantes, qu'il reçut l'ordre de ne point agir; cet ordre lui fut transmis par un agent du gouvernement français; et, en effet, c'était la France dont la main retenait Méhémet-Ali, en lui faisant espérer qu'il obtiendrait par la diplomatie les mêmes résultats qu'il eût pu se promettre de la guerre.

Cependant le grand pacha avait fait trop d'efforts violents pour qu'il lui fût permis de rester impunément immobile. L'Égypte, obérée et dépeuplée, ne pouvait plus nourrir ni recruter son armée. Méhémet-Ali voulut que la Syrie alimentât ses conquérants, et que les vaincus remplissent les cadres que les vainqueurs étaient insuffisants à combler. Peut-être, dans l'étourdissement du triomphe de Nézib, au moment où les esprits inquiets s'étaient tournés vers le vice-roi, eût-il pu faire accepter cette exigence, en marchant sur Constantinople pour aller s'installer protecteur du trône des sultans; mais lorsque son hésitation avait permis à chacun de laisser parler ses ambitions et ses haines, la Syrie lui donna le nom de tyran; le Liban se révolta, et les Druses, se jetant sur les Égyptiens, leur firent éprouver des pertes considérables. L'armée égyptienne, sans vivres, sans renforts, était cernée dans un pays ennemi, aussi hostile peut-être elle-même à la puissance dont elle était l'instrument que ceux contre lesquels elle se battait. — Au milieu de ces circonstances fâcheuses, le traité de Londres fut signé (15 juillet 1840). L'Angleterre, la Russie, la Prusse et l'Autriche reconnurent qu'il fallait ramener Méhémet-Ali au simple rang de vassal de la Porte. — La France s'abstint, conduite fallacieuse, qui entretint pour un peu de temps encore la confiance funeste du pacha.

L'armée égyptienne était néanmoins une force encore imposante; elle se composait de :

130,000 fantassins réguliers ;
11,000 cavaliers réguliers ;
4,000 hommes d'artillerie avec un matériel nombreux et du génie :

En tout environ 146,000 hommes de troupes régulières. En outre, on comptait 22,000 hommes de troupes irrégulières.

Sur ce nombre, Ibrahim commandait à environ 130,000 hommes. Le reste était réparti dans le Hedjaz, le Sennaar, l'île de Candie et l'Égypte. Trouvant pourtant ces forces insuffisantes, Méhémet-Ali fit délivrer des armes aux élèves des écoles spéciales : bientôt il fit enrégimenter même des invalides, des borgnes, des hommes attaqués de maladies chroniques, etc., pour former des corps de réserve en cas d'insurrection. Toujours inquiet et actif, il imagina d'ajouter encore à ces milices une garde nationale; dans l'état de dépérissement extrême où était l'Égypte, ce ne fut à la vérité que la triste caricature des soldats citoyens d'Europe. Les grades furent distribués aux gens riches et influents; ils puisèrent dans leur autorité soudaine un nouveau moyen de tyrannie et d'extorsion, augmentèrent le malaise et le mécontentement du pays, et n'organisèrent rien. Le résultat fut si complétement nul, que le vice-roi fut forcé de renoncer à son idée, malgré l'extrême ténacité naturelle à son caractère.

Néanmoins, la fermeté de Méhémet-Ali et la réputation militaire d'Ibrahim retenaient encore les signataires du traité de Londres. Ils offrirent, comme dernier terme d'accommodement, le pachalik d'Acre avec celui de l'Égypte. Le vice-roi refusa net, déclarant qu'il préférait périr les armes à la main; et les consuls quittèrent Alexandrie, à l'exception toujours du plénipotentiaire français.

Peu de temps après, les troupes anglaises prirent Seyda, ville du littoral de la Syrie; Ibrahim tenta de ressaisir cette ville, mais il fut repoussé, et dut se jeter dans la montagne.

Le commodore Napier avait mis le siége devant Beyrouth. — Ce point, d'une grande importance, était bien défendu par Soliman-Pacha, à la tête de deux régiments; malheureusement le bruit de la défaite d'Ibrahim se répandait avec rapidité; on ajoutait même que le généralissime avait perdu la vie

MONUMENTS ARABES DE LA SICILE

Bains Arabes à CEFALU

dans la déroute. Soliman, alarmé, crut devoir aller à la recherche de la vérité, afin de rassembler les débris de l'armée s'il en était besoin; il laissa donc Beyrouth sous la garde de Sadik-Bey, colonel d'un des deux régiments. Celui-ci, se voyant seul, quitta la ville, et les Anglais s'en emparèrent aussitôt. Mais, ayant bientôt reçu de Soliman une lettre qui l'assurait de l'existence d'Ibrahim, et lui annonçait le retour immédiat du général à Beyrouth, Sadik-Bey craignit de payer sa trahison de la vie, et s'alla rendre aux Anglais avec son régiment. De Beyrouth le commodore alla mettre le siége devant Saint-Jean-d'Acre. Ici la mauvaise volonté des chefs égyptiens fut plus manifeste encore. Au bout de trois ou quatre heures de bombardement, Ismaël Bey et quelques autres officiers supérieurs prirent prétexte de l'explosion d'un magasin à poudre pour abandonner la ville. Il n'y eut ni brèche pratiquée, ni débarquement opéré : ce fut une fuite honteuse, lorsqu'on avait encore des munitions et des vivres en abondance.

Napier se dirigea ensuite sur Alexandrie avec six voiles, et vint proposer la paix à Méhémet-Ali. Un traité fut rédigé et accepté des deux partis; mais, lorsqu'il fut question de le ratifier, les puissances alliées désavouèrent le commodore, et les choses restèrent dans le même état qu'auparavant. — Méhémet-Ali gardait toujours la flotte ottomane comme un otage. Enfin la Porte se décida à lui offrir le pachalik héréditaire de l'Égypte, à la condition de laisser au sultan le droit de choisir entre les enfants du pacha celui qui devrait lui succéder. Le fier vice-roi rejeta aussi cette proposition, en disant « qu'Ibrahim saurait « au besoin soutenir ses droits, et qu'on « n'aurait rien gagné en faisant souscrire « le père à cet arrangement préjudiciable « au fils. » Nonobstant ce langage énergique, circonvenu bientôt après par les démarches et les notes de la France, il renvoya la flotte à Constantinople, et ordonna à son fils d'évacuer la Syrie.

Ce n'est point une narration aussi brève qui peut donner même une faible idée des souffrances endurées par cette armée, tout à l'heure victorieuse, pour atteindre ses foyers; les chiffres seuls ont quelque chose d'incroyable et de tragique. Sur plus de 130,000 hommes, il n'en rentra pas 50,000 en Égypte, et ceux qui rentrèrent étaient dans un état digne de la plus profonde pitié.

Le désastre était donc complet. Cette fois Méhémet-Ali dut demander lui-même la continuation d'un titre qu'il avait glorieusement porté pendant plus de vingt ans. On lui fit répéter sa demande, et quand on la lui octroya, sans doute par un reste de crainte pour le pouvoir qui avait failli engloutir l'empire tout entier, ce fut en lui imposant des conditions humiliantes et vexatoires (1); ainsi le pacha dut renvoyer dix mille Syriens incorporés dans son armée, réduire cette armée à dix-huit mille hommes, etc. La Porte intervint encore dans les affaires intérieures de l'Égypte, et, sous prétexte de soulager le pays, elle s'efforça de garrotter le pacha.

Pour lui, une rage secrète sembla diriger dès lors ses mouvements. On le vit détruire successivement, afin de produire quelques économies, plusieurs écoles et établissements publics auxquels il avait paru attacher un haut intérêt. De ce nombre furent l'établissement agricole de Choubra, les écoles primaires et préparatoires, et enfin les écoles spéciales. Dans les écoles qui restaient on substitua des maîtres turcs ou égyptiens aux professeurs européens. Ibrahim, qui n'avait jamais goûté de ces innovations que celles dont l'art militaire pouvait directement profiter, aidait et encourageait cette triste palinodie des premières années du règne de son père; et tous deux ne semblaient plus avoir d'autre but positif que d'éluder le traité et de continuer sous une autre forme tout ce qui avait été proscrit. Le monopole agricole, commercial et industriel fut maintenu, avec d'autant plus d'âpreté, peut-être, que les puissances tutrices de la Porte avaient mis plus d'insistance à le faire détruire; des arrangements fictifs, des subtilités, des subterfuges, ont été employés activement

---

(1) Voyez, à la fin du chapitre 1er, la traduction du hatti-scherif qui accorde à Méhémet-Ali le pachalik héréditaire de l'Égypte, et de celui qui lui donne sans hérédité le gouvernement des provinces de Darfour, de Nubie, du Kordofan et du Sennaar.

par l'habile pacha pour déjouer les dispositions dont le véritable but avait été de le dépouiller de toute force et de toute puissance tant au dedans qu'au dehors.

C'est là le triste caractère des faits qui se sont succédé pendant ces dernières années, faits au fond desquels subsiste toujours probablement l'espérance de secouer le joug, quoique le grand âge du vice-roi puisse faire douter qu'il voie jamais un aussi beau jour. De cette œuvre peu de chose reste aujourd'hui, si ce n'est la trace des efforts et le nom de ce qu'on a tenté. L'Égypte maintenant est épuisée, et il faut attendre qu'à défaut d'une aide puissante la nature ait refait ses forces; cependant, dans une vie si diversement agitée, malgré soi on attend toujours; et de même qu'après la bataille de Nézib, lorsque l'Orient était dans l'admiration et la terreur, Méhémet-Ali n'a cessé d'éprouver les revers les plus terribles, on peut aussi, à cette heure que sa puissance paraît être rentrée dans la voie commune, s'attendre à la voir surgir derechef, et à contempler sur le vieil arbre quelques nouveaux fruits encore pleins de saveur.

Ici finit la période de temps que notre narration doit embrasser. Les événements postérieurs à l'évacuation de la Syrie n'ont point changé la signification de ceux qui l'avaient précédée, et, quoi qu'il soit arrivé depuis cette époque, l'aspect et le fond des choses sont demeurés à peu près les mêmes en Égypte.

Après l'esquisse rapide mais complète des grands faits qui ont illustré la vie de Méhémet-Ali, cette biographie semblerait imparfaite si elle ne présentait pas un portrait de l'homme lui-même. En outre, la tâche de l'historien n'est pas achevée tant que les diverses parties de son récit n'ont point été reliées entre elles par des appréciations et une conclusion philosophiques; nous ne pouvons nous dispenser d'offrir, dans un résumé, des considérations sur la valeur des actes politiques et sociaux du législateur moderne de l'Égypte, et un coup d'œil général sur l'état actuel de ce pays. Quand nous aurons peint physiquement et moralement la personne du pacha souverain, il nous restera donc encore à accomplir la partie la plus importante et la plus difficile de notre travail : à établir en quelque sorte le bilan de cette grande renommée.

Méhémet-Ali est de taille moyenne; il a le front saillant et découvert, les arcades sourcilières très-prononcées, les yeux noirs et enfoncés dans leur orbite, la bouche petite et souriante, le nez gros et coloré. L'ensemble de ses traits formerait peut-être une physionomie un peu commune; mais la sienne est néanmoins remarquable par une grande mobilité d'expression, et par un mélange harmonieux de finesse et d'amabilité. Une belle barbe blanche, extrêmement soignée, encadre son visage et couvre sa poitrine. Il a la main parfaitement bien faite; genre de beauté auquel les Orientaux attachent beaucoup de prix. Sa constitution est vigoureuse; sa tournure est élégante; son allure, fière et ferme, a quelque chose de la précision et de la régularité militaire. Il développe bien sa taille en marchant, et balance légèrement le corps. Souvent il tient les mains croisées derrière le dos; et, comme Bonaparte, il aime à se promener dans cette attitude à travers ses appartements.

Le pacha est rarement vêtu avec faste. Autrefois il portait toujours le costume des anciens mamelouks; mais, depuis quelques années, il a substitué le tarbouche militaire au large turban dont l'effet était si noble et si pittoresque, et l'uniforme étriqué du nizam aux amples draperies si longtemps affectionnées; néanmoins ses vêtements ont eu toujours une telle simplicité, qu'on a fréquemment pu le prendre plutôt pour quelqu'un de la suite du pacha que pour le grand pacha lui-même.

Ses manières sont dignes et bienveillantes comme celles d'un grand seigneur, chose que le dernier esclave apprend du reste assez vite en Orient. Il ne s'entoure point d'une foule de courtisans armés, comme font d'ordinaire les satrapes de l'Asie; un seul factionnaire veille à sa porte ouverte à tout venant. Dans son divan, où on le trouve toujours sans armes, il joue habituellement avec une riche tabatière ou avec le rosaire des peuples d'Orient.

Les jeux de billard, des échecs et de dames plaisent beaucoup au pacha, et il ne se fait aucun scrupule de prendre pour ses adversaires des officiers subalternes, et quelquefois même de simples soldats ; mais le plus ordinairement ce sont les consuls ou des voyageurs étrangers qui font sa partie de billard. Ce n'est pas ainsi qu'on se figure, en Europe, le destructeur des mamelouks, le vainqueur de Mahmoud, et le régénérateur de l'Égypte.

Méhémet-Ali est très-impressionnable et très-vif; il parvient difficilement à cacher les émotions excitées par des causes soudaines; aussi a-t-il été souvent trompé par de hardis intrigants, qui profitaient de cette faiblesse ou de cette qualité bien connue. Sa générosité, peu commune, et qui va quelquefois jusqu'à la prodigalité, excite d'ailleurs la cupidité des aventuriers, et leur promet une riche moisson en cas de réussite; peu de princes sont autant sollicités, et voient autour d'eux plus d'ambitions abjectes. Au nombre des traits saillants du caractère de Méhémet-Ali, des témoignages non suspects placent l'amour passionné des femmes, que la tradition signale aussi comme un des penchants dominants de Mahomet.

Le vice-roi est très-épris de la gloire; aussi s'exprime-t-il avec orgueil et enthousiasme quand il parle de son existence passée. Il pense beaucoup à l'éclat qui entoure son nom pendant sa vie, et s'imagine que cette renommée lui survivra.

Il se fait faire une traduction de la plupart des journaux européens, et paraît souffrir beaucoup des critiques plus ou moins acerbes dont ses actes ou sa valeur personnelle y sont souvent l'objet. Maintes fois on l'a vu manifester son indignation ou son chagrin des attaques virulentes que lui ont prodiguées quelques écrivains; il est persuadé qu'elles lui ont été très-nuisibles et qu'il faut leur imputer, en grande partie, la ruine de ses espérances. Selon la communication d'une personne digne de foi, Hussein-bey aurait raconté, à ce sujet, qu'il avait entendu Méhémet-Ali atttribuer l'opposition de la France et de l'Angleterre à ses projets d'indépendance, principalement à l'influence du journal de Smyrne, par lequel avaient été répandues en Europe tant de diatribes et de calomnies sur son gouvernement. « Je donnerais volontiers, » ajoutait le pacha, « un million de thaleris « (six millions de francs environ) pour « que cette feuille n'eût jamais paru; et « c'est ma faute si elle existe, car j'ai « eu longtemps son rédacteur à ma dispo- « sition, et je l'ai rebuté. »

Les émotions de sa vie politique lui ont ôté le repos; il dort peu, et rarement d'un sommeil paisible. Deux esclaves veillent constamment à ses côtés pour replacer les couvertures qu'il dérange sans cesse.

Parmi les différentes péripéties qui ont pu contribuer à troubler son repos, on cite comme une des plus influentes celle qui a produit le hoquet convulsif auquel il est notoirement sujet.

Voici quelle est l'origine de cette affection spasmodique. Lors de l'expédition d'Arabie, Toussoun-Pacha fut bloqué dans Tayef par l'armée des Wahabys. Le grand pacha était resté à la Mecque; il n'avait point de troupes avec lui, et on lui conseillait de se rendre à Djedda, afin d'être prêt à s'embarquer en cas d'événements. « Je ne veux point « m'éloigner, dit-il; au contraire, je veux « aller délivrer mon fils. » Et il partit escorté seulement de 40 mamelouks. Arrivé près de Tayef sans avoir encore arrêté de plan de conduite, il voulut se reposer pour y réfléchir ensuite, et ordonna à un de ses mamelouks de le réveiller à la moindre alarme. Il était donc plongé dans le plus profond sommeil, quand un des sentinelles amena un espion wahaby, pris dans les environs du bivouac. Le serviteur, épouvanté, réveilla son maître en sursaut, et lui causa une si grande frayeur, qu'il fut pris d'un hoquet convulsif dont les attaques se sont répétées depuis à chaque émotion violente. Cependant, ayant recouvré ses sens, Méhémet-Ali interrogea l'espion; et, dirigé par les réponses de cet homme, il lui dit à son tour qu'il commandait l'avant-garde de l'armée du pacha. « Si tu veux, « ajouta-t-il, porter à Toussoun-Pacha « la nouvelle de l'arrivée de son père, tu « recevras 100 thaleris de récompense. » L'Arabe consentit, et emporta la missive. Avide, comme tous les individus de sa race, il accomplit religieusement son message, et reçut le *bacchiche* promis; puis il courut vers le camp wahaby, où il annonça l'arrivée de Méhémet-Ali à la tête d'une armée formidable. La ruse eut un plein succès; les assiégeants, terrifiés, disparurent en peu d'heures. Cette facile victoire a néanmoins coûté le repos au vainqueur.

Malgré les courts instants qu'il donne au sommeil, il est toutefois d'une activité peu commune. A quatre heures du matin on le voit sur pied, et toute sa journée est employée, soit à travailler avec ses ministres, soit à passer des revues, soit à inspecter les chantiers ou tout autre établissement public dont il se plaît à surveiller les travaux.

Il calcule bien, sans jamais avoir appris l'arithmétique. On sait qu'il avait quarante-cinq ans lorsqu'il chercha à connaître les premiers éléments de l'écriture et de la lecture. Une esclave de son harem lui enseigna, dit-on, l'alphabet, et un cheikh fut chargé de lui apprendre à écrire. C'est là une particularité caractéristique de sa vie, et elle devient réellement remarquable quand on pense aux graves préoccupations politiques qui devaient absorber l'intelligence de cet homme éminent.

Au sein de l'intimité, il est communicatif, curieux, et ses questions accusent une ignorance naïve, tout en révélant beaucoup de finesse et de pénétration. Dans la conversation, il a quelquefois un à-propos remarquable de repartie. Un consul vantait un jour, en sa présence, le tableau d'Horace Vernet représentant le massacre des mamelouks, peinture que tout le monde admirait alors au musée de Paris: « L'ar-
« tiste, dit le pacha, pourra trouver un
« sujet de pendant à son tableau dans
« le massacre des mamelouks de Bona-
« parte à Marseille. »

Son caractère est absolu et violent; mais, comme presque tous les Orientaux, dans la majeure partie des cas il sait se contenir, et conduire avec la plus grande adresse ce qu'il a prémédité; ainsi la fougue de son tempérament en fait un homme brave et hardi, et le pouvoir qu'il a de dompter cette fougue, au besoin, en fait un général habile, et lui donne l'art de commander en toutes circonstances.

En dépit de ses penchants irascibles, beaucoup de bonté naturelle lui rend difficile d'infliger des punitions; une indulgence, qui semble dans certaines occasions aller jusqu'à l'insouciance, le porte à pardonner volontiers, et même à oublier les fautes les plus graves. Cette propension de son cœur vers les actes de justice et de clémence lui a dicté une de ses décisions administratives les plus importantes : c'est celle qui enlève aux grands le révoltant privilége de punir de mort leurs esclaves ou leurs subordonnés; il a voulu que de semblables sentences fussent ratifiées par un arrêt du souverain, mettant ainsi un arbitre entre l'accusé et le juge, et un intervalle salutaire entre la faute et le châtiment.

Cependant il a quelquefois des accès étranges de despotisme, et nous en consignerons ici deux exemples assez curieux.

Entre autres plantes rares venues d'Europe, Méhémet-Ali avait reçu un dahlia. Placée en pleine terre, au grand soleil, assez loin du kiosque favori du pacha, la plante avait fleuri parfaitement sans que son maître en prît garde. Mais un étranger ayant un jour parlé de la beauté de cette fleur, Méhémet la remarqua pour la première fois, et, l'admirant à son tour, il commanda de la mettre en caisse et de la transporter sous le sycomore qui ombrage son kiosque. Le jardinier ayant osé objecter que la fleur pouvait en mourir, à cette observation le prince fronça le sourcil, et jura de faire enterrer vif le maladroit qui laisserait périr l'objet de sa soudaine prédilection. Le lendemain le dahlia était soigneusement déposé dans une large caisse à l'ombre du sycomore; mais la fleur à demi fanée penchait languissamment sur sa longue tige. Le jardinier fut amené, étendu sur le sol, et, malgré ses réclamations, il reçut d'abord plusieurs coups de courbache. Cependant, comme le patient ne cessait de répéter avec un grand sang-froid qu'on ne pouvait faire obéir les plantes de même que les hommes, il en fut quitte pour une légère bastonnade. Après mûre réflexion, le pacha lui envoya même un cadeau pour le dédommager.

Dans le nombre des arbres fruitiers qui lui étaient aussi venus d'Europe, il avait recommandé à ses jardiniers deux ou trois variétés de pruniers. On en prit grand soin, et l'un d'eux produisit quelques prunes. Le prince, qui avait suivi avec intérêt les développements de ce fruit, ayant eu la fantaisie d'en goûter tandis qu'il était encore vert, lui trouva déjà un goût exquis, et ordonna au directeur du jardin de donner une attention spéciale aux cinq ou six prunes qui restaient. L'arbre fut donc entouré d'un filet pour empêcher les oiseaux d'arriver jusqu'à ces fruits précieux, et un gardien dut exercer la plus active surveillance. Malheureusement, un de ces tourbillons si fréquents en Égypte vint fondre sur l'objet de tant de sollicitude, et, la tourmente passée, il resta sur l'arbre..... une seule prune! Par compensation, sans doute, celle-ci devint si belle qu'elle semblait avoir entièrement absorbé à elle seule tous les sucs destinés à alimenter une récolte abondante. Enfin la prune allait être mûre, et depuis quelque temps le pacha semblait oublier de visiter son jardin. Les jours passaient, et rien n'annonçait une prochaine promenade à Choubra. Le directeur, fort inquiet, en délibéra avec ses subordonnés; il fut décidé, à l'unanimité, que la prune avait atteint sa maturité parfaite, et que si on ne la cueillait elle courrait le risque de tomber ou de se gâter sur l'arbre. On la détacha donc de la branche, en grande cérémonie; puis, après l'avoir délicatement enveloppée de duvet de coton, on l'enferma dans une petite boîte, qui fut cachetée et expédiée par un exprès à son Altesse. C'était au temps du ramadan; Méhémet-Ali, légèrement indisposé, prenait ses repas dans son harem. La prune lui fut servie parmi d'autres fruits par un eunuque auquel on n'avait point fait savoir tout le prix qu'elle avait pour son maître; n'ayant pas été prévenu, le pacha la prit avec une complète inadvertance, et la mangea, sans se douter que c'était une de celles à l'égard desquelles il avait fait de si rigoureuses recommandations.

A quelques jours de là, il se rendit à son jardin, et, tout d'abord, il vint droit au prunier. Plus de prune!..... Avant qu'on eût pu lui donner l'explication de cette disparition désappointante, le pacha fut pris du hoquet convulsif, symptôme de sa plus violente colère, et le directeur du jardin, saisi sur un signe, fut jeté à terre, et bâtonné au pied de l'arbre. Le pauvre homme parvint enfin à se faire écouter, des témoins furent entendus, et on appela l'eunuque. — Est-ce que j'ai mangé une prune? lui cria le pacha du plus loin qu'il l'aperçut. — Oui, Altesse; il y a quelques jours qu'au repas du soir je vous en ai servi une. — Et tu ne m'as pas averti! — Au geste qui accompagne ces paroles, l'eunuque comprend son danger, court, s'élance sur le cheval tout harnaché du pacha, et disparaît à travers champs avant qu'on ait pu tenter de s'emparer de lui. Le malheureux se tint caché pendant plusieurs jours; cependant lorsqu'on osa en parler au pacha, il daigna lui faire grâce.

Hâtons-nous de le déclarer: si le vice-roi a des caprices de despote, il a fait preuve, en plusieurs circonstances, de beaucoup de loyauté, et d'une parfaite noblesse de sentiment. Ainsi il n'a jamais consenti à livrer à la Porte les rebelles réfugiés en grand nombre dans ses États; et même lors de l'insurrection de la Grèce il protégea religieusement les Hellènes qui se trouvaient en Égypte, et les conserva dans leurs emplois. Pourtant ce serait une complète erreur d'inférer de ces démonstrations accidentelles que le pacha ait des notions raisonnées et un amour vrai de l'équité; qu'il se puisse être jamais préoccupé sérieusement de censurer et de faire respecter les droits naturels de l'homme dans ses États, quoi qu'on l'ait beaucoup glorifié d'avoir voulu instaurer pour tous ses sujets indistinctement une législation protectrice, et la tutelle d'une administration régulière de la justice. Le code qui a été promulgué par Méhémet-Ali, il y a quelques années, et dont on a tant vanté la sagesse et la portée libérale, n'a jamais été mis en vigueur; ce fut un sacrifice fait par Zalem-Pacha (1) à sa renommée, aux instigations et à l'exigence de ses prôneurs. Aussi a-t-il été abandonné aussitôt après son adoption, ou si ses dispositions ont

(1) *Zalem* veut dire oppresseur, tyran, de *Zoulm*, oppression. Zalem-Pacha est le nom que les fellahs donnent à Méhémet-Ali.

été appliquées, cela a été dans de rares occasions, lorsque les intérêts directs ou indirects du pacha n'en devaient point souffrir. A la vérité, il n'en pouvait guère être autrement, à moins que le législateur n'eût eu une trempe de génie et de caractère de beaucoup supérieure à celle qu'il a montrée ; il lui eût fallu frapper d'abord, sans hésiter, ses affidés, les soutiens de sa puissance, et s'interdire à lui-même une foule d'iniquités. Le premier coupable qu'eussent atteint les nouveaux statuts eût été leur principal rédacteur, Moukhtar-Bey, qui, bien qu'élevé en France, n'avait pas perdu les goûts honteux si communs dans son pays, et qui, dix jours après avoir achevé la fameuse compilation, furieux de rencontrer dans un jeune domestique arabe une résistance inébranlable à ses propositions dissolues, fit impitoyablement mourir ce malheureux sous le bâton. Instruit de cette affaire, Zalem-Pacha pensa, comme font encore tous les grands en Égypte, *qu'une tête fellah ne vaut pas un cheveu turk*. En dépit des prescriptions formelles et rigoureuses de la récente jurisprudence, Moukhtar-Bey en fut quitte pour payer un dieh (rachat ou prix du sang) de 500 piastres, environ 125 francs, somme inférieure à ses appointements d'une journée : on voit qu'à ce taux il pouvait tuer, sans inquiétude pour sa propre peau, plus de trois cent soixante-cinq hommes par an ; encore cette condamnation n'a-t-elle été peut-être prononcée que pour la forme, et ne sommes-nous nullement certain qu'on ait veillé à l'exécution de la sentence, et que les parents de la victime soient jamais parvenus à recevoir cette indemnité dérisoire. Ce n'est pas là le seul fait de ce genre que nous pourrions révéler, ils abondent : pour se venger de semblables déconvenues, ou par des motifs tout aussi peu excusables, Sélim-Pacha jette un de ses mamelouks à l'eau ; Mahou-Bey tue un des siens sous le bâton ; Choukry-Effendi en fait autant : tous ces meurtres et bien d'autres crimes restent impunis. Deux ans après la publication de ce code, dans lequel on s'était plu à voir le gage d'une ère d'égalité civile et d'inviolabilité individuelle pour tous les habitants du pachalik, indigènes ou étrangers, on *torturait* encore les paysans avec des briques rougies au feu, on les clouait encore par les oreilles, on les déchirait encore à coups de courbache, pour les forcer à payer l'impôt ou les avanies du pacha *mange-peuple* (1).

Il faut bien le dire, l'octroi réel d'un régime légal, l'investiture donnée à ses sujets de la faculté de recours à l'autorité souveraine d'une constitution, la soumission du chef du gouvernement et de ses agents à la sanction suprême d'une juridiction inévitable et impartiale, eussent été une gêne cruelle pour le mode usuel de procéder du vice-roi et de son administration. Sans doute il a bien quelque peu mérité le surnom de Zalem dont le peuple lui a fait hommage, n'ayant guère plus rien autre chose à lui offrir dans l'état de misère où il l'a réduit. Sans passer en revue toute la série des actes tyranniques qui lui a valu cette épithète significative, constatons seulement que rien n'égale l'esprit de fiscalité et de rapine de Méhémet-Ali, et l'iniquité de ses extorsions. Armée, employés, artisans, il voudrait ne payer personne, et s'arrangerait parfaitement d'être servi gratis ; les officiers civils et militaires, les soldats, les ouvriers, ont toutes les peines imaginables pour obtenir le règlement de leurs appointements ou de leurs salaires, et rarement ils reçoivent des espèces ; dans la majeure partie des cas, ils sont forcés d'accepter des marchandises provenant des fabriques du pacha ; et pour se procurer de l'argent il leur faut revendre à perte les objets qui leur ont été comptés à des prix exorbitants. Jamais caissier du trésor auquel est présenté un teskéré (mandat) n'a de numéraire dans ses coffres ; il ouvre au réclamant ses magasins, où celui-ci peut choisir, s'il y a du choix, en subissant le tarif. Le créancier auquel il ne convient pas de se charger de débiter les produits des manufactures vice-royales s'adresse à des usuriers, qui lui escomptent son titre avec un rabais considérable sur la valeur nominale, rabais sur lequel le potentat industriel prélève sans doute une prime pour per-

---

(1) Épithète donnée à un roi par Homère : Δημοβόρος βασιλεύς. Iliados A, v. 281.

mettre ce courtage. Parmi toutes les rubriques ingénieuses inventées par Méhémet-Ali pour obtenir quittance sans bourse délier, un exemple remarquable achèvera de donner une idée nette de sa fécondité en combinaisons financières. Après la prise de Saint-Jean-d'Acre par les Européens, Ibrahim-Pacha, voyant l'impossibilité de garder la Syrie plus longtemps, envoya l'ordre à tous les corps de troupes d'effectuer leur retraite vers l'Égypte, et de détruire en partant tout ce qui pourrait servir contre eux. Les fortifications et les poudrières furent démolies, les tentes furent brûlées, les canons encloués, et tout le matériel dont les magasins étaient approvisionnés fut mis en pièces; on alla même jusqu'à briser les fusils et les sabres des soldats qui mouraient en route, afin de ne fournir aucune arme à l'ennemi, qui se grossissait chaque jour de tous les mécontents. A l'arrivée de l'armée au Kaire, on fit le compte minutieux de la perte occasionnée par l'exécution de cette mesure, impérieusement imposée aux Égyptiens par leurs chefs, et l'on trouva qu'elle se montait à six mois de la solde des débris de l'armée vaincue qui venait d'essuyer tant de fatigue et de souffrance; cette enquête était assez légitime, mais ce qu'il y eut d'odieux, d'incroyable, c'est ce qui nous reste à divulguer, ce que le rapprochement des chiffres a déjà fait soupçonner peut-être : on voulait retenir cette somme aux soldats survivants, et il fallut d'énergiques protestations de la part de Soliman-Pacha pour vaincre l'obstination de Méhémet-Ali, et le faire renoncer à sa singulière détermination. Le pacha finit par comprendre, non sans peine, qu'il était au moins imprudent d'irriter, par une confiscation abusive, une armée dont son sort pouvait encore dépendre d'un instant à l'autre. Il nous semble évident que l'institution sincère et l'existence respectée d'une sauvegarde omnipotente du faible et de l'opprimé sont incompatibles de tout point avec de semblables inclinations. Au surplus, si l'on avait eu l'intention loyale de faire le bien, d'affranchir et de rendre heureux les infortunés serfs de l'Égypte, il n'était nullement nécessaire d'étudier, d'imiter la morale et les préceptes de l'Occident : la vertu du Koran suffisait à la chose ; il ne s'agissait que de se conformer strictement aux commandements et aux arrêts du prophète ; au nombre des décrets assez complets et précis du livre sacré, il en est qui stigmatisent et châtient l'accaparement et le monopole, à peu près à l'égal du vol. Mais Méhémet-Ali semble avoir puisé des inspirations plus efficaces dans la maxime arabe : « Le peuple « doit être traité comme le sésame ; il « faut le fouler et l'écraser pour en tirer « de l'huile. »

Puisque nous sommes sur ce sujet, et que nous avons consigné ici la malédiction qui résonne sans cesse sur les lèvres des fellahs, nous ne pouvons nous dispenser d'entrer dans quelques explications sur un fait auquel on a donné beaucoup d'importance et de retentissement dans son temps, et qui, de prime aspect, renferme une infirmation directe et imposante de la preuve par nous alléguée d'un anathème généralement fulminé à l'endroit du pacha : nous voulons parler de la démarche solennelle tentée unanimement et spontanément par les Égyptiens auprès de la Sublime-Porte, pour conjurer la déposition de leur gouverneur. Voici les moyens rapides et efficaces par lesquels s'est opérée cette conversion manifeste de la disposition des esprits : au milieu de novembre 1840, le vice-roi convoqua au Kaire les nazers et les cheikhs de tous les districts de l'Égypte. On se réunit à la citadelle, et Hussein-Pacha, à qui avait été confiée la haute mission de présider ce conseil, parla éloquemment de la nécessité d'introduire des réformes dans l'administration des provinces afin de soulager le peuple, et fit briller aux yeux de ses auditeurs une superbe perspective ; après ce ravissant discours, il prit avec complaisance l'avis de chacun d'eux, écouta toutes les demandes et réclamations, et distribua magnifiquement des promesses ; puis, feignant d'être forcé de partir précipitamment par la réception d'une lettre du vice-roi, il pria les nazers et les cheikhs d'apposer de suite leurs sceaux au bas d'une feuille de papier qu'il prenait l'engagement de remplir du procès-verbal de leur conférence, en relatant fidèlement ce qui s'y était passé. Aucun des assistants n'osa refuser, et l'honnête pacha perpétra une innocente substitution ; il rédigea sur le blanc seing une supplique du peuple égyptien au sultan Abd-ul-Medjid pour solliciter le maintien de Méhémet-Ali dans le pachalik d'Egypte. Trompés par quelque autre ruse, ou séduits d'une façon quelconque, les oulémas du Kaire dressèrent une requête dans le même but. On voit, par nos éclaircissements irréfutables, quelle foi il faut ajouter à ces tendres et louangeuses pétitions, à l'aide desquelles on a exploité audacieusement l'admiration et la sympathie crédules de bien des gens.

Le vice-roi observe les rites de l'islamisme, mais il n'est point fanatique, et il a toujours montré une grande tolérance pour tous les cultes. Il est le premier souverain musulman qui ait su faire respecter les chrétiens dans son empire, qui les ait traités avec confiance, et qui leur ait donné des titres et des commandements. — En bravant ainsi les préjugés du peuple et l'inévitable jalousie des grands, Méhémet-Ali a déployé un véritable courage et fait montre d'un esprit plein de droiture. A proprement parler, du reste, Méhémet-Ali. ne semble guère se soucier d'être rangé au nombre des zélés islamistes, de mériter la sainte épithète de *moumenine*, ou *vrai croyant*. Rien n'atteste en lui la conviction profonde de la précellence absolue de la foi mahométane sur les autres ; quelques traits de sa vie nous ont paru des indices suffisants pour asseoir cette opinion, et serviront probablement à la justifier. Au mépris du Koran et de toutes ses lois divines, le pacha fit deux ou trois fois saisir, à la fin de leur pèlerinage, tous les pieux Arabes qui s'étaient rendus à la Mekke pour accomplir ce devoir solennel et indispensable, et compléta, de cette manière, les régiments du Hedjaz décimés par la guerre. A l'époque accoutumée de la crue du Nil, en 1825, comme les eaux n'étaient point arrivées à la hauteur ordinaire, Méhémet-Ali, ayant ordonné des prières dans toutes les mosquées, engagea aussi publiquement les chefs des autres cultes professés en Égypte, à faire prier pour obtenir de Dieu ce bienfait commun. « De tant « de religions, » disait-il dans cette circonstance, « il serait bien malheureux « qu'il n'en fût pas une seule bonne. »

Ce prince, avec beaucoup de facultés remarquables, possède les vertus de l'homme privé. Il est bon père, ami sûr, et, chose rare parmi les princes asiatiques, sa sobriété est extrême, et ses mœurs sont assez pures. Une grande sensibilité lui donne quelque chose de touchant, et lui concilie facilement l'affection de ceux qui l'environnent. La mort de ses enfants l'a profondément affecté ; pendant longtemps on pouvait suivre sur le visage du père inconsolable la trace d'une grande douleur ; et la perte de ses compagnons d'armes lui a souvent fait verser des pleurs sincères. Plusieurs de ses camarades de jeunesse ont été associés à sa fortune, et se sont élevés et enrichis par ses faveurs ; ses compatriotes ont toujours trouvé près de lui un accueil bienveillant et généreux. La terre natale est restée chère à ses souvenirs, et il a souvent témoigné son affection et son intérêt pour les lieux où s'est passée son enfance : les habitants indigènes de Cavala sont, dit-on, exempts de tous impôts, Méhémet-Ali les payant annuellement au trésor impérial. On rapporte aussi qu'il a donné l'ordre de conserver soigneusement sa maison paternelle et de n'y faire aucun changement ; il a encore des parents qui y vivent, comblés de ses bienfaits.

Soit par une faiblesse commune à beaucoup d'hommes sur le retour, soit par calcul, le pacha aime à se dire plus âgé qu'il ne l'est réellement, afin de faire remarquer la vigueur qui lui reste encore. En 1836 il se donnait soixante-treize ans, ce qui ferait remonter sa naissance à l'année 1763, tandis qu'il est né en 1768 ou 1769.

Il serait complétement oiseux de parler de ses vertus guerrières ; la haute position qu'il s'est faite en dit assez à cet égard. Nous ajouterons seulement que dans sa vie privée il a souvent poussé le courage jusqu'à la témérité. Il y a quatre ou cinq ans à peine qu'on l'a vu entreprendre sur un dromadaire de longs et périlleux voyages au milieu du désert, et braver les écueils du Nil, pour se rendre à Fazoglou, c'est-à-dire à six cents lieues de sa capitale.

Exempt des préjugés mahométans, et partisan des innovations, le pacha s'en-

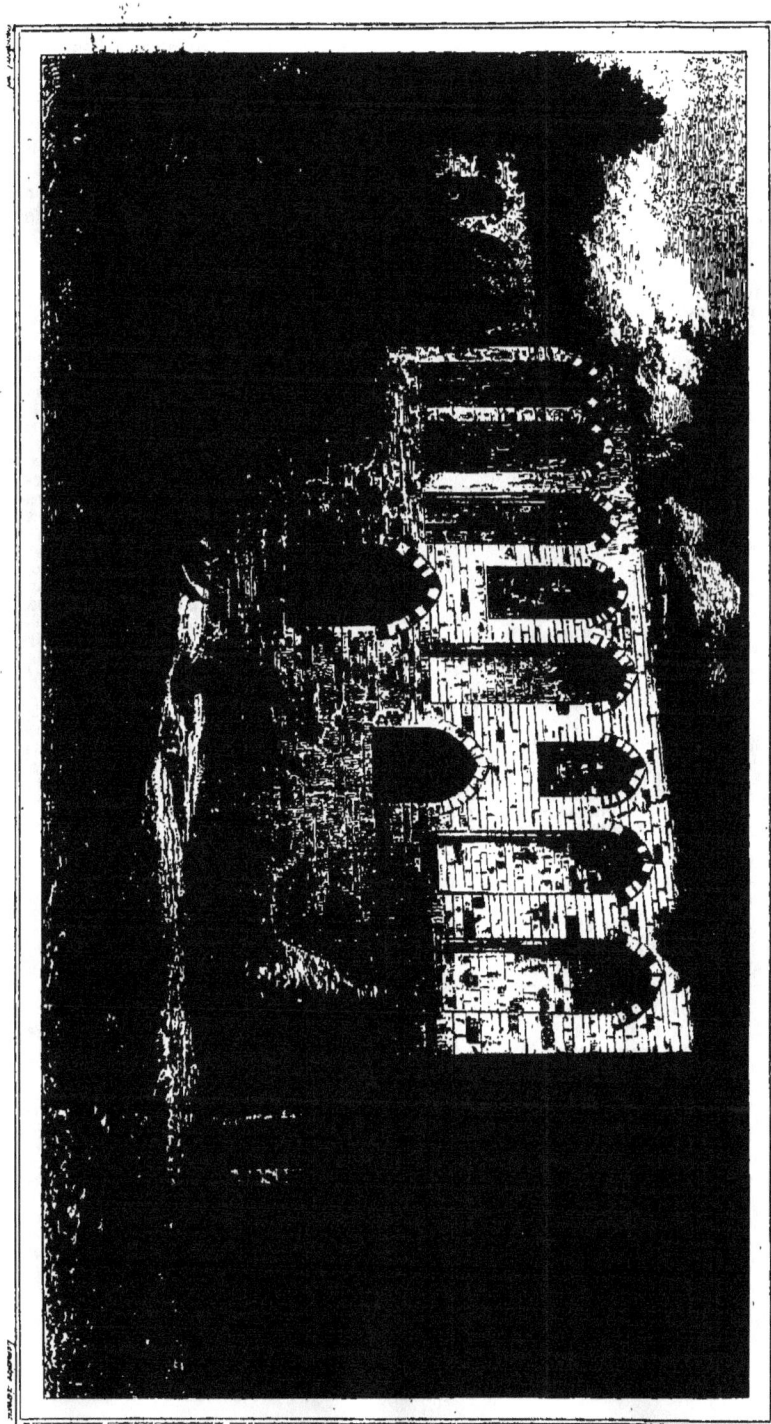

MONUMENTS ARABES DE LA SICILE.

quiert beaucoup des nations de l'Europe, qu'il imite avec une certaine affectation, même dans leurs erreurs. Mais, malgré cette *xénomanie*, sa patrie exerce encore une certaine influence sur ses pensées et sa conduite. Il parle avec enthousiasme de la Macédoine, d'Alexandre, son héros favori, et des Ptolémées. On dirait que pour être de leur pays il se croit un peu de la même famille. Entendant un jour raconter un trait de la vie d'Alexandre, il s'écria avec orgueil : « Et « moi aussi je suis de Philibeh (1). » Na-

(1) C'est ainsi que les Turcs appellent la Macédoine, du nom de Philippe, père d'Alexandre.

Nous terminons ces détails relatifs au pacha par quelques renseignements qui nous ont paru mériter d'être mis sous les yeux du lecteur.

Voici la formule des titres qu'il prend en tête de ses actes officiels :

« Son Altesse, le doué de grandeur, de puis-
« sance, de victoire, de conquête, d'intelli-
« gence, Mohammed-Ali-Pacha; que Dieu pro-
« tége ses jours, et déploie dans la bataille ses
« étendards! »

En regard de cet échantillon de style emphatique, parfaitement conforme aux traditions de la superbe orientale, vient nécessairement se placer la description du sceau de l'heureux parvenu.

Au centre de ce sceau, le possesseur est désigné en ces termes : « Celui qui se fie sur Dieu, « l'assisté Mohammed-Ali son esclave. » Dans le cercle extérieur, qui sert de bordure, on lit deux vers qui signifient : « Celui dont le re-
« cours est dans l'apôtre de Dieu, fût-il saisi
« par le lion dans sa tanière, est sans crainte. »

Cette devise est imitée du *Borda*, poëme à la louange du prophète.

Des négociants anglais de Manchester et de Liverpool ont fait frapper des médailles en or, en argent, et en bronze, en l'honneur de Mohammed-Ali. Elles portent, d'un côté, l'effigie du pacha, gravée d'après un mauvais portrait qui lui donne un air ignoble et féroce : on lit à l'entour MÉHÉMET-ALI-PACHA; sur le revers, deux palmes, dont les tiges sont nouées ensemble à leur naissance, encadrent l'inscription suivante :

TO THE FRIEND
OF SCIENCE, COMMERCE,
AND ORDER, WHO PROTECTED
THE SUBJECTS AND PROPERTY
OF ADVERSE POWERS,
AND KEPT OPEN
THE OVERLAND ROUTE
TO INDIA.
1840.

En voici la traduction littérale :

*A l'ami
de la science, du commerce
et de l'ordre, qui protégea
les sujets et les propriétés
des puissances antagonistes,
et maintint libre
la route par terre
de l'Inde.*

poléon est l'objet de son admiration; pourtant le Macédonien l'emporte peut-être encore dans son esprit, à cause du prestige de l'espèce de culte de famille dont nous avons fait mention. Les vies de ces deux grands hommes sont sa lecture habituelle; et, par suite d'un singulier mélange d'idées héroïques et astucieuses, il ajoute à ce sujet de méditations la lecture du *Prince* de Machiavel, dont il a fait faire une traduction pour son usage. On assure que, à l'exemple de Napoléon et de César, il se croit obligé d'écrire ses mémoires, et que, quand

La bizarre idée de cet hommage menteur ou intéressé éclata dans les cerveaux des spéculateurs britanniques au moment même où la flotte anglaise bombardait Beyrouth et Saint-Jean-d'Acre, où les menées diplomatiques d'une politique égoïste et envahissante tramaient vigoureusement l'expulsion du vice-roi; cette idée malencontreuse a considérablement égayé les salons de Londres, et soulevé dans tous les journaux de la perfide Albion une tempête de sarcasmes et de quolibets contre ses auteurs, les candides ou malicieux trafiquants des villes maritimes.

A la même époque, dans des circonstances non moins étranges, quoique d'une nature bien différente, la France a vu décerner dans son sein un pareil tribut d'admiration au grand homme dont nos pacifiques gouvernants répudiaient la défense profitable, après l'avoir poussé à résister à ses ennemis. La médaille française présente aussi la figure parfaitement gravée et assez ressemblante du vice-roi; cette effigie a beaucoup de saillie; derrière la partie postérieure de la tête, on lit : MÉHÉMET-ALI RÉGÉNÉRATEUR DE L'ÉGYPTE; et les mêmes mots sont tracés en arabe devant la partie antérieure, sur le bord opposé du disque; le revers porte au milieu un simulacre de cimeterre, de chaque côté duquel est placée la légende suivante, ici en français, là en arabe :

IL SAIT
DÉFENDRE
AVEC
NOBLESSE
L'HONNEUR
DE
SON PAYS.

Sur la lame du cimeterre il y a en français et en arabe :

NÉZIB, 1839.

Nous n'entrerons dans aucune réflexion motivée, ni sur l'intempestivité de la démonstration, ni sur le ridicule des expressions employées dans la phrase élogieuse; nous ferons seulement remarquer que la formule — *honneur du pays* — n'a pas d'équivalent dans l'idiome arabe; cette pensée, ce sentiment, chers à l'Occident, sont complétement vides de sens et nuls pour les intelligences et les âmes orientales.

il a un moment de loisir, il dicte à son kateb (secrétaire) une relation des événements de sa vie agitée, version qui sera seulement connue après sa mort.

Au nombre des incidents secrets de sa carrière aventureuse, il en est un des plus intéressants sur lequel l'avenir nous apportera peut-être quelques révélations de sa part à défaut d'autres, et dont nous dirons ici quelques mots, sous forme d'anecdote, sans rien affirmer. A l'époque de la prise d'Alger, on racontait, à Alexandrie, que le gouvernement français, ne voulant point conserver sa conquête, mais seulement punir l'insolence du dey et détruire la piraterie, avait offert à Méhémet-Ali de lui céder cette province importante s'il voulait payer les frais de la guerre et donner au commerce de nos nationaux toutes sortes de priviléges et avantages; la mission de M. Bois-le-Comte n'avait pas, prétendait-on, d'autre objet; et, selon quelques personnes qui passaient pour bien informées, le pacha avait accepté et commençait déjà ses préparatifs, quand la révolution de 1830 est arrivée. Cet événement seul a-t-il rompu de fait toutes les négociations, ou d'autres causes ont-elles fait manquer plus tard ces combinaisons politiques? Ce sont là des questions d'histoire diplomatique qu'il ne nous appartient pas de résoudre.

Il n'est pas d'homme qui ait été jugé plus diversement que Méhémet-Ali. Les uns ont vu en lui un nouveau Ptolémée-Philadelphe, un héros dont le règne a régénéré et civilisé l'Égypte; les autres en ont fait un aventurier habile, qui s'est occupé de parvenir au pouvoir dans un but exclusif de domination, et d'exploiter son pachalik dans un intérêt tout personnel.

Mais, quoi qu'il en soit de ces opinions contradictoires, c'est manifestement, tout le monde doit le reconnaître, à une grande force de conception, à une persévérance rare, à un esprit de conduite parfaitement entendu, à un tact profond, à une énergie puissante, qu'il a dû sa fortune et sa réputation.

Méhémet-Ali est évidemment un homme supérieur. A-t-il vraiment eu pour but le bonheur et la gloire de l'Égypte, ou n'a-t-il agi que par l'incitation d'un vain amour de célébrité, ou d'une ambition sans mesure? Enfin un gouvernement réparateur a-t-il succédé à la tyrannie des mamelouks? Telles sont les questions que cette grande existence soulève, et sur lesquelles nous tâcherons de jeter quelque clarté.

C'est à tort qu'on dit l'Égypte civilisée, elle ne peut l'être si subitement. La civilisation est le produit d'une série d'opérations successives, elle ne peut s'improviser en un quart de siècle; et si l'on n'envisage que les résultats, la civilisation engendre un bien-être dont l'Égypte est malheureusement loin de jouir.

Il est vrai que pour introduire ses innovations Méhémet-Ali a dû ménager les habitudes, les superstitions, les préjugés, maladies semblables à ces vers rongeurs de la Guinée dont la main la plus habile peut seulement, à la longue, effectuer l'extirpation, et qu'il a mis dans son œuvre autant de patience que d'adresse; il est vrai que la jalousie ombrageuse du sultan lui a suscité des obstacles presque insurmontables, qu'il lui a fallu poursuivre son œuvre en levant des armées et des contributions hors de proportion avec les ressources normales de ses domaines, et organiser le pays en appauvrissant les provinces pour des guerres où il n'avait à recueillir que de la gloire. — Étrange moyen de civilisation! Il a pressuré si violemment l'Égypte, qu'il l'a épuisée, et poursuivi l'Égyptien avec tant de rigueur pour en faire un soldat, que les villages se dépeuplaient à l'approche des recruteurs! Mais, au milieu de tant de difficultés, le fond de la pensée du grand pacha n'a été ni le soulagement des infortunes du peuple, ni la réforme des abus qui l'avaient avili, ni l'éducation d'une nouvelle race moins abjecte et plus intelligente.

Il a créé des guerriers qui ont vaincu les Wahabys et les Osmanlis; il a formé des matelots, des constructeurs, des ouvriers; élevé des arsenaux, des manufactures, des écoles; mais le fellah est-il aujourd'hui plus propre, mieux nourri, plus moral, plus instruit? Il a manié de grands capitaux; mais comment les a-t-il obtenus? Rien n'a été respecté: succession des mamelouks, mosquées, ouaqfs, propriétés particu-

Pont de L'AMIRAL, construit par les Arabes sous le Général du Roi ROGER.

MONUMENTS ARABES DE LA SICILE.

lières, il a tout usurpé sans distinction. Maître absolu de la fertile vallée du Nil, il en a modifié la culture, il en a régi la navigation dans le seul but d'augmenter ses propres revenus. A l'accaparement des terres, il a joint le monopole de l'industrie et du commerce; il est devenu l'unique propriétaire, l'unique manufacturier, l'unique marchand, et de cet immense pouvoir il n'est ressorti qu'une splendeur personnelle, et il n'en a pas tiré quelque grande et efficace mesure contre la misère et l'ignorance de son peuple. Même dans l'intérêt des établissements qu'il fondait, militaires, marins, ou manufacturiers, il n'a point agi avec une prévoyance vraiment perspicace, puisqu'il n'a point fait d'élèves en assez grand nombre pour les continuer après sa mort. Des ouvriers ont été appelés d'Europe par Méhémet-Ali; ils sont venus construire des vaisseaux, diriger des ateliers de tout genre; cependant la chose importante a été négligée : ils ont façonné très-peu d'ouvriers aptes à les remplacer.

Les écoles ont été instituées dans un but purement militaire, et il en est sorti peu de sujets capables. Comment pouvait-on espérer le contraire? Il n'existait pas d'éléments préparatoires, et il fallait élever d'emblée jusqu'à la science des êtres dont l'intelligence n'avait pas même reçu cette culture primordiale qui dans nos contrées se transmet d'une génération à l'autre pour ainsi dire avec la vie. Faire des médecins, des ingénieurs, etc., avec des adolescents qui non-seulement n'avaient pas acquis les connaissances nombreuses, abstraites, les prédispositions propices conférées par l'enseignement préliminaire sous l'empire duquel croissent les facultés du jeune âge dans les familles éclairées, lot infaillible des enfants des hautes classes, mais qui même n'avaient jamais soupçonné les plus simples notions devenues communes à ceux des classes inférieures et supérieures parmi les nations avancées de l'Occident; — développer immédiatement des entendements novices, tout à fait étrangers aux divers degrés d'initiations originelles que le labeur successif du temps laisse planer et répand sans cesse dans l'atmosphère des sociétés lentement policées, et qui y paraissent comme des idées innées chez l'individu auquel il échoit de la respirer dès sa naissance! — Une conception aussi téméraire ne pouvait aboutir qu'à un avortement. Dépourvu lui-même de toute éducation première, Méhémet-Ali, trompé par son exemple et par l'instinct du despotisme, semble avoir pensé qu'il pouvait susciter des savants, comme il avait vu surgir des soldats, par la seule force de sa volonté; tandis qu'en suivant l'ordre naturel, il eût pu, tout au plus, à l'aide de méthodes appropriées et de directions sagaces empruntées aux peuples sur lesquels il voulait modeler le sien, préparer pour son fils une élite de population apte à comprendre la théorie et à essayer de la mettre en pratique. Du reste, il fait si peu de cas de l'instruction, ou du moins de ses collèges, qu'il a pris quelques-uns des élèves de l'école de cavalerie pour les incorporer parmi ses domestiques; en 1840 il a choisi dans l'école des langues trois des meilleurs élèves pour les appeler aux fonctions de cuisinier sous la direction du maître-queux français de son palais.

Méhémet-Ali n'a point songé à rendre possible l'affranchissement de cette race arabe dont il a dédaigné la langue et qu'il a toujours méprisée. Il n'a de faveurs que pour les étrangers, turcs ou chrétiens; ce sont eux qui jouissent tandis que l'indigène travaille. Dans l'armée, ce sont les Osmanlis et leurs esclaves qui ont tous les grades; il en est de même dans les emplois publics; les Arabes, parias de l'État, sont le perpétuel jouet des agents de l'administration, tout-puissants contre des hommes ignorants et sans appui, dont ils n'ont à redouter ni les plaintes ni le ressentiment. Ainsi, à l'aide de faux poids et de fausses mesures, on trompe l'agriculteur sur la quantité des produits de sa terre. Au moment de la vente, le fellah n'a jamais recueilli que du coton de troisième qualité. En outre, une foule d'employés peuvent lui faire de fréquentes demandes d'argent; s'il refuse, il a la bastonnade; et s'il se soumet, le courbache est encore là pour lui en faire donner davantage. Emploie-t-on un paysan à une corvée, au lieu de le payer, on lui dit que son village doit au gouvernement; c'est la loi de solidarité; ou si on le paye, c'est avec de faux *teskérés*. Méhémet-Ali a sous le rapport du génie fiscal quelques traits de ressemblance avec Philippe le Bel.

Le mauvais état des finances de l'Égypte n'est pas uniquement le résultat des longues et nombreuses guerres, la plupart déterminées par la nécessité : des changements mal compris, des entreprises imparfaitement appréciées ou combinées avec trop de légèreté, les vices de l'administration, la mauvaise foi des employés, et l'exagération de leurs appointements, sont autant de causes destructrices de la fortune publique, autant d'obstacles à la prospérité du pays, qui ont joint leurs pernicieux effets aux fléaux de la guerre, et qui continuent l'œuvre de ruine durant la paix.

Plus une année est abondante, plus la misère du peuple est grande, parce que Méhémet-Ali entame alors de plus vastes opérations. Par exemple, en 1829 le peuple mourait de faim tandis que des montagnes de grains destinées aux spéculations du pacha germaient sous les yeux des malheureux Arabes, sans qu'on leur permît même d'en acheter.

Content d'avoir fait retentir son nom dans les feuilles européennes, d'avoir soumis les peuples qui l'entourent et fait trembler le grand seigneur au milieu de Stamboul, Méhémet-Ali a trouvé sa mission assez grande, et ne s'est occupé de la prospérité de l'Égypte que d'une manière secondaire et pour procurer à son ambition les moyens de se satisfaire. Ou plutôt, Méhémet-Ali, homme providentiel, n'a pas eu la parfaite conscience de ses actions et de leur portée; il est venu porter un coup à l'édifice oriental, et, prenant les quelques pierres qui en sont tombées, il a bâti à la hâte une habitation sans durée, à la place où le véritable architecte élèvera le nouveau monument.

Toute sa conduite porte ce cachet d'action temporaire et égoïste, en même temps qu'une sorte d'empreinte fatale d'inspiration. Il n'a point protégé l'agriculture, étendu et multiplié les irrigations; l'espoir du lucre semble seul l'avoir engagé à donner à l'Orient l'utile exemple des procédés européens dans la culture et l'industrie; et cependant on se demande comment le soldat macédonien a embrassé cette voie nouvelle, et comment cet esprit inculte a pénétré l'urgence de chercher hors de la routine des ressources et de la grandeur.

On voit dans tous les actes de sa vie le prince avide de gloire, et nulle part le législateur jetant les fondements d'un bien-être qui doit lui survivre; nulle part le régénérateur qui s'occupe de la justice, qui forme des citoyens aux travaux bienfaisants de la paix, comme aux redoutables exercices de la guerre; qui leur inculque le sentiment de la patrie et s'efforce de la leur rendre chère. Il travaille sans but d'avenir; son gouvernement tout autocrate ne prend que de lui sa force et sa majesté; ses successeurs, s'ils ne l'ont point compris, reprendront la vieille routine orientale, et le pays retombera dans son ancienne barbarie, à moins que, parmi ces germes lancés au hasard, quelqu'un ne soit tombé dans une bonne terre, et que, se propageant par sa propre vertu, il ne couvre de moissons nouvelles de sciences et de richesses le sol aujourd'hui aride de l'antique et célèbre Égypte.

Pour agir d'une manière homogène et logique il eût fallu qu'avant de rendre l'Égypte conquérante, Méhémet-Ali la rendît commerçante, agricole, heureuse. Inspirer à ses sujets l'amour des lois, de l'ordre et du bien public; leur donner confiance dans ses innovations, pour les leur faire aimer, au lieu de les leur imposer par la violence quand le souverain y rencontrait un avantage personnel et immédiat, tel était le programme de l'œuvre complète. Il fallait convaincre et non contraindre, employer la force intellectuelle, et non la force brutale. Il fallait enfin élever ce troupeau d'esclaves au rang de peuple. Les hauts emplois devaient être donnés non pas d'après de puériles prédilections, non pas à l'intrigue ou à la fantaisie, mais bien aux services réels et au mérite; et l'on pourra toujours reprocher à Méhémet-Ali d'avoir nommé ses favoris aux premières dignités de l'État, sans s'inquiéter d'examiner s'ils présentaient des garanties de capacité et d'expérience. On lui reprochera aussi d'avoir enrichi les grands, et d'avoir entretenu par une générosité mal placée une sorte d'aristocratie intruse, dont les priviléges et les caprices déréglés ajoutent encore à l'oppression du peuple.

Ces étrangers, chrétiens ou musulmans, préférés sans cesse à la race arabe, et enrichis à ses dépens, sont détestés de la nation, qu'ils ont néanmoins servie; et les institutions qui devaient renouveler la face du pays, et lui donner dans le monde politique une place honorable, sont devenues odieuses à ceux même dont elles pouvaient être l'orgueil. Au lieu d'éveiller chez des êtres dégradés par une longue et terrible servitude quelque lueur d'amour de la patrie, en leur donnant l'espoir d'un sort meilleur, de faire naître l'émulation parmi eux, au moyen de récompenses graduées, de les inciter au travail et à l'étude par le désir de la liberté, il les a laissés dans leur léthargie, et s'est servi d'eux comme d'instruments machinaux, sans songer qu'un des plus brillants rayons de sa gloire aurait été d'en faire des hommes.

Le pacha fut dès l'abord forcé de recourir aux Francs, pour mener son entreprise à bonne fin, et il a admis, sans choix et sans distinction, tous ceux qui se présentèrent. Les premiers durent être les meilleurs; il y avait alors autour de Méhémet-Ali un prestige qui lui attira quelques hommes de cœur et de talent; puis bientôt s'abattit sur l'Égypte une nuée d'intrigants cherchant pâture : le prince fut trompé, indignement dupé, et, devenu défiant, il enveloppa tous les Francs sous la même réprobation, comme il les avait entourés d'une même prédisposition bienveillante. Du reste, il faut bien l'avouer, les Francs ne viennent en Égypte que poussés par l'amour du lucre, ou par le besoin d'échapper à la vindicte de leur patrie. Nul n'a pour but la cause du progrès et des lumières, nul ne sent avant tout le désir de faire le bien et d'être utile. Aussi, après un séjour plus ou moins prospère pour eux, ils quittent cette terre hospitalière, chargés de la malédiction d'un peuple dont ils ne sont pas les oppresseurs les moins actifs. Il est honteux de voir le peu que les Européens ont fait depuis vingt ans que le grand-pacha les emploie.

En 1836 Méhémet-Ali disait au divan de Kéneh. « De tous les Européens qui ont travaillé pour moi *trois seulement* m'ont rendu de grands services : Soliman-Pacha (Sève), Cerisy-Bey et Clot-Bey. Ces Français sont les premiers Francs que j'ai connus, et ils ont toujours vérifié la haute opinion que j'avais conçue d'eux lors de l'expédition de Bonaparte. » Ces paroles n'étaient point une flatterie de circonstance; il n'y avait à ce moment dans le divan que le prince Puckler Muskaw, un colonel russe, M. Campbell, consul anglais, et les gouverneurs de Kéneh et d'Esneh. Malgré le fondement trop réel que peut avoir la prévention du pacha contre les Francs, le peu de considération et d'égards qu'il leur témoigne depuis longtemps, la défaveur blessante qui accompagne leurs moindres démarches, le discrédit auquel ils ne peuvent échapper que difficilement, quoi qu'ils fassent et quels qu'ils soient, ont eu les plus fâcheux résultats. Dans la campagne de Syrie, Méhémet-Ali a vu s'effectuer de nombreuses défections, nonseulement parmi les Turcs, mais même parmi les Francs. Delcaretto, ingénieur italien, qui avait fortifié Saint-Jean-d'Acre depuis que cette ville était tombée entre les mains d'Ibrahim, passa le premier à bord de la flotte anglaise, pour communiquer le plan de la place et diriger le feu (1). Un Anglais, M. Bretell, ingénieur des mines, se rendit coupable d'une pareille trahison. Pendant six ans il avait parcouru la Syrie aux frais du gouvernement égyptien; il connaissait parfaitement les dispositions des diverses parties de la population, et le fort et le faible de chaque localité. A la nouvelle d'un projet de coalition européenne contre l'homme dont il avait accepté des bienfaits et possédé la confiance, M. Bretell eut l'infamie de passer en Angleterre pour donner les renseignements nécessaires au

---

(1) Nous devons rappeler ici qu'un ingénieur napolitain nommé *Caretto* resta longtemps au service d'Ali, pacha de Janina, qui, un jour, sur la révélation de quelque turpitude, le fit bâtonner et renfermer dans un cachot; *Caretto* y demeura quelques années, et ne recouvra la liberté qu'en 1818. L'identité de nom conduit à penser que c'est le même individu, qui sans doute vint plus tard en Égypte cacher le reste d'une vie condamnée à l'opprobre et à la misère.

soulèvement de la Syrie et à la conduite des opérations militaires dans cette contrée. Les Français n'ont point perpétré de félonies semblables; tous ont suivi l'honorable exemple donné par Soliman-Pacha, et sont restés inébranlablement fidèles à la cause qu'ils avaient embrassée. Mais ils sont néanmoins atteints par la commune disgrâce des Européens. Ils n'ont plus de chances de fortune, ils ne peuvent guère parvenir à un poste de confiance, et faire quelque chose de grand et de fructueux pour les intérêts actuels ou futurs du pachalik. A l'exception d'un ou deux peut-être, ceux qui y conservent une fonction ne sont que des courtisans, qui songent uniquement à s'enrichir en profitant des circonstances, et qui exploitent tous les désordres et les abus, sans se mettre en peine de rien redresser ni améliorer.

Encouragées par le gouvernement, protégées par des institutions, l'agriculture et l'industrie pouvaient devenir deux sources fécondes de fortune et de bonheur pour l'Égypte; mais sacrifiées aux intérêts militaires, monopolisées dans l'unique intérêt du pacha, elles n'ont rien gagné à une activité plus apparente que réelle; leur essor et leur développement se sont promptement arrêtés.

En résumé, une tentative gigantesque a été faite; et malgré toutes les circonstances favorables, n'étant pas fondée sur une expérience suffisante, elle a, comme un avortement terrible, produit de violentes souffrances et un immense épuisement. Debout sur les ruines d'une œuvre qui semblait se préparer pour des siècles, Méhémet-Ali a, selon toute apparence, accompli désormais sa tâche, et, vivant encore, assiste au jugement de la postérité. Le bien qu'il a fait, placé dans un jour éclatant, a largement recueilli sa récompense; le bien qu'il eût pu faire a parlé aussi hautement; et l'exigence du monde civilisé est d'autant plus sévère qu'il a pris part aux luttes, et engagé son honneur à la chute ou au succès du grand-pacha. Quelques années de repos ont calmé les passions haineuses, ou, s'il en existe encore, l'aspect de ce vieillard, que la tombe attend chaque jour, doit y faire un juste contre-poids. Devenue impartiale par l'équilibre d'intérêts contraires, l'Europe appelle aujourd'hui devant soi cette vaste carrière, comme l'antique Égypte évoquait à ses pieds l'ombre tremblante de ses rois; en mesurant les moyens et le but, les efforts et les résultats, les obstacles et la réussite, elle comprend qu'une position éloignée a trompé l'optique des spectateurs, et que, faute d'initiation au véritable état des choses, des actions ont paru sublimes ou odieuses, lorsqu'elles étaient uniquement des élans irréfléchis, ou des nécessités subies à grands regrets peut-être; elle voit que mille ambitions étrangères de peuples et d'hommes se sont abritées sous cette existence, la troublant fréquemment à leur profit, et entravant toujours sa marche régulière; et elle juge que si dans ce retentissement et cet éclat il s'est trouvé beaucoup d'échos et de reflets, il y avait pourtant au fond une voix et une lumière; c'est pourquoi elle dit : « Ce n'est point une grande gloire, mais c'est une belle célébrité! »

Les bornes restreintes d'un chapitre ne nous ont pas permis d'entrer dans de plus amples détails sur les institutions du grand-pacha d'Égypte. Nous avons voulu seulement indiquer leur filiation et les intentions qui les ont fait naître. On trouvera dans les diverses divisions de cet ouvrage des développements et des explications qui achèveront de donner à l'opinion du lecteur des bases solides et invariables.

La traduction du Hatti-Chérif du 21 zelhedji 1256 (13 février 1841), pièce officielle, donnera des renseignements précieux sur la véritable position de Méhémet-Ali en face de la Sublime-Porte, tant pour le passé que pour le présent.

HATTI-CHÉRIF

De Sa Hautesse, qui confère à Méhémet-Ali l'hérédité du gouvernement de l'Égypte, en le soumettant à certaines conditions.

Mon vizir, j'ai vu avec satisfaction les preuves de soumission que vous venez de donner, ainsi que vos protestations de fidélité, et vos assurances de dévouement envers mon auguste personne et pour les intérêts de ma Sublime-Porte. Votre longue expérience et la

MONUMENTS ARABES DE LA SICILE

connaissance des affaires du pays placé depuis longtemps sous votre administration ne me laissent pas douter que vous saurez, par le zèle et la prudence que vous apporterez dans ce même gouvernement, acquérir de nouveaux droits à ma bienveillance et à ma confiance en vous; et qu'en même temps, reconnaissant le prix de mes bienfaits, vous tâcherez de transmettre à vos descendants ces qualités qui vous distinguent. — Sur cette considération, je me suis décidé à vous confirmer dans le gouvernement de l'Égypte, d'après les limites tracées sur la carte qui vous est envoyée par mon grand-vizir, et à vous conférer, en outre, la prérogative de l'hérédité de ce gouvernement, sous les conditions suivantes :

1. Lorsque le gouvernement de l'Égypte sera devenu vacant, il sera confié à celui de vos enfants mâles que je choisirai, et le même mode de succession s'appliquera aux enfants mâles de ce dernier, et ainsi de suite. Dans le cas où votre lignée masculine viendrait à s'éteindre, les enfants mâles issus des femmes de votre famille ne pourront avoir aucun droit à la succession.

2. Celui de vos fils qui sera choisi pour vous succéder dans le gouvernement de l'Égypte devra se rendre à Constantinople pour y recevoir l'investiture.

3. La prérogative de l'hérédité conférée au gouverneur de l'Égypte ne lui donnera aucun rang ou titre supérieur à celui des autres vizirs, ni aucun droit de préséance, et il sera traité parfaitement sur le même pied que ses collègues.

4. Les dispositions de mon hatti-chérif de Gulhané, ainsi que les lois administratives en vigueur ou à créer dans mon empire, et tous les traités conclus ou qui pourront se conclure avec les puissances amies, seront également exécutés en Égypte.

5. Tous les impôts dont cette province se trouvera grevée seront perçus en mon nom; et pour que les habitants de l'Égypte, qui font partie des sujets de ma Sublime-Porte, ne soient pas exposés à des avanies et à des perceptions irrégulières, les dîmes, droits et autres impôts y seront réglés d'après le système suivi dans le reste de l'empire.

6. Le quart des revenus, des droits de douane, dîmes et autres impôts en Égypte, sera prélevé sans aucune déduction, et versé au trésor de ma Sublime-Porte. Les trois autres quarts serviront à couvrir les frais de perception, de l'administration civile et militaire, et de l'entretien du gouverneur, ainsi qu'à payer le blé que l'Égypte doit envoyer chaque année aux villes saintes de la Mecque et de Médine.

7. Le tribut ci-dessus, dû par le gouverneur de l'Égypte, et le mode de payement, dureront cinq ans, à dater de l'an 1257 (22 février 1841). Ils pourront, par la suite, être réglés d'une autre manière plus convenable à la situation future de l'Égypte, ou à la nature de nouvelles circonstances.

8. Comme il est du devoir de ma Sublime-Porte de connaître le montant annuel des revenus et la manière de percevoir la dîme et les autres impôts, et comme cet objet exige une commission de surveillance et de contrôle dans cette province, on y avisera ultérieurement d'après ma volonté impériale.

9. Le règlement si important des monnaies devant être fixé par ma Sublime-Porte, de manière à ne plus admettre aucune variation, tant pour le titre que pour la valeur, les pièces d'or et d'argent, qu'il continuera d'être permis de frapper en mon nom en Égypte, devront être exactement semblables à celles qui sortent de la monnaie impériale de Constantinople, soit pour le titre, soit pour la forme et le module.

10. En temps de paix, dix-huit mille hommes de troupes suffisent à la garde intérieure de l'Égypte; ce nombre ne pourra être dépassé. Cependant, comme les forces égyptiennes sont destinées à la défense de la Sublime-Porte, non moins que les autres forces de l'empire, elles pourront être augmentées, en temps de guerre, dans la proportion qui sera jugée convenable.

11. D'après le nouveau système de service militaire qui a été adopté pour tout mon empire, les soldats après avoir servi cinq ans devant être remplacés par de nouveaux soldats, ce même système sera suivi aussi en Égypte. Ainsi, sur les dernières recrues des troupes égyptiennes qui servent aujourd'hui, l'on choisira vingt mille hommes pour commencer le nouveau service, dont dix-huit mille seront gardés pour l'Égypte, et deux mille envoyés ici pour faire leur temps.

12. Le cinquième de ces vingt mille hommes devant être remplacé chaque année, on prendra annuellement en Égypte quatre mille recrues, d'après le mode prescrit par le règlement militaire, au moyen du tirage au sort, et en procédant avec toute l'humanité, l'impartialité et la diligence requises. Trois mille six cents hommes de ces recrues resteront dans le pays, et quatre cents seront expédiés ici.

13. Les soldats qui auront fini leur temps de service, soit en Égypte, soit ici, rentreront dans leurs foyers, et ne pourront plus être requis une autre fois.

14. Quoique le climat de l'Égypte puisse exiger une différence dans l'étoffe des habits militaires, les uniformes, néanmoins, ainsi

3.

que les signes distinctifs et les drapeaux des troupes égyptiennes, ne différeront pas de ceux des autres troupes de l'empire.

15. De même le costume et les signes distinctifs des officiers, matelots et soldats de la marine égyptienne, ainsi que le pavillon des bâtiments, seront les mêmes que ceux d'ici.

16. La nomination des officiers de terre et de mer jusqu'au grade de lieutenant inclusivement appartiendra au gouvernement de l'Égypte. Celle des officiers supérieurs dépendra de ma volonté impériale.

17. Dorénavant le gouverneur de l'Égypte ne pourra construire des bâtiments de guerre sans mon expresse permission.

18. La concession de l'hérédité au gouvernement de l'Égypte étant soumise aux conditions ci-dessus énoncées, l'inexécution de l'une d'elles motiverait le retrait immédiat de cette concession.

Le présent hatti-chérif vous est donc adressé, afin que vous, ainsi que vos descendants, reconnaissants de la faveur impériale que je viens de vous accorder, vous vous occupiez à remplir avec soin les conditions établies, à protéger les habitants de l'Égypte contre toute violence, en pourvoyant à leur sûreté et à leur bien-être, et en vous gardant de contrevenir à mes ordres; enfin, pour que vous ayez à faire connaître à la Sublime-Porte les affaires importantes du pays confié à votre gouvernement.

Le 21 zelhedji 1256 (13 février 1841).

SECOND HATTI-CHÉRIF

(Portant la même date.)

A mon vizir Méhémet-Ali, pacha gouverneur de l'Égypte, à qui a été nouvellement conféré, en outre, le gouvernement des provinces de Nubie, du Darfour, du Kordofan et du Sennaar.

Ainsi que le porte un autre firman impérial, je vous ai confirmé dans le gouvernement de l'Égypte, à titre héréditaire, avec quelques conditions et certaines limites de plus; je vous ai accordé sans hérédité le gouvernement des provinces de Nubie, du Darfour, du Kordofan et du Sennaar, avec leurs dépendances, c'est-à-dire avec tous leurs attenants hors des limites de l'Égypte. Guidé par l'expérience et la sagesse qui vous distinguent, vous vous attacherez à administrer et organiser ces provinces selon mes vues équitables, et à pourvoir au bien-être des habitants; chaque année vous transmettrez à ma Sublime-Porte la liste exacte de tous les revenus annuels.

De temps en temps les troupes attaquent les villages des susdites provinces, et les jeunes individus mâles et femelles qui sont pris restent entre les mains des soldats, en payement de leur solde. Non-seulement il en résulte la ruine et la dépopulation du pays; mais encore un pareil état de choses est contraire à la sainte loi et à l'équité; cet abus, et cet autre abus, non moins funeste, de mutiler des hommes pour la garde des harems, étant entièrement réprouvés par mon équitable volonté, et en opposition complète avec les principes de justice et d'humanité proclamés depuis mon avénement au trône, vous aviserez soigneusement aux moyens d'empêcher et de réprimer, à l'avenir, des actes aussi coupables.

Vous publierez que, à l'exception de quelques individus connus qui sont allés en Égypte avec ma flotte impériale, j'ai pardonné sans distinction à tous les officiers, soldats et autres employés qui s'y trouvent.

Quoique, d'après mon autre firman, la nomination de vos officiers au-dessus du grade d'adjudant doive être soumise à ma décision, ceux qui sont en place aujourd'hui seront confirmés; mais vous enverrez à ma Sublime-Porte une liste de ces officiers, afin qu'on leur expédie leurs firmans de confirmation. Telle est ma volonté souveraine, à laquelle vous vous hâterez de vous conformer.

Le 21 zelhedji, 1256 (13 février 1841).

NOTICE

SUR LA FAMILLE DE MÉHÉMET-ALI.

Le harem de Mohammed-Ali a vu naître quatre-vingt-trois ou quatre-vingt-quatre enfants; l'incurie ou l'impéritie, coutumières dans tout l'Orient, des soins nécessaires au bas âge, l'observance aveugle de certaines pratiques superstitieuses invétérées, et, sans aucun doute, les rivalités, les intrigues intestines du gynécée, en ont fait périr la majeure partie; peu d'entre eux sont parvenus à la puberté, et les chances de la guerre, l'insalubrité du climat ont aussi frappé à mort quelques-uns des adultes : de cette nombreuse lignée il reste seulement aujourd'hui cinq fils et deux filles.

Voici la liste des princes qui composent actuellement la nouvelle dynastie égyptienne :

Fils de Méhémet-Ali.

Ibrahim-Pacha, né en 1789.
Saïd-Bey,   — 1822.

ÉGYPTE.

Maison des Cheykh El Beled, à Abou Khâlyl.

Hussein-Bey, né en 1825.
Halim-Bey, — 1826.
Méhémet-Ali-Bey, — 1833.

Petits-fils du vice-roi, fils d'Ibrahim-pacha.

Achmed-Bey, né en 1825.
Ismaël-Bey, — 1830.
Mustapha-Bey, — 1832.

Petit-fils du vice-roi, fils du défunt Toussoun-Pacha.

Abbas-Pacha, gouverneur du Caire, né en 1813.

Neveux du vice-roi, enfants de frères ou de sœurs.

Achmet-Pacha, gouverneur de la Mecque, âgé de quarante ans.
Ibrahim-Pacha, kutchuk, général de division.
Ismael-Pacha, ex-gouverneur d'Alep, général et gendre d'Ibrahim-Pacha, âgé de trente ans.
Hussein-Pacha.
Schérif-Pacha, ex-gouverneur de la Syrie.
Hussein-Bey.
Ali-Bey.

Petits-neveux du vice-roi, fils d'Achmet-Pacha, un des neveux précédemment cités.

Méhémet-Bey.
Ibrahim-Bey.

IBRAHIM-PACHA. — SES FILS : ACHMED-BEY, ISMAEL-BEY, MUSTAPHA-BEY.

De l'union contractée en 1787 avec une femme récemment divorcée, parente de son protecteur le tchorbadji de Praousta, Mohammed-Ali a eu trois fils, Ibrahim, Toussoun et Ismaël, dont l'aîné a vu le jour du vivant du précédent mari de sa mère et dans le pays où résidait probablement encore cet homme. Ces circonstances ont donné lieu à un bruit assez généralement répandu : soit que, pour colorer l'erreur de quelque vraisemblance, on ait supposé un accouchement survenu dans l'intervalle de deux hymens, ou une grossesse existante à l'époque du second, on croit que ce prince est le fils adoptif du vice-roi. Mais, quoiqu'il soit en effet né à Cavala, quoiqu'il ne puisse y avoir aucune incertitude à l'égard des particularités admises par nous, et sur lesquelles s'est, sans doute, fondée la méprise des gens mal renseignés ou la fable inventée par la malveillance, Ibrahim est positivement venu au monde dans la deuxième année du mariage de Méhémet-Ali.

Ibrahim-Pacha, le seul de ces trois premiers fils qui existe maintenant, est de taille moyenne et fortement constitué. D'après les dates que nous venons de préciser, il doit avoir aujourd'hui cinquante-sept ou cinquante-huit ans. Il a le nez effilé, les yeux gris, très-relevés à l'angle externe, le visage allongé, marqué de petite vérole et de taches de rousseur. Ses cheveux et sa barbe, autrefois d'un blond ardent, ont blanchi de bonne heure au milieu des fatigues de la guerre. Aucune de ses habitudes corporelles ne vient compenser ce qui manque de noblesse ou de beauté dans sa figure et dans ses formes ; il est toujours sale et mal vêtu, ce qui complète un extérieur assez disgracieux.

Il aime le vin, la bonne chère, tous les plaisirs sensuels, et s'y livre parfois sans mesure. Comme presque tous les princes orientaux, il a beaucoup d'embonpoint ; un jour qu'un de ses familiers paraissait le plaisanter sur la proéminence de son abdomen, il repartit : « Si j'ai le ventre gros, ce n'est pas de nourriture, mais de ruses et d'adresse : *Ma Fych akl, mélyan doubârah.* »

Ce prince est très-irritable et fort emporté, mais quelques bouffonneries le font parfois revenir de la plus violente colère ; il est capricieux, obstiné, méfiant et vindicatif au delà de toute expression ; son avarice est incomparable, et sa rapacité dépasse de beaucoup l'âpreté de son père. Sans parler du trafic méprisable et souvent odieux qu'il a fait en campagne et fait encore durant la paix sur les vêtements et les vivres de ses soldats, nous trouverons assez de preuves de vilenie dans sa vie civile. Jamais, dans les exploitations agricoles et les usines qu'il gouverne, Ibrahim ne rétribue le travail d'un manouvrier avec de l'argent ; il donne en payement des denrées, dont il fixe lui-même la valeur. C'est ainsi qu'il a écoulé des *tarbouches* à trente-six piastres la pièce, tandis que dans le commerce on ne voulait les acheter qu'à vingt-quatre. Non content d'exagérer le prix d'une marchandise, il livre des denrées avariées. Une fois, plusieurs tonneaux d'olives pourries, par suite d'impéritie dans le procédé de préparation, ont dû représenter, de gré ou de force, le salaire de tous ses domestiques et gagistes. Une autre fois il a fallu accepter de la mélasse provenant de sa raffinerie. — Aujourd'hui il faut prendre un mouton en compte ; demain le travailleur sera obligé de se satisfaire avec quelques paires de babouches. Son économie rurale et domestique est conduite de la façon la plus sordide ; il fait vendre jusqu'aux *guillés* faits avec la fiente de son bétail ! Du reste, il a bien compris quelle est la richesse de l'Égypte, et s'occupe d'agriculture avec beaucoup d'intelligence. On lui doit l'introduction de nouveaux procédés et de nouvelles plantes, et il a fait défricher une grande étendue de terrain. Enfin, s'il est plus avide que Méhémet-Ali, il est aussi plus prévoyant et meilleur administrateur.

Naturellement sérieux, il a quelquefois des accès de franche gaieté. Cependant Ibrahim n'a point hérité des manières faciles et prévenantes de son père ; au contraire, la sévérité du regard, le son éclatant de la voix, la gravité du maintien, la roideur du geste, tout l'ensemble de sa personne a quelque chose d'imposant et de rude, qui intimide au premier abord, et qui ne promet pas d'agréables relations.

Ibrahim a reçu une éducation tout orientale. Les langues turque, persane et arabe lui ont été familières dès son enfance : il les parle et les comprend avec facilité. Il connaît assez bien l'histoire de l'Orient ; mais ce qui a principalement contribué à développer les talents qu'il possède, c'est moins encore l'étude méthodique, une culture intellectuelle d'ailleurs fort imparfaite, que les fonctions importantes dont son père l'a investi dès sa plus tendre jeunesse. Depuis l'âge de seize ans chargé de commander des troupes ou de gouverner des provinces, il s'est promptement habitué aux affaires, et a pu acquérir en politique et en administration une sorte d'expérience pratique, qui est devenue l'unique base de sa connaissance des choses et des hommes. Au total, si l'on prend pour terme de comparaison le savoir des classes moyennes en Europe, il est profondément ignorant : à peine sait-il lire et écrire. Sa vanité n'en est pas moins téméraire : il prétend disserter et trancher sur toute espèce de sujet ; au dire général de son entourage et de ses interlocuteurs occasionnels, sa conversation est une mine intarissable de discours saugrenus, qu'il débite avec une assurance prodigieuse, imperturbable. Enclin et habitué à l'usage de la force pour première et dernière raison, il ne songe pas à discerner la capacité des hommes qui l'entourent, à les employer opportunément et à les récompenser de leurs services. Le rang qu'il occupe, il le doit simplement au caprice de la naissance, qui l'y a placé ; dans tout ce que cette origine favorable l'a appelé à faire, rien n'indique la trempe d'un esprit supérieur, bien qu'on ait voulu quelquefois le mettre fort au-dessus de son père ; il est certain qu'il n'eût jamais accompli l'œuvre de Méhémet-Ali, et tout fait présumer qu'il sera inhabile à le continuer, si toutefois il réussit à conserver longtemps après lui ce poste élevé.

Lorsque Méhémet-Ali eut résolu de créer des troupes régulières et de les former aux manœuvres et à la discipline européennes, Ibrahim-Pacha l'aida puissamment dans l'exécution de ce projet, en apprenant lui-même les manœuvres et les évolutions, et en propageant les éléments de tactique et de stratégie parmi les troupes.

Avant Ibrahim on croyait en Orient que la cavalerie turque était supérieure à la cavalerie européenne. La seule vue des troupes françaises qui prirent part à la campagne de Morée lui fit bientôt reconnaître l'absurdité de cette opinion, et l'avantage que des cavaliers soumis à une organisation analogue à celle de l'infanterie devaient obtenir sur un champ de bataille. Aussi dès que les événements l'eurent ramené en Égypte, il s'occupa immédiatement de l'établissement d'une cavalerie régulière, et forma des régiments de chasseurs, de lanciers, de cuirassiers et de dragons.

L'expédition contre les Wahabys, les campagnes de Morée, de Grèce, de Syrie, et surtout la bataille de Nézib, attestent l'énergie, la persistance, la promptitude d'action, en un mot les facultés éminemment belliqueuses d'Ibrahim-pacha. Sans être un grand capitaine, il a donné souvent plus de preuves de capacité que la plupart des généraux qu'il a eu à combattre. Cependant, il est loin d'avoir l'instruction et les qualités indispensables du commandant en chef d'une armée; toutes ses opérations militaires ne sont jamais la suite d'un calcul raisonné, d'une combinaison judicieuse : les avantages qu'il a remportés sont résultés de l'ignorance et de l'inconcevable lâcheté de ses adversaires, plutôt que de sa science ou de sa prévoyance. Inhabile à concevoir un plan de campagne, il ne sait pas davantage l'art de diriger une bataille; il pousse résolument ses troupes au combat, et déploie beaucoup de bravoure et d'audace, il paye intrépidement de sa personne; mais c'est là tout ce qu'il est apte à faire, et cette impétuosité farouche lui eût été fatale dans maintes occasions s'il n'avait eu près de lui, pour le seconder et réparer ses imprudences et ses bévues, des hommes plus experts et sagaces.

S'il n'a pas le don de la méditation vigilante, de la détermination réfléchie, il n'est pas porté pour cela à consulter les gens éclairés et circonspects ; présomptueux, arrogant, il ne s'aperçoit pas de ce qui lui fait défaut, et n'en admet pas l'utilité; il fait peu de cas des doutes, des observations, des avis qui lui sont soumis; et lorsqu'il ne les repousse pas dédaigneusement, ce qui arrive le plus fréquemment, il les écoute à peine, et articule pour toute réponse aux arguments des officiers plus compétents que lui : « *Allah kérim!* ou *Bacallum. Dieu est généreux! Nous verrons.* » Jamais il ne donne un ordre avec clarté et précision; il parle beaucoup, et embrouille son auditeur, de façon à ce que si une entreprise ne réussit pas, il puisse en faire retomber la faute sur ceux qu'il se réserve de pouvoir au besoin accuser de n'avoir pas exécuté ses commandements.

En toute occurence, ses façons sont des plus désagréables, hautaines au point d'être le plus souvent blessantes; la rusticité de ses paroles va rapidement jusqu'à l'insolence, jusqu'à l'outrage sans distinction de rang ni de personne : qu'il soit joyeux ou morose, satisfait ou mécontent, son vocabulaire est presque toujours celui du dernier goujat; sa méfiance est extrême et sans cesse inquiète; suspectant le monde, il est prompt à accueillir les insinuations, les délations de toute part et contre quiconque. Aucun genre de mérite ne trouve grâce devant sa stupide jalousie; on l'a vu ne pouvoir dissimuler son dépit à la nouvelle d'une action d'éclat, d'une chose glorieuse accomplie par un autre, et même se livrer à des transports de colère à l'audition d'un éloge dont il n'était point l'objet. Les travers, les vices du caractère d'Ibrahim, lui ont aliéné bien des dévouements incontestables, et ont eu sur l'esprit de l'armée principalement une funeste influence. Des officiers supérieurs, fatigués des mauvais procédés du généralissime, ont abandonné leurs drapeaux. Hussein-Bey, colonel de cavalerie, Dyrisse-Bey, colonel d'infanterie, Selim-Bey, ancien mamelouk du grand-pacha, devenu général de division, ont quitté l'armée égyptienne pour prendre du service à Constantinople : avec ces désertions, qui ne sont pas les seules, nous pourrions signaler nombre de démissions dont Ibrahim a été l'unique cause. Il est généralement haï des chefs et des soldats, du peuple et des grands de l'Égypte.

Au milieu de ses victoires hasardeuses, le fils de Méhémet-Ali a su néanmoins accomplir une chose peu commune : tandis que les conquérants ordinaires laissent après eux le désordre et la confusion, Ibrahim a trouvé moyen d'établir dans toute la Syrie, au fur et à mesure qu'il étendait ses conquêtes, l'unité de gouvernement et la centralisation administrative ; c'est assurément élever par les résultats, sinon par l'intention, l'amour du mécanisme de la discipline et de la régularité militaire jusqu'au rang d'une vertu sociale.

Quelques individus placés sous la terreur du nom d'Ibrahim, ou gagnés par des présents, se sont empressés à l'envi de proclamer sa loyauté et sa clémence: nous devons à nos principes de fidèle historien de réfuter ces éloges imposteurs. Quant à sa loyauté, les tendances vindicatives et impitoyables ne l'excluent pas virtuellement, si elles ne s'en accommodent guère; mais c'est un éloge bien gratuitement appliqué à un homme perfide, qui s'est permis tant de fois les plus tristes violations de sa parole; qui n'a jamais reculé devant les subtilités et les faux-fuyants pour esquiver l'accomplissement de ses engagements les plus formels; pour ce qui est de la magnanimité, en face des innombrables preuves de frénésie homicide et dévastatrice du guerrier célèbre, c'est une véritable mystification. A considérer seulement sa dureté et sa rigueur inflexible envers ses soldats et ses subordonnés de toutes sortes, on jugerait quels doivent être les excès de sa furie contre ses ennemis.

Ibrahim, avec des facultés remarquables parmi ses compatriotes, n'est point le généralissime d'une nation civilisée, mais d'une agglomération de tribus barbares; son propre caractère, et la nécessité de sa position, le portent violemment vers l'arbitraire; et ce qui serait pour un général européen une cruauté impardonnable n'est souvent pour lui qu'une conséquence inévitable de sa nature, corroborée par celle des hommes qui l'environnent. Il suffira de quelques anecdotes pour justifier notre jugement.

Le meurtre du maallem Gaali a été souvent raconté, mais nous ne pouvons nous dispenser de le rappeler pour mettre au jour quelques circonstances peu connues. Ce mobâcher (agent, chargé d'affaires), employé supérieur des finances, était fortement soupçonné par Méhémet-Ali d'avoir livré à la Sublime-Porte des renseignements précis sur l'état des revenus du pachalik, et d'avoir ainsi procuré les moyens, jusque-là vainement sollicités, de fixer exactement le chiffre du tribut annuel dû au grand-seigneur par son rusé vassal. Atteint dans une de ses machinations les plus sensibles, le grand-pacha était fortement courroucé contre le coupable supposé; mais, faute de preuves, il ne savait comment punir cette trahison, et d'ailleurs il avait à craindre d'irriter son suzerain par un châtiment ostensible. Dans son animosité perplexe, il prit conseil de son fils, qui déclara prendre sur lui le soin de la vengeance. Le mobâcher fut mandé, et reçut l'ordre d'accompagner le général durant une tournée dans la basse Égypte. Sans défiance, ou n'osant pas refuser, Gaali se mit en route avec Ibrahim. Après quelques jours de voyage paisible, celui-ci l'invita à jouer aux échecs, à la suite d'un repas. Pendant la partie, Ibrahim, qui couvait son dessein, se mit à harceler son adversaire de façon à faire naître une querelle; puis, feignant de s'exaspérer graduellement de ses réponses en réalité très-humbles, il l'accusa d'impertinence, et, prenant un pistolet dans sa ceinture, il lui tira une balle dans le corps à bout portant. Le malheureux tomba mortellement blessé, et fut achevé par les mamelouks de son assassin. On dit que les parents de la victime eurent beaucoup de peine à obtenir le cadavre pour l'inhumer. Ibrahim revint immédiatement au Kaire faire part à Méhémet-Ali de l'issue de son artificieux expédient.

On cite encore plusieurs meurtres accompagnés d'horribles raffinements. A Damas, avant le départ des troupes pour l'Égypte, il fit étrangler son mamelouk favori, Osman, qui s'était rendu au bain sans sa permission. La mort ne satisfit pas la colère d'Ibrahim; il ordonna qu'Osman fût enterré de manière à laisser ses pieds sortir de la terre, afin que les chiens dévorassent son cadavre. Ibrahim a plus d'une fois décapité ou tué à coups de pistolet des gens de sa maison, ou même des étrangers.

Pendant qu'il était à Damas, il fit, dit-on, assassiner Ahmet-Aga, son ami et son compagnon de table depuis vingt ans. Des personnes, selon toute apparence bien informées, racontent qu'un jour un des enfants d'Ibrahim se trouva mal après avoir bu du lait; la mère, effrayée, accusa quatre femmes d'avoir empoisonné son enfant; Ibrahim-pacha, sans pousser plus loin l'enquête, fit jeter les quatre femmes dans le Nil.

Lorsqu'il était gouverneur du Sayd, durant sa première jeunesse, il a fait cruellement mourir, à la bouche du canon, sans distinction d'âge ni de sexe, les habitants des villages révoltés par ses exactions. Les impulsions véhémentes de l'adolescence ne sauraient être une excuse valable de cette barbarie, surtout lorsqu'on voit Ibrahim témoigner, dans le reste de sa vie, les mêmes penchants féroces. Dans la guerre du Hedjaz, il ne s'est pas montré plus humain; fidèle à la coutume du pays, il avait promis 50 piastres pour chaque tête ennemie, ou chaque paire d'oreilles qu'on lui apporterait. Les Wahabis étaient plus généreux, et souvent ils renvoyèrent sains et saufs leurs prisonniers de guerre.

Lorsque Hadji-Christos rendit le vieux Navarin à Ibrahim, au mois de mai 1825, la capitulation portait que les soldats vaincus déposeraient simplement les armes, et seraient conduits par une escorte jusqu'aux avant-postes de l'armée grecque, sans éprouver d'autres vexations. La garnison, forte de neuf cents hommes environ, défila au milieu des troupes égyptiennes rangées sur deux haies. Au mépris de la convention, le pacha leur fit déposer toute la monnaie d'or et d'argent dont ils étaient possesseurs, et des témoins oculaires assurent que la somme s'éleva à plus de 40,000 fr. Les pièces d'or étaient presque toutes des guinées ou des souverains qu'on avait distribué à ces hommes quelque temps auparavant, et qui provenaient d'une souscription anglaise. Enfin, pour mettre le comble à sa déloyauté, Ibrahim retint captifs le général Hadji-Christos, l'évêque de Navarin avec cinq diacres, et un riche négociant de Tripolitza qui s'était trouvé par hasard à Navarin pendant le siége. Une note fournie au Journal de Smyrne par M. Pabro, drogman d'Ibrahim, affirme que le pacha, en relâchant ses prisonniers, les gratifia de toutes sortes de présents; malheureusement ceci n'est qu'une pure allégation sans fondement.

Après avoir brûlé et saccagé Calamata (juin 1825), Ibrahim, qui avait bivouaqué aux environs, donna subitement l'ordre du départ. Comme il venait de monter à cheval, il rencontra un de ses soldats qui buvait du café sur le bord du chemin. « Pézévin (mot injurieux, qui « équivaut à *proxénète*), lui dit-il, ton « maître est à cheval, et tu prends en- « core du café! » Et après lui avoir adressé une foule d'autres injures grossières, il tira un pistolet de ses fontes, et le tua.

Lors de la première prise de Calamata, Ibrahim avait donné l'ordre à ses hommes de tuer indistinctement tout Grec qui tomberait en leur pouvoir. Quelques maraudeurs prirent un jeune homme de quinze à seize ans, et, après avoir assouvi sur lui leur brutalité, ils l'amenèrent au général. Dès que le jeune homme aperçut Ibrahim, il vint se jeter à ses pieds, et lui exprima, en langue turque, avec des plaintes amères, les outrages indignes qu'il avait endurés. Après avoir reproché aux soldats l'inexécution de ses ordres, Ibrahim repoussa le jeune Grec d'un coup de pied, et lui dit avec un affreux sourire: « Je regrette que tu n'aies « pas eu affaire à mon armée entière; va « mourir sous les baïonnettes, puisque « tu n'es pas mort autrement (1). » A ces mots, le malheureux Grec fut entraîné à quelques pas de la tente, et tomba percé de coups.

Durant la nuit du 11 décembre 1820 plusieurs Grecs avaient eu le courage et l'adresse de traverser tous les postes du 3e et du 6e régiment, toutes les gardes de cavalerie, et ils avaient réussi à enlever onze chevaux dans les écuries du pacha, campé alors près de Modon. A deux nuits de là, le 13, un de ces Grecs pénétra de nouveau dans le camp égyptien, mais cette fois il fut découvert et arrêté; le lendemain Ibrahim-Pacha le fit brûler vif dans un four à chaux.

Dans cette guerre de Morée il a épuisé tout ce que la cruauté a de plus infâme et de plus exécrable. Il s'attachait surtout à faire périr les femmes et les enfants, voulant, disait-il, exterminer la race.

Vers les derniers jours du siége de Saint-Jean-d'Acre, à la veille d'entreprendre un assaut qu'il voulait rendre décisif, il avait, entre autres magnifiques promesses prodiguées aux chefs et aux soldats pour aiguillonner leur courage, juré solennellement de récompenser par la décoration de colonel celui des officiers qui monterait le premier sur la brèche. Un des instructeurs français, nommé Dehli Ibrahim (2), fils d'un mamelouk de Bonaparte, et bien connu de toute l'armée, s'élança à la tête des

---

(1) Nous avons dû nous interdire la traduction littérale des expressions triviales que la chronique met dans la bouche d'Ibrahim, dont le langage est habituellement des plus vulgaires et crapuleux.

(2) Ce mot est le nom d'un corps militaire célèbre dans tout l'Orient pour ses prouesses de valeur. Il signifie impavide, indomptable, téméraire. Les Dehlis sont les enfants perdus, les sabreurs, les guerroyeurs enragés de l'Asie. Cette qualification désigne particulièrement tous les hommes dont le courage bouillant ne s'enquiert ni des dangers ni des obstacles. En Égypte, on l'applique ordinairement aux Français.

soldats, parvint à escalader le rempart et à y planter un drapeau : seul contre une multitude de combattants, il fut immédiatement renversé dans le fossé, et, malgré cette affreuse chute, gravit une seconde fois avec un acharnement merveilleux jusqu'au sommet, d'où il fut une seconde fois précipité; on l'emporta grièvement blessé dans sa tente. Le généralissime offrit à Dehli-Ibrahim le grade de chef de bataillon, en prétextant, sur ses réclamations, qu'il n'avait pas su se maintenir sur le rempart; « Mais, répliqua celui-ci, le cœur et la voix pleins d'indignation et d'amertume, si vous m'aviez donné pour me seconder cent hommes pareils à moi, nous y serions restés, et la ville serait à présent en notre pouvoir. » Le surlendemain, malgré les douleurs de ses contusions et de ses blessures, l'intrépide Dehli-Ibrahim devança encore tous les assaillants, et put de nouveau paraître le premier sur la brèche et agiter son étendard à la face des ennemis : cette fois il reçut un coup mortel. Le même jour, animées, sans contredit, par l'exemple de l'infortuné officier, les troupes égyptiennes entrèrent dans la place. Le récit conclut de lui-même; nous nous abstenons de commentaires.

Nous citerons maintenant un fait d'un autre ordre, qui mettra en lumière les notions de morale familiale d'Ibrahim-Pacha. Dans une tournée sur les côtes, le fils de Méhémet-Ali, arrivé à Damiette, daigna assister à une fête donnée en son honneur par l'agent anglais, M. Sourour. Après la sieste, la fille du consul, enfant de huit à dix ans, vint présenter au pacha une corbeille de fruits et de fleurs. Ibrahim félicita le consul sur la beauté de cette enfant, et demanda si la mère vivait encore. — Ayant reçu une réponse affirmative, il reprit avec un sourire de bienveillance : « *Eh bien,* « *puisque les chrétiens* (1) *ne peuvent* « *épouser qu'une femme à la fois, je* « *souhaite pour vous qu'elle meure dans*

(1) Il n'est ici question, bien entendu, que des sectes du christianisme qui proscrivent la polygamie; car il en est dans l'Orient qui l'admettent comme les mahométans, et qui même pratiquent la promiscuité à certaines époques de fêtes religieuses (les Ansarié, etc.). M. Sourour et sa femme sont Levantins, et professent le culte catholique.

« *la semaine, afin que vous puissiez en* « *posséder une autre.* » Dans ce vœu impromptu, dicté évidemment par une intention tout à fait favorable à l'individu, auquel un très-prochain veuvage était censé devoir plaire infiniment, et débité aussi gracieusement que possible, la grossièreté dispute la palme à la barbarie.

Qui ne reconnaît dans ces divers actes l'astuce cruelle des Orientaux, leur mépris de la vie humaine, et leur implacable despotisme? Les mœurs du pays et les faits de la vie privée de ses habitants expliquent suffisamment des actions révoltantes à notre point de vue, et il ne reste à reprocher particulièrement à Ibrahim que de ne s'être pas élevé au-dessus des habitudes de son éducation toutes les fois que la position le permettait. Ce n'est point un homme de génie qui a dominé les vices et les préjugés de sa nation; c'est un prince que quelques heureuses dispositions naturelles n'ont pu préserver d'aucun des défauts de la race à laquelle il appartient. Ibrahim n'a point enflammé son armée d'une noble ambition, il ne lui a pas présenté quelque digne but pour obtenir un concours volontaire et enthousiaste; il guide ses troupes à l'aide de la superstition, par l'espoir du vol et de la rapine. Il n'a opéré aucune réforme dans le moral de ses soldats; il les détruit par des marches forcées, des fatigues trop continues, le manque de nourriture et de vêtements. Voilà l'homme dont une plume vénale a osé dire : « Ibrahim est l'âme de son « armée; son coup d'œil et son sang-« froid sont d'un vieux capitaine; sa « *loyauté, sa noble simplicité*, son élan « au feu, lui ont gagné le cœur des « chefs et des soldats. Bon administra-« teur, ami des lumières et de la civili-« sation, ce prince est destiné au plus « brillant avenir. » C'est ainsi qu'on écrit l'histoire.

Du reste, ses rapports journaliers avec les Francs ont apporté quelque modification à la brutalité primitive de ses allures. Vaniteux, avide de gloire, il aspire à jouir en Europe d'une grande renommée, et la crainte de la publicité a pris visiblement beaucoup d'empire sur son esprit; il a acquis dans ce commerce des idées plus saines sur certaines choses essentielles, et semble disposé maintenant à supporter les contradictions et à écouter les conseils. C'est l'influence de ces relations, et plus encore celle des derniers événements, qui a tant soit peu réprimé la fougue de son caractère, et lui a appris à mettre un frein souvent utile à l'arbitraire de ses volontés; il a compris qu'il fallait quelquefois maîtriser ses passions, et se soumettre aux lois impérieuses de la nécessité.

Ibrahim-Pacha a trois fils, Achmed-Bey, Ismael-Bey, et Mustapha-Bey. L'aîné, âgé de vingt ans environ, ressemble beaucoup à son père de mœurs et de visage; on dit néanmoins que celui-là donne de grandes espérances. Après l'avoir fait voyager pendant quelque temps avec lui, Ibrahim l'a envoyé à Paris, où il complète actuellement ses études (1). Quant à Ismael et à Mustapha-Bey, ce sont encore des enfants.

TOUSSOUN-PACHA.

Toussoun-Pacha, second fils de Méhémet-Ali, avait une belle figure, et joignait à des inclinations nobles et élevées beaucoup d'aptitude pour les sciences et de justesse d'esprit. Nommé au commandement de toutes les troupes campées sur la branche de Rosette, à son retour de l'Arabie, ce jeune homme périt à Bérembal, son quartier général, le 6 juillet 1826, victime de son amour pour une esclave grecque, qui était morte de la peste entre ses bras.

On raconte que, personne n'osant annoncer cet événement au pacha, on mit le corps dans une bière ouverte, qu'on introduisit dans le palais pendant la nuit, et qu'on déposa à la porte de l'appartement des femmes. Méhémet-Ali, en sortant le matin du harem, reconnut son fils, poussa un grand cri, se jeta sur le cadavre, et le tint longtemps embrassé; puis il se renferma dans son palais, où il resta seul pendant plusieurs jours, sans vouloir s'occuper d'affaires publiques ni recevoir personne.

Les obsèques du prince furent célébrées avec beaucoup de pompe; un nombreux cortège de dignitaires militaires et civils accompagna le convoi funèbre, et Méhémet-Ali suivit à pied les restes de son fils jusqu'à l'Imam-Chafay, au lieu destiné à l'inhumation des membres de sa famille. D'abondantes aumônes furent distribuées aux pauvres et aux mosquées. Le sépulcre de Toussoun est une construction en dôme, de forme arabe; on lui a élevé, près de Bab-el-Zoueyleh, un *sibyl* (1) d'une architecture sans goût ni proportions, et dont le faîte est revêtu de quelques ornements insignifiants et disgracieux : c'est un des spécimens les plus démonstratifs de l'impéritie des Turcs, qui, en dépit de leurs vaniteuses prétentions, sont loin de pouvoir rivaliser avec l'art des Sarrazins.

Diverses versions ont été émises touchant les causes et les circonstances de ce trépas soudain et la façon dont le grand pacha en a été instruit : à l'égard de la mort de Toussoun nous avons adopté celle des relations qui nous a paru la mieux édifiée; et quant au dernier point, les détails consignés plus haut nous ont été rapportés par des personnes selon toute probabilité bien informées. Tout le monde s'accorde, du reste, sur les témoignages de douleur profonde donnés par Méhémet-Ali à la triste nouvelle de la perte de son fils prédilectionné. Quelques narrateurs ont écrit que la belle esclave dont le prince était si fortement épris n'avait nullement été atteinte de la peste, et avait survécu à son maître; suivant eux, les symptômes du mal auquel a rapidement succombé Toussoun révélaient une origine différente de celle que nous leur avons attribuée, et accusaient un de ces empoisonnements si facilement et fréquemment pratiqués en Orient. D'après certains indices habilement interprétés, on a même désigné, plus ou moins expressément, l'auteur d'un crime domestique qui détruisait un personnage auquel la vive tendresse de son père faisait une position redoutable : pour nous, nous n'avons réussi à rien recueillir, et c'est un devoir de le proclamer, qui nous permette de légitimer une opinion confirmative des soupçons énoncés crûment par les uns, enveloppés de réticences et de précau-

(1) Nous apprenons, au moment de mettre cette feuille sous presse, que ce jeune homme vient de mourir.

(1) Réservoir public d'eau.

tions insidieuses par les autres. Quoi qu'il en soit de ces dires, au sujet desquels nous ne pouvions garder le silence, toujours est-il, et nous devons aussi le mentionner, que lorsqu'Ibrahim-Pacha reçut à Médine, où il était depuis deux mois environ, des dépêches contenant l'avis du décès de son frère, il les lut sans se montrer en aucune manière affecté de ce malheur, et ne partagea nullement l'affliction et le deuil général de sa famille ; il régnait entre les deux princes une inimitié qui, pour être sourde et soigneusement tenue secrète la plupart du temps, n'en avait pas moins laissé percer sa réalité aux yeux de leurs affidés et des observateurs perspicaces. En vertu de son caractère et de raisons qu'il est inutile de préciser après notre exposé de l'état des choses, Ibrahim était celui des deux ennemis consanguins chez qui les sentiments jaloux, haineux, devaient avoir acquis le plus d'empire ; et l'on comprendra comment, s'il n'a point éprouvé ni exprimé de joie, il a pu demeurer extérieurement tout à fait impassible, et n'a point su se dompter jusqu'à prendre un autre maintien que celui de l'indifférence.

ISMAEL-PACHA.

Le troisième fils du vice-roi, Ismael-Pacha, loin de ressembler à son frère Toussoun, était d'une laideur repoussante et d'un naturel aussi désagréable que sa personne. Son père manifestait peu d'affection envers lui, et ce fut probablement pour l'éloigner du Caire qu'il le chargea de la fatale expédition dans le Sennaar, où le malheureux Ismael trouva une fin affreusement tragique.

SAÏD-BEY, HUSSEIN-BEY, HALIM-BEY, MÉHÉMET-ALI.

Le pacha a encore quatre autres enfants mâles : Saïd-Bey, âgé de vingt-trois ans ; Hussein-Bey, âgé de vingt ans ; Halim-Bey, âgé de dix-neuf ans, et Méhémet-Ali, âgé de douze ans.

Saïd-Bey est né en Égypte ; sa mère est Circassienne, n'ayant pas eu d'autres enfants, elle s'est consacrée tout entière à l'éducation de ce fils. Après avoir reçu tous les enseignements que comportent les mœurs et l'instruction turques, le prince a suivi un cours d'études à l'européenne, sous la direction de plusieurs professeurs français.

Saïd-Bey parle et écrit assez bien le français. Quoiqu'il ait pour les travaux sédentaires de l'intelligence une véritable capacité, son tempérament vigoureux et un embonpoint anticipé lui font préférer les occupations actives. La destination spéciale à la marine, que Méhémet-Ali a voulu lui imposer, contrarie entièrement ses goûts, et il n'accepte cette carrière que par respect pour les désirs de son père. On retrouve dans les dispositions et les manières de ce jeune prince vis-à-vis de ceux qui l'entourent l'affabilité et la bienveillance de Méhémet-Ali.

Filles de Méhémet-Ali.

ZOHRA-PACHA.

Des deux filles existantes du vice-roi l'aînée est mariée à Moharrem-Bey, vice-amiral, gouverneur d'Alexandrie. La femme d'un missionnaire anglais, nommé Lieder, donne à cette princesse des leçons d'anglais et de dessin, et porte une certaine décoration comme insigne de ses fonctions. Nous n'avons pas d'autre renseignement sur l'épouse de Moharem ; sa vie s'écoule paisiblement, suivant toute apparence, dans l'enceinte et les occupations du harem conjugal. En tout cas, la voix publique est entièrement muette à son égard.

En revanche, sa sœur cadette, veuve d'Ahmed-Bey-Defterdar, fameux en Égypte par sa barbarie et ses exactions, a considérablement fait parler d'elle : Zohra-Pacha est déplorablement connue des habitants du Kaire pour la vie scandaleuse et criminelle qu'elle a menée après la mort de son mari. Comme Marguerite de Bourgogne, de hideuse mémoire, elle envoyait ses eunuques quêter dans les bazars et les cafés de la ville les jeunes hommes les plus beaux et les plus robustes. Les élus étaient introduits dans le palais de la princesse, baignés, parfumés, richement vêtus et succulemment repus ; puis, après ces utiles précautions, ils partageaient la couche de Zohra, qui, pour prévenir l'indiscrétion des satisfaiseurs improvisés de sa concupiscence, les faisait étran-

gler au sortir du lit et jeter dans le canal voisin de sa demeure. Maints cadavres ayant été trouvés flottant sur l'eau, on s'émut, on chercha quels pouvaient être les auteurs de ces meurtres fréquents et semblables, et ces abominables intrigues furent bientôt avérées; déjà la découverte était répandue dans toute la ville, et elles continuaient toujours; mais on se tenait sur ses gardes, et les pourvoyeurs étaient réduits à dépister les étrangers non encore initiés à ce sinistre mystère. Un de nos compatriotes, dont le Caire était la résidence en ce temps-là et auquel nous devons cette anecdote, a connu personnellement deux jeunes Européens, gaillards vigoureux et déterminés, qui, armés jusqu'aux dents, hantèrent assidûment durant plusieurs jours un café, désigné comme lieu principal de la chasse aux amants, avec l'intention aventureuse de se laisser emmener, et de se tirer, de gré ou de force, sains et saufs du perfide lupanar. Aucunes représentations n'avaient pu les dissuader de tenter cette folle entreprise. Quels en eussent été les résultats? c'est ce qui ne se peut présumer avec certitude; nous inclinons à croire qu'il fut très-heureux pour eux de n'avoir pas réussi à captiver par leur bonne mine le choix des eunuques. Cependant la rumeur accusatrice grossissait; elle vint gronder jusqu'aux oreilles de Méhémet-Ali. Informé pertinemment de ces homicides débauches, le grand-pacha fit maçonner toutes les fenêtres extérieures du palais de sa lubrique et scélérate fille, et les portes furent également murées, à l'exception d'une seule, à l'entrée de laquelle veille nuit et jour un poste nombreux de soldats, avec la consigne la plus sévère à l'égard des visiteurs. C'est là tout ce que nous savons sur le compte de Zohra-Pacha.

ABBAS-PACHA.

Toussoun-Pacha a laissé un fils, Abbas-Pacha, que son grand-père aime beaucoup. Ce jeune prince, aujourd'hui gouverneur de la capitale, a toutes les qualités physiques de son père et quelques-unes de ses facultés intellectuelles peut-être; mais à coup sûr il ne possède aucune des vertus qui le distinguaient. Il est violent, impérieux, cruel, et s'est livré à des excès que ni son âge ni son éducation ne peuvent faire absoudre. Entre autres bruits accusateurs, il circule une histoire sur l'empoisonnement d'un mamelouk, ganymède du prince, à laquelle se rattacherait la mort inopinée du docteur Gand, médecin d'Abbas-Pacha. Nous sommes fâché de ne pouvoir la démentir.

L'extrême condescendance dont il a constamment été favorisé le rend incapable de supporter la contradiction, et lui inspire quelquefois les idées les plus extraordinaires sur ses droits et sa puissance. Livré de bonne heure à lui-même, gâté par une mère faible, entouré de flatteurs, de vils complaisants, mal dirigé par d'inhabiles gouverneurs, il a contracté tous les défauts qu'engendre la vie du harem, tous les vices que favorise une éducation efféminée, et n'a jamais voulu se livrer à une étude sérieuse.

Cependant son grand-père, qui le chérissait tendrement, avait voulu cultiver une compréhension native assez prometteuse : à cet effet on l'entoura de maîtres ; mais le jeune homme, ennemi du travail, vain, léger, passionné pour la chasse, faisait si peu de progrès que Méhémet-Aly se fâcha un jour, supprima tout d'un coup mamelouks, chevaux, levriers et faucons, et le séquestra à Kanka, où il devait exclusivement employer son temps à l'étude. Abbas-Pacha apprit à lire et à calculer, et ses parents, trop faibles, lui pardonnèrent et le laissèrent rentrer dans le tourbillon de ses plaisirs. Ce fut à peu près à cette époque qu'il fit sa première campagne en Syrie, sous les ordres d'Ibrahim. Pour l'initier à l'administration, on le nomma ensuite gouverneur d'une des villes de la basse Égypte, et peu après son grand-père lui confia le même poste au Caire, où il ne se fait point aimer. Les propensions despotiques dont il avait donné des preuves dans sa première jeunesse se sont développées dans une position élevée, et d'enfant gâté Abbas est devenu un tyran. Habitué à n'éprouver aucun refus, à satisfaire tous ses caprices, s'il trouve un cheval, un dromadaire, ou toute autre chose qui lui plaise, il fait prendre par ses mamelouks l'objet de sa convoitise, et le fait conduire ou porter dans son palais, non-seulement sans demander l'assentiment du maître, mais même sans lui offrir la moindre indemnité. Des faits plus graves encore doivent effrayer les Égyptiens pour l'avenir : outre ce qui peut être vrai dans les scènes dont son palais passe pour avoir été le théâtre, il est notoire qu'en 1839 il a donné impitoyablement l'ordre de jeter deux femmes au Nil.

Une de ces femmes était la fille d'une esclave blanche du harem de Méhémet-Lazouglou, ministre et ami de Méhémet-Ali. Mariée à un officier turc, elle avait été répudiée, sous prétexte d'infidélité, et vivait au Caire dans une maison splendide entourée d'un superbe jardin. Amyn-Bey, élevé en France et directeur de la poudrière, était logé dans un palais voisin de cette belle demeure, et plusieurs fois il avait demandé qu'on lui cédât une partie du jardin pour agrandir sa propre habitation. Désespérant d'obtenir jamais de bon gré ce qu'il désirait, cet homme eut l'infamie d'espionner la femme dont il était mécontent; l'ayant surprise dans la maison d'un juif, où elle avait un rendez-vous galant, il la fit arrêter, et demanda au gouverneur que la coupable fût jetée au Nil. Dans ce rigide réquisitoire, qui avait pour but d'assurer un héritage à son auteur, il s'appuyait, pour pallier les motifs cupides de son action, sur une sorte de parenté entre son épouse et la femme coupable, ce qui lui donnait un intérêt à réprimer, à punir le désordre. Abbas-Pacha, gagné peut-être ou par des présents, ou par des relations d'amitié avec Amyn-Bey, fit droit à cette cruelle sommation. Des soldats emmenèrent la malheureuse au vieux Caire, après le coucher du soleil ; là elle fut dépouillée de ses bijoux, étranglée, et jetée dans le Nil. Nous ignorons quel était le crime de la seconde victime.

Abbas-Pacha avait fait la connaissance d'une courtisane célèbre, de la belle Sophia, à la foire de Tantah. Il en fit sa maîtresse, et l'entretint magnifiquement au Caire jusqu'au moment où, soupçonnant sa fidélité, il se brouilla avec elle. Mais sa jalousie, sa rancune ne se trouvaient point assez bien satisfaites; parvenu au pouvoir, il fit saisir cette belle personne, et, après lui avoir fait donner cinq cents coups de courbache, il l'exila à Esneh, ville où sont reléguées les prostituées : vengeance d'autant plus odieuse qu'elle s'exécuta de sang-froid et avec préméditation. Quelques personnes ont trouvé entre ce prince et son grand-père des points de ressemblance, entre autres l'habitude de regarder dans les yeux la personne à qui il parle, comme pour lire au fond de sa pensée.

Abbas-Pacha a maintenant trente-trois ans. Son obésité précoce est aujourd'hui si énorme qu'elle est devenue une véritable infirmité. C'est à tort qu'on l'a représenté comme le rival déclaré d'Ibrahim relativement à la succession de Méhémet-Ali : Abbas paraît sincèrement attaché à son oncle Ibrahim; et celui-ci ne serait pas l'héritier du vice-roi par droit de naissance, que le prestige de ses victoires et l'éclat de sa réputation lui donneraient l'avantage sur ses compétiteurs.

Avenir de la dynastie de Méhémet-Ali.

Le nom d'Abbas-Pacha clôt la liste des héritiers directs sur l'existence desquels repose la première condition de durée pour la dynastie fondée par Méhémet-Ali. Quel sera le sort probable de cette mémorable fondation?

A n'essayer pas de scruter en pure perte les secrets impénétrables de l'avenir, à n'aventurer point nos propres spéculations au regard des catastrophes sociales ou internationales surgies du sol de l'Asie ou de celui de l'Europe, dont l'éventualité peut être sondée, et sans même énoncer les diverses hypothèses que des esprits plus ou moins instruits et perspicaces se sont évertués à élaborer, la solution du fatal problème prend pour nous sa valeur absolue dans une considération unique : la simple question de l'acclimatation des hommes domine, à nos yeux, la majesté transcendante des élucubrations politiques ; elle pèse d'un poids inéluctable dans la balance du destin. Jamais les plages délétères de l'Afrique n'ont permis aux immigrants de se perpétuer dans leur atmosphère ; cette contrée brûlante a dévoré, sans assouvir son insalubrité, les diverses races de conquérants exotiques qui l'ont

EGYPTE

Mosquées d'Emyr YAQOUB et d'IBRAHYM AGHÂ

XVIIIᵉ Siècle de notre ère

abordée et qui s'y sont fixées sur la foi de ses invitations traîtresses. Où sont les traces des envahisseurs, où est leur postérité? Grecs, Romains, Vandales, Carthaginois, tous sont disparus tour à tour ; partout, en tous lieux, tous ont été engloutis sans exception ; et de ces légions nombreuses il reste à peine quelques ossements sous la terre, à la surface rien, pas un seul individu dont le type originel soit reconnaissable. A la seconde génération du colon déjà l'essence primitive de la souche étrangère s'abâtardit notablement, et la séve radicale sera impuissante peut-être à produire deux tiges vivaces et prolifiques encore, tant le dépérissement est rapide, tant l'extinction est infaillible. Cette loi terrible de destruction, les prédécesseurs immédiats de Méhémet-Ali dans le gouvernement de l'Égypte en ont fait la douloureuse expérience : à peine les mamelouks, ces hommes choisis parmi les plus beaux et les plus forts, parvenaient-ils à procréer quelques rares et débiles soldats. Elle s'est vérifiée déjà dans la lignée du grand-pacha : la dégénérescence y est sensible, manifeste ; sur une telle abondance de rejetons la proportion des décès prématurés est démonstrative, de funèbre augure ; ceux qui ont survécu sont assez sains, assez vigoureux, mais parmi eux, sans contredit, le plus robuste est celui qui naquit dans la patrie de ses ancêtres. Leur progéniture ne ressemble guère au vieux tronc ; Abbas-Pacha est loin d'avoir la même vitalité que son grand-père, et les berceaux de son harem sont une maladrerie : ses enfants meurent scrofuleux ; en 1842 il lui en restait un seul, qui était difforme, rachitique. Viennent les événements que le temps prépare, agressions du dehors, insurrections des indigènes, ou transmissions de pouvoir opérées sans secousses : que feront des créatures infirmes, imbéciles ; comment tiendront-elles dans leurs mains énervées le sceptre déjà si lourd pour l'être valide qui le leur va léguer ? Pour nous, qui ne voulons pas tenter la Providence, le nœud gordien n'est pas même dans l'idiotie ou la faiblesse des descendants du vice-roi. Verront-ils seulement s'écrouler le trône élevé péniblement par l'infatigable Macédonien ? Qu'importent donc tous les éléments de conjectures fatidiques et les oracles délieses de la sagesse diplomatique ? Qu'importe qu'une griffe subtile ou qu'une serre puissante menace de s'abattre sur un territoire convoité ? qu'importe l'instabilité de l'équilibre des intérêts européens ? Qu'importent les ferments de révolutions intérieures, et que Turcs, Arabes, Francs, tous les habitants du pachalik détestent cordialement la famille régnante ? Pour elle, la sentence irrévocable de déchéance est une affaire de pronostic physiologique ; elle porte dans l'altération, dans la dépravation intrinsèque de son germe une cause certaine de ruine. Que l'hérédité soit prospère, que l'avénement des successeurs du vice-roi soit paisible, quelques années suffiront à éteindre cette flamme splendide, à tarir ce sang généreux : la dynastie de Méhémet-Ali n'est pas née viable ! elle mourra bientôt de sa laide mort, si les décrets d'Allah ne lui réservent pas avant cette heure misérable une fin plus glorieuse.

AHMED-BEY, DEFTERDAR.

Une peinture précieuse manque encore à cette série de portraits de famille ; c'est celle d'un homme qui a laissé des souvenirs lugubres chez les Arabes, et dont treize années après son trépas authentique le nom exécré fait toujours frissonner d'horreur ou d'épouvante ceux qui le prononcent ou l'entendent ; c'est celle du gendre de Méhemet-Ali, du digne époux de l'amoureuse Zohra. Nous n'avons pas cru devoir nous dispenser de joindre cette figure aux autres ; elle fera un pendant convenable à celle de la princesse, et complétera des documents importants pour l'histoire morale des dominateurs de l'Égypte.

Le defterdar Ahmed-Bey est mort en 1833 ; mais outre que le caractère inhumain de ce personnage possède depuis longtemps dans toute la région de pays soumise au pacha une triste célébrité, comme il appartient d'ailleurs à l'histoire politique de cette époque, il n'est pas inutile, de toutes façons, de le faire connaître à nos lecteurs d'Europe.

Le defterdar était un homme de taille moyenne, mais vigoureusement constitué ; ses vêtements de couleurs éclatantes et les riches broderies dont ils étaient chamarrés, ses nombreux esclaves armés, le somptueux ameublement de son palais, tout lui donnait l'aspect d'un des puissants beys ghouzes (1); et, d'après le témoignage des anciens du pays, le faste de ses costumes, les tendances de ses mœurs et même l'air de son visage rappelaient parfaitement Mourad-Bey. Sa figure surtout avait une expression qui se gravait profondément dans la mémoire, car il en est peu qui portent au même degré cette empreinte satanique. Il y avait dans son maintien impassible, dans ses yeux gris, dans ses regards mobiles et incertains, dans son nez légèrement épaté, dans sa moustache longue et hérissée, dans tous ses traits enfin, quelque chose de si farouche et de si profondément cruel, qu'on se demandait si c'était un homme qu'on avait devant les yeux; et quand on l'apercevait couché sur son divan, accoudé sur une jeune panthère, on croyait voir la forme et le symbole de la férocité.

Ce gendre de Méhémet-Ali descendait d'une famille de beys. Élevé parmi les grands de Constantinople, ses manières se ressentaient de l'éducation de la capitale et de ses liaisons avec les personnages les plus distingués. Imbu de tous les préjugés musulmans, il était cependant instruit, pour un Turc, et connaissait passablement la géographie et l'histoire. Sa politesse était exquise; mais sous ces formes attrayantes il cachait l'âme la plus atroce, et il avait si énergiquement manifesté ses penchants sanguinaires, son tempérament implacable, que la seule idée, la seule menace de sa présence inspirait la terreur, et que, nous l'avons dit, sa mémoire l'imprime encore. Méhémet-Ali lui-même ne le voyait pas toujours d'un œil fort tranquille : sa constante opposition à l'introduction de la tactique européenne dans l'armée égyptienne, et à toute innovation en général, ses nombreux mamelouks, et quelques propos échappés dans l'ivresse, ont fait croire qu'il eut plus d'une fois la pensée de s'emparer du pouvoir.

Cette biographie serait démesurément longue si nous voulions enregistrer tous les récits qui circulent de bouche en bouche sur les bords du Nil, et y joindre la foule de détails, inconnus peut-être, que nous avons appris par suite d'une circonstance fortuite, un de nos amis ayant eu à son service pendant plusieurs années un ancien domestique du defterdar; mais, indépendamment de ce que les limites qui nous sont assignées ne nous permettent pas de nous étendre beaucoup sur ce sujet, d'intérêt secondaire, la succession interminable de faits présentant tous le même cachet deviendrait fastidieuse autant qu'inutile ; nous relaterons seulement quelques anecdotes, choisies parmi celles qui sont de notoriété incontestable, et nous publierons en même temps le résultat des observations que des rapports personnels avec le terrible conquérant du Sennaar ont permis à un voyageur français de recueillir, et qui nous ont été obligeamment communiquées. Nous insérons textuellement ici un passage de son mémorial. « Vers la fin de 1832 ou le commencement de 1833, environ six ou huit mois avant le décès d'Ahmed-Bey, j'eus l'occasion d'avoir quelques entrevues et entretiens avec lui, durant un séjour d'une semaine que je fus amené par hasard à faire dans son palais, à Djiziret-Mohammed, près du Caire. En dépit des prédictions de son aspect formidable et de son sinistre renom, son accueil fut fort avenant, ses allures restèrent constamment des plus courtoises, et aucun de ces événements de vie domestique dont j'avais tant de fois ouï les lamentables paraphrases ne vint troubler pour moi les jouissances d'une hospitalité parfaitement irréprochable. Le texte de nos conversations était l'histoire et les mœurs étrangères, l'astronomie, mais surtout la géographie, science à laquelle il prétendait se bien connaître. « Je veux envoyer à la Société de géogra-« phie de Paris, me disait-il, une carte « du Sennaar et du Kordofan, où j'ai fait « une campagne pour Méhémet-Ali. » La

---

(1) *Ghouze*, nom générique sous lequel on désigne communément les mamelouks en Égypte. Les Arabes ont tiré ce mot du persan *ghuz*, ou *ghouje*, dont la signification est, suivant Castel, *intrépide, rapace, sanguinaire*, et qui est le nom d'une peuplade du *Turkistân*.

carte était composée de plusieurs feuilles de papier collées sur toile, et sur lesquelles étaient tracés grossièrement, mais avec assez d'intelligence, le cours du Nil, les montagnes, les frontières du Sennaar et du Kordofan, ainsi que les noms et positions des principales villes ou bourgades.

Ahmet-bey mourut jeune encore, le 8 juin 1833, laissant une fortune que l'on évalue à 40,000 bourses ou environ cinq millions de francs.

Nous passerons sous silence plusieurs traits de la vie du célèbre defterdar, auquel Méhémet-Ali doit la conquête du Sennaar. D'ailleurs, pour apprécier convenablement le caractère des Orientaux, il faut se placer au point de vue de la religion et des mœurs musulmanes ; si on les juge d'après les principes ou les préjugés de notre civilisation, on s'expose à des erreurs indignes de la gravité de l'histoire.

CHAPITRE II.

DESCRIPTION DE L'ÉTAT PHYSIQUE DE L'ÉGYPTE.

CONSIDÉRATIONS GÉNÉRALES. — SITUATION, BORNES ET DIVISIONS DE L'ÉGYPTE. — NATURE DU SOL. — ISTHME DE SUEZ. — DU NIL. — SOURCES ET COURS DU NIL. — CATARACTES. — CRUES. — INONDATIONS DU NIL. — EXHAUSSEMENT PROGRESSIF DU SOL. — ANIMAUX. — VÉGÉTAUX. — CLIMAT ET TEMPÉRATURE. — DES VENTS ET DE LEUR INFLUENCE. — PLUIE ET ROSÉE. — MALADIES. — MORTALITÉ A ALEXANDRIE.

Placés dans une position géographique des plus tranchées, les Égyptiens peuvent offrir un exemple concluant des lois de la physique générale du globe. Si les anciens habitants de l'Égypte n'avaient pas trouvé sur le rivage du Nil des carrières inépuisables de grès et de pierre calcaire, le goût de l'architecture n'aurait pas été un des traits marquants de leur caractère, le sol n'aurait pas été couvert de monuments gigantesques. Où le culte attesta-t-il mieux les besoins et les désirs de l'homme ? Les animaux, et jusqu'aux végétaux utiles ou nuisibles, furent divinisés, et les mouvements du Nil furent consacrés par les rites de la religion. La nature avait refusé des forêts et des mines à l'Égypte; elle fut agricole, pastorale, savante et artiste; elle ne fut ni conquérante ni commerçante. Les expéditions guerrières qu'elle fit, à diverses époques, n'eurent aucun résultat durable, parce qu'elles n'étaient point dues aux instincts de la nation. En vain les Ptolémées réunirent par des routes magnifiques les bords du Nil et le rivage de la mer Rouge, le commerce resta entre les mains des étrangers, et les Égyptiens s'engagèrent rarement eux-mêmes dans cette nouvelle voie. L'Égypte demeura, quant au commerce, un pays de transit, et le grenier des nations voisines; en raison même de leur civilisation avancée, les Égyptiens méprisaient trop les peuples étrangers pour aller chercher chez eux les moyens de s'enrichir.

SITUATION, BORNES ET DIVISION DE L'ÉGYPTE.

Selon le voyageur Bruce, le nom d'Égypte vient de l'éthiopien Y-GYPT, et signifie *le pays des canaux*, appellation qui, pour être aujourd'hui peu applicable, n'en était pas moins juste au temps de la splendeur de l'Égypte, sous les Pharaons, lorsqu'un habile système d'irrigations avait fait de cette contrée la mère nourricière des nations (1); la Bible l'appelle *Mizraïm*, pluriel de *Misr*, nom que les Arabes donnent aujourd'hui à l'Égypte ; les Coptes ont conservé le mot de *Chemia*, qui est évidemment le *Kemé* ou *Kemia* des anciens monuments.

Située entre 23° 23' et 31° 35' 30" de lat. boréale, et entre 22° 10' et 33° 21' de longit. à l'est du méridien de Paris, l'Égypte se déploie longitudinalement.

Les exhaussements du sol aux embouchures de ce fleuve, et tout le Delta, sont formés par les dépôts des inondations périodiques et l'entassement des sables de la mer; la majeure partie de ce terrain arénacé n'existait même pas à l'époque où les prêtres égyptiens ont fixé les limites de leur patrie : pour eux, elle finissait avec le Nil. Le terme des

---

(1) *Ægyptus* était le plus ancien nom du Nil (Hom. *Odyss.* XIV, 258). Ce nom fut plus tard appliqué à tout le pays.

mesures données par Hérodote doit, d'après les recherches de plusieurs savants, s'arrêter à la principale bouche du fleuve nourricier, à l'issue de la seule branche primitive, à laquelle Ptolémée appliquait l'épithète d'Αγαθοδαίμων, *schetnoufi* des indigènes (bonne branche ou principale division (1)).

L'Égypte occupe la partie nord-est de l'Afrique; enclavée entre deux mers et deux déserts, elle a pour limites au nord la Méditerranée, à l'est la mer Rouge, au sud la Nubie, à l'ouest la Libye. Elle se dirige du nord au sud, en inclinant un peu vers l'ouest; c'est une longue bande de terrain traversée par le Nil, qui, arrivé à trente lieues de la mer, se divise en plusieurs branches dans une plaine parfaitement unie et dont la pente est presque insensible. L'Égypte entière, depuis la dernière cataracte jusqu'à la pointe de Bourlos, présente une superficie d'environ deux millions cent mille hectares de terrains cultivables.

On la divise en haute, moyenne et basse Égypte. La *Haute-Égypte* ou *Saïd* s'étend de la Nubie jusque vers la province du Caire; la *Moyenne-Égypte* renferme la province du Caire et les provinces latérales; la *Basse-Égypte* se compose de tout le pays situé entre le territoire du Caire, la Méditerranée, l'isthme de Suez et la Libye. Le Saïd est une longue vallée entre deux chaînes de montagnes; c'est ce qu'on appelle la *vallée du Nil*; sa longueur, depuis l'île de Philæ jusqu'aux grandes Pyramides, entre les 24° et 30° de latitude, est d'environ quatre-vingt-dix myriamètres, en y comprenant les sinuosités du fleuve. A la hauteur du Caire, les montagnes s'affaissent, et le pays se nivelle presque complétement; la chaîne orientale forme alors, au bord de la vallée, une sorte de haute muraille coupée en quelques endroits par des ravins; la chaîne occidentale se termine en pente douce. Depuis le Caire jusqu'à la mer, et entre les deux bras du Nil qui descendent dans la mer, l'un à Rosette et l'autre à Damiette, le pays forme un triangle presque équilatéral dont la base a environ soixante-dix lieues; cette plaine a reçu le nom de *Delta*, à cause de la ressemblance de sa configuration avec celle d'un des caractères de l'alphabet grec (Δ). Les indigènes lui ont donné le nom de *rab* ou *rib*, qui signifie *poire*, parce qu'ils ont trouvé quelque ressemblance entre la forme de ce terrain et celle d'une poire; de *rib* on a fait *rif*, et *er-rif* avec l'article. Aboul'-Féda divise l'Égypte en *Rif* ou côtes, et en *Saïd* ou hautes contrées. Le Delta fait partie de la *Basse-Égypte*; en remontant on trouve, à peu près en face du Caire et de l'autre côté du fleuve, la ville de *Giseh*, célèbre par le voisinage des pyramides; et un peu au delà des pyramides commence la *vallée du Nil*, qui se prolonge vers le midi, dans un espace d'environ cent cinquante lieues.

NATURE DU SOL.

L'Égypte, à proprement parler, n'est qu'une grande oasis dans un immense désert. Ses proportions sont en rapport avec celles du cours d'eau qui l'a créée. Le Nil, rompant la montagne granitique, vint creuser son lit sur la pierre calcaire du Saïd, mêler son limon fécondateur à la poussière stérile apportée par l'impétueux khamsin, et préparer ainsi une nouvelle terre pour l'habitation des hommes.

Voyageurs, savants ou poëtes, curieux ou aventuriers, tous sont frappés de l'aspect original et grandiose de l'Égypte, quel que soit le côté par où ils l'abordent; rien n'est plus intéressant, plus majestueux, plus riche que ce long ravin sillonné de mille canaux, tapissé d'une végétation sans cesse verdoyante et fleurie, et rempli d'une moisson perpétuelle, que deux chaînes de montagnes nues et arides défendent contre l'haleine dévorante du désert.

A mesure qu'on pénètre dans le pays, et qu'on en observe minutieusement les détails, l'étonnement et l'intérêt s'accroissent au lieu de diminuer. Ici la terre se suffit à elle-même, et les régions supérieures de l'atmosphère ne lui envoient point leurs ondées bienfaisantes; point de pluie pour alimenter ces végétaux que le sol engendre sans relâche. Un seul fleuve suffit pour arroser cette plaine limoneuse et réparer annuellement la perte des sucs nourriciers.

---

(1) Voir Champollion le Jeune, *l'Égypte sous les Pharaons*.

EGYPTE MODERNE.

Maison du Cheykh el Beled, ou Maire.

Tout s'accomplit avec une régularité solennelle : aux mêmes jours le Nil s'élève, aux mêmes jours il s'abaisse, pour recommencer à des périodes régulières ; et cependant au sein de cette contrée privilégiée, où la nature se charge elle-même d'une partie des travaux de l'homme, au milieu de ces sables que le vent seul agite, les yeux surpris reconnaissent les vestiges d'une catastrophe violente. Le sel des mers couvre de ses efflorescences cristallines le sable desséché du désert, les coquilles gisent sur les hauteurs, les vallons sont labourés par le passage des torrents, les pierres sont polies et façonnées par le roulement des flots, et des scories volcaniques encombrent quelques endroits des gorges, loin de tout cratère. On a essayé d'expliquer, avec plus ou moins de vraisemblance, ces singularités naturelles. Entre toutes les hypothèses émises à cet égard nous sommes forcé de faire un choix ; le nom de Déodat Dolomieu et l'autorité de la grande commission scientifique de Napoléon mettront notre responsabilité suffisamment à couvert.

Une cause inconnue, le choc d'une comète et du globe terrestre, par exemple, aurait un jour imprimé aux mers de grandes oscillations, et quelques portions de nos continents auraient été temporairement submergées. D'après cette hypothèse, les eaux de la Méditerranée se portèrent vers le mont Liban, tandis que celles de l'océan Indien entrèrent dans le golfe Arabique. Les courants dévastateurs se rencontrèrent en divers points, et à diverses reprises, et alors, se faisant un moment équilibre, ils laissèrent retomber les roches et les sables qu'ils avaient entraînés. Ainsi se formèrent l'isthme de Suez et quelques autres atterrissements ; ainsi s'établirent les amas de coquillages dont les débris font aujourd'hui des collines entières ; ainsi se creusa le désert ; ainsi le sel se répandit sur la surface de l'Égypte ; ainsi s'agglomérèrent des matières hétérogènes dans des lieux étrangers à la production de quelques-unes d'entre elles.

Le Nil lui-même a modifié plusieurs fois l'intérieur de la vallée, et les traces de son cours se retrouvent dans des lieux fort éloignés l'un de l'autre. Un de ses anciens lits a suivi la ligne des oasis, et son passage y a laissé des vestiges irrécusables ; il a ensuite baigné le pied de la chaîne libyque, et peu à peu repoussé par les sables, il s'est porté vers les monts arabiques, qu'il creusa lentement en quelques points. Ces changements de position, joints à d'autres circonstances, auraient même donné naissance à la région des grès dans la montagne libyque ; telle du moins a été l'opinion du savant M. de Rozière. Ces sites donc, si immuables en apparence, sont en réalité toujours changeants et renouvelés, au point que le fond des eaux est devenu montagne, et que la montagne, à son tour, menace de devenir un jour le lit du fleuve !

Cette constitution extraordinaire promet surtout à l'étude une mine inépuisable d'observations et de phénomènes nouveaux. La géologie doit faire une ample récolte dans un semblable champ d'exploration.

En effet, bien que la vallée du Nil soit, pour ce qui concerne l'ouverture riveraine, uniquement de formation alluviale, elle présente dans son ensemble une variété de caractères dignes de l'attention du géologue ; de part et d'autre, le sol limoneux est encaissé dans des montagnes rocheuses, et les sables du désert viennent jusqu'à ces montagnes et jusqu'aux bords de la terre cultivable, sur laquelle ils empiètent même fréquemment ; la largeur même de la vallée est peu considérable, rarement elle dépasse vingt kilomètres, et dans quelques endroits elle n'est pas même de moitié.

Depuis leur extrémité septentrionale jusqu'à dix ou onze myriamètres de l'entrée méridionale de l'Égypte, les deux chaînes sont de formation secondaire et denature calcaire ; durant les huit myriamètres suivants, elles sont composées d'un grès sablonneux, légèrement micacé, tendre, facile à tailler ; c'est une roche assez belle et de nuances variées, avec laquelle sont construits presque tous les anciens édifices de Thèbes. — Plus on approche ensuite des cataractes et plus la roche devient dure ; à une lieue de Syène, on trouve des terrains primitifs, sur les bords de la vallée, et la montagne granitique montre aux yeux étonnés

4.

ses blocs énormes, d'où les anciens ont tiré la masse de leurs statues colossales et de leurs obélisques.

Ainsi, entre Philæ et Assouan (Syène), la rive gauche du fleuve est occupée par l'extrémité nord des montagnes qui s'étendent dans la Nubie, et qui consistent en une sorte de roche de granit rouge, mêlé d'amphibole; cette roche a reçu le nom de *syénite*.

Le granit est quelquefois coupé par des masses de gneiss, de porphyre, de schiste argileux, de quartz et de serpentine, dans la pâte desquelles sont disséminées de nombreuses variétés de jaspes et de cornalines. La serpentine se trouve aussi dans les gisements de la chaîne arabique, sur de longues nappes de schiste argileux, et d'un feldspath compacte; quelques auteurs l'ont décrite comme une espèce de marbre vert. On trouve encore dans la Haute-Égypte un véritable marbre, qui prend diverses nuances de jaune, de blanc, de bleu et de rouge; quand ce marbre se combine avec la serpentine il forme la pierre bien connue sous le nom de *vert antique*.

Les montagnes opposées correspondent entre elles en beaucoup d'endroits par la nature des matières. Cependant les montagnes de granit appartiennent à la chaîne libyque, et la formation composée de feldspath en lames confuses, et d'une forte quantité d'hornblende, sans quartz ni mica, est absolument étrangère aux montagnes de Syène, tandis qu'elle constitue les principales montagnes de l'Arabie, et notamment le Sinaï; cette dernière roche a reçu de quelques savants le nom de *Sinaïte*, par opposition à la *Syénite*, qui est le granit rose de Syène et des environs. La *Sinaïte* joue un rôle très-important dans ce système de montagnes, et sert, entre autres caractères, à faire distinguer les terrains primitifs des terrains de formation secondaire.

On commence à observer la transition de l'une à l'autre formation dans les montagnes à l'ouest d'Éléphantine; la transition traverse ensuite le fleuve, et se montre dans les montagnes plus au nord. Elle franchit ainsi les déserts de la Troglodytique, poursuit la même direction dans l'Arabie Pétrée, coupe l'axe de la presqu'île au-dessous de la vallée de Pharan, et paraît devoir rejoindre les montagnes de la Syrie.

Au sud de cette ligne tout le terrain est de formation primitive; au nord de la Méditerranée tout est de formation secondaire. Le terrain est alors principalement calcaire, à l'exception d'une bande plus ou moins étroite de montagnes de grès et de poudingue, qu'on retrouve très-fréquemment entre les terrains primitifs et les terrains secondaires.

A Esneh le roc devient presque exclusivement calcaire, et il garde ce caractère jusqu'à ce qu'il se termine dans la plaine qui borne la Basse-Égypte. L'escarpement de ces roches, qui montent presqu'à pic, donne au pays un aspect triste et monotone; les montagnes du sud, au contraire, ont des formes variées et pittoresques, et présentent en quelques endroits des points de vue d'une grande beauté.

En résumé, à l'entrée de l'Égypte, en descendant le fleuve, on voit, du côté de l'Afrique, la chaîne libyque, qui se compose de diverses espèces de granit et de gneiss; vers la Nubie, des roches amphiboliques schisteuses, des masses d'amphibole vert, des diabases, des serpentines, des stéatites, la dolomie et la trémolite; tantôt la dolomie et la trémolite sont à découvert, par blocs considérables, ou forment des montagnes entières, tantôt ces roches et les autres que nous venons d'énumérer sont recouvertes par des couches plus ou moins épaisses de psammites, des grès extrêmement durs, des poudingues quartzeux, des brèches siliceuses, etc. Ces diverses formations précèdent ce qu'on nomme proprement la *syénite* ou *granit oriental*, autour de laquelle se groupent d'autres variétés de granit, des gneiss, des schistes micacés des phyllodes, des roches d'eurite et de keralite, du feldspath lamelleux et grenatifère; bientôt en descendant vers la Thébaïde, on trouve la *syénite rose talqueuse*, qui sert de transition entre le granit et le grès. Elle diffère de la syénite ordinaire par une quantité de mica plus considérable, par l'absence des cristaux de quartz, et par l'addition d'une matière stéatiteuse qui se mêle au mica et lui donne une nuance verte assez prononcée. La présence du talc dans la

Maison d'OTHMAN-BEY

syénite indique une formation plus récente dans cette espèce de granit qui elle-même est la moins ancienne des pierres de ce genre. Bientôt après on voit apparaître les montagnes de grès. Celles-ci n'ont ni les coupes vigoureuses des roches de granit, ni même les accidents de coupe moins prononcés des roches calcaires; elles forment comme une longue muraille d'un gris sombre. Quand les deux chaînes se rapprochent du fleuve, elles sont escarpées et roides, dénudées même de poussière et de cailloux; quand elles s'éloignent, le grès, plus friable, se désagrège, et la montagne prend quelquefois l'aspect d'une dune très-élevée; à la hauteur de la Thébaïde, les montagnes sont pour ainsi dire en ruine comme les édifices, et les fragments de leur crête gisent à leur pied en amas confus. Ce grès est plus chargé de mica, et son grain est plus gros que celui de Paris. Il a des nuances plus précises, quoique jamais elles ne soient vives; sa consistance est aussi plus égale, et on en trouve de grands blocs exempts de fissures; en un mot, c'est plutôt un psammite (de ψάμμος, sable) légèrement micacé qu'un grès ordinaire, quoiqu'il soit en général très-adhérent. Cette pierre, si souvent employée par l'architecture égyptienne, est déposée en lits épais d'une grande régularité entre des minces filons d'argile. Néanmoins les couches diminuent d'épaisseur à mesure qu'on avance vers la région calcaire. A cinq lieues au-dessus d'Esneh, on trouve la jonction de ces grès au calcaire. La zone des montagnes de grès se dirige du nord-est au sud-ouest Sa limite n'est point précise: elle forme plusieurs saillies et plusieurs enfoncements considérables, occupés par les montagnes calcaires, de sorte que les deux terrains alternent à plusieurs reprises sur les bords de la vallée. Le calcaire se voit quelquefois dans la même montagne que le grès, et dans ce cas le grès surmonte un calcaire compacte à petites discolithes, et un autre calcaire plus récent renfermant des camites et des pectinites, tandis qu'une troisième formation calcaire beaucoup plus grossière (psammite-calcaréo quartzeux) couronne la montagne. On voit, par cette disposition, que le grès est uniquement une formation secondaire; ceux de la vallée du Nil, en particulier, paraissent avoir été produits par les dépôts encaissés d'une eau chargée de sable quartzeux. Ces dépôts, tassés par leur propre poids, ont acquis avec les siècles une compacité extrême, à laquelle d'autres circonstances ont ajouté l'adhérence indispensable à la constitution d'une pierre. Le calcaire des dernières montagnes de cette chaîne est gris, ou diversement nuancé de plusieurs couleurs; sa cassure est à la fois esquilleuse et conchoïde; souvent elle contient beaucoup de pétrifications de poissons, de coquillages et de coraux. D'Alexandrie à la mer Rouge, près de Suez, c'est cette pierre qu'on rencontre. Le district montagneux qui conduit à Kosséir en présente aussi, et il y a dans la même circonscription des hauteurs où la chaux carbonatée est traversée par des couches de gypse ou sulfate de chaux. Le sable des vallées qui coupent ces montagnes est en partie quartzeux, en partie calcaire, et indique suffisamment le genre des pierres des débris desquelles il s'est formé. Un échantillon de cette matière a donné à l'analyse les résultats suivants :

Sous-carbonate de soude.	0,2335
Sulfate de soude.	0,1129
Muriate de soude.	0,5166
Sable siliceux argileux.	0,0280
Carbonate de chaux.	0,0089
Oxyde de fer.	0,0020
Eau.	0,0971
Total.	1,0000

Plusieurs vallées coupent la chaîne arabique pour aller joindre la mer Rouge; une des plus considérables est la vallée de Kosséir, sillonnée elle-même par des embranchements de montagnes et des groupes indépendants les uns des autres, au moins par leurs formations géologiques. Sur la chaîne arabique on voit d'abord quelques monts granitiques; viennent ensuite des poudingues et des brèches, parmi lesquelles il faut citer la *brèche verte d'Égypte*, et enfin des montagnes schisteuses. Vers les réservoirs d'*El-Haoueh*, des combinaisons nouvelles se produisent. Nous citerons entre autres un schiste tégulaire, que certains voyageurs ont pris pour de l'ardoise, mais qui en diffère à plusieurs égards; ces diverses roches se continuent en combinaisons variées jusqu'à trois lieues de Kosséir, où les montagnes changent de nature et deviennent gypseuses ou calcaires, leurs couches sont apparentes et régulières et dirigées presque toujours du nord au sud. Là se montrent amoncelés les détritus d'une coquille pétrifiée que Rozière pense avoir appartenu à l'*ostræa diluviana* (1), et qui forme la substance du calcaire. Le fond de la vallée est couvert d'énormes fragments de gneiss, d'argilite, de porphyre, de granit, et d'autres roches composées, telles que l'actinolithe, et une sorte de stéatite qui contient des nodosités formées par un gypse schisteux. Parmi les substances particulières aux montagnes qui bordent la vallée, il en est une qu'on trouve rarement seule, mais qui entre dans la composition des granits, des porphyres et de plusieurs autres pierres auxquelles elle communique une belle nuance verte; cette substance, qui ressemble au *schorl vert* du Dauphiné (delphinite), se trouve aussi dans quelques endroits du désert de Sinaï; c'est une variété d'épidote.

A Lambageh, situé à deux lieues et demie de Kosséir, on voit de nouveau s'élever des montagnes de granit, et par devant de petites montagnes schisteuses, qui en rendent l'accès difficile; un peu après les montagnes s'écartent, et on atteint le port formé au Saïd par un accident de la côte, et au nord par un gigantesque rocher de corail et de madrépores.

La *vallée de l'Égarement,* qui est parallèle à la vallée de Kosséir, est d'une composition géologique très-différente; car on n'y voit pas de montagnes, et un petit nombre de mamelons gypseux, calcaires, ou formés d'amas de coquilles et de masses de sel marin accidentent seuls un terrain aride et sans verdure. Le sol de la vallée n'est pourtant pas entièrement plan; et il se divise, au contraire, en plateaux dont le plus considérable est supporté par un banc calcaire. Mais la formation géologique la plus remarquable d'Égypte est celle qui borde la vallée des lacs de Natron, située à trente-deux milles à l'ouest du Nil, entre le Fayoum et la Méditerranée. Le calcaire joue un grand rôle dans le système entier; il est la base des montagnes granitiques de Syène, et probablement celle de toute la région des grès; enfin il s'étend sous le sol même de la vallée, depuis la chaîne libyque jusqu'au lit du fleuve, auprès duquel on l'a trouvé, à 6 mèt. 708 m. de profondeur; les collines qui divisent le bassin de la *Rivière sans eau* sont en grande partie formées par diverses combinaisons du natron avec d'autres sels. Dans le désert, ce dernier sel existe en couches minces et compactes sur un lit de gypse; dans d'autres endroits on le rencontre très-fréquemment en cristaux, quelquefois sous le sable, mais le plus souvent à la surface du sol.

La chaîne de terrains anciens qui sépare Kéneh de Kosséir, et qui suit la côte de la mer Rouge du nord au sud, est accompagnée d'une seconde chaîne parallèle, composée de basalte et de trachyte. On voit ces roches sur les deux contre-forts de la première chaîne, et même sur les points les plus élevés; c'est ainsi qu'en France des terrains volcaniques constituent le mont d'Or, le Cantal et le Mezenc, qui domine tout le pays; en Égypte et en France, les nappes de basalte recouvrent celles de trachyte et forment de larges lames plates assez continues; il est probable que les dispositions des montagnes coniques de Lagetta sont dues à un phénomène de soulèvement analogue à celui qui a créé le mont d'Or et les groupes du Cantal.

En redescendant du col de Lagetta on continue à marcher sur les roches de basalte et de trachyte jusqu'à Hammamat; mais après Hammamat on rentre dans les roches de granite, de porphyre et de syénite, qui se prolongent jusqu'à la vallée de Kosséir. Sur les bords de la mer Rouge les roches volcaniques reparaissent; elles forment une série de petits cônes qui bordent la côte pendant une assez grande longueur.

L'Égypte possède beaucoup de pierres fines; nous nous bornerons à l'énumération des plus remarquables, pour ne pas dépasser les limites que nous nous sommes imposées dans cet ouvrage.

Une île de la mer Rouge porte le nom

---

(1) Espèce d'huître, mollusque acéphale.

de *Zeniorget* ou *île des Topazes*; selon quelques écrivains, les anciens rois d'Égypte y exploitaient une mine de sel gemme(1). On trouve des émeraudes dans les montagnes situées sur la rive occidentale du golfe Arabique; des mines abandonnées ont été découvertes par Cailliaud, en 1816, dans la vallée de Kosséir, à quatre journées de marche de cette ville, sur l'ancienne route de Coptos à Bérénice, au pied du Zabourah, un des pics les plus élevés des monts Ollaki; et l'histoire dit qu'il se faisait autrefois un commerce considérable d'émeraudes entre l'Égypte et l'Italie. Les auteurs arabes distinguent quatre espèces de *Zemroud*, dont la plus estimée est nommée par eux *Dabbâni*, et la plus imparfaite (une aigue-marine) *Zeberdjed*; ils affirment que l'Inde seule produit des émeraudes comparables à celles d'Ollaki. Néanmoins, beaucoup de savants pensent que l'émeraude connue des anciens n'est pas semblable à celle du Pérou. Bruce parle d'une île de la mer Rouge qu'on appelle *l'île des Émeraudes* (*Gezyret-Uzzumurud*). M. de Rozière pense que ce pourrait être la même que *l'île des Topazes*, dont la position est loin d'être bien précisée. Mais un examen plus approfondi a fait reconnaître que cette île produisait seulement un *spath-fluor* de couleur verte, et que les Ababdeh, en appelant cette île *Gezyret-Uzzumurud*, ont fait une confusion de lieu. On compte aussi le chrysobéryl ou cymophane parmi les productions minérales du Saïd, et plusieurs variétés rares de quartz, par exemple l'*aventurine* dite *aventurine d'Égypte*, et le cristal de roche, qu'on trouve sur les rivages du nord. On a recueilli des calcédoines et des cornalines sur les deux rives du Nil, dans toute l'étendue du pays. L'agate gît dans les rocs qui entrecoupent le désert à l'est du Caire, tandis que le jaspe court, en filons d'une épaisseur considérable, dans le schiste argileux qui borne la vallée placée entre Esneh et Syout. Un jaspe plus rare et plus beau est abondamment répandu dans le désert sablonneux qui sépare le Caire de Suez : c'est le célèbre jaspe d'Égypte; on le trouve aussi dans les gisements situés au-dessous de Bénisouef : il y est enclavé au sein d'une sorte de conglomérat. Enfin, dans les vallées transversales qui du Nil supérieur communiquent à la mer Rouge, on voit beaucoup d'actinolithes, d'épidotes, d'amphiboles.

Les montagnes qui bornent l'Égypte dans quelques directions ont été si imparfaitement explorées que nous ignorons quels en sont les trésors métalliques. On peut néanmoins conclure de l'état avancé où se trouvaient les arts chez les anciens habitants des bords du Nil que le fer n'était pas inconnu parmi eux, et même que le minerai se recueillait dans le voisinage des grands travaux auxquels il était indispensable. L'exécution des obélisques, des pyramides, des statues, et de tous les ornements de l'architecture égyptienne implique nécessairement l'emploi d'excellents instruments munis de lames bien trempées.

L'Égypte n'a point de mines d'or, quoiqu'il s'en trouve dans les possessions du pacha; nous en parlerons aux chapitres XIV et XV, en traitant du commerce et de l'industrie.

Il est digne de remarque que dans les plaines sablonneuses, où l'eau manque aujourd'hui si complètement, on rencontre ces jaspes bruns qu'on appelle *cailloux d'Égypte*, et dont la forme arrondie, la surface lisse, indiquent assez qu'ils ont été longtemps le jouet des eaux avant de reposer dans un sol aride. Une autre anomalie de ces contrées est de présenter dans ces sables tranquilles, au pied de ces montagnes dont les couches parallèles se continuent avec une régularité parfaite presque, des pierres ponces, des cailloux encroûtés de scories, et d'autres produits volcaniques, preuves irréfutables des révolutions naturelles dont l'histoire la plus reculée n'a pas gardé le souvenir. D'autres traces non moins évidentes de ces convulsions du globe sont encore imprimées à la surface de l'Égypte.

A deux lieues et demie à l'est du Caire, il existe une forêt pétrifiée qui s'étend sur un espace de plus d'une lieue carrée. Ce curieux monument de quelque grande catastrophe physique, perdu dans le désert entre les deux routes qui vont de Suez au Caire, l'une au nord et l'autre

---

(1) Voyez Diodore de Sicile.

au sud, n'a pas été découvert par les savants de l'expédition française, et il n'est connu des Européens que depuis une vingtaine d'années.

La plaine où se trouve ce bois pétrifié semble avoir subi l'action du feu. Elle est couverte de monticules de calcaire, d'argile ou de grès vitrifié. Le terrain présente à sa superficie du sable calcaire mêlé de graviers roulés et quartzeux, puis des couches d'argile et de calcaire, dans lesquelles sont enfouis beaucoup d'ossements fossiles et de coquillages de différentes époques. Les parties les plus basses de cette plaine sont celles où les arbres sont les mieux conservés; au milieu ils présentent encore la couleur du bois et même l'écorce. Il y a des morceaux qui à la première vue semblent être des arbres que l'on vient de fendre et de couper. Tous les fragments sont à la surface du sol ou à moitié ensablés: les parties ensevelies sont mal conservées et se pulvérisent lorsqu'on les touche. Ces arbres sont couchés dans tous les sens, et le terrain en est parsemé de distance en distance. Les grands troncs ont plus de vingt mètres de longueur; la plupart sont droits, et quelques-uns présentent de fortes branches, où l'on distingue encore des nœuds. Dans les parties cassées perpendiculairement à l'axe de la tige, on reconnaît très-distinctement les différentes zones de tissu ligneux qui peuvent donner l'âge du végétal. La forme générale, l'écorce et l'embranchement semblent indiquer des sapins, des chênes et des sycomores. Les dattiers sont assez nombreux, mais quelques morceaux filandreux, comme le bois de palmier, et coupés par nœuds comme le bambou, ressemblent à l'intérieur d'un tronc de bananier. Beaucoup de morceaux, qui sont creux et qui ont environ deux pieds de diamètre, offrent l'apparence de bambous d'une espèce colossale.

Ces vestiges antédiluviens attestent autant l'action du feu que celle des eaux. La plupart des troncs sont vitrifiés, d'autres sont semblables à des tisons éteints au sortir d'un bûcher; il est fort probable que ces arbres périrent par l'action d'une chaleur souterraine ou par celle d'un feu allumé sur leurs racines. Les soulèvements de grès vitrifié qui entourent la forêt, la nature de quelques roches éparses sur la surface de la plaine, tout prouve une action volcanique, un feu intérieur qui a brûlé le bois avant sa pétrification. Les incrustations, les concrétions qui couvrent ces troncs d'arbres démontrent aussi le long séjour d'eaux douées de certaines propriétés chimiques. Ces arbres semblent avoir été pétrifiés sur pied et être tombés après la retraite des eaux. Une souche d'environ deux pieds est encore debout, et ses racines sont implantées dans un terrain sablonneux.

A deux journées de marche des lacs de Natron on voit une forêt de dattiers pétrifiés, dont plusieurs troncs, hauts de sept à huit pieds, sont encore debout.

Pour compléter cet aperçu de l'état géologique de l'Égypte, nous donnons l'analyse du limon du Nil, qui forme presque exclusivement la terre végétale de ce pays. En le desséchant à 100°, il présente la composition suivante:

Silice.	42,50
Alumine.	24,25
Peroxyde de fer.	13,65
Carbonate de chaux.	3,85
Carbonate de magnésie. . . .	1,20
Magnésie.	1,05
Acide ulmique et matière organisée.	2,80
Eau.	10,70
Total.	100,00

La base de ce limon est donc un silicate d'alumine composé à peu près de 2 atomes de silice et de 1 atome d'alumine. L'acide ulmique et la matière organisée contribuent à faire de ces alluvions annuelles un engrais précieux.

Lorsque le limon est sec il prend une consistance très-ferme; sa cassure présente un grain très-fin; il est brun (terre d'Égypte), et son aspect est celui d'une terre fine argilo-ferrugineuse. Au contact d'un acide il produit un peu d'effervescence, et se désagrège facilement dans l'eau; au toucher, il est doux et un peu savonneux, cependant il happe légèrement la langue.

La poussière du désert forme l'autre élément qui constitue la terre végétale dans la vallée du Nil; cette poussière est un sable quartzeux, dont l'alliance est indispensable au limon pour former le sol cultivable, dans lequel on a fait germer presque tous les végétaux du globe.

ISTHME DE SUEZ.

L'isthme qui sépare la mer Rouge de la Méditerranée n'a pas plus de 120,000 mètres de largeur (environ 25 lieues), entre Suez et la côte voisine de l'ancienne Péluse. Son terrain est plat, et il se distingue du reste de l'Égypte par l'absence de toute verdure, d'habitations et d'eaux vives. L'idée de faire communiquer ensemble les deux mers est si naturelle et promet tant d'avantages au commerce, qu'elle a dû venir à l'esprit des plus anciens souverains de l'Égypte. Cette communication peut s'effectuer de deux manières : ou directement, par un canal perçant l'isthme de Suez, ou indirectement par l'intermédiaire du Nil. C'est ce dernier parti qu'ont pris les anciens. Jamais ils n'ont songé, ainsi que l'a démontré M. Letronne, à établir la jonction directe, qui cependant eût été plus facile. « Ils ont eu, dit ce savant célèbre, d'excellentes raisons pour agir ainsi. La première est la nécessité de faire profiter le Delta de cette grande communication, car l'un des principaux objets du canal a dû être l'exportation des denrées pour l'Arabie ; il fallait donc le mettre en rapport avec une branche du fleuve. La seconde est l'impossibilité d'établir un port durable sur la côte de Péluse, non-seulement à cause de la disposition de la côte, mais surtout à cause de l'existence du *courant continu de l'ouest à l'est* qui règne le long de la côte septentrionale de l'Afrique, courant qui, en entraînant le limon du Nil, comblerait en peu de temps tout port qu'on voudrait établir sur un point du rivage à l'orient des bouches de ce fleuve. La troisième raison qui a pu influer sur le choix des anciens, c'est l'opinion où ils ont été que le niveau de la mer Rouge surpasse celui de la Méditerranée ; cette différence, déjà remarquée par Aristote (*Météorolog.*, I, 14), niée par Strabon (XVII, p. 804) et quelques modernes, a été mise hors de doute par les opérations précises des ingénieurs français en Égypte (*Mémoire* de M. Lepère). Il est à présent établi que cette différence est, au maximum, de 30 pieds 6 pouces (9 mètres 907 millimètres) (1). »

Il n'y a rien à objecter contre la première raison, alléguée en faveur de la communication indirecte de la mer Rouge avec la Méditerranée. Quant aux deux autres raisons, qu'il nous soit permis de faire quelques observations. Sans doute, la Méditerranée subit, comme le dit M. Letronne, l'influence d'un courant allant de l'ouest à l'est ; mais il y en a un autre, plus profond, qui va dans une direction diamétralement opposée ; le premier reçoit les eaux de l'océan Atlantique, et le dernier les y ramène. D'après des expériences précises, ces courants en sens contraire sont surtout sensibles au détroit de Gibraltar, point de jonction de la Méditerranée avec l'océan Atlantique. M. Letronne ne parle que du courant superficiel de l'ouest à l'est, « qui, en entraînant le limon du Nil, comblerait en peu de temps tout port qu'on voudrait établir sur un point du rivage à l'orient des bouches de ce fleuve. » Mais, évidemment, ce que ce courant superficiel aurait fait dans un sens, serait aussitôt détruit par le courant plus profond agissant en sens contraire.

D'ailleurs, l'arrivée des eaux de la mer Rouge modifierait elle-même ces courants de telle manière, que l'opinion exprimée par M. Letronne nous paraît bien hasardée. L'illustre archéologue regarde ensuite comme un fait constant que la Méditerranée est plus basse que la mer Rouge ; et il ajoute : « Le résultat d'une telle différence serait de causer un courant rapide qu'élargirait bientôt le canal, et, se précipitant avec force vers la Méditerranée, finirait par en élever le niveau ; le premier effet de ce changement serait la submersion des terres basses du Delta (2). »

Ces craintes nous paraissent au moins exagérées, même en admettant la différence de niveau indiquée entre les deux mers (3). La Méditerranée n'est pas

(1) Voyez l'*Isthme de Suez*, par M. Letronne, dans la Revue des deux mondes, 15 juillet 1841.
(2) Ibid, p. 7.
(3) Dans un travail récemment communiqué à l'Académie des sciences, M. Sainte-Preuve

un réservoir fermé comme la mer Caspienne : elle communique indirectement avec la mer Rouge par l'intermédiaire de l'Océan ; l'équilibre, s'il était un instant troublé, ne tarderait donc pas à se rétablir, conformément aux lois les plus simples de l'hydrostatique.

Sans entrer dans le détail des causes qui pourraient expliquer les différences de niveau entre ces deux mers voisines, nous ferons observer que de semblables différences existent aussi pour d'autres mers, sans entraîner les graves inconvénients qu'on a signalés. Ainsi, les eaux du Zuidersée sont plus élevées que celles de la mer du Nord, malgré que la communication soit ici bien plus directe. Le niveau moyen de la mer du Sud est plus élevé que le niveau moyen de l'océan Atlantique (1). A cela il faut encore ajouter que le niveau moyen des mers éprouve (abstraction faite des marées) non-seulement des oscillations journalières, mais qu'il varie suivant les saisons, comme cela a lieu pour la Baltique et la mer Noire ; enfin qu'il y a des changements de niveau séculaires (2).

La largeur de l'isthme peut, d'après M. Letronne, se diviser en trois parties différentes : la première est un bourrelet sablonneux qui sépare le fond du golfe Arabique du bassin des marais salants que les anciens appelaient les *Lacs amers* ; la seconde est formée par ce bassin lui-même, dépression profonde, qui se trouve bien au-dessous du niveau des deux mers ; la troisième partie est une plaine sablonneuse, qui s'étend depuis l'extrémité nord de ce bassin jusqu'à la Méditerranée ; cette plaine est à pente continue et entrecoupée de quelques lagunes (lacs Birket et Ballah).

Au côté occidental du bassin des *Lacs amers* vient aboutir la grande vallée de *Sabya-bar* ou Toumilat, qui va presque parallèlement à la côte méliterranéenne, en commençant près de l'ancienne branche Pélusiaque. Cette vallée fertile paraît être la *terre de Gessen* des Hébreux ; avant le desséchement de la branche Pélusiaque, elle recevait les eaux du Nil par une déviation qui s'ouvrait près de Bubaste. C'est par cette vallée que le canal des anciens, au lieu d'aboutir directement à la Méditerranée, venait joindre les eaux du Nil.

M. Letronne a réuni soigneusement et discuté avec beaucoup de sagacité les témoignages des anciens qui se rapportent à l'achèvement et à la navigation de ce canal. Nous ne saurions mieux faire que de lui emprunter en partie l'exposé qui va suivre.

Suivant Hérodote, dont le témoignage doit ici l'emporter sur Aristote, Strabon et Pline, Nécos, fils de Psammitichus (vers 615 ou 610 avant J. C.), entreprit le premier (ἐπεχείρησε πρῶτος) de creuser le canal qui conduit à la mer Rouge. Une tradition, sans doute postérieure, attribue le commencement de cette entreprise à Sésostris. Le creusement du canal tient, selon M. Letronne, évidemment à ces vues de commerce maritime qui paraissent être restées étrangères à l'ancienne Égypte, et qui ne se montrent qu'à l'époque où l'établissement des Ioniens, sous Psammitichus, vint si notablement modifier la politique de ce prince et de ses successeurs. Déjà les Grecs, quelque temps auparavant, avaient, sous le règne de Périandre, essayé de couper l'isthme de Corinthe. « Je suis, ajoute l'illustre académicien, convaincu que cette première opération a suggéré l'autre, et que c'est là une idée grecque dont jamais les anciens rois d'Égypte ne s'étaient avisés. Voilà pourquoi Hérodote n'en a rien dit : ce qui serait inexplicable si l'histoire écrite ou la simple tradition eût alors con-

---

montre que les méthodes employées, il y a près de cinquante ans, par les ingénieurs français pour mesurer les niveaux de la Méditerranée et de la mer Rouge, manquaient d'exactitude et devaient conduire à des résultats erronés.

(1) Voy. *Éléments de Physique terrestre*, etc., par MM. Becquerel, p. 237 (Paris, 1847).

(2) Dans un ouvrage récent sur le *temple de Sérapis*, M. Nicolini fait voir que depuis la pointe de Gaëte jusqu'à Amalfi le terrain comparé au niveau actuel de la mer a été tantôt plus haut et tantôt plus bas. Pendant la période qu'embrasse le travail de M. Nicolini, le point le plus bas de ce niveau arriva deux siècles environ avant l'ère chrétienne ; ensuite il monta, et atteignit le maximum de hauteur entre le neuvième et le dixième siècle. Alors commença une période de décroissement, qui parvint à la limite de deux mètres environ au-dessous du niveau actuel, au commencement du quinzième siècle ; le niveau de la mer parut alors recommencer à monter.

servé le souvenir d'une première opération. » — Le canal que Nécos avait commencé de creuser était de quatre jours de navigation, et sa largeur telle que deux trirèmes pouvaient y passer de front. « L'eau qui l'alimente, dit Hérodote (II, 158), provient du Nil, d'où elle est dérivée un peu au-dessus de Bubaste, près de la ville arabe Patumos. Ce canal se jette dans la mer Rouge. On a commencé à le creuser (ὀρώρυκται πρῶτον) dans cette partie de la plaine d'Égypte qui regarde l'Arabie, située vis-à-vis de Memphis et contiguë à la montagne dans laquelle sont les carrières. A partir du pied de cette montagne le canal s'étend, dans un long espace, de l'occident à l'orient, puis il suit les étroites vallées de la montagne, et se porte de là au midi pour se jeter dans le golfe Arabique. »

Nécos interrompit son ouvrage, parce qu'un oracle lui avait prédit qu'il travaillerait pour un barbare. Darius, fils d'Hystaspe, le reprit de nouveau; et Hérodote, à l'époque où il visita l'Égypte, le vit sans doute presque terminé.

Des auteurs plus récents, tels que Diodore, Strabon et Pline, s'accordent à dire que ce canal ne fut définitivement achevé que par Ptolémée II. Diodore et Strabon, qui voyageaient en Égypte, le premier soixante ans avant J. C., et le dernier quarante ans plus tard, lorsque la contrée était déjà réduite en province romaine, parlent du canal comme existant et servant à la navigation. Diodore s'exprime ainsi (I, 33) : « Un canal, creusé à force de bras, s'étend de la bouche Pélusiaque jusqu'au golfe Arabique et à la mer Rouge. Nécos, fils de Psammitichus, entreprit le premier de construire ce canal; Darius, le Perse, le continua, mais il le laissa inachevé, car il avait appris que s'il perçait le détroit il inonderait l'Égypte. On lui avait en effet démontré que la mer Rouge est plus élevée que le sol de l'Égypte. Ptolémée II y mit la dernière main; et dans l'endroit le plus favorable il fit pratiquer une *séparation artistement construite* (φιλότεχνον διάφραγμα) : on l'ouvrait quand on voulait y naviguer, et on la refermait aussitôt. »

On a beaucoup discuté pour savoir quelle était cette *séparation artistement construite*. Sans nous arrêter à ces discussions, nous n'hésitons pas à adopter la traduction de M. Hoefer, qui a rendu (tom. I, p. 36) le mot διάφραγμα par *écluse*, et nous soupçonnons, avec M. Letronne, que l'invention des écluses est beaucoup plus ancienne qu'on ne se l'imagine.

Pline (*Hist. nat.*, VI, 29) et Plutarque (*Vie d'Antoine*, p. 382) n'ont pas peu contribué à embrouiller la question. Ce dernier rapporte qu'après la bataille d'Actium, Cléopatre, désespérée et craignant de tomber entre les mains du vainqueur, résolut de se retirer avec sa flotte et ses trésors dans l'Inde, où elle avait déjà envoyé Césarion, le fils qu'elle avait eu de César; précaution inutile, puisque plus tard son précepteur Rhodon le ramena à Alexandrie, sous prétexte qu'Auguste voulait lui rendre la couronne; mais à son retour il fut mis à mort. Lorsque Antoine revint à Alexandrie, il trouva, dit Plutarque, Cléopatre occupée de l'entreprise gigantesque de faire passer sa flotte par-dessus l'isthme qui sépare les deux mers.

Des savants modernes, au nombre desquels se trouvent MM. Lepère et Rozière, ont regardé ce passage comme décisif pour établir que sous les derniers Lagides la communication par le canal n'existait plus : et, en effet, s'il fallait le prendre à la lettre, on ne pourrait en tirer une autre conséquence; mais heureusement M. Letronne a parfaitement démontré que le récit de Plutarque peut très-bien se concilier avec celui de Diodore et d'autres historiens anciens. Et voici comment. (Nous laisserons ici parler M. Letronne :) « .... Il a été remarqué qu'à cause de la faiblesse de la pente entre Bubaste et la mer Rouge, laquelle n'excède pas deux mètres dans les circonstances les plus favorables, la navigation du canal ne pouvait durer que peu de mois chaque année. Aussitôt que le Nil était descendu au-dessous d'un certain niveau, elle devait être interrompue; du moins le passage du canal au Nil se trouvait forcément arrêté. L'étiage s'établit ordinairement en mars, et se prolonge jusqu'à la fin de juin; mais longtemps avant et après ces époques, le chômage du canal devait avoir lieu. La bataille d'Actium se donna le 2 septembre de l'an 31 avant J. C., et il résulte des événements qui suivirent cette bataille qu'Antoine ne put rejoindre Cléopatre que dans les premiers mois de l'an 30, en février ou plus tard encore. Son retour a donc coïncidé avec le temps de l'étiage, c'est-à-dire avec l'époque où le canal devait nécessairement chômer. C'est alors qu'Antoine trouva Cléopatre occupée de son entreprise. On conçoit que cette princesse, dans l'excès de sa frayeur, craignant à chaque instant de voir arriver Octave à la tête de sa flotte victorieuse, ne pouvait patiemment attendre trois ou quatre mois que le retour de l'inondation eût rendu le canal navigable. Elle prit donc le parti extrême de faire passer des vaisseaux par-dessus l'isthme, de Péluse à Héroopolis. Antoine la fit renoncer à cette entreprise, en lui montrant qu'il disposait encore de ressources considérables. Mais il est probable qu'elle aurait d'elle-même abandonné l'opération, ayant rencontré un obstacle auquel elle ne s'attendait pas, dans l'opposition des Arabes de Pétra, qui brûlèrent les premiers vaisseaux qu'elle avait fait passer. »

Ainsi le fait rapporté par Plutarque peut être fort exact sans contredire les témoignages de Diodore et de Strabon. On doit en conclure, non que le canal n'existait plus, mais que la navigation y était forcément interrompue lorsque Cléopatre voulut faire passer sa flotte dans la mer Rouge (1).

(1) L'interprétation si naturelle que M. Letronne a donnée du passage de Plutarque doit changer les idées qu'on s'était faites sur le but de la route commerciale qui descend, dans une direction oblique, de Bérénice sur la mer Rouge à Coptos sur le Nil. Cette route, tracée à grands frais, comprenait onze stations (*Cœnon Hydreum*, *Cabalsi Hydreum*, *Hydreum Apollinis*, *Phalœrum*, *Aristonis Hydreum*, *Hydreum Jovis* *Compasi Hydreum*, *Aphrodites Hydreum*, *Didyme*, *Phœnicon*, *Coptos*), où il y avait des citernes et des logements pour les caravanes. On a cru généralement que cette voie de communication avait été établie par Ptolémée Philadelphe pour remplacer l'ancien canal, qu'il n'avait pas pu achever. Mais d'après ce qui vient d'être dit, l'établissement de la route de Bérénice ne pouvait pas avoir ce but. Le nom de Bérénice (mère de Ptolémée) prouve même que cette route avait été tracée avant l'achèvement du canal qui aboutit à la mer Rouge, près de la ville d'Arsinoé (nom d'une sœur de Ptolémée). Il est en effet constant que Ptolémée Philadelphe a donné le nom de sa mère

Sous les Arabes, comme sous les Ptolémées et les Romains, le canal servait principalement à l'exportation des denrées de l'Égypte en Arabie. Les bâtiments, partis d'un point quelconque du Nil, arrivaient dans le canal, de là dans la mer Rouge, et se rendaient à leur destination, sans qu'il fût nécessaire de procéder à l'opération longue et coûteuse du transbordement.

Sous le règne de Néron ce canal portait encore le nom de *fleuve de Ptolémée*, et Pline le qualifie de *navigabilis alveus*. Plus tard, il attira l'attention de l'empereur Trajan : il fut en partie déblayé, et reçut une nouvelle branche, qui portait la prise d'eau à Babylone près du Caire actuel, environ soixante kilomètres en amont de Bubaste ; cette augmentation de pente faisait aussi augmenter la durée du temps pendant lequel le canal pouvait être navigable. C'est sans doute à cause de ces améliorations que son ancien nom de fleuve de Ptolémée fut alors changé en celui de *fleuve de Trajan* (1). On peut admettre qu'il resta navigable au moins jusqu'au siècle des Antonins, qui montrèrent tant de sollicitude pour la prospérité de l'Empire. Mais au delà de cette époque, il est impossible, dans le silence de l'histoire, de rien affirmer de certain relativement à la navigation de ce canal. Sir Gardner Wilkinson a reconnu, par l'examen attentif des lieux, que les carrières de Djebel-Fatireh ont été abandonnées peu de temps après le règne d'Adrien ou d'Antonin. Il est vraisemblable que l'abandon de ces carrières est en grande partie dû à l'ensablement du canal ; aus-

(Bérénice) aux plus anciennes villes de sa fondation, et qu'il avait imposé le nom de ses sœurs (*Arsinoé* et *Philotera*) aux villes postérieurement construites. Le port de Bérénice était destiné à recevoir les produits de l'Arabie méridionale, de la côte orientale de l'Afrique et de l'Inde, qui arrivaient par l'intermédiaire des Arabes, au moyen du cabotage. Car le voyage direct ne prit du développement que sous les Romains, principalement depuis qu'Hippalus avait fait connaître les directions constantes de la mousson. La route de Bérénice, avant d'atteindre le Nil, se bifurquait : la branche méridionale, plus directe, venait aboutir à la ville d'Apollinopolis ; elle desservait plus particulièrement la Haute-Égypte ; la branche septentrionale, dont le terme était Coptos, servait au transport des marchandises destinées à l'Égypte inférieure.

(1) Ptolémée, *Geogr.*, IV, 5.

EGYPTE MODERNE

Maison d'IBRAHYM KIKHYA à Damanhour

sitôt qu'il cessa d'être navigable, on dut renoncer à terminer et à transporter en Égypte toutes ces colonnes dont on voit encore aujourd'hui les fûts et les chapiteaux épars. L'ouverture des nouvelles carrières de Syène aura été une suite de cet abandon.

Le canal resta hors d'usage jusqu'à la conquête de l'Égypte par les musulmans, en 639. Les extraits de divers auteurs arabes, cités par Makrizy, donnent des détails circonstanciés sur le rétablissement de cette voie par les ordres du calife Omar. En moins d'un an, disent ces auteurs, des bateaux chargés de grains arrivèrent à Colzoum (*Clysma* des anciens), et portèrent l'abondance sur les marchés de Médine et de la Mecque. La navigation subsista sans interruption jusqu'au calife Al-Mansor, qui ordonna de combler le canal pour empêcher qu'on ne portât des vivres au rebelle Mohammed-ben-Abdoallah, ce qui eut lieu en 762 ou 767 de notre ère. Depuis ce moment le canal n'a plus été rétabli.

Maintenant est-il possible de reprendre les travaux des anciens et des Arabes, et de rétablir la navigation par la même voie qu'ils avaient suivie? On ne peut en douter, puisque les conditions sont les mêmes, si non plus favorables qu'elles ne l'étaient autrefois. C'est là l'opinion de M. Letronne, que nous partageons sans réserve.

Mais ce n'est pas cette voie qui fixe le plus l'attention des ingénieurs modernes. Si l'on se décide, ce sera probablement pour le percement même de l'isthme de Suez, et par conséquent pour la communication directe de la mer Rouge avec la Méditerranée. Cette dernière voie aura sur la première l'avantage d'être praticable à toutes les époques et de n'être point entravée par la baisse du Nil. On réalisera alors l'entreprise devant laquelle les anciens avaient reculé par des considérations qui, grâce aux progrès de la physique générale du globe, nous paraissent, pour la plupart, dénuées de fondement.

DU NIL.

La position et la forme du système du Nil sont uniques sur le globe; c'est le seul grand fleuve des tropiques qui, répandant périodiquement ses eaux fécondantes, soit bordé, depuis son cours supérieur jusqu'à son embouchure, de déserts entièrement impropres par eux-mêmes à toute espèce de culture. Le Nil est encore le seul fleuve des tropiques qui vienne se jeter dans une mer méditerranée sans flux et sans reflux. Le Gange, l'Indus et tous les grands systèmes d'eaux de la Chine et de l'Amérique sont océaniques.

SOURCES DU NIL.

Les sources du Nil étaient inconnues des anciens. Cambyse, Alexandre, deux des Ptolémées, César et Néron firent faire des recherches pour les découvrir; mais toutes furent infructueuses, et il n'en résulta qu'un proverbe latin : *Caput Nili quærere*, par lequel on exprima l'inutilité d'une entreprise. Dans les temps modernes, beaucoup de voyageurs se sont voués à cette étude, excités par la difficulté du problème plutôt que par l'utilité que présentait sa solution; cependant la source mère du Nil est toujours inconnue, et le proverbe de Claudien est demeuré vrai. A force d'investigations, on sait qu'après avoir traversé au nord des déserts inconnus, le Nil, sorti d'une mystérieuse source, reçoit sur la rive orientale un affluent nommé par les Abyssins *Bahr-el-Abyad*, ou fleuve Blanc, et plus loin un second fleuve aussi considérable, qui porte le nom de *Bahr-el-Azrek* ou fleuve Bleu (1).

COURS DU NIL.

Le fleuve Blanc, qui est généralement regardé comme le Nil proprement dit, descend d'une chaîne de montagnes de grès; il tire son origine de plusieurs petites sources, situées sur les monts de la Lune (*Qamry*), et qui se réunissent dans le pays de Donga pour former un seul cours d'eau. Après cette réunion, l'*Abyad*, déjà considérable, se dirige d'abord dans la direction nord-est, puis il se tourne au nord; son lit est alors placé à 17° ouest du méridien de l'embouchure du Nil dans la Méditerranée (49° longitude est de l'île de Fer). Dans

(1) M. Abbadie, célèbre orientaliste, qui habite depuis longtemps la ville d'Axum, vient d'annoncer son retour d'un voyage aux sources du Nil. Tous les résultats de ce voyage ne sont pas encore connus.

cette nouvelle direction, il coupe la terrasse de Fazoglou, traverse les montagnes de Déir et Touggala, et le pays des Foungi, puis entre dans une vaste plaine, où un grand nombre de cours d'eau, dont les noms seuls sont connus des Européens, viennent se joindre à lui : tels sont : le *Bahr-Indry*, le *Bahr-Arramla*, le *Bahr-el-Harras*, le *Bahr-Emdrenje*, le *Maleb* et le *Bahr-Esrak*; mais celui-ci n'est sans doute que le fleuve Bleu, *Bahr-el-Azrek*, dont nous parlerons tout à l'heure.

Le pays où l'*Abyad* opère sa jonction avec ses différents affluents, est divisé en un grand nombre d'îles, dont les plus grandes ne sont habitables que jusqu'à la saison des pluies. Arrivé au 13° latitude nord, sous la même latitude que la ville de Sennaar, l'*Abyad* est si large qu'on ne peut reconnaître d'une rive une personne placée sur l'autre; sur la rive gauche s'élève *El-Acie*, et sur la rive droite on a bâti également une ville qui se nomme *Schillouck*. A huit journées de ce point, 16° latitude nord, le *Bahr-el-Abyad* reçoit dans son sein les eaux du *Bahr-el-Azrek;* selon les habitants du pays, le fleuve Blanc, au contraire, se perd dans le fleuve Bleu, quoique ce dernier soit moins volumineux. Celui-ci a pour sources mères des fontaines situées sur des hauteurs marécageuses et ombragées d'une abondante végétation, et qu'on trouve dans le pays des Agows; ces fontaines, peu éloignées l'une de l'autre, sont très-profondes, mais elles n'ont que quelques pieds de diamètre. Après plusieurs détours dans un marais tourbeux, le fleuve entre dans un lit formé par des rochers, et se précipite comme un torrent à travers la vallée; à trois journées de marche de sa source, dans la plaine de Baad, le fleuve Bleu a déjà la largeur d'une portée de fusil. De la plaine de Baad au lac de Tzana le fleuve parcourt environ trente-cinq lieues; dans l'intervalle de ces deux points il forme deux cascades : l'une est située dans la plaine de Goutto; l'autre, moins considérable, est près de Kerr. A l'embouchure du *Bahr-el-Azrek*, dans le Tzana, le fleuve n'a pas moins de deux cent soixante pieds de largeur, et coule avec une si grande rapidité à travers le lac, que leurs eaux ne se mêlent point. En sortant du Tzana, qui n'a pas moins de sept lieues de longueur, le *Bahr-el-Azrek* se dirige d'abord vers le sud-est, et se courbant ensuite en spirale, il se rapproche de sa source jusqu'à une journée de marche, après avoir parcouru un espace de vingt-neuf journées.

C'est à deux milles du lac que se trouve la première cataracte. Bruce lui donne quarante pieds anglais de hauteur; le fleuve s'enfonce ensuite dans un ravin étroit et sombre, au sortir duquel il a, dit-on, un quart de lieue de largeur dans les grandes eaux. Il parcourt aussi la terrasse de Fazoglou et coupe la grande chaîne limitrophe du pays des Changallas par trois hautes cataractes, dont la plus élevée a deux cent quatre-vingts pieds. Ici on cesse de suivre son cours; les voyageurs le quittent aux cataractes et ne le reprennent que près de Sennaar. Il sort d'un lit de roches escarpées, entre dans la vaste plaine de Sennaar, forme près de la ville de ce nom une vallée des plus fertiles, et après avoir parcouru ensuite un terrain sablonneux et inculte, où son lit devient très-large, il se jette dans le *Bahr-el-Abyad*. Malgré tous les affluents que le fleuve Bleu reçoit par sa rive droite, il est probable qu'il n'atteindrait pas la terre d'Égypte et qu'il se perdrait dans les sables, s'il ne rencontrait pas le fleuve Blanc, dont la masse d'eau est trois fois plus considérable. Peu après cette jonction, le fleuve reçoit le nom de Nil, qu'il porte jusqu'à la mer.

Selon l'opinion la plus ordinaire, ce nom est dérivé du grec Νεῖλος, qui vient de νέαν ἰλὺν et signifie *nouveau limon*. Le nom du grand fleuve égyptien est à lui seul une histoire curieuse. Selon les Grecs, il aurait d'abord été nommé Ægyptos, et il aurait donné son nom au pays qu'il vivifiait pas sa présence. La Bible appelle le Nil *Gihon* ou *Gyhhoun*, mot qui exprime une eau jaillissante. C'est particulièrement le Nil Blanc (*Bahr-el-Abyad*) qui reçoit ce nom; et quand les Pères de l'Église parlent du Nil proprement dit, ils l'appellent Γεων Θηβαις (le Gihon de la Thébaïde). Ailleurs la Bible désigne le Nil sous la dénomination de *Nehhl* ou *Nekhl*, et plusieurs savants ont cru trouver là l'étymologie de Nil. A la vérité,

KHAZINS sur le Khalyg, (canal du Kaire)

Diodore de Sicile attribue l'origine de ce mot au nom d'un ancien roi de l'Égypte; mais comme lui seul mentionne l'existence de ce roi, l'autorité reste au moins contestable. Du reste, *Nil* en sanscrit signifie *Bleu*: c'est une épithète de Siva; il ne serait pas surprenant que le fleuve égyptien, après sa jonction avec le *Bahr-el-Azrek*, le fleuve Bleu, eût reçu en Égypte même, à une époque où peut-être les prêtres indiens impatronisaient leurs idées dans une société naissante, le nom de *Nil* ou de *fleuve Bleu* ou de *fleuve de Siva*. Parmi les noms du Nil les plus anciens et les plus remarquables, on doit citer Ωκεαμή. Ωκεαμή représentait l'abondance et la richesse, et Ωκεανός la ruine et la destruction; Isis et Typhon, le bien et le mal; les eaux douces, et l'onde amère : mythe éternel reproduit sous toutes les formes et partout.

Immédiatement au-dessous du confluent de l'*Abyad* et de l'*Azrek*, une rangée de montagnes basses et rocheuses traverse le *Nil* de l'ouest à l'est. La chaîne est percée en un seul endroit, et le fleuve se précipite par cette gorge avec une violence extrême et un grand bruit : il se joint au Tacazzé, à quelques journées de l'île de Kourgos, et reprend encore une fois la marche d'un torrent des montagnes pour franchir la haute terrasse de la Nubie. Après la cataracte de Syène le Nil coule égal et paisible, portant avec lui la richesse et la fécondité. Le Nil à son entrée en Égypte se divise en plusieurs bras qui forment un nombre considérable d'îles. La plus grande, *Gesira-el-Helseh*, est peu connue; les plus célèbres sont celles de *Philæ* et d'*Éléphantine*. Au-dessous de Philæ, le Nil a précisément la largeur de la cascade du Niagara, c'est-à-dire un quart de lieue. Nous parlerons des cataractes dans une autre division, et nous nous bornerons ici à tracer la topographie du fleuve. C'est à Syène que commence l'Égypte ancienne; de *Rakoti* à *Souan* (d'Alexandrie à Syène) signifiait autrefois : toute l'Égypte.

Au-dessous de la cataracte de Syène le Nil prend un cours paisible; la rive occidentale est inculte et déserte; les montagnes n'ont point de végétation, et sont recouvertes seulement du sable que les vents y amoncellent depuis des milliers de siècles; sur la rive orientale, la chaîne des monts Arabiques, plus haute que celle des montagnes Libyques, est aussi d'une teinte plus brune, relevée çà et là par des bouquets de verdure : le fleuve coule dans un canal étroit. A neuf lieues d'Assouan on trouve *Koum-Ombou* (Ombos); la plaine qui entoure ce monticule de ruines a deux lieues de largeur. Au mois de septembre 1800 les soldats français trouvèrent les sables de cette plaine assez chauds pour y cuire des œufs; le thermomètre marquait 60°. Un canal qui traversait l'ancienne ville d'*Ombos* est devenu un bras du Nil, et a formé la grande île de *Mansouryeh*, placée devant les ruines d'*Ombos*. Au-dessous d'*Ombos*, avant le premier défilé du *Djebel-Selseleh*, on trouve le mont des Tempêtes, *Djebel-Aboucheger*. A seize lieues d'Assouan, les montagnes ne laissent qu'un espace de trois mille pieds au lit du Nil, et le surplombent même en plusieurs endroits; ce lieu, où l'on voit les ruines d'une ville, est appelé par les Arabes *Al-Bouaïb*, la Petite Porte. Le village d'Edfou se trouve à quatre lieues de là, sur la rive gauche du Nil, à trois quarts de lieues du fleuve; c'est l'ancienne ville d'*Hatfou*. A Esneh, la vallée du Nil s'élargit considérablement; la plaine s'élève par une pente insensible jusqu'aux montagnes calcaires qui la bornent, et presque partout elle est trop haute pour recevoir les eaux du Nil. Après un second défilé on trouve Erment (*Hermonthis*), sur la rive gauche du Nil; sur la rive droite, mais un peu au-dessus, le voyageur foule les ruines de Thèbes et le pavé de Luxor ; c'est aussi là qu'on rencontre le village de *Karnak*, dont le sol est encombré par les ruines magnifiques d'une partie de Thèbes, et où M. Prisse d'Avennes a trouvé la *Chambre des rois*, aujourd'hui à la Bibliothèque royale. La plaine de Thèbes s'étend au nord d'Erment, à l'est et à l'ouest du fleuve, jusqu'aux montagnes. Le Nil à cet endroit décrit un demi-cercle; il incline d'abord vers l'est, remonte vers le nord jusqu'à *Kéneh*, en passant par *Qous* et *Keft* devant la vallée de *Kosséir*, et de *Kéneh*, qui est situé en face des ruines de *Denderah*; de l'autre côté du fleuve, il tourne brusquement à l'ouest pour reprendre bientôt sa direction première. La vallée de Kosséir, qui traverse une longueur de quarante-deux lieues, et va du Nil à la mer Rouge, est un désert dans lequel on a établi des stations en maçonnerie pour indiquer la direction de la route; elle est bordée par des montagnes qui se rapprochent quelquefois jusqu'à une distance de cinq cents pieds, et quelquefois s'écartent et laissent une grande largeur à la vallée.

L'ancienne *Abydos*, aujourd'hui *El-Haraba-el-Madfouneh*, est située dans l'angle que forme le Nil en se recourbant en arrière; cette ville n'est point sur le fleuve, mais sur un bras du fleuve, aujourd'hui desséché. Benisouef (*Ptolémaïs*) est à peu de distance d'Abydos, sur la rive gauche du Nil, et *Girgeh* se trouve entre ces deux villes, sur la même rive occidentale.

Après qu'il est rentré dans sa direction normale, le Nil continue de marcher accompagné des deux chaînes latérales; seulement elles sont à une plus grande distance, et présentent aux sables du désert plus de ravins et de gorges pour pénétrer dans le pays. A la hauteur de *Darout-el-Cheryf*, la vallée prend de telles dimensions que, sur la rive gauche, un bras du Nil, parallèle au fleuve, peut encore placer son cours et laisser une bande de terrain cultivable. — Ce bras canalisé est le *Bahr-Yousef*, canal de Joseph, qui coule pendant cinquante-huit lieues au nord. Ce prétendu canal n'est que l'ancien lit occupé par le Nil avant que le fleuve se portât plus vers l'est. Le Nil actuel baigne le pied de la chaîne Arabique; l'ancien Nil côtoie la chaîne Libyque, et va se jeter au nord-ouest dans le *Fayoum*. Le Fayoum forme un bassin large, presque rond, et séparé du reste de la vallée du Nil; c'est le nome Arsinoïte de l'antiquité. Le *Bahr-Yousef* pénètre dans cette plaine par un ravin situé à quatre lieues et demie ouest-sud-ouest de Benisouef, et conserve son nom jusque dans la capitale de la province; mais à l'extrémité occidentale de *Medinet-el-Fayoum*, il se divise en une foule de petits canaux, qui vont arroser les villages dans toutes les directions. A huit mille mètres nord-ouest du ravin, où passe le *Bahr-Yousef*, on trouve un pont de dix arches, parallèles au Nil. Dans le temps des basses eaux, c'est une digue; mais quand elles sont hautes elles passent par-dessus, et tombent de l'autre côté dans le *Bahr-bela-ma*, fleuve sans eau. Le *Bahr-bela-ma* forme donc la communication septentrionale du *Bahr-Yousef* avec le grand lac Mœris. D'après la tradition de cette contrée, le *Fayoum* était autrefois une mer méditerranée qui recevait les eaux du Nil; Joseph, fils de Jacob, fit construire une digue pour empêcher le fleuve de se déverser dans ce bassin. L'eau du *Fayoum* descendit dans la mer, et le bassin, mis à sec, devint bientôt une terre fertile. Les eaux qui restèrent se rassemblèrent dans le lac Mœris ou *Birket-el-Keroun*, et dans le *Birket-Garah*, le premier au nord, le second au sud de la province.

Près de la saillie des montagnes Libyques, couronnée à *Giseh* par les Pyramides, le Nil passe de la Moyenne dans la Basse-Égypte. Les deux chaînes de montagnes quittent alors brusquement le fleuve, la Libyque s'en va vers le nord, l'Arabique tourne subitement à l'est, au delà de la *vallée de l'Égarement*. Au sommet méridional du Delta, à vingt-cinq kilomètres, ou cinq lieues, du Caire, le Nil se partage en deux branches, dont l'une descend à la mer vers le nord et se termine au-dessous de Rosette (*Raschid*); l'autre, plus volumineuse, se jette dans la mer au-dessous de Damiette (*Damiat*). Dans l'angle même formé par la division du Nil est un village nommé *Doraoueh*.

DELTA DU NIL.

Le Delta n'offre aucune élévation naturelle, à l'exception des dunes qui bordent la côte; quelques buttes artificielles élevées par les anciens Égyptiens et sur lesquelles sont bâtis les villages arabes; des monticules formés par des décombres forment les seuls accidents d'une plaine parfaitement unie. Un grand nombre de canaux sillonnent en tous sens cette partie de l'Égypte, et y entretiennent une température modérée même pendant les plus fortes chaleurs. Le sol du Delta, dont l'exhaussement se produit beaucoup plus lentement que celui du reste de l'Égypte, semble être entièrement composé d'alluvions; car des sondages de quatorze et quinze mètres de profondeur n'ont traversé que des couches de terre végétale alternées de couches en sable quartzeux semblable aux dépôts du Nil. Malgré l'humidité répandue par les canaux, le terrain se dessèche facilement jusqu'à se crevasser au point de devenir incommode à la marche; après l'inondation, on rencontre des ouvertures si larges et si profondes, que le pays serait impraticable pour des chevaux étrangers. Ces crevasses, produites par l'action de la chaleur, sont l'indice d'un sol essentiellement argileux. La ligne extérieure du Delta est formée par un banc presque continu de grès calcaire; quelques savants en ont conclu que la limite du Delta avait été invariable, mais il paraîtrait que la mer Rouge rebâtit sans cesse cette digue naturelle; on n'en saurait donc tirer aucune preuve concluante.

C'est dans ce grès calcaire que sont creusées des cavités, les unes naturelles, les autres artificielles, formant ce qu'on appelle les *catacombes*. La plupart de ces cavités sont remplies par la mer, qui sans doute a rongé pour parvenir jusque-là une digue de roches de cette même pierre. Les catacombes se trouvent dans une plaine faisant partie de l'ancienne Alexandrie. Le terrain de cette plaine est un sable rougeâtre à travers lequel percent des rochers de grès. C'est près de là, et toujours dans le même banc de rochers, que se trouve ce que les voyageurs ont nommé les *Bains de Cléopâtre*.

BRAS DE ROSETTE.

L'eau de cet embranchement coule d'abord parallèlement à la limite du désert de Libye pendant environ huit lieues; c'est là que vient aboutir le *Bahr-Yousef*, devenu *El-Asarah*, ou le *canal des Pyramides*. Pendant une longueur de six lieues en aval, le Nil oppose lui-même une barrière aux masses de sable qui s'arrêtent dans des forêts de roseaux, sur la rive gauche, et s'amoncellent en dunes près du fleuve. Le *canal de Bahyreh*, qui se dirige vers le nord-ouest et va se jeter dans le lac Maréotis, protège ensuite l'Égypte contre l'envahissement du désert, tandis que le bras de Rosette coule au nord à travers la plaine, qu'il arrose par un grand nombre de canaux. Nous citerons seulement les plus importants. Le *canal de Damanhour* a huit lieues de longueur, et vient aboutir à la ville dont il porte le nom. C'est là, suivant le savant M. de Rozière, qu'était autrefois le sommet du Delta. *Damanhour* signifie, en ancien égyptien, la *terre d'Horus*. Or les prêtres considéraient le Delta comme un présent du Nil. La terre d'Horus commençait donc à la tête du Delta pour descendre en s'élargissant jusqu'à la mer. Au-dessous de la prise d'eau du canal de Damanhour, le bras de Rosette baigne sur la rive droite les ruines de l'ancienne Saïs, aujourd'hui *Sa-el-Hagar*. Le *canal d'Alexandrie*, ou *canal de Rahmanieh*, creusé il y a près de deux mille ans, a environ quatre-vingt-dix kilomètres de longueur; il recevait toute l'année les eaux du Nil, et venait tomber dans le Port-Vieux. Cette dernière partie a été utilisée pour *canal de Mahmoudeh*, commencé en 1819, sous le règne du sultan *Mahmoud*, et l'un des plus beaux ouvrages de Méhémet-Aly. Le canal de Mahmoudieh a soixante-dix-sept kilomètres de développement; son point de départ est *Adfuch*, en face de la ville de Fouah. L'eau du Nil se répand dans ce canal à l'époque des crues; mais comme elle devient stagnante lorsque le Nil est bas, elle ne sert plus qu'à l'irrigation, et les Alexandrins sont réduits, pendant une grande partie de l'année, à boire l'eau de leurs citernes.

Un peu au-dessus de Rahmanieh, le bras de Rosette se divise encore en deux bras principaux, et forme une ligne d'îles de quinze à dix-huit mille mètres de longueur. Le bras oriental est plus considérable, il est navigable en tout temps; le bras occidental est presque entièrement comblé; il est à sec pendant une partie de l'année. C'est sur celui-ci qu'est située la ville de Rahmanieh, et à douze cents mètres au-dessous de cet endroit commence le canal d'Alexandrie. Le *canal de Deyrout* se jette dans le lac d'Edkou au-dessous de tous ces canaux. Le bras du Nil passe entre la ville de Rosette, placée sur la rive gauche, et *Reylet-Abady*, qui est sur la rive droite; puis il arrive au *fort Julien*, et se jette dans la mer. Entre Rosette et Rahmanieh on trouve une grande lagune : c'est le *lac d'Edkou*; peu de temps avant l'expédition française la pêche de ce lac était encore la source du revenu principal du canton d'Edkou. Mais les digues des canaux étant restées longtemps fermées, le lac est presque entièrement desséché. Lors de l'inondation de 1800 les habitants d'Edkou obtinrent du gouvernement français l'ouverture de la digue de Beyrout. Les eaux s'élancèrent dans le lac en si grande abondance, que le niveau du lac s'établit un moment à soixante centimètres au-dessus de celui de la mer ; et il en résulta un peu de dégât dans la campagne ; les eaux forcèrent la digue, et vinrent tomber dans la mer par une bouche de cent cinquante mètres de largeur sur quatre de profondeur. Après le lac d'Edkou, dans la direction d'Alexandrie, se trouvent d'abord le *lac Madieh* ou *d'Aboukir*, puis le *lac Maréotis*. Anciennement le lac Maréotis était en communication avec la Méditerranée. Du temps de César il était joint à un des ports d'Alexandrie, le port Kiléosir, et les vestiges du canal qui conduisait ses eaux à la mer sont encore visibles. Jusqu'au milieu du dix-septième siècle le lac resta plein et poissonneux : le climat d'Alexandrie était alors très-salubre ; mais depuis le desséchement du lac il est devenu beaucoup moins favorable à la santé. Les lacs Madieh et Maréotis sont séparés l'un de l'autre par une étroite langue de terre que traverse le canal d'Alexandrie, et une bande de rochers calcaires les éloigne de la mer.

En 1801 les Anglais, qui assiégeaient Aboukir, coupèrent la digue du lac d'Aboukir, sur laquelle passe le canal d'Alexandrie ; la mer se précipita dans les deux lacs ; il s'écoula tout un mois avant que les eaux fussent de niveau. Cette irruption violente détruisit plus de cent cinquante villages et fermes. On a rétabli la digue ; le lac Maréotis est de nouveau séparé de la mer, et l'eau s'évaporant peu à peu, il se retrouvera, dans un temps peu éloigné, à l'état de lagune desséchée. L'évaporation a laissé au fond une couche de sel de plusieurs pouces d'épaisseur. Le lac d'*Aboukir* fut aussi à sec pendant deux siècles ; en 1778 la mer rompit les digues, et y lança ses eaux.

BRAS DE DAMIETTE.

Cette partie du Nil alimente aussi des canaux nombreux. Sur la rive gauche le premier est le *canal de Ménouf*, qui commence à deux lieues de la bifurcation du fleuve à *Batn-el-Bakarah*, et se jette au-dessous de Terraneh dans le bras de Rosette, après un cours de dix lieues. A douze lieues au-dessous du canal de Ménouf on trouve le *Chybyn*, le bras *Sébennitique* de Strabon ; il court au nord-ouest dans l'intérieur du Delta jusqu'à *Chybyn-el-Koum* ; il a six cents pieds de largeur, forme un grand nombre d'îles et plusieurs canaux secondaires. Entre le second et le troisième canal, le bras de Damiette coule dans une contrée fertile, baigne les murs d'*Athrib* et de *Boursyr*, et traverse *Semenhoud* (l'ancienne *Sebennitus*), la ville la plus importante qu'on rencontre entre le Caire et Damiette. Après Semenhoud et avant Mansourah commence le *canal de Tabanieh*, qui suit un cours de douze lieues et va se perdre dans le *lac Bourlos*. Ce lac, le *Butos* des anciens, occupe plus de la moitié de la base du Delta, et une étroite bande de terre le sépare de la mer, avec laquelle il communique par une seule ouverture. Sa plus grande longueur est de douze lieues, sa plus grande largeur de six ; il est parsemé d'îles. Le lac Bourlos reçoit toutes les eaux de l'intérieur du Delta qui ne sont point absorbées par les terres.

Sur la rive droite, le Nil alimente d'abord le *canal d'Héliopolis*, qui va se perdre dans le *Birket-el-Hadji*, première station des caravanes allant du Caire à la Mekke. Le second canal est nommé par les Arabes *Abou-Meneggy*, et portait autrefois le nom de *bras de Péluse* ; il commence à deux lieues au-dessus du Caire ; autrefois il portait les eaux du Nil jusqu'à la mer Rouge. De nos jours, et en temps ordinaire, il s'arrête dans la vallée de Wady-Toumilat, devant une digue ; mais en 1800 les eaux brisèrent cette digue, et s'avancèrent jusqu'à douze lieues de Suez.

Le *canal de Moueys*, appelé par les anciens *bras de Tanis*, quitte le bras de Damiette immédiatement au-dessous de la bifurcation du fleuve ; il a vingt-quatre lieues de parcours, et se jette dans le lac Menzaleh.

Le *canal Achmoun* part de Mansourah et va se perdre dans le lac Menzaleh, auprès de la ville de Menzaleh. Ce canal a douze lieues de longueur jusqu'au lac.

Le bras de Damiette coule encore pendant quatorze lieues, et descend dans la mer au fort Lesbé, trois lieues au-dessous de Damiette. Entre le bras de Damiette et l'embouchure de Péluse, le rivage est occupé par le lac Menzaleh; ce lac a onze lieues de longueur du nord-ouest au sud-est, et une largeur d'environ deux lieues du sud au nord. Ses eaux communiquent avec la mer par deux ouvertures: la première est l'ancienne embouchure du *Tanis*, la seconde correspond au *canal d'Achmoun*. Deux lacs distincts occupaient jadis l'emplacement du lac Menzaleh : celui de l'ouest était appelé le *lac de Tanis*, l'autre le *lac d'Elzar*. La mer avait d'abord formé le premier de ces lacs, en se jetant sur un territoire fertile, en l'an 543. Cent ans après, les musulmans faisaient irruption en Égypte presque aussi fatalement que la mer. Depuis longtemps le lac Menzaleh serait comblé par le sable des dunes, si les bras de Mendès, de Tanis et de Péluse ne le ramenaient à la mer.

Le bras de Damiette est l'œuvre des hommes; et il s'est grossi aux dépens des bras de Péluse, de Tanis et de Mendès ; l'équilibre s'étant rompu par cette déviation, l'eau de la mer est entrée dans les terres et a formé le lac Menzaleh.

Le Delta a, en droite ligne, trente-deux lieues de longueur, de sa pointe aux embouchures de Rosette et de Damiette ; et en tenant compte des sinuosités, chacun des bras a un développement d'environ quarante-huit lieues. Les deux embouchures sont à vingt-neuf lieues l'une de l'autre.

A l'est du fort d'Aboukir les vagues et les vents portent continuellement le sable de la mer au sud-est du Delta. C'est ainsi que des barres se formèrent à l'embouchure de Rosette; le bras de Rosette charrie aussi du sable qu'il laisse tomber à son entrée dans la mer, et qui forme d'autres barres ou bancs de sable; il brise ensuite l'obstacle que lui-même a créé, et produit une agitation continuelle, des courants et des brisants dangereux. Le bras de Damiette ne charrie que le sable de la Haute-Égypte, mais il s'empare de tout ce qui vient du lac Bourlos. Ces masses de sable, entraînées à l'embouchure, y établissent des barres dont le mouvement est circulaire comme à l'embouchure de Rosette. Ce phénomène est connu sous le nom de *Boghaz* des bras de Damiette et de Rosette. Le boghaz de Rosette a quatre cents mètres de largeur; il se produit au centre d'une anse profonde qui forme la rade d'Aboukir, à six mille mètres sud-sud-est du cap d'Aboukir. Celui de Damiette est moins considérable, le mouvement des eaux est assez faible et les sables y font une moins forte barre. On dit qu'*il y a boghaz* quand le vent souffle assez fort pour retenir les eaux du Nil et augmenter la profondeur du passage.

Des montagnes de la Lune jusqu'à la mer le Nil a une étendue de neuf cent vingt-cinq lieues, dont trois cent cinquante au sud et à l'est du Darfour, trois cent cinquante en Nubie, et deux cent vingt-cinq en Égypte.

La pente de ce fleuve est moins considérable que celle de quelques grands fleuves d'Europe. Comme le lit du Nil n'a pas éprouvé d'exhaussement sensible sur la barre granitique de la cataracte de Syène, où il n'a pu se former d'atterrissements, nous ferons abstraction de la partie supérieure de son cours, et nous le considérerons sur le territoire de l'Égypte seulement.

De la cataracte de Syène au Caire la pente est de deux pouces et demi par mille mètres, et du Caire à la mer cette proportion se réduit à un pouce par mille.

Les opérations faites par les savants de l'expédition française pour connaître la vitesse du Nil, un peu au-dessus du Vieux-Caire, dans un endroit où le fleuve a trois cent vingt mètres de largeur, environ le double de la largeur de la Seine au pont de la Concorde à Paris, ont prouvé que le cours du Nil a une vitesse d'environ soixante-dix centimètres par seconde. Quand les eaux commencent à se troubler à Syène, on est cinq jours avant que de s'en apercevoir à Keneh, qui est éloigné de soixante lieues; cette observation donne une vitesse de vingt-quatre mille mètres à l'heure.

La rapidité du cours s'accroît naturellement pendant les grandes eaux; elle n'est cependant jamais assez considérable pour s'opposer à la remonte d'un *mach* poussé par un vent médiocre, ou pour accélérer au delà de trois quarts de lieue à l'heure la descente d'une *djerme* abandonnée au courant.

L'eau du Nil ne contient pas de sels magnésiens, mais seulement du muriate de soude et des carbonates terreux, en assez petites quantités. On lui attribue une vertu prolifique fort contestable. Elle produit sur quelques personnes un effet laxatif, et purge comme les eaux nitreuses. Au retour des voyages dans le désert, où l'on ne boit que des eaux saumâtres, l'eau du Nil doit assurément paraître un breuvage délicieux. Néanmoins ce n'est pas uniquement aux voyageurs, ou aux hommes exposés à de longues privations, que cette boisson paraissait précieuse : anciennement on portait les eaux du Nil jusqu'en des contrées fort éloignées, et spécialement chez les princesses du sang des Ptolémées mariées dans les familles étrangères. L'analyse chimique l'a trouvée cinq fois plus pure au Caire que la Seine ne l'est à Paris. Cependant le Nil n'est dans cet état d'épuration qu'au moment où les eaux décroissent ; car lorsque les eaux montent, ou lorsqu'elles sont tout à fait basses, elles sont mêlées à une foule de matières, plus ou moins nuisibles, qui en altèrent grandement la qualité. Pendant la crue les eaux deviennent visqueuses, et se colorent de diverses couleurs, parce que les affluents du Nil entraînent avec eux des eaux bourbeuses, des végétaux, et même des parties du sol qu'ils ont traversé : ainsi l'affluent du Sennaar emprunte une nuance rougeâtre des terres rouges de l'Afrique centrale.

CATARACTES.

Le Nil a ses cataractes comme l'Orénoque, le Mississipi, le Gange, le Niagara ; on en compte douze du Kordofan jusqu'à Syène ; mais elles sont loin de présenter le spectacle grandiose des chutes de l'Orénoque ou du Niagara. Ce n'est point un abaissement subit du sol qui produit les cataractes du Nil ; ce sont des rochers de grès ferrugineux qui interrompent, divisent, précipitent le cours du fleuve. Nous avons parlé plus haut des cataractes qui se trouvent dans le cours supérieur des deux branches qui forment le Nil, et nous parlerons ici seulement des plus rapprochées de la terre d'Égypte. Le Nil, irrité des obstacles que les montagnes lui opposent, se replie sur lui-même, et forme, en franchissant cette barrière, une multitude de petites cascades qui impriment cent directions contraires aux flots du fleuve, et causent plus de bruit et de mouvement qu'elles n'offrent de dangers véritables au navigateur. Les anciens décrivent ces cataractes comme de magnifiques cascades. Le Nil coulait alors dans un lit beaucoup plus élevé et devait arroser toutes les plaines de la Nubie complétement sèches de nos jours. L'action lente et continue des eaux a limé les rochers granitiques sur lesquels le flot passait sans cesse, et à chaque siècle le niveau s'est abaissé. Maintenant au lieu d'un barrage d'une grande élévation, les cataractes sont des amas de rochers entre les flancs desquels le Nil passe avec effort. « Dans quelques siècles, dit Geoffroy-Saint-Hilaire, je ne doute pas que les pics du fleuve, qui ne sont plus que de forts éperons, ne soient tout à fait usés ; et la cataracte d'Assouan se réduira à une nappe d'eau. » La plus haute de ces chutes n'a pas plus de six pieds ; et le bruit n'en est pas plus fort que celui du courant qui fait mouvoir la roue d'un moulin.

Ce passage est praticable dans toutes les saisons de l'année ; des voyageurs français ont descendu ses rapides dans une grande cange aux premiers jours de juin, c'est-à-dire au moment où les eaux sont les plus basses. L'embarcation, dirigée par des cordes que tirait un nombreux équipage, commandé par un des pilotes du lieu, et favorisée d'un bon vent, franchissait aisément les canaux tortueux entre les récifs, tandis que les matelots, sautant de rochers en rochers, ou passant à la nage d'un écueil à l'autre, la maintenaient en bonne voie. Retenus d'une manière analogue, les bateaux descendent encore plus facilement pendant le reste de l'année. Une autre fois les mêmes voyageurs ont passé les cataractes au temps des hautes eaux, le 7 septembre. Le fleuve enflé avait nivelé toutes les petites chutes ; ce n'était plus qu'une eau agitée, sous laquelle se trouvaient des écueils qu'il fallait éviter. A cette époque de l'année les pilotes suivent la rive gauche ; au printemps c'est le long de la rive droite qu'ils se dirigent : les cascades y sont moins nombreuses, quoique plus fortes. Les accidents sont rares; cependant lors des basses eaux il est prudent de faire transporter par terre les objets précieux ou ceux que l'eau peut détériorer.

Le paysage des *Cataractes* est le plus pittoresque de tous ceux que le Nil arrose. Deux chaînes de montagnes de granit cassées en blocs gigantesques, nues, hérissées de pics et de mamelons noirs, bordent le fleuve pendant deux lieues de leurs formes abruptes, et descendent dans le lit même par des pentes presque verticales pour aller rejoindre les écueils au milieu des eaux. Transition brusque entre une plaine fertile et des monts inaccessibles! Dans la plaine le fleuve, large, tranquille, majestueux; dans les montagnes le torrent qui bouillonne, écume, et se brise contre mille rochers. C'est une scène du plus grand effet. Cette nature âpre et sauvage, ces amas de blocs arrachés aux montagnes et jetés en désordre aux pieds des monts arides qui remplissent le paysage, produisent un sombre pendant au tableau riant et riche des champs d'Éléphantine, coupés par les frais ombrages de bosquets de palmiers. Le seul lien de ces deux scènes si différentes, c'est un ciel d'un bleu éclatant, dont les eaux du Nil reflètent les teintes magnifiques à côté de la couleur sombre des rochers qui l'entravent.

CRUE ET INONDATION DU NIL.

C'est à ses inondations périodiques que le Nil doit le culte qu'on lui a rendu de tout temps en Égypte. Par un séjour de trois mois dans la basse terre il dépose l'aliment de la végétation, et fait d'un désert stérile une contrée riche et féconde. Quelques pieds de plus ou de moins que la hauteur normale de la crue sont également nuisibles. Si la crue est trop forte elle cause des inondations et les désastres qui les accompagnent; si elle est trop faible elle ne féconde pas suffisamment le sol, et laisse arriver la famine. On peut donc dire sans exagération que le Nil est la mesure de l'abondance et de la vie pour l'Égypte. Aussi le commencement de la crue et l'arrivée du Nil à la hauteur nécessaire sont-ils des événements nationaux qui s'annoncent solennellement au peuple; nous entrerons dans quelques détails à ce sujet en traitant des mœurs et usages musulmans en Égypte.

L'histoire conserve le souvenir de quelques années désastreuses, où la crue manqua absolument, soit par des causes naturelles, soit par des entreprises qui avaient été faites pour jeter le Nil dans les déserts de l'Afrique.

L'an 1106 de l'hégire (1624) l'inondation manqua tout à fait. El-Mostanser, sultan d'Égypte, envoya le patriarche des Jacobites vers l'empereur d'Éthiopie avec des présents magnifiques pour s'enquérir des causes de ce désastre. Le monarque fit un accueil favorable au patriarche, et, touché du tableau que celui-ci faisait de la consternation des Égyptiens, menacés par la famine, il fit couper une digue qui détournait le fleuve; les eaux reprirent leur cours habituel, et montèrent de trois coudées en un jour. Le retour du patriarche fut une fête nationale, et le sultan combla d'honneurs celui qui apportait une si heureuse nouvelle.

Ce n'était pas la première fois qu'une semblable tentative était faite. En 120 de l'hégire (738 de l'ère chrétienne), Lalibala avait tenté de réaliser la prétention des Abyssins, et commencé des travaux pour détourner les eaux du Nil. Le monarque africain abandonna son entreprise; mais la possibilité n'en reste pas moins démontrée. Il serait peut-être également possible de ramener dans le Nil des rivières qui se perdent dans les sables, et, en se concertant avec les peuples voisins, d'assurer à l'Égypte une inondation toujours suffisante; la surabondance des crues fournirait un moyen de conquérir sur le désert quelques points susceptibles de culture, et d'y créer de nouvelles oasis.

C'est vers le mois de juin que commence la crue du Nil, et déjà du temps d'Hérodote elle avait lieu constamment au solstice d'été; ce qui fait supposer que les eaux grossissent près de leurs sources environ quatre-vingts jours avant le solstice. Quand l'inondation est tardive il en résulte presque toujours quelque effet désastreux.

Les Coptes croient que le Nil monte toujours le 20 juin. Pendant la nuit de la Saint-Jean, qui précède ce jour, tombe *el-noktah*, la goutte; selon eux, cette goutte purifie l'air, chasse la peste et présage une heureuse crue. En réalité, des rosées abondantes précèdent annuellement la crue, et elles produisent un effet salutaire sur l'état atmosphérique. Peut-être retrouverait-on dans les diverses fables par lesquelles les anciens expliquaient les débordements du Nil l'origine simple et naturelle de ce phénomène. Aujourd'hui personne n'ignore que les torrents de pluie qui tombent à cette époque sous la zone torride sont l'unique cause des crues du Nil, et que par conséquent si les pluies sont moins abondantes l'inondation diminue dans la même proportion. La hauteur de l'inondation n'est du reste pas la même dans toute l'Égypte : dans le Saïd les eaux montent à vingt et même à vingt-quatre coudées, et autour du Caire elles n'en ont plus que quinze de profondeur; en face de Rosette et de Damiette il n'y a guère que deux coudées d'eau. La pente des rives, la vitesse et la direction des courants, l'influence des vents, et d'autres causes fortuites qui ne peuvent être soumises au calcul, font varier à l'infini la quantité d'eau qui se trouve dans la campagne. Ainsi, par exemple, la crue est plus faible à Esneh qu'à Keneh, quoique cette dernière ville se trouve plus bas d'un degré; le rétrécissement du fleuve à Keneh, et le détour qu'il fait à cet endroit dans une direction opposée au vent d'ouest, dont la force soutient les eaux plus hautes, expliquent suffisamment cette anomalie apparente.

Une longue expérience a dû apprendre aux habitants de l'Égypte à redouter également les trop faibles et les trop fortes crues, et leur a prouvé qu'un terme moyen seul procure au cultivateur d'abondantes récoltes, et assure au souverain le payement de l'impôt : ce terme d'abondance a pour limites de sept mètres à sept mètres et demi. L'art pourrait rigoureusement remédier à l'excès des crues par un bon système d'irrigation et de desséchement. Au moyen de digues éclusées, on pourrait à volonté porter à la mer le trop-plein des canaux, ou verser des eaux dans les parties basses du désert. Dans les crues insuffisantes, on pourrait aussi retenir les eaux et empêcher qu'elles ne s'écoulassent en pure perte; c'est dans ce double but que les anciens Égyptiens avaient ouvert une décharge du fleuve dans le vaste réservoir naturel du lac Mœris.

Voici la lettre qu'écrivit Omar à son lieutenant, après la conquête de l'Égypte, et la réponse d'Amrou à cette lettre. Ces documents authentiques établiront que les nouveaux possesseurs, quoique remplis de préjugés fanatiques, attachaient une juste importance aux inondations du Nil.

« *Le khalife O'mar-ben-el-Khettab, successeur d'Abou-Bekr, à A'mrou-ben-el-A'as, son lieutenant.*

« A'mrou-ben-el-A'as, ce que je désire de toi à la réception de la présente, c'est que tu me fasses un tableau de l'Égypte assez exact pour que je puisse m'imaginer voir de mes propres yeux cette belle contrée. Salut. »

« *Réponse de A'mrou-ben-el-A'as.*

« O prince des fidèles, peins-toi un désert aride et une campagne magnifique au milieu de deux montagnes, dont l'une a la forme d'un monticule de sable, et l'autre celle du ventre d'un cheval maigre, ou bien du dos d'un chameau.

« Telle est l'Égypte : toutes ses productions et toutes ses richesses depuis Isoar jusqu'à Mancha (depuis Assouan jusqu'aux frontières de Ghaza) viennent d'un fleuve béni, qui coule avec majesté au milieu d'elle; le moment de la crue et de la diminution de ses eaux est aussi réglé que le cours du soleil et de la lune.

« Il y a un temps fixe où toutes les sources de l'univers viennent payer à ce roi des fleuves le tribut auquel la Providence les a assujetties envers lui : alors les eaux augmentent, elles sortent de leur lit, et elles arrosent la surface de l'Égypte pour y déposer un limon productif.

« Il n'y a plus de communication d'un village à l'autre que par le moyen de barques légères, aussi innombrables que les feuilles du palmier.

« Ensuite, lorsqu'arrive le moment où les eaux cessent d'être nécessaires à la fertilisation du sol, ce fleuve docile rentre dans les bornes que le destin lui a prescrites, pour laisser recueillir les trésors qu'il a cachés dans le sein de la terre.

« Un peuple protégé du ciel, et qui, semblable à l'abeille, ne paraît destiné qu'à travailler pour les autres, sans profiter lui-même du fruit de ses peines et de ses sueurs, ouvre légèrement les entrailles de la terre, et y dépose des semences dont il attend la prospérité de la bienfaisance de cet Être suprême qui fait croître et mûrir les moissons; le germe se développe, la tige s'élève, son épi se forme par le secours d'une rosée bénigne, qui supplée aux pluies, et qui entretient le suc nourricier dont le sol s'est abreuvé.

« A la plus abondante récolte succède tout à coup la stérilité. C'est ainsi que l'Égypte offre successivement, ô prince des fidèles, l'image d'un désert aride et sablonneux, d'une plaine liquide et argentée, d'un marécage couvert d'un limon noir et épais, d'une prairie verte et ondoyante, d'un parterre orné des fleurs les plus variées, et d'un vaste champ couvert de moissons jaunissantes. Béni soit à jamais le nom du Créateur de tant de merveilles!

« Trois déterminations contribuent essentiellement à la prospérité de l'Égypte et au bonheur de ses enfants : la première est de n'adopter aucun projet tendant à augmenter l'impôt ; la seconde, d'employer le tiers des revenus à l'augmentation et à l'entretien des canaux, des digues et des ponts; et la troisième, de ne lever l'impôt qu'en nature sur les fruits que la terre produit. Salut. »

Le tiers des impositions était donc affecté à l'entretien des canaux, des digues et des ponts. L'entretien des canaux secondaires de village à village, et des digues de cantons, était à la charge des villages et des propriétaires; les travaux commençaient deux mois avant l'époque de la crue. Il en fut ainsi jusqu'à l'usurpation des mamelouks; ceux-ci détournèrent à leur profit les fonds assignés pour cet objet important; depuis lors cette partie essentielle de l'administration resta livrée à l'arbitraire, et c'est à l'intelligence des gouvernants que la question de l'existence du pays est abandonnée sans contrôle.

Comme dans tous les pays qui sont fécondés par des irrigations, les eaux sont le sujet de nombreuses querelles. Lorsque l'inondation est peu considérable, il arrive que les habitants des villages prennent les armes pour conquérir la faculté de détourner du réservoir commun l'eau qui leur est nécessaire, et l'arrosement de tel ou tel canton dépend du sort d'un combat entre les fellahs. De même, quand la crue est trop forte, les fellahs viennent à main armée couper des digues, afin d'évacuer la surabondance des eaux aux dépens des champs voisins. Les terres privées d'eau tombent en *charaky* (1); n'ayant pas reçu l'action fécondante du Nil, elles ne peuvent être ensemencées, et sont exemptées de toute imposition ou redevance. Malgré cette faveur, les fellahs n'ont pas toujours l'année suivante les semences nécessaires pour profiter d'une crue favorable; et après une semblable catastrophe des familles entières passent dans le désert avec l'intention d'embrasser le genre de vie des Bédouins.

EXHAUSSEMENT PROGRESSIF DU SOL.

L'exhaussement séculaire du lit du Nil est à Éléphantine de $0^m,132$, et au Caire de $0^m,120$; la cause de cette différence gît naturellement dans la pente du fleuve, et dans la rapidité du cours des eaux qui en est le résultat; l'*exhaussement moyen* du lit est donc pour toute la vallée de $0^m,126$ par siècle, et celui de la vallée elle-même doit présenter les mêmes proportions, les surfaces du lit et de la vallée tendant continuellement, par leur action réciproque, à amener un parallélisme complet. Cependant ces atterrissements n'ont ni la même profondeur dans toutes les provinces de l'Égypte, ni une profondeur correspondante à celle des couches de sable qui élèvent graduellement le lit du Nil. Cette apparente anomalie est causée, au contraire, par les mouvements naturels et réguliers du fleuve. L'exhaussement du sol de la vallée est proportionné à la quantité d'eau qui séjourne à chaque débordement, et par conséquent à la masse de matières terreuses que l'eau tenait en suspension. Cinq onces d'eau, puisées à Keneh pendant les grandes eaux et lorsqu'elles sont les plus fangeuses, ont donné trente-neuf grains de dépôt terreux sec.

Suivant le rapport de tous les historiens, les Égyptiens bâtissaient leurs cités et leurs monuments sur des terrasses assez élevées pour n'être point

---

(1) On appelle *charaky* une terre trop élevée pour que l'inondation puisse l'atteindre; souvent ces terres sont arrosées par des moyens artificiels; les terres naturellement arrosées portent le nom de *rayeh*. Par analogie, on dit qu'une terre est tombée en *charaky* pour exprimer qu'elle est restée à sec.

couvertes par les eaux; mais aujourd'hui, dans certains endroits, les eaux recouvrent la base même des édifices : à Thèbes et à Karnac la terrasse factice a été retrouvée à dix-huit pieds de profondeur, et en s'aidant des inscriptions et des rapports contemporains, on peut prouver mathématiquement que dans un intervalle de seize cents ans le sol s'est élevé de $1^m,696$ ou de $0^m,106$ par siècle A Syout l'exhaussement séculaire semble avoir été de $0^m,126$. A Héliopolis les dépôts sont aussi beaucoup plus considérables et présentent avec ceux de Thèbes une proportion de 1 à 1,50, soit $0^m,126$ par siècle. La direction des vents a une grande influence sur ces résultats. Le vent de l'ouest et du nord-ouest envoie sur l'Égypte les sables mouvants de la Libye, et dans les lieux où des canaux n'ont pas mis d'obstacles aux empiétements du désert, le sable a changé la forme de la vallée; peut-être même a-t-il refoulé le lit du fleuve vers l'est. Le Nil encore entraîne avec lui des sables dans la Basse-Égypte; car à chaque sondage on a trouvé que le limon du Nil repose sur une couche de sable quartzeux. Ce sable, mêlé de parcelles de mica et de fer magnétique, n'appartient pas à la Libye, mais aux régions granitiques de la Haute-Égypte.

La nature des matières charriées par le Nil a aussi modifié les mouvements de l'exhaussement du sol. Ainsi, les pierres et le sable, plus pesants, tombent les premiers au sortir du lit du fleuve, sur la rive même, et forment une sorte de rempart; l'eau ne porte guère plus loin que des substances terreuses qui se tassent facilement et occupent moins de place. Dans le principe, la crue exhaussait davantage les rives, parce qu'elle y jetait sa charge la plus volumineuse, et parce qu'elle les couvrait pendant plus longtemps; mais le temps a changé cette disposition naturelle. Les rives s'étant élevées par les alluvions, et l'autre extrémité de la vallée par les sables, le milieu du pays est devenu convexe, et les eaux, s'y précipitant avec plus de force, y entraînent plus de matières et y restent plus longtemps. L'eau filtre à travers le sable et va former un réservoir souterrain qu'on retrouve toujours en creusant plus ou moins profondément le sol.

Cette nouvelle forme du terrain a établi près du fleuve une sorte de longue digue, et ensuite une bande de terre cultivable où les inondations séjournent peu, quand elles y arrivent; c'est sur ces bancs d'alluvions qu'on cultive l'indigo, la canne à sucre et le coton, autrefois à peu près inconnus à l'Égypte.

L'élévation progressive du sol, occasionnée par les crues du Nil, était déjà le sujet d'études intéressantes chez les anciens. Hérodote et Aristote regardent le Delta comme une terre entièrement produite par les dépôts successifs des eaux; et leur opinion paraît extrêmement vraisemblable, tant à cause de la nature du sol, qu'à cause de sa configuration. L'historien grec dit qu'à une journée des côtes la sonde trouve treize brasses de limon (1); et le genre des terres qui forment le fond du bassin d'Alexandrie confirme grandement cette observation, sinon pour une distance aussi considérable, du moins quant aux rivages immédiats de la Basse-Égypte.

Quoique cet exhaussement s'effectue avec une lenteur extrême, et que le lit du Nil s'élève en même temps, on peut prévoir une époque où les différences presque insensibles de leur accroissement gradué produiront un bouleversement total dans l'aspect de l'Égypte: Dans la Haute-Égypte, où le lit du fleuve s'exhausse d'un quart plus rapidement que le sol de la vallée, celle-ci deviendra un lac; dans la Basse et la Moyenne-Égypte, où le sol s'élève d'un dixième plus vite que le lit du Nil, les eaux cesseront de baigner les terres et d'y apporter la fertilité; et la conséquence finale serait l'anéantissement de l'Égypte s'il n'était dans la nature des choses de se créer leur propre contre-poids par l'action lente des siècles.

A mesure que les terres s'élèveront d'une part et seront dominées de l'autre, un nouveau système d'agriculture s'établira, une bonne économie d'irrigations et une canalisation intelligente rétabliront un équilibre indispensable.

Telle n'était pas l'opinion d'Hérodote, dont la philosophie n'avait pas pour appui les bases scientifiques sur lesquelles repose aujourd'hui tout raisonne-

(1) Hérodote, II, 5.

ment. « Un jour, dit-il, le terrain par-
« viendra à une si grande hauteur, que
« les plus fortes crues ne pourront pas
« l'atteindre ; l'Égypte deviendra un
« pays stérile et absolument inhabi-
« table. »

ANIMAUX.

Les espèces animales habitent l'É-
gypte en vertu d'une sorte de prédestination ; et en les consacrant à la divinité
les prêtres égyptiens ont prouvé qu'ils
reconnaissaient cette loi inhérente au
pays. Les mammifères, les oiseaux, les
reptiles et les insectes ont reçu un culte
particulier : partout sur les monuments
même leurs images accompagnent celle
de l'homme.

Le *chameau* n'est pas indigène en
Égypte : sa véritable patrie est l'Asie
moyenne et l'Arabie. C'est l'insépara-
ble compagnon de l'Arabe nomade. On
en distingue, comme on sait, deux espèces : le *camelus bactrianus* (chameau
à deux bosses), et le *camelus dromeda-
rius* (chameau à une bosse ou dromadaire). Le premier est le *djemmel* des
Arabes ; il est très-fort, de haute taille,
sert au transport des lourds fardeaux et
appartient plus particulièrement à l'Asie ;
l'autre, plus petit, plus agile, a reçu le
nom d'*hedjin*, parce qu'il sert de monture
aux pèlerins (*hadji*) ; il habite surtout le
nord de l'Afrique. Le poil du chameau
est un article important de commerce ;
on en fait des étoffes, des tapis et des
tentes. Le lait des chamelles est fort aimé
des Bédouins.

Dès la plus haute antiquité, les *chevaux* étaient estimés en Égypte. Mais
il est difficile d'en bien caractériser les
races indigènes en les comparant à celles plus anciennement connues. La race
des chevaux *nedjdis* ou *nedjs* n'était
pas très-commune en Égypte avant la
conquête du Nedj par Méhémet-Ali. Le
nedjdi est l'arabe pur sang ; et quoiqu'il
soit né hors du pays, comme il fait maintenant partie des richesses de l'Égypte,
nous en ferons ici une brève description.

Les muscles du cheval nedjdi sont très-
apparents ; ses formes sont anguleuses,
son attitude est fière ; il se pose toujours
très-bien ; son regard est plein de feu et
d'intelligence ; sa tête est sèche, le bas de
la face est si étroit, qu'il peut tenir dans
la main ; le front, au contraire, est très-
large. Les oreilles sont très-petites, les
yeux très-grands ; l'encolure est droite,
le garrot élevé, la croupe très-courte ;
les jambes sont sèches, les jarrets
larges ; le pied est petit, la queue attachée très-haut. Le cheval nedjdi est encore jeune à vingt-cinq ans, et il vit ordinairement jusqu'à cinquante. On le
nourrit avec du lait de chamelle, de la
farine, de l'herbe, des dattes, du bouil-
lon et de la viande. D'ordinaire sa robe
est gris-clair, gris-truité, alezan brûlé,
ou bai-clair. Les Arabes attachent une
telle importance à la pureté de la race
de leurs chevaux nobles, appelés *ko-
chlani*, que leur filiation est toujours
constatée par des actes authentiques ; ils
font remonter à près de deux mille
ans la généalogie de plusieurs de ces
beaux animaux, et il en est dont la lignée peut être démontrée par des preuves
écrites pendant une série de quatre
siècles. Méhémet-Ali a fait venir en
Égypte un grand nombre de ces chevaux,
et veille avec soin à ce qu'il n'en sorte
plus de ses États. Le cheval égyptien
proprement dit est aujourd'hui une
espèce due aux croisements de la race
dongolahwy avec les chevaux syriens.

Nous devons aussi mentionner l'âne
(*hemâr*, en arabe) ; c'est un animal grand,
bien fait, à la démarche vive et légère.
Les baudets de cette partie de l'Afrique
sont si vigoureux, que dans les voyages
à travers le désert on s'en sert pour
suppléer au manque de chameaux. Les
meilleurs proviennent du Saïd.

Le mulet (*baghl*, en arabe) est aussi
d'un usage très-commun. Le mulet
égyptien est très-beau, et les Musulmans
l'estiment beaucoup ; il arrive qu'on vend
un mulet aussi cher qu'un cheval.

Les mules (*baghleh*) sont préférées
aux mulets, tant à cause de leur douceur
que de la faculté de supporter mieux la
fatigue.

Le bœuf domestique de cette contrée
(*thour*, en arabe) ne diffère pas de celui
d'Europe ; mais on trouve dans le pays
un bœuf sauvage que les Arabes appellent *bagar-el-ouesch* ; il a une grande
analogie avec le *zébu*, et quelques naturalistes pensent que c'est le même animal.

Le buffle ne paraît pas d'origine égyptienne : on ne le voit point sur les an-

ciens monuments. Selon l'opinion générale, cet animal est une importation des Arabes. Le buffle égyptien (*djammous*, en arabe) a très-peu de poils; sa peau est gris de fer; il a une physionomie farouche, mais il est infiniment plus doux que le buffle d'Europe. On ne s'en sert point ordinairement pour les travaux agricoles; mais les bestiaux amenés de Caramanie n'ayant pu s'acclimater, il a fallu employer à la culture le buffle et même le chameau.

Dans les temps anciens, le *zébu*, bœuf bossu des régions tropicales, n'était pas étranger à l'Égypte. En examinant, en 1830, la momie d'un prêtre, on trouva aux pieds du mort l'image du bœuf Apis, et ce bœuf était un zébu. Il ne paraît pas cependant que jamais cette race y ait été commune. Lors de l'expédition d'Égypte on trouva un zébu chez un des beys, où il était nourri comme objet de curiosité.

La race ovine fait partie des richesses du pachalik; la laine est généralement de belle qualité. Les brebis (*gahameh*, en arabe) sont très-fécondes: presque toutes produisent annuellement quatre agneaux en deux portées. L'espèce la plus commune est le mouton de Barbarie; il y a cependant beaucoup de béliers venant du Sennaar, du Kordofan et de l'Yémen; ils sont plus grands et portent une laine grossière; leur queue est adipeuse; quelques-uns ont le poil ras et cassant comme celui de l'antilope.

Le mouflon à manchettes ou mouflon d'Afrique, *ovis ornata* ou *ovis tragelaphus*, mérite une description plus détaillée: sa taille est celle du bélier commun, son col est couvert d'une sorte de crinière hérissée, longue et fort touffue, surtout au garrot; cette crinière est d'une couleur plus sombre que le reste du corps, dont le pelage ressemble au poil d'hiver du cerf. Une barbe assez longue garnit les mâchoires, et se divise en deux parties; la gorge est également garnie de longs poils flottants, et des manchettes de poils, de six à sept pouces de longueur, protègent les genoux. La base des cornes est quadrangulaire, mais les angles en sont émoussés et la corne se termine par une véritable pointe. L'individu que possède le Musée de Paris a été tué dans les environs du Caire, où cependant on rencontre rarement cet animal à l'état sauvage. Dans l'état de domesticité, l'*ovis tragelaphus* est fort doux, quoique très-vif; il aime à se tenir sur les lieux élevés; sa course est très-rapide, et entremêlée parfois de bonds prodigieux.

La chèvre (*maâzeh*, en arabe) est répandue dans toute la Basse-Égypte; elle est originaire de Syrie, et connue en Europe sous le nom de *chèvre mambrine*. Dans la Haute-Égypte, on voit de très-petites chèvres dont le poil est long et soyeux, et qui ressemblent sous ce rapport aux chèvres d'Angora.

Parmi les quadrupèdes communs à l'Égypte et à l'Europe, on doit une mention particulière au chien (*kelb*, en arabe), qui paraît constituer une espèce distincte, perpétuée sans mélange, et habite en troupes soit dans les villes, soit sur les limites du désert; ses mœurs sont toujours à demi farouches, rarement on le voit attaché à un maître. Lorsqu'il vit en liberté complète, son pelage est plus long et plus fauve, et il se nourrit de charognes, comme l'hyène et le chacal. Quand toute autre pâture leur manque, ces chiens sauvages se dévorent entre eux. Il advient assez souvent qu'ils se précipitent, la nuit, hors de leurs retraites pour attaquer des bestiaux isolés et errants par hasard dans le voisinage. Un de nos amis, passant un soir au galop près d'un cimetière, gîte ordinaire des bandes de chiens, faillit, quoique bien armé, être victime de leur attaque féroce et imprévue; les coups de pistolet et de sabre ne parvinrent point à le débarrasser d'une poursuite acharnée, à laquelle son arrivée aux maisons put seule mettre fin; il eut ses vêtements déchirés et son cheval grièvement blessé. Les chiens qui habitent les villes y sont, pour ainsi dire, divisés en tribus; un membre de l'une d'elles ne saurait se mêler à d'autres, sans être immédiatement assailli avec furie, quelquefois dévoré, ou tout au moins terriblement battu. Il est curieux de voir les chiens guetter le passage des femmes qui vont puiser de l'eau, se glisser derrière elles, la queue entre les jambes et l'oreille basse, et se hâter de boire pour regagner leur gîte. Jamais un chien de la ville ne s'aventure à une excursion dans la campagne, et les meutes sauvages n'osent pas braver les périls d'une visite à la cité.

Le chat (*qôth*, en arabe) est aussi originaire de l'Égypte : il y jouissait de priviléges presque divins. Et encore aujourd'hui on y traite les chats avec des égards tout particuliers ; ceux qui tombent malades reçoivent des soins empressés dans des hôpitaux fondés par de pieux sectateurs du prophète.

L'hyène (*dabéh*, en arabe) est bien connue des fellahs. L'espèce commune (*hyæna striata*) habite particulièrement l'Afrique septentrionale ; elle fréquente les villages pendant la nuit, et entre parfois jusque dans les villes, où elle mange les charognes et débarrasse ainsi l'air des miasmes les plus dangereux. On voit aussi des chacals en Égypte.

Il y a peu de loups en Égypte ; leur poil est plus court que celui des loups d'Europe ; les Arabes le nomment *dyb*.

Le renard (*tâaleb*, en arabe) est plus petit que celui d'Europe. Son pelage est d'un brun foncé, ses oreilles sont noires, et ses pattes fauves.

Le sanglier (*khanzir-barry* ou *hallouf*, en arabe) est un animal impur pour les mahométans ; les chasseurs arabes ne le tuent pas ; aussi est-il très-répandu, surtout dans la Basse-Égypte : on y rencontre des bandes de cinquante ou soixante sangliers qui dévastent la campagne et particulièrement les champs de doura.

La gazelle (*gazal*, en arabe), et en général les antilopes, appartient aux animaux les plus caractéristiques du continent africain. Elle se trouve sur les confins de l'Égypte, dans les déserts, où elle se nourrit de petites herbes. On en voit chez presque tous les habitants riches du Caire ; car, quoique d'un naturel très-craintif, elle s'apprivoise facilement. Sa légèreté, l'élégance de ses formes et la douceur de ses yeux sont un thème favori de la poésie arabe.

Le daman, appelé aussi *daman d'Israel*, le *schasan* des Hébreux, est un animal de l'ordre des ruminants ; il est petit ; son pelage est d'un roux très-foncé.

Autrefois on voyait fréquemment l'hippopotame (*hippopotamus amphibius*, Lin.) en Égypte ; mais, soit à cause de la multiplication de ses ennemis naturels, soit parce qu'il ne trouve plus une pâture assez abondante, il descend rarement aujourd'hui au-dessous des cataractes. Sa voracité est si grande, que des naturalistes ont attribué la diminution de l'espèce au manque d'alimentation. L'hippopotame causait jadis de grands dommages à l'agriculture égyptienne. Un ancien voyageur suédois, Hasselquist, dit à ce propos : « Lorsque « l'hippopotame vient sur le rivage, il dé- « truit en peu de temps le champ de blé « ou de luzerne qui est le plus à sa por- « tée, et n'y laisse pas subsister la moin- « dre verdure ; car il est très-vorace, et il « faut une copieuse chère pour remplir « son énorme ventre. » On a vu des hippopotames isolés jusque dans les environs de Damiette ; mais ce n'est là qu'un fait accidentel. En 1836 on en signala deux près de cette ville ; ils commirent de grands dégâts dans la campagne : au bout d'une vingtaine de jours, l'un fut tué, et l'autre disparut. La mer oppose toujours une limite à leurs excursions, car ils ont impérieusement besoin d'eau douce.

Ce pachyderme était sacré dans les provinces de l'Égypte où le crocodile était considéré comme immonde ; on ne voit jamais son image sur les anciens monuments, mais on la trouve souvent sur les médailles des nomes. On pense généralement que l'hippopotame est le *béhémoth* de la Bible. (Job, XI, 15 à 24.)

Il est à remarquer que le nom grec de cet animal, qui signifie littéralement *cheval de fleuve*, est traduit en arabe par *faras-el-bahr*, jument de fleuve.

Il n'y a point de singes indigènes en Égypte, et il ne semble pas qu'il y en ait jamais eu, malgré les nombreuses momies de singes qu'on voit dans les hypogées. Les figures de singes qu'on voit sur les monuments se rapportent aux espèces que Geoffroy Saint-Hilaire a désignées par les noms de *cynocephalus papio* et de *cynocephalus Anubis*.

Le hérisson (*qanfod*, en arabe) est plus petit que l'espèce européenne, dont il se distingue encore par la longueur de ses oreilles, ce qui lui a valu le nom d'oreillard, *erinaceus auritus*.

La martre-furet est très-répandue en Égypte, où elle fait de grands ravages dans les basses-cours.

Le lièvre (*arneb*, en arabe) diffère du lièvre d'Europe par la longueur des oreilles et celle des pattes postérieures.

Il est assez rare en Égypte; les musulmans le regardent comme un animal impur. Par compensation, il y a beaucoup de lapins, et le peuple en mange.

L'ichneumon, le *viverra ichneumon* Lin., *herpestes Pharaonis* Desmarest, est un des animaux les plus célèbres de la mythologie et de la faune égyptienne. L'instinct qui le porte à dévorer les petits des reptiles venimeux et les œufs des crocodiles lui avait fait accorder les honneurs divins. On rencontre en Égypte des ichneumons apprivoisés, qui remplissent quelquefois dans les maisons l'office des chats : comme ceux-ci, le *viverra ichneumon* s'attache à la demeure de l'homme et s'en éloigne peu; il emporte sa proie dans quelque endroit obscur pour la dévorer à son aise, et manifeste son déplaisir par un grognement de colère lorsqu'on vient le troubler dans son occupation. L'ichneumon vit de rats, de serpents, d'oiseaux et d'œufs de toute espèce; c'est un animal extrêmement craintif et circonspect à cause de la faiblesse de sa vue, bien qu'un odorat remarquablement développé supplée chez l'ichneumon à cette imperfection. Il est d'un gris brun et un peu plus grand que le chat domestique, car son corps a ordinairement un pied et demi de longueur, et sa queue, terminée par un large pinceau de longs poils, a une dimension presque égale. Au delà du sphincter de l'anus, les téguments communs, allongés et repliés sur eux-mêmes forment une poche que l'ichneumon peut ouvrir et fermer à volonté. Cette poche a donné lieu aux contes les plus extravagants. Élien, par exemple, raconte que les ichneumons sont hermaphrodites, et qu'un combat décide des fonctions sexuelles que chacun d'eux devra remplir. Cette poche anale, qui existe chez presque tous les animaux du genre *viverra*, contient une matière odorante, analogue au musc.

L'ichneumon, qui est la *mangouste* de Buffon, était consacré à Latone; son nom arabe est *nems*. Une petite espèce de mangouste à oreilles larges et longues vit sur les dattiers en Nubie.

Il y avait jadis en Égypte plusieurs espèces de musaraignes, presque inconnues aujourd'hui, entre autres le *sorex Olivieri* et le *sorex religiosus* de Geoffroy. Ces animaux étaient l'objet d'une grande vénération; on a trouvé dans les catacombes de Sakara les restes embaumés de quelques-uns de ces rongeurs.

Les rats (*far*) sont un des fléaux de la terre d'Osiris : ils détruisent beaucoup de céréales. Dans l'année 1246 de l'hégire (1830), il apparut une telle quantité de rats que pour sauver les récoltes Méhémet-Ali promit une prime d'une piastre par vingt têtes de rats; et le gouverneur de Souady assurait quelque temps après, à un voyageur français de nos amis, que beaucoup de fellahs avaient payé leurs contributions de cette manière. En mars 1840 (1256 de l'hégire) le même voyageur, faisant le trajet d'Erment à Thèbes, rencontra, pendant une heure et demie de chemin, tous les champs dévastés par cette ancienne plaie de l'Égypte.

Il y a des années où l'on ne voit presque point de rats, tandis qu'à d'autres époques, sans cause connue, ils apparaissent par milliers : aussi le fellah, ami du merveilleux, s'imagine-t-il qu'ils naissent de la terre fécondée par quelque influence atmosphérique, et affirme sérieusement en avoir vu naître du limon. Cette croyance remonte d'ailleurs à la plus haute antiquité.

Parmi les variétés de cette espèce il faut mentionner le *rat d'Alexandrie*, que les Italiens appellent *rat des toits*, et qui a pour traits caractéristiques une longue queue annelée et des poils roides et piquants.

L'*echimys niloticus* doit aussi être ici mentionné; les poils du dos de cet animal sont assez roides et assez forts pour ressembler à des épines; c'est ce qui lui a fait donner la qualification de *rat épineux*.

La *gerboise* se trouve dans les ruines qui entourent Alexandrie. Elle vit en troupes dans des terriers creusés avec ses ongles et ses dents; on dit même que ce rat peut percer ainsi une sorte de pierre tendre qui gît sous le sable de ces parages. C'est un animal timide, qui rentre dans son terrier au plus léger bruit, et par conséquent on peut difficilement s'en saisir. Les gerboises mangent du riz, des noix, et toutes sortes de fruits; elles aiment la chaleur du soleil : quand elles sont à l'ombre, elles se serrent les unes contre les autres et paraissent souffrir du froid. Les Arabes la nomment *djerboa*. Il y en a deux espèces, de taille différente; la plus petite a les pieds velus, l'autre les a entièrement nus.

Les ruines si nombreuses de l'antique Égypte recèlent une immense quantité de lézards : il en est sur le corps desquels l'or et l'azur brillent en bandes longitudinales et dont la queue est du plus beau bleu céleste. Nous nous bornerons à décrire les sauriens les plus remarquables de ce pays.

Le moniteur du Nil, tupinambis, *lacerta nilotica* de Linné, est une espèce de lézard vénéré des anciens Égyptiens : il dévore les œufs des crocodiles, et détruit ces terribles animaux lorsqu'ils sortent de la coquille et viennent se jeter dans l'eau. Il a environ trois pieds de long sur les bords du Nil; mais les individus de cette espèce qu'on trouve au Congo, où ils détruisent également les animaux nuisibles, sont infiniment plus grands. Dans les déserts qui environnent l'Égypte, comme dans le pays même, on voit le moniteur de terre, qui est le crocodile terrestre d'Hérodote, et le *scinque* des anciens. Le nom arabe du moniteur du Nil est *warân-el-bahr*, lézard d'eau, par opposition au *scinque*, qu'on appelle *warân-el-djebel*, lézard de la montagne.

Le *boursah* ou *gecko* (*lacerta gecko*, *L. leprosa* de Forskal), quelquefois appelé par les Arabes *abou-bours*, le *père de la lèpre*, ou simplement *bours*, *lèpre*, est ainsi dénommé à cause de sa peau, qui offre l'apparence d'une lèpre; les Orientaux croient que si le boursah répand sa bave sur du sel, ce sel donnera la lèpre à ceux qui le mangeront. Ce préjugé est fort répandu parmi les habitants du Caire; ils couvrent avec soin les vases contenant du sel, et y placent même de l'ail, dont l'odeur écarte ce reptile. Ces animaux sont plus laids que malfaisants. Dans les maisons du Caire, on voit souvent courir sur les murs des appartements, en poussant un petit cri aigu qui ressemble à celui de la belette. Ils disparaissent pendant l'hiver pour se retirer dans des trous, sous les terrasses, et ne se montrent plus qu'au mois de mars. Les chats sont très-friands de la chair des *bours*, et leur font une chasse active.

Le stellion (*hardoun*, en arabe) est un petit lézard à corps verruqueux, à queue épineuse et doigts sans ongles; il est très-commun en Égypte, et les musulmans le tuent, parce qu'ils prétendent qu'il imite ironiquement par ses mouvements de tête leurs salutations pendant la prière.

On rencontre aussi dans cette contrée une des plus célèbres espèces de sauriens, le *caméléon*, sur lequel on a forgé une foule de récits merveilleux. La conformation anguleuse de sa tête qui semble coiffée d'un casque, la saillie en arête de son épine dorsale, la longueur de sa queue préhensile, la disposition de ses doigts maigres et effilés, divisés à chaque patte en deux faisceaux opposables l'un à l'autre, la disposition particulière de ses yeux, qui lui permet de regarder à la fois dans deux directions opposées; l'immobilité parfaite qu'il conserve pendant de longues heures, et la faculté d'imprimer presque à tout son corps la coloration de l'objet sur lequel il se place pour dissimuler sa présence aux animaux dont il se nourrit, — tout contribue à en faire un être bizarre et original. Notons, cependant, que son pouvoir de revêtir diverses nuances ne va pourtant pas jusqu'à imiter exactement celles de toutes les substances avec lesquelles il est mis en contact.

Nous avons à parler maintenant du plus grand des sauriens, le crocodile (*temsah*, en arabe). Cet animal était en grande vénération chez les anciens habitants d'Ombos, d'Arsinoé et de Coptos. Hérodote rapporte que dans cette contrée les prêtres s'emparaient d'un jeune crocodile et l'apprivoisaient, en ayant toujours la précaution de lui attacher les pieds de devant avec une chaîne. Ils suspendaient à ses oreilles des ornements précieux, et quelquefois des pierres fines d'une grande valeur; l'animal était nourri avec la chair des victimes, et, après qu'on l'avait traité pendant sa vie avec toute sorte d'égards, on embaumait son corps, qui était ensuite déposé dans les catacombes.

Dans d'autres villes, plus rapprochées des rives du Nil, le crocodile, loin d'être l'objet d'un culte particulier, était un animal exécré; on se faisait une gloire, non de le choyer, mais de le tuer. N'y a-t-il pas là une contradiction frappante? Les anciens l'avaient déjà fait ressortir pour railler les Égyptiens et leur religion. Cependant, cette contradiction n'est qu'apparente, et il ne faut s'en prendre qu'à l'ignorance des historiens en matière de zoologie. En effet, il existe en Égypte deux espèces de crocodile : le *crocodilus niloticus* Geoff., et le *crocodilus suchus* G. La première espèce est la plus connue, la plus grande et en même temps la plus féroce ; elle peut acquérir jusqu'à vingt-cinq pieds de longueur. Ce crocodile était repoussé du culte, comme un animal immonde et nuisible ; la seconde espèce, au contraire, est plus petite et d'une forme plus grêle ; la tête est plus aplatie et plus allongée. Celle-là était vénérée des anciens Égyptiens : animal inoffensif, l'avant-coureur de la crue du Nil, le crocodile *suchus* était le messager de la divinité féconndante.

Les pêcheurs eux-mêmes savent qu'il y a une race plus méchante que l'autre ; ils la reconnaissent à sa couleur jaunâtre et à la conformation de ses écailles. Ils racontent aussi que les crocodiles s'aventurent dans les plaines lors de la crue des eaux. Les crocodiles se nourrissent de petits poissons et de petits quadrupèdes, qu'ils avalent tout entiers, au rapport des voyageurs. Ils sont très-friands de la chair des nègres.

La femelle cache dans le sable quatre-vingts ou cent œufs de la grosseur de ceux d'une oie ; le soleil est chargé de les couver, et il en sortirait une quantité infinie de crocodiles qui rendraient les rives du Nil inhabitables en peu d'années, si divers animaux n'en faisaient leur principale pâture ; les vautours en détruisent chaque année des milliers, et nous avons déjà parlé du culte qu'on adressait à l'ichneumon, qui cherche sans cesse les œufs du gigantesque saurien. Le *trionyx*, ou *tortue molle* du Nil (*tyrseh* des Arabes), en attaque et dévore les petits.

La chasse au crocodile se fait de nos jours de plusieurs manières ; nous en citerons deux, qui sont remarquables par leur simplicité. L'une est en usage chez les nègres : pour attaquer l'ennemi dans l'eau, le noir arme sa main droite d'un couteau solide et pointu, et couvre son bras gauche entier d'un fourreau de cuir très-épais ; ainsi préparé, il s'avance vers le crocodile, et lui présente le bras gauche en travers de la gueule ; l'animal ne manque pas de s'en saisir ; mais, comme il a la langue en grande partie soudée à la voûte palatine, il ne peut changer la direction de l'objet qu'il a pris dans ses mâchoires : il s'efforce en vain de l'avaler ou de le faire tomber dans l'eau pour le happer ensuite plus commodément ; pendant ce temps, le nègre enfonce son couteau de la main droite dans la chair de la mâchoire inférieure, qui est fort tendre ; l'eau se précipite dans la gorge du monstre, et il est à la fois asphyxié et submergé en peu d'instants.

L'autre méthode est encore plus simple, et les Égyptiens l'emploient de préférence. Ils s'arment seulement d'un fort bâton, et, s'approchant du crocodile avec circonspection, ils assènent un coup violent sur l'extrémité des mâchoires et les brisent, car ces os ont peu de solidité, malgré la force terrible avec laquelle ils broient ce qu'ils tiennent une fois. Par ce seul coup l'animal est mis hors de combat et doit mourir en peu de jours, à moins que son antagoniste ne profite d'un premier avantage et ne le tue sur-le-champ. Le crocodile se tient ordinairement dans la Haute-Égypte ; il est rare qu'il descende au-dessous de Girgeh.

Le céraste, qu'on suppose être l'ancien *aspic*, existe toujours dans les déserts qui bordent la patrie de Cléopâtre. On a vu de ces vipères vivre pendant des années renfermées dans un vase de cristal avec un peu de sable fin, sans aucune nourriture apparente. Les cornes auxquelles ce reptile doit son nom (*kéras*, corne) sont blanches, brillantes et fines comme la barbe d'un grain d'orge. Les Arabes nomment cette vipère *haïye*. Parmi les autres serpents, il nous suffira de mentionner l'*éryx*, dont une espèce habite la Thébaïde et une autre le Delta ; le scytale des Pyramides ; les couleuvres dites oreillure, à bouquet émaillé, à raies parallèles, et à capuchon.

Nous ne parlerons pas ici de tous les insectes qui abondent en Égypte dans certaines saisons de l'année ; nous nous bornerons à indiquer les plus connus.

Le scarabée (*djorân,* en arabe) est célèbre dans la mythologie égyptienne, comme symbole de la fécondité et de l'immortalité. L'explication de ce mythe est des plus simples : après la retraite du Nil et la fécondation des terres, on voit le limon couvert d'une multitude de scarabées ; ce phénomène aura sans aucun doute suggéré aux Égyptiens l'idée de représenter par cet animal l'emblème d'une existence nouvelle.

Les scarabées figurés sur les monuments n'appartiennent pas tous à une même espèce, et les auteurs anciens qui ont écrit sur l'Égypte en indiquent plusieurs comme étant l'objet d'une sorte d'adoration ; ainsi la plupart des scarabées égyptiens, c'est-à-dire une douzaine de variétés, pourraient porter le nom de *scarabées sacrés.* Celui que Linné et d'autres naturalistes ont désigné particulièrement sous ce nom se trouve non-seulement en Égypte, mais dans le midi de la France et en divers endroits de l'Europe. Quant au scarabée nommé par Latreille *ateuchus Ægyptiorum,* et dont le corselet et les élytres brillaient de reflets dorés, il paraît constant qu'il a disparu du pays, comme l'*ibis religiosa,* la *musaraigne* et le *lotus rose.* M. Cailliaud a retrouvé l'*ateuchus* au Sennaar, où l'ibis a aussi émigré.

Nous devons parler aussi de la blatte orientale, insecte jadis étranger à l'Europe, où il a été importé depuis peu par le commerce d'Orient : le Nil est connu en France sous le nom de cancrelat ou kakeriat, du mot hollandais *kakkerlak.* Son corps ovale, allongé, aplati, brun en dessus, brun jaunâtre en dessous, exhale une odeur plus forte et plus nauséabonde que celle de la punaise. Ces blattes sont nocturnes. Tapies toute la journée dans quelque cachette obscure, elles sortent la nuit de leurs retraites, et errent çà et là cherchant à manger des débris de pain, de sucre, de viande : tout leur est bon. Faute de mieux, elles attaquent les bouquins et les vieux cuirs. Aussi fécondes que voraces, elles pullulent dans les habitations humides et surtout dans les barques ; c'est en vain que pour les détruire on a recours aux moyens les plus énergiques : la présence de cet orthoptère nécessite quelquefois dans nos ports la condamnation d'un navire.

On ne peut non plus omettre de parler de la sauterelle (*djerâd,* en arabe), ce terrible ennemi de l'agriculture égyptienne. Quand les sauterelles voyageuses (*gryllus migratorius, acridium migratorium*) s'élèvent dans les airs, nombreuses comme les grains de sable du désert, le cultivateur tremble. La terre est quelquefois littéralement couverte de ces insectes dans un espace de plusieurs lieues carrées, et lorsqu'ils abandonnent un terrain, c'est qu'il n'y reste plus le moindre vestige de verdure.

En Syrie, lorsque les habitants voient arriver les sauterelles, ils forment de longues murailles avec des feuilles et de mauvaises herbes sèches, et y mettent le feu. Les sauterelles, qui ne volent jamais à une grande hauteur, s'effrayent, et prennent une autre direction. La nature, qui met toujours le remède à côté du mal, envoie en Syrie, dans la saison des sauterelles, des troupes d'une espèce d'étourneau qui fait une guerre acharnée à ces insectes voraces.

Lors de l'occupation de la Syrie par les armées de Méhémet-Ali, Ibrahim-Pacha avait fait défendre, sous peine de mort, de tuer un de ces utiles oiseaux.

Les papillons (lépidoptères) sont moins variés en Égypte que les coléoptères ; et parmi ceux-ci les diurnes sont moins nombreux que les nocturnes. Les libellulines sillonnent en quantité la surface du Nil et ses rives ; d'autres névroptères, les myrmiléons ou fourmilions ne sont pas moins communs : la larve de ces derniers creuse, comme en Europe, une embuscade dans les terrains meubles.

Les arachnides de toute espèce abondent aussi, et parmi eux il faut mentionner les hideux scorpions, dont la piqûre, toujours mortelle pour les animaux même assez gros, tels que les chiens, est tout au moins dangereuse pour l'homme ; le scorpion habite les sables, les masures, et s'introduit fréquemment jusque dans les appartements, où on le trouve sous les nattes et parfois dans les lits.

Le Nil contient aussi quelques variétés de crustacés et d'annélides que nous ne pouvons énumérer.

Parmi les oiseaux il faut d'abord citer l'autruche (*nahmé*, en arabe), qui vit particulièrement dans les déserts situés à l'ouest de la mer Rouge. L'autruche acquiert jusqu'à sept pieds de hauteur, et sa vitesse à la course surpasse celle de tout autre animal, car elle s'aide de ses ailes pour courir. Cet oiseau vit en troupes nombreuses, et on ne le rencontre jamais seul au milieu du désert. La femelle pond un œuf d'environ trois livres pesant, et elle ne le couve que dans les lieux où le soleil n'est point assez chaud pour le faire éclore.

Les gens riches du Caire en nourrissent dans leurs cours. Cet animal ainsi privé n'est pas d'un naturel aimable; quand il est en colère il donne de vigoureux coups de pied.

On a rarement parlé du peuple des Pharaons sans nommer l'*ibis*, échassier, qu'on voit si fréquemment dans les inscriptions hiéroglyphiques et les ornements des temples: le tuer ou le blesser était un des crimes les plus odieux, le meurtre, même involontaire, de cet oiseau vénéré était puni de mort (Hérodote). Le corps de l'ibis était embaumé par les prêtres égyptiens avec un soin tout spécial. Il y a cinq ou six espèces d'ibis: les plus remarquables sont l'*ibis ardea* et l'*ibis religiosa*. Le premier est gros comme la femelle d'un corbeau, et on en trouve beaucoup dans la Basse-Égypte; durant l'inondation du Nil il se place sur les lieux que l'eau n'atteint pas, et quand le fleuve se retire l'oiseau le suit pas à pas, dévorant une foule d'insectes et de petites grenouilles. L'*ibis religiosa* est l'espèce la plus célèbre. Il a un peu plus de deux pieds de hauteur, et de l'extrémité de la queue au bout du bec à peu près deux pieds et demi de longueur. Le bec de cet oiseau est arqué, sa longueur est de six pouces, et il est beaucoup plus épais et plus large à sa base que celui de l'*ibis ardea*. La tête de l'*ibis religiosa* et une grande partie de son cou sont à l'âge adulte entièrement dépourvus de plumes, n'ayant ainsi d'autre tégument qu'une peau noire; durant sa jeunesse, et quoique sa taille soit déjà très-développée, son cou est garni de plumes blanches assez serrées. La base du cou, le dos, le ventre, le dessus des ailes et la queue sont d'un blanc rougeâtre; des plumes d'un pourpre sombre, qui partent de dessous les plumes tertiaires des ailes, pendent, non sans grâce, de chaque côté de la queue lorsque les ailes sont fermées, et cachent les extrémités des pennes ou rémiges qui sont noires à reflets verts. Les jambes et les pieds sont couleur de plomb, et les griffes sont noires. L'*ibis religiosa* était l'emblème de l'Égypte; du temps où il recevait les honneurs divins, on croyait cet oiseau si fortement attaché à sa patrie qu'il se laissait mourir de faim quand on l'avait transporté ailleurs, et, selon une autre tradition de la même époque, il inspirait aux serpents une telle frayeur, que la vue seule de ses plumes suffisait pour les mettre en fuite. On l'appelle aussi *ibis blanc*.

Il faut encore nommer l'*ibis tantalus*, le *abou-Hannès* (*père Jean*) de Bruce, qui porte souvent le nom d'*abou-menguel*, père de la faucille.

On compte quatre espèces d'aigles (*euqâb*, en arabe): l'*aigle commun*, l'*aigle impérial*, l'*aigle criard*, — ces trois espèces se trouvent également en Europe; enfin l'*aigle de la Thébaïde*, qui est sédentaire, et qu'on voit quelquefois en Syrie. Il y a aussi deux espèces de milans qui se montrent périodiquement dans le pays: ce sont le *milan royal* et le *milan noir*.

Le vautour égyptien (*rachama*, en arabe), *vultur percnopterus*, est un oiseau fort utile; mais son aspect est extrêmement rebutant. Sa face est nue et ridée, ses yeux sont grands et noirs, son bec est recourbé, ses serres sont longues et larges, pour mieux déchirer sa proie, et son corps tout entier est couvert d'immondices. Malgré cette hideuse forme, les habitants de la Basse-Égypte, reconnaissants des services que ce vautour leur rend en dévorant les cadavres des chameaux et des ânes, lui ont voué une sorte de culte. Tous les matins et tous les soirs, les vautours reçoivent avec les milans, sur la place de Roumelieh, au Caire, devant le château, une distribution de chair fraîche, dont la dépense se prend sur des legs faits exprès par les riches musulmans. On dit que le *rachama* suit la caravane annuelle de la Mecque, pour dévorer les corps des bêtes de somme qui meurent pendant le voyage.

Le pluvier de l'Orient, *charadrius kervan*, est un oiseau de la taille de la corneille : il vit dans la Basse-Égypte, au milieu des bosquets d'acacias qui entourent les villages d'Aboukir et de Sakara ; on le voit aussi autour des sépulcres anciens et dans le désert. Sa voix a de l'analogie avec celle du pivert noir, et il siffle assez agréablement. Sa nourriture se compose de rats et de souris, qui abondent dans le pays durant certaines saisons. Il boit rarement, car il est originaire du désert, et on l'a quelquefois gardé vivant en cage pendant plusieurs mois sans lui donner d'eau.

Le *charadrius hæmantopus*, au contraire, aime l'humidité ; on le trouve souvent dans le voisinage des lacs ; il paraît au mois d'octobre, comme le pluvier, à la fin de l'inondation.

Le trochilus, *charadrius ægyptius* (*siksak* des Arabes), a environ deux décimètres de longueur ; ses ailes sont d'un bleu cendré ; l'abdomen et le cou sont d'un blanc jaunâtre ; la tête est noire, avec deux lignes blanches qui vont du bec à la nuque ; un manteau noir s'étend des épaules à la queue. Les pattes sont bleues et le bec est noir.

A l'approche de l'homme le cri perçant du *trochilus* avertit le crocodile de se tenir sur ses gardes. Ce n'est pas, comme on sait, le seul service qu'il rende au reptile, et le fait étrange raconté par Hérodote, confirmé par l'observation de M. Geoffroy Saint-Hilaire pendant l'expédition d'Égypte, n'est plus contestable. Le Nil engendre une multitude d'insectes, qui lorsque le crocodile vient reposer sur les îlots de sable pénètrent dans sa gueule, entr'ouverte du côté de la brise, et s'attachent à son palais. Le malheureux animal est hors d'état de se débarrasser de cette armée de petits ennemis. En effet, sa langue, organe dont Hérodote et les Arabes niaient l'existence, et qui ne s'est manifesté que sous le scalpel de l'anatomiste, est adhérente au palais et ne lui saurait être d'aucune utilité pour se défendre. Le trochilus entre sans défiance dans cette gueule immobile et y fait sa pâture des insectes, au grand soulagement du monstre. Du reste, il n'est pas le seul oiseau des bords du Nil qui ait cette hardiesse. Les Arabes prétendent que le *siksak* porte aux ailes deux crochets qui lui servent à forcer le monstre à laisser le passage libre, s'il s'avise de vouloir fermer trop tôt la gueule. C'est le pluvier armé, *charadrius armatus*, qui a sans doute donné lieu à ce conte.

Le corbeau égyptien (*khouráb*, en arabe) habite les arbres, et se nourrit d'insectes et de charognes. On dit avoir trouvé dans son estomac des débris de scorpion et de scolopendre.

Cet oiseau a la singulière habitude de percher sur le dos des chameaux, et de s'y nourrir de la vermine de l'utile quadrupède. Tant que le corbeau se borne à dévorer les insectes nuisibles, le chameau le laisse faire pacifiquement ; mais quelquefois une cicatrice attire la gourmandise de l'oiseau rapace ; alors la douleur triomphe de la patience proverbiale du chameau : il se roule dans le sable, et met son ennemi en fuite.

On trouve les martins-pêcheurs, *alcedo rudis* et *ægyptiaca*, sur les bords du Nil, où ils vivent de petits poissons, de grenouilles et d'insectes.

La chauve-souris (*outwât*, en arabe) se distingue par une fourrure gris cendré et une queue longue et grêle ; elle établit son séjour dans les galeries souterraines, les ruines des anciens temples, et les excavations. Il y en a huit espèces, sept insectivores et une frugivore ; sur ces huit espèces une seule semble être particulière à l'Égypte : c'est le nyctinome d'Égypte. Celle-ci présente le nez camus et les lèvres pendantes d'un dogue, la tête aplatie, et comme écrasée par de vastes oreilles, qui couvrent entièrement le crâne. Le nyctinome d'Égypte est une des plus laides chauves-souris.

Les Arabes prétendent que le sang d'une chauve-souris appliqué sur un enfant nouveau-né a la propriété d'empêcher le poil de croître. On assure qu'afin de prévenir l'usage des poudres ou pommades épilatoires les sages-femmes se servent quelquefois de ce moyen, et que l'opération réussit ; il y a même un mot pour désigner la femme qui dans son enfance a été lavée avec le sang de l'*outwât* : on l'appelle *mou-outwât*.

Dans la Haute-Égypte et sur les bords de la mer Rouge on trouve le canard du Nil, *anas nilotica*, à l'état sauvage.

Son cou et la partie supérieure de sa tête sont blanc tacheté de noir, et une bande grise prend naissance derrière ses yeux; le dessous du corps et les cuisses sont du même gris que cette ligne. Les Arabes appellent cet oiseau *bah* ou *berk;* dans la Basse Égypte, on le rencontre quelquefois dans les basses-cours avec d'autres oiseaux domestiques.

Parmi les oiseaux de basse-cour on trouve l'*oie* (*ouizzah*, en arabe); l'espèce indigène est l'oie cendrée.

La poule (*farkhah*, en arabe) est plus petite en Égypte qu'en Europe; on ne peut guère signaler d'autre différence physique entre ces deux oiseaux ; mais il est digne de remarque que la poule égyptienne ne témoigne aucun désir de couver ses œufs. Il serait intéressant de transporter quelques individus de cette espèce en Europe, en même temps qu'on apporterait en Afrique quelques poules d'Europe, bonnes couveuses, et de s'assurer si le changement de climat apporte des modifications dans leurs mœurs sous ce rapport.

Depuis quelques années seulement, la poule d'Inde a été importée dans les domaines de Méhémet-Ali, où elle a prospéré et se propage assez rapidement. Les Arabes la nomment *farkhah roumi*.

Les Égyptiens élèvent beaucoup de pigeons, et des villages entiers n'ont pas d'autre industrie. Le pigeon domestique (*hamân*, en arabe) est semblable à celui d'Europe. Il en est de même du ramier.

L'hirondelle de mer égyptienne, *sterna nilotica* (*abou-nours*, en arabe), est un fort joli oiseau. Son bec est noir, sa tête et son cou sont gris, semés de points noirs, et le pourtour de ses yeux est noir avec des points blancs; le dos, les ailes et la queue sont gris. Le ventre et la gorge sont blancs, les pattes sont rouges et les doigts noirs. On trouve le *sterna nilotica* sur le Nil; mais il préfère les canaux voisins du Caire, quand ils sont pleins de limon.

Les pélicans, *pelicanus onocrotalus* (*rakmahah*, en arabe), paraissent sur les bords du Nil vers le milieu de septembre; quelques-uns s'arrêtent à Damiette et dans les îles du Delta, mais la plus grande partie va jusqu'au Caire. Ces oiseaux voyagent en troupes triangulaires, comme les oies sauvages.

Au mois de mars on voit arriver en Égypte une quantité innombrable de cailles, *tetrao coturnix*, qui s'abattent sur les blés murs, et se cachent au milieu des épis; mais les paysans, avertis de leur arrivée, tendent des filets sur les champs et les entourent ensuite en poussant des cris : les cailles, effrayées, se lèvent et viennent se jeter dans les rets. On en prend ainsi des myriades, qui fournissent au peuple un délicieux aliment. « Si la nourriture des Israélites dans le désert a été un oiseau, ce devait être la caille, » a dit un voyageur anglais, « tant elles sont nombreuses lors du passage. » Le nom arabe de la caille est *semâné*.

Les seuls poissons qui puissent être considérés comme indigènes sont ceux qui appartiennent au Nil; encore ceux-ci sont-ils presque tous communs au Sénégal et à l'Égypte; ce dont on pourrait conclure que le Niger mêle ses eaux au Nil dans la partie supérieure de son cours. Notre courte notice sur l'ichthyologie se bornera donc principalement aux individus qui vivent dans le fleuve, et dont les uns, propres au bassin de l'Égypte, habitent telle ou telle localité entre les cataractes et la Méditerranée pendant l'année entière, tandis que d'autres émigrent à certaines époques, ou font irruption dans la vallée du Nil avec l'inondation.

Le bichir polyptère, *polypterus bichir*, est une des curiosités naturelles de l'Égypte. « Il tient des serpents par son port, sa forme allongée et la nature de ses téguments; des cétacés en ce qu'il est pourvu d'évents et d'ouvertures dans le crâne, par où s'échappe l'eau qui a été portée sur les branchies; et des quadrupèdes par des extrémités analogues aux leurs, les nageoires ventrales et pectorales étant placées à la suite de prolongations charnues, » dit Geoffroy Saint-Hilaire dans son Histoire des poissons du Nil.

Le grand nombre de nageoires dorsales que possède le bichir lui a fait donner la qualification de *polyptère;* car d'ordinaire les poissons ont deux ou trois nageoires dorsales, et le polyptère en a seize, quelquefois dix-huit. Ces nageoires se composent d'une pièce osseuse posée transversalement, et de quatre ou six rayons cartilagineux insérés dans une sorte de sillon creusé dans cette pièce osseuse. Le bichir n'a point de queue, à proprement parler; seulement, la dernière nageoire (nageoire caudale) embrasse les quinze vertèbres qui forment le squelette de la queue et se confond avec ce rudiment. Les nageoires pectorales ne sont pas moins étranges : ce sont comme de petites pattes, auxquelles l'organe natatoire est adapté. L'illustre naturaliste avait d'abord pensé que c'était une sorte de bras analogue à ceux des phoques; mais un examen attentif lui a fait reconnaître qu'un prolongement excessif des os du carpe produisait seul cette anomalie.

Les écailles présentent beaucoup de ressemblance avec celles du serpent, et l'armure qu'elles forment rappelle tout à fait la carapace des crustacés.

Les vessies aériennes de ce poisson singulier correspondent aux divers caractères que nous avons signalés; elles sont très-grandes et privées de canal pneumatique; un muscle constricteur entoure leurs ouvertures. Grâce à ce vaste réservoir d'air, l'animal vit au fond de l'eau, où il rampe en s'aidant de ses longues nageoires. Du reste, le bichir est fort rare, et on ne le pêche que pendant les basses eaux; sa chair est blanche et savoureuse. On le cuit au four tout entier, parce que le couteau ne saurait l'entamer, et lorsqu'il est cuit on se sert de sa peau comme d'un étui.

Le mormyre oxyrrhynque (*gahmour*, en arabe), vénéré par les anciens Égyptiens, est un poisson voyageur. On prétend que cet animal a la tête meurtrie du côté gauche quand il descend vers l'embouchure du Nil, et du côté droit quand il remonte le fleuve; ce fait aurait pour cause la nécessité où se trouve ce poisson de longer la côte pour éviter la force du courant : en descendant il a la rive à sa gauche, et en remontant elle est à sa droite. Les points légers dont la tête de ce poisson est parsemée sous l'épiderme ont probablement donné lieu à ce conte arabe. La chair de ce poisson est flasque, visqueuse, et d'un goût peu agréable. Le caractère spécial que présente l'oxyrrhynque est sa tête, de forme conique dans la partie supérieure, et terminée par une sorte de museau cylindrique, au bout duquel s'ouvre une bouche extraordinairement petite, semblable à celle des quadrupèdes fourmiliers.

Par une distraction singulière, le voyageur Belon a classé ce mormyre oxyrrhynque parmi les brochets, auxquels il ne ressemble nullement. L'erreur du célèbre voyageur, commentée par des lecteurs peu attentifs, a donné naissance à un mormyre particulier, qui ressemble au brochet et porte le nom de *mormyrus dorsalis*. Sonnini, de son côté, a jugé convenable de donner spécialement au *mormyrus dorsalis* le nom de *kaschoueh*; mais ce mot arabe s'applique à tous les mormyres. Outre l'oxyrrhynque, il y a dans le Nil plusieurs variétés de mormyres: le mormyre *caschiveh* décrit par Hasselquist; le mormyre *herseh*, qu'on trouve à la hauteur de Denderah, et que Linné appelle *mormyrus anguilloides*, le mormyre de *Salehyeh* ou *labiasus*; le *mormyrus dorsalis*, que Sonnini appelle *kaschoueh*; le *baneh*, *mormyrus cyprinoides* de Linné, le plus petit des poissons de ce genre : dans la Haute-Égypte on le nomme *rous-el-hagar*, tête des pierres. On n'a pu déterminer jusqu'à ce jour si l'ancien *oxyrrhynchus* était le moderne *gahmour* ou le mormyre *kannumeh* de Forskal. Ces deux poissons offrent beaucoup d'analogies entre eux, et peut-être portaient-ils indifféremment l'appellation d'*oxyrrhynchus*, et recevaient-ils concurremment les hommages religieux des habitants de la terre de Kémé.

Il y a en Égypte trois espèces de perches, les *P. ægyptiaca*, *nilotica* et *damietta*; elles remontent le fleuve beaucoup au-dessus du Caire; ces trois espèces ont une chair blanche, d'une saveur exquise, et sont fort recherchées des habitants. La perche du Nil porte le nom de *latous* dans la Haute-Égypte, et de *keren* ou *keschereh* lorsqu'elle est parvenue à toute sa longueur. Les jeunes sont nommées *homar* ou *hammor*.

L'espèce de tétrodon la plus connue en Égypte est le tétrodon *physa*, nommé *fahakah* par les Arabes (*tetraodon lineatus*). Le *fahakah*, comme tous les tétrodons, a la mâchoire armée de quatre dents cartilagineuses, et possède la faculté de gonfler d'air une partie de son corps; mais chez le tétrodon du Nil ce gonflement présente une particularité : le ventre est garni de piquants qui se roidissent à mesure que l'animal grossit, et le protègent contre la voracité de ses ennemis. Le poids du dos devenant hors de proportion avec celui du ventre ballonné, l'animal culbute et surnage, emporté par le courant jusqu'à ce qu'il comprime sa poche aérifère et ramène son ventre à ses dimensions primitives. On dit que les *fahakahs* ont la faculté d'émettre des sons fort distincts, provenant réellement du gosier. Le tétrodon descend en Égypte avec les grandes eaux; il suit l'inondation dans les terres : mais, habitué à séjourner dans les bas-fonds, il ne se retire pas avec l'eau. Il devient donc la proie facile des fellahs, heureux de s'en nourrir, bien loin de redouter sa chair comme un poison actif, ainsi que l'ont dit certains voyageurs. Les *fahakahs* servent de jouets aux enfants arabes. Quand ces animaux sont morts, les enfants s'en amusent encore, et se les jettent comme des ballons, ou les font éclater en frappant un coup sec sur la peau gonflée.

On trouve en Égypte quelques individus du genre tétrodon hérissé (*tetraodon hispidus*). C'est un poisson des mers de l'Inde et de l'Arabie, et il ne se voit que dans la mer Rouge. Du reste, il ne présente d'autre différence avec le *fahakah* qu'un plus grand nombre d'aiguillons, plus petits et disposés plus régulièrement sur tout le corps.

Le docteur Clot-Bey a décrit une autre espèce, sous le nom de tétrodon *physis* (probablement le tétrodon *physa*); selon cet écrivain, le tétrodon physis peut se remplir d'une certaine quantité d'eau et la lancer avec force sur ses ennemis; il ne se montre aussi qu'à l'époque de l'inondation. Un autre narrateur, non moins ingénieux, attribue aux aiguillons du tétrodon la propriété de faire naître sur la peau de petites ampoules analogues à celles que produit le contact de l'ortie.

Le cyprin lébis (*cyprinus niloticus*), qui est un labéon, et le cyprin binny, *cyprinus lepidotus*, qui est un barbeau, sont deux poissons bien connus en Égypte. Le premier est aussi quelquefois appelé *lebse* par les Arabes, qui le nomment *sahal*, et *migouara* quand l'animal est jeune. Quant au *binny*, il est fort recherché; un proverbe arabe dit même du binny : *Si tu connais meilleur que moi, ne me mange pas.* Enfin on compte par milliers les *pêcheurs de binnys*. Dans quelques cantons ce poisson est nommé *macsousa*. C'est au cyprin binny qu'appartient la dénomination de *lepidotus*, écailleux, par laquelle les anciens ont désigné un des poissons sacrés de l'Égypte.

Le *mugil cephalus* et le *clupea nilotica* sont bien connus des Égyptiens. Comme leur nom l'indique assez, le premier de ces poissons est un mulet, et le second une alose. Le *clupea nilotica* quitte la mer en décembre et janvier, et remonte le Nil, à la grande joie des cuisiniers du Caire, qui trouvent de grandes ressources dans la préparation de cette alose; les Arabes la nomment *sabouga*.

Le *silurus clarias* d'Hasselquist, nommé *scheilan* ou *gourgar* dans la Haute-Égypte, *schal-araby* et *schal-beledy* dans la Moyenne et la Basse-Égypte, est encore un des poissons sur lesquels a travaillé l'imagination des Arabes. Ses nageoires épineuses et profondément dentées font des blessures graves. Le crocodile même les redoute et fuit devant le scheilan. On attribue aussi à cet animal une sorte de grognement qui lui avait fait donner par les anciens l'épithète de *porcus*. Le *silurus auritus*, *schilbeh-oudney* des Arabes, et le *silurus mystus*, *schilbeh du Nil* d'Hasselquist, sont très-communs dans le Nil et peu estimés des pêcheurs, quoique la chair du schilbeh soit moins mauvaise que celle des autres silures; le silure *oudney* est tout à fait dédaigné, à cause de sa petitesse. Ces deux poissons portent une arme analogue à celle du scheilan; mais comme elle est beaucoup moins forte, elle ne résiste pas aux premiers chocs, et on la trouve presque toujours brisée.

Parmi les siluroïdes il faut citer le synodonte macrodon (*schal-senen* des Arabes) et le synodonte membranacé (*schal-djemel* des Arabes), qui portent une épine pectorale mobile. Dans la Haute-Égypte ce dernier est nommé *gourgar-hengaoui* ou *gourgar-gallabeh*. Il porte encore le nom d'*abou-suri* (père du mât), à cause de la longueur de son épine dorsale; mais ce nom est une cause fréquente d'erreurs, car il est donné par les Arabes à tous les pimélodes. Le *djemel* a l'habitude de nager sur le dos, lorsqu'il est tranquille, et il est représenté ainsi dans une des grottes sépulcrales de Thèbes.

Le pimélode *biscutatus* (*schal-karafcheh* des Arabes) se distingue par la section en deux parties de la plaque osseuse du crâne et du dos. La forme du *karafcheh* est d'ailleurs à peu près celle du scheilan.

Le *schal-abou-aréal* se nomme *zammer* dans la Haute-Égypte, et à Rosette *xaxoung-roumi*.

Le *bayad-titileh* a la tête fort large et tellement déprimée, que les deux yeux se trouvent plutôt supérieurs que latéraux. Ce poisson parvient à une longueur de trois pieds et demi, et sa chair est assez estimée. Comme on ne le vend pas cher, parce qu'il est fort abondant, le peuple s'en nourrit presque exclusivement pendant trois mois. C'est avec la peau de ce bayad qu'on garnit la plupart des instruments à percussion. Le *bayad-docmac* est moins grand que le bayad-titileh, et sa tête est moins déprimée que celle de ce poisson.

L'*heterobranchus anguillaris* (*harmouth-araby* des Arabes) est remarquable par sa vitalité. Longtemps après qu'on l'a tiré de l'eau, et même après qu'on lui a brisé la tête, il s'agite encore avec vivacité.

L'*harmouth-araby*, appelé par Geoffroy Saint-Hilaire *heterobranchus anguillaris*, est désigné par Linné sous le nom de *silurus anguillaris*. La vitalité de l'harmouth est attribuée à la possession de doubles branchies, qui continuent leurs fonctions quelque temps après que l'animal est mortellement frappé. L'*hétérobranche bidorsale* (*harmouth-haleh* des Arabes) est aussi rare dans le Nil que l'harmouth y est commun. Le premier de ces poissons appartient au cours supérieur du Nil, et on ne voit en Égypte que des individus isolés.

Les Arabes ont donné le nom de *raad* (tonnerre) au malaptérure électrique, silure qui lorsqu'on le saisit fait éprouver à la main une commotion assez violente pour forcer à lâcher prise immédiatement. Ce poisson a les yeux couverts d'une conjonctive assez épaisse, et Geoffroy Saint-Hilaire proposa de le désigner par l'épithète de *typhlinus* (τυφλὸς, aveugle). Les Arabes appellent aussi la torpille *raad*.

Au nombre des poissons remarquables de l'Égypte il faut ajouter encore le *vomer* d'Alexandrie, qui habite exclusivement la Méditerranée. Son corps, mince comme une lame de couteau, est parfaitement semblable et symétrique sur ses deux faces. Ainsi que celle de la plupart de ses congénères, sa peau est d'une teinte métallique bleuâtre, qui a valu aux vomers la qualification de *silènes*. Les Arabes l'appellent *djemmel-el-bahr*, le *chameau de mer*; nom fort étrange pour une forme si dissemblable de celle du chameau du désert.

Selon le docteur Clot-Bey, le saumon du Nil est un poisson magnifique, qui remonte le courant du fleuve jusqu'au Caire; on en voit beaucoup qui pèsent jusqu'à cent livres, et leur chair est aussi délicate que celle des petites espèces: c'est un des meilleurs mangers que fournisse le Nil. Les Arabes nomment le saumon *wefarah*.

La *mulle baremozé* est un petit poisson dont la chair est assez savoureuse.

La *mulle guilé* est très-abondante à la hauteur de Thèbes; mais on ne la trouve pas dans la Basse-Égypte.

Le *mochokus niloticus* est un poisson de petite taille, dont les pêcheurs craignent beaucoup les dangereuses épines. Ils l'appellent *matechoucké*, ce qui signifie : *Ne te pique pas*.

Le leucis du Nil est un joli poisson blanc d'argent, à reflets d'or sur le ventre; on le voit à la hauteur de Thèbes pendant l'inondation.

Enfin le chromis botté est un petit labre fort joli, qui abonde dans les mares formées par les eaux du Nil, près de Rosette; sa chair est délicate.

Le rémora, *echeneis naucrates*, se voit quelquefois à Alexandrie; les Arabes le nomment *ferrhoun* ou *khamil*.

La girelle se trouve dans le Nil, et porte alors pour les naturalistes le nom de *sparus niloticus*.

Les Arabes ont donné le nom de *boult* à un poisson du genre labre, *labrus niloticus*, qu'ils estiment le meilleur de ceux qu'on pêche dans les eaux de l'Égypte.

Sur les côtes de la Méditerranée et de la mer Rouge on trouve beaucoup de *zoophytes*, des *corallines*, des *coraux*, des *éponges*, des *polypes*, des *madrépores*, des *millépores*, des *sertullaires*, des *cellulaires*, et quelques belles espèces de *gorgones* ou d'*éventails* de mer.

VÉGÉTAUX.

C'est au savant M. Raffeneau-Delile, ancien membre de l'Institut d'Égypte et professeur de botanique à Montpellier, à M. Figari, et à M. George Lloyd, mort si malheureusement à Thèbes, que nous devons, en grande partie, les documents sur lesquels est rédigée cette partie de l'histoire naturelle.

Les plantes réellement indigènes de l'Égypte habitent les parties arides de ce pays, à peu d'exceptions près. Ces plantes, disséminées à de lointains intervalles sur des terrains sablonneux, sont presque toutes annuelles ou bisannuelles; il est rare qu'elles persistent un temps plus long. On trouve principalement la végétation du désert dans de petites localités basses, semblables à des vallées, se dirigeant presque toujours de l'est à l'ouest, et abritées au nord et au sud; ce sont les pâturages des gazelles. Pour le botaniste le désert présente d'abord l'aspect affligeant d'une lande indéfrichable, d'une nappe de matière à tout jamais stérile; mais en l'explorant il y découvre, parsemées çà et là, des excavations irrégulières, analogues à des îles, refuges où croissent péniblement diverses espèces de végétaux.

Les pluies d'hiver rassemblent ainsi dans les endroits creux du sol toutes les semences du désert; les tourbillons du vent produisent le même effet; tout fleurit aux mois de mars et d'avril; puis tout se dessèche au mois de mai, et pendant l'été le terrain est complétement dénudé.

Le désert contient beaucoup de plantes aromatiques. Il y en a qui sont si petites, et d'une couleur si peu tranchée, qu'elles se confondent avec le sol. Quelquefois le mirage les fait paraître comme émergeant d'un lac, et de petits arbrisseaux semblent de loin être de grands arbres.

Les plantes qui croissent dans le désert sont d'un vert blanchâtre; leur tissu est sec; elles sont peu succulentes, et leurs branches sont couvertes de poils et d'aspérités. Enfin, elles sont peu élevées au-dessus du sol, et leurs racines, souvent filiformes, s'étendent très-loin et s'enfoncent très-profondément. La plupart sont des dicotylédonées.

Tous les végétaux de l'Égypte, soit indigènes soit naturalisés par un séjour immémorial, sont appropriés, par une modification particulière des fonctions organiques normales, au sol dont ils tirent leur substance. Au lieu de se nourrir exclusivement par des racines, comme font les plantes des autres régions, ils aspirent par les stomates, pores constamment dilatés des feuilles, la fraîcheur et la rosée des nuits, ce qui les rend capables de résister au soleil brûlant et de passer des trois mois d'humidité de l'inondation à la sécheresse du reste de l'année. Cependant on a réussi récemment à acclimater en Égypte un certain nombre de plantes étrangères, sans que leur structure offre jusqu'à ce jour de modification apparente.

L'absence de pluie a été de tout temps un grand sujet d'étonnement pour les voyageurs qui voyaient une terre si fertile. Ainsi Hasselquist écrivait à Linné : « Que penserez-vous si je vous « dis qu'il y a des arbres dont l'exis- « tence remonte à six cents ans, et sur « lesquels il n'a pas tombé six onces « d'eau ? »

L'arbrisseau qu'on trouve le plus fréquemment dans le désert est l'*acacia seyal* de Delile, le *seyal* des Arabes, que Pline et Théophraste ont nommée *épine altérée*. Son tronc nu, peu élevé, est armé de longues et fortes épines d'un blanc d'argent; ses branches sont couvertes d'un épiderme rude, écailleux et d'un rouge foncé; il a beaucoup de feuilles, et porte rarement des fleurs. Un sable très-fin s'accumule ordinairement au pied de cet arbrisseau, et s'élève souvent jusqu'à la moitié de sa tige. Quelquefois le sable recouvre entièrement l'acacia, qui sert alors de noyau à un de ces monticules de sable si fréquents dans le désert.

Qui pourrait songer aux plantes de l'Égypte sans se souvenir du papyrus? Le *cyperus papyrus* (*berdy*, en arabe) de Linné a une forte tige, d'un vert éclatant; cette tige est triangulaire, et se termine en cône. Selon Pline la racine du papyrus est grosse comme le bras d'un homme, et la plante atteint quinze pieds de hauteur; mais on n'en trouve guère de nos jours qui excède dix pieds. A environ deux pieds de terre, la tige est recouverte de feuilles creuses et pointues, couchées l'une sur l'autre comme des écailles, et qui fortifient la partie du tronc la plus exposée; ces feuilles sont ordinairement d'un jaune ou d'un brun terreux. La tête de la plante présente un certain nombre de filaments foliacés, ayant à peu près un pied de long; chacun de ces filaments est partagé en quatre dans sa largeur; vers le milieu s'élèvent quatre panicules de fleurs qui se terminent par une sorte de houppe soyeuse, dont la forme a de l'analogie avec celle d'une oreille de veau. Ce singulier végétal a servi à une foule d'usages; les plus célèbres sont la construction des bateaux et la manufacture du papier.

Quelques botanistes, croyant reconnaître dans les descriptions qui restent du célèbre perséa l'*aguacaté* (*avocatier* de Saint-Domingue), l'ont nommé *laurus persea*. M. Delile pense que le perséa des anciens est le *lébakh*, *heglig*, *haledj*, des Coptes et des Arabes, et il nomme ce végétal *balanites ægyptiaca*. Ce bel arbre fruitier a complètement disparu des campagnes égyptiennes.

Il n'en est pas de même du lotus, dont l'image est associée à une foule d'idées superstitieuses ou de rites religieux. C'est une espèce de *nymphæa*, ou lis d'eau, qui couvre tous les canaux et les lacs de ses larges feuilles rondes; la fleur, coupe élégante d'un blanc brillant ou d'un bleu azuré des plus purs, repose sur l'eau avec une grâce qui suffirait à justifier l'emploi que la religion et la poésie en ont fait, tant en Égypte que dans les Indes.

Nous ne connaîtrions le lis rose du Nil que par les anciens monuments si on ne l'avait retrouvé dans les Indes. C'est le *nymphæa nelumbo* de Linné; ses fruits étaient connus sous le nom de *fèves d'Égypte*.

Mais les fruits du lotus, tant vantés par Homère, sont ceux du moderne jujubier, *zizyphus* ou *rhamnus spina Christi*. C'était la nourriture des Lotophages. Le jujubier est décrit par Théophraste sous le nom de *lotos*; ce doit être le *dudaïm* de la Bible. Les Arabes le nomment *sidr* ou *nabq*, et ils aiment beaucoup les fruits (*nabqah*) de cet arbre.

Le peuplier blanc, *populus alba* de Linné, que les Arabes nomment *hour*, et le peuplier noir, *populus nigra* de Linné, qu'ils appellent *baqs*, sont cultivés dans les jardins.

Les cyprès, *cupressus sempervirens* de Linné, sont assez abondants; on en forme des avenues. Les Arabes nomment cet arbre *sarou*; il pousse avec une grande rapidité.

Le mûrier blanc, *morus alba* de Linné, se voit en Égypte, où il est nommé *toud-beledy*; mais les mûriers noirs, *morus nigra* de Linné, *toud-chámy* des Arabes, sont infiniment plus nombreux. Le climat de l'Égypte leur est favorable, et leurs fruits y sont bons.

L'olivier, *olea europea* (en arabe, *zeytoun*), existe en Égypte de temps immémorial, mais pendant longtemps cet arbre précieux a été négligé. C'est à Méhémet-Ali qu'on doit les nombreuses plantations qu'on voit aujourd'hui.

Le tamarin (*atleh*, *tarfeh*, *hatab-ahmar*, en arabe) sert à ombrager les sakies. On emploie ses excroissances pour la teinture noire et pour le tannage.

Le dattier ou palmier, *phœnix dactylifera*, est l'arbre qu'on rencontre le plus souvent sur tous les points de la Haute et de la Moyenne-Égypte; les Arabes nomment le palmier mâle *dakar*, le palmier femelle *entáyeh*, et donnent au végétal le nom générique de *nakhleh*. Cet arbre vient sans culture; mais pour obtenir de bons fruits il faut en arroser le pied et le tailler annuellement. Dans le Saïd surtout on rencontre d'immenses forêts de dattiers; les troncs nus, qui s'élancent jusqu'à soixante ou quatre-vingts pieds de hauteur, et se terminent par d'élégantes ogives formées de palmes entrelacées, donnent à ces forêts quelque chose de monumental, dont aucun autre arbre ne pourrait donner l'idée. Isolé, le palmier est gracieux, et lorsque d'énormes grappes le parent tout autour, il ressemble à une large corbeille, qui laisse échapper son contenu à travers un treillis irrégulier. Les espèces de palmier sont fort nombreuses, et diffèrent par le volume, la forme, la couleur et la qualité de leurs fruits; elles peuvent être divisées en trois variétés, selon qu'elles produisent des dattes rougeâtres, jaunes ou blanchâtres. Elles commencent à mûrir dans le Saïd vers la fin du mois de juin, et à peu près un mois plus tard dans le reste du pays. Celles de la Haute-Égypte et des Oasis sont les plus délicates.

Une des richesses de l'Égypte est assurément le dattier; beaucoup de familles, surtout dans le Saïd, n'ont point d'autre nourriture que ses fruits (en arabe *tamr*, *balah*; dattes mûres, *rotab*; conservées, *agoueh*; le nom nubien du dattier est *fentigy*, et celui de la datte *benty* ou *betty*). On fait avec des dattes une sorte d'eau-de-vie, du vinaigre, et du sirop ou mélasse; on broie les noyaux pour alimenter les chameaux; les feuilles (*chamroukh*, en arabe) sont converties en corbeilles et en nattes; les gaînes membraneuses (*lys*, en arabe) de la base des feuilles servent à faire des cordes pour l'agriculture, les navires, etc.; les grappes en fournissent aussi, et le bois, quoiqu'il soit fort tendre, est employé pour la charpente dans la construction des maisons. La palme est attachée à l'arbre par une base filandreuse; quand elle est coupée et séchée, on la bat avec une massue; les fibres se séparent, on les peigne, et on en fait des balais. Les pistils de la fleur du dattier produisent une espèce de filament qui ressemble à du crin crépu; on s'en sert dans les bains pour frotter et savonner le corps; enfin, lorsqu'on abat un palmier, on trouve au sommet du tronc, à l'endroit où les palmes se réunissent, une substance blanche et tendre, ayant la consistance et le goût d'une amande fraîche. Les Arabes en sont très-friands, et l'appellent le cœur du dattier.

On sait que les dattiers n'ont pas d'autres branches que leurs palmes (*zebâtah*, *argoun*, en arabe), qui sont placées circulairement au sommet de la tige, et y forment cinq ou six rangées : chaque année on taille la rangée inférieure de ces palmes; c'est ce qui produit les grosses écailles dont tout le tronc est hérissé. Le nombre des anneaux écailleux d'un dattier peut par conséquent donner l'âge de l'arbre; il n'est pas rare d'en trouver qui ont plusieurs siècles d'existence. Dans l'état sauvage, ces *frondes* (*zaaf*, en arabe) n'étant point coupées sèchent sur l'arbre; alors les palmes inférieures, devenues roides et dures, font entendre un cliquetis presque continuel au milieu du silence du désert.

Outre l'amélioration du fruit, qu'une coupe réglée procure, ces écailles ont un autre avantage : elles forment comme de petits crans, à l'aide desquels on parvient facilement jusqu'au sommet de l'arbre.

Le doum, *cucifera thebaïca* de Delile (*doum* en arabe, *ambouy* en nubien), diffère essentiellement du palmier ordinaire; son tronc est lisse; il se divise en deux branches principales, qui se subdivisent à leur tour, et dont les rameaux ont aussi leurs bifurcations. Les fruits, groupés en grappes comme ceux du dattier, ont à peu près la grosseur d'une orange un peu allongée; sous une enveloppe rougeâtre on trouve une substance spongieuse et sucrée, mais assez fade; au centre du fruit est un gros noyau. Il n'y a pas de doum dans la Basse et la Moyenne-Égypte; on ne commence à le rencontrer que dans les environs de Tantah, à soixante-dix lieues du Caire. Il donne deux récoltes par an.

Le sycomore, *ficus sycomorus* (en arabe, *djemmez*), est appelé par quelques voyageurs *figuier de Pharaon* ou *d'Adam*; Prosper Alpin le nomme *sycomorus djemmez* et *ficus ægyptiaca*. Cet arbre a une importance immense dans un pays dépourvu de bois dur. Il prend en Égypte d'énormes dimensions. On en voit dont le tronc n'a pas moins de cinquante pieds de circonférence. Ce tronc est ordinairement très-court; les branches, larges et horizontales, sont couvertes d'un épais feuillage qui pousse vers la fin de mars, mais les anciennes feuilles ne tombent que lorsque la saison amène les nouvelles. Le voyageur épuisé trouve sous le sycomore une ombre salutaire, et ses figues, fraîches et aqueuses, qui sembleraient peu savoureuses comparées à celles du *tyn-beledy* ou du *tyn-bersoun*, paraissent délicieuses dans un pays privé d'eau. Elles commencent à mûrir en juillet. La force des vents étésiens courbe les branches du sycomore avec une violence si grande et si continue que l'arbre garde, après le changement de direction du vent, la position prise pendant ces longs ouragans. C'est avec le bois du sycomore, réputé incorruptible, que les anciens Égyptiens construisaient les cercueils que nous avons retrouvés intacts après plusieurs milliers d'années, et dans lesquels l'antique Misraïm nous a légué ses momies précieuses. On en faisait aussi des meubles et des statuettes.

Les Arabes l'ont employé pour la construction des édifices. Toutes les frises de la mosquée de *Tayloun*, au Vieux-Caire, sont en sycomore. Il sert aujourd'hui, entre autres usages, à faire des affûts de canon. Les figues du sycomore ne naissent point aux extrémités des branches, mais sur le tronc même ou sur les branches les plus grosses. On assure qu'elles ne mûrissent que par la piqûre de deux insectes dont l'un, sans ailes, est dans l'intérieur du fruit, l'autre qui est ailé, se nomme en arabe *namous djemmez*; Forskal l'appelle *cynips sycomori*.

Le bananier (*musa paradisiaca*, *mouz* des Arabes) ne se trouve que dans la Basse et la Moyenne-Égypte, encore n'est-ce guère qu'au milieu des jardins. En pleine terre, la tige herbacée, qui porte les feuilles immenses du bananier, ne résisterait pas aux coups de vent. Cette plante fleurit en octobre et novembre, après la retraite des eaux, lorsque l'air est tempéré et la terre encore humide. La figue banane, qui tient le milieu entre la poire et la datte, est un peu visqueuse et cotonneuse, mais elle fond dans la bouche; elle est fort recherchée des riches habitants de la ville du Caire. Le bananier ne réussit pas très-bien dans ce voisinage; il lui faut les campagnes nitreuses de Rosette et peut-être la brise de la mer pour atteindre son plein développement.

L'amandier, *amygdalus communis*, que les Arabes nomment *louz*, est indigène en Égypte; les deux variétés qui produisent l'amande douce et l'amande amère sont cultivées; mais les fruits en sont assez médiocres.

L'abricotier (*mech-mech*, en arabe) atteint de trente-six à quarante pieds; le pêcher (*khoukh*), le prunier (*barqouq*), le poirier (*kommitrih*), le pommier (*tiffâh beledy*), le coignassier (*sefargel*), n'ont pas en Égypte autant de saveur qu'en Europe. Les figuiers produisent de bons fruits; on en compte trois variétés : le *tyn bersoun*, le *tyn pollizan* et le *tyn beledy*.

Le figuier d'Inde, *cactus opuntia* de Linné (*tyn choqi* ou *frangy*, en arabe), est une plante très-répandue. On en fait des haies, et on en mange les fruits.

Le jujubier, *zizyphus vulgaris*, ou *rhamnus zizyphus* de Linné, est un arbre qu'on trouve souvent autour des sakies; son bois est très-dur, et pourrait être utilement employé pour la charpente et la menuiserie. Les Arabes le nomment *onnâb*.

Le caroubier (*ceratonia siliqua* de Linné, *kharroub* des Arabes) est très-rare en Égypte. On le voit seulement dans les jardins.

Il y a deux variétés de grenadier, *punica granatum* de Linné, dans les jardins égyptiens : l'une (*roummân*, en arabe) porte des fruits d'une douceur remarquable; les fruits de l'autre variété, le *roummân heggasy*, sont légèrement acides.

L'oranger, *citrus aurantium* de Linné (*nâring helou*, en arabe), est très-commun en Égypte; il y a des villages entiers qui ne produisent que des oranges. On en compte plusieurs variétés, entre autres le *citrus suave lusitanicum*, que les Arabes nomment *bortugân*.

Le citronnier, *citrus medica* de Linné, appelé par les Arabes *leymoun mûleh*, est aussi très-répandu; cependant les Égyptiens préfèrent le limon, *leymoun helou, fructu aurantiiformi*.

On compte deux espèces de sebestier, *cordia myxa* de Linné, et *cordia crenata* (*mokhayet* et *mokhayet roumy*, en arabe); le second, qui est le plus petit, porte les meilleurs fruits.

La vigne d'Égypte et les vins qu'on en tirait avaient autrefois une grande réputation; les Romains transplantèrent ces ceps égyptiens en Italie. Mais la conquête du pays par les musulmans fit disparaître cette culture; on garda seulement quelques plants dans le Fayoum pour avoir du raisin. Méhémet-Ali a remis en activité la culture de la vigne, *vitis vinifera* de Linné (*eneb*, en arabe); et, secondé par Ibrahim-Pacha, il a introduit en Égypte les espèces qu'on cultive en Europe et en Grèce; presque toutes ont réussi. Les raisins indigènes sont très-bons, et n'ont que de très-petits pepins; quelquefois ils n'en contiennent qu'un seul, et une des variétés, dit-on, n'en a même pas du tout : elle est nommée par les Arabes *eneb benaityo*.

Les Orientaux emploient les feuilles de vigne dans la cuisine; ils en font des boulettes avec du riz.

On a récemment introduit en Égypte diverses plantes et différents arbres :

L'ananas, *bromelia ananas* de Linné n'a pas réussi complétement. La canne à sucre, *saccharum officinarum* de Linné (*qas ab'el-sukkar*, *ghâb*, *qasab halou*, en arabe), vient parfaitement, et promet de très-beaux résultats. Le cerisier, *prunus cerasus* (*kherer*, en arabe), ne produit presque pas de fruits. Le fraisier, *fragaria vesca*, est aujourd'hui parfaitement acclimaté. Le corossolier, cachimentier, annone, *annona squamosa*, ou *reticulata*, de Linné, que les Arabes appellent *khesta* ou *qechtah*, et qui est d'origine américaine, vient assez bien sur le territoire d'Égypte. On pile les feuilles de cet arbre, et on en fait une espèce de cataplasme qu'on applique sur les yeux dans le commencement des ophthalmies. Le goyavier, *psidium pomiferum*, est tout à fait naturalisé. Le noyer, *juglans regia* de Linné (*djios*, en arabe), introduit par Méhémet-Ali, à cause de son bois, se développe très-bien, mais il porte peu de fruits. Le papayer, *carica papaya* de Linné, devient gigantesque et donne des fruits excellents. Le pistachier, *pistacia vera* de Linné (*festoq*, en arabe), est très-répandu et porte de bons fruits.

Les céréales de l'Égypte ont toujours été renommées. Cette contrée fournissait abondamment de blé la Grèce et l'Italie; aujourd'hui il est moins exclusivement cultivé. Le *triticum sativum* de Linné est appelé *hontah*, *gameh*, par les Arabes.

Le dourah, dourâ ou dorah, *sorghum vulgare*, *holcus sorghum* de Linné (en nubien *mâreh*) demande peu de soin; aussi croît-il en abondance dans toute l'Égypte; la farine de dourah forme une partie essentielle de la nourriture du peuple. Le chaume du dourah sert à une foule d'usages : combustible, cloisons, couvertures de terrasses, cabanes, etc. Les Arabes donnent au dourah vulgaire l'épithète de *seyfy*, qui signifie *été*, parce qu'il est semé à la fin de mars; une autre variété est cultivée en automne : c'est le *dourah aouâgeh*, *sorghum cernuum*. Le maïs, *zea mays* de Linné (*dourah kyzân*, ou *châmy*, en arabe) est une variété de *dourah* originaire de Syrie (*Chám*, en arabe).

Le riz, *oryza sativa* de Linné (*arz*, vulgairement *rouz*, en arabe), est cultivé dans la Basse-Égypte. Quelques médecins prétendent que l'usage habituel du riz n'est jamais exempt de danger, et que le riz contient un principe vénéneux.

Les Égyptiens mangent la tige et la feuille de la trigonelle fenugrec, *trigonella fœnum græcum*; ils font aussi griller les graines de cette plante, qu'ils nomment *helbeh*, et les préparent comme le café.

La fève, *faba sativa*, *vicia faba* de Linné (*foul bélédy* des Arabes), était regardée comme un mets impur par les anciens Égyptiens. De nos jours c'est un des produits les plus abondants du pays. Les animaux domestiques, bœufs, chameaux, ânes, en mangent beaucoup, et le peuple aime aussi cet aliment.

On cultive la gesse, *lathyrus sativus* (*gil bân*, en arabe), et le pois, *pisum arvense* (*besilleh*, en arabe); mais ce sont les buffles et les chameaux qui les mangent.

Le haricot (*lebbâb* des Arabes, ou *goudky* des Nubiens), *dolichos nilotica* (en arabe *olleyq*), est cultivé dans toute l'Égypte. Les environs de Philæ en possèdent une variété que les indigènes appellent *kacheryngy*, et Linné *phaseolus mungo*. On trouve à Thèbes, près du temple de Memnon, quelques pieds de *dolichos memnonia*, qui est assez commun à Syène.

Les lentilles d'Égypte étaient renommées dans l'antiquité. Les Romains les nommaient *lentilles de Péluse*; elles sont d'un jaune orange. Galien attribue en grande partie à l'usage de ce légume la production de l'éléphantiasis, autrefois endémique en Égypte. Les Arabes appellent les lentilles *ads*; c'est l'*ervum lens* de Linné.

La mauve, *malva sylvestris* (*khobbeyzehs* des Arabes); la bamie ou ketmie, *hibiscus esculentus* (*bâmyeh touegly*); le pourpier, *portulaca oleracea* (*rigleh*, en arabe; *segettemâm*, en nubien); l'épinard, *spinacia oleracea* (*sebânakh*); la poirée, *beta vulgaris* (*selq*), *B. rubra* (*bangar*); la corette potagère, *corchorus olitorius* (*meloukhyeh*), se mangent bouillis, soit seuls, soit avec de la viande. Les Égyptiens cultivent la *mauve*, et en font plus d'usage que nous des *épinards*.

L'oignon, *allium cepa* (*bâsal*, en arabe), faisait partie des offrandes qu'on plaçait devant les dieux; et on voit encore sur les peintures des bottes d'oignons arrangées symétriquement, de manière à couvrir les autres offrandes. L'oignon égyptien est plus petit que celui d'Europe; il est aussi plus doux. Si les anciens Égyptiens adoraient l'oignon, les modernes l'aiment beaucoup. Les cultivateurs de Rahmânyeh produisent une qualité de cette bulbe qui est très-recherchée et expédiée même jusqu'à la Mecque.

Les poireaux, *allium porrum* (*korrât*, en arabe), sont aussi très-bons en Égypte; le céleri, *apium graveolens* (*kérâfs* des Arabes), *apium petroselinum* (*maqedounis* ou *baqedounis*), n'est guère cultivé que dans les jardins de Méhémet-Ali. La laitue romaine, *lactuca sativa* (*khass* des Arabes), est très-belle en Égypte; on la mange l'hiver.

La carotte, *daucus carotta* (*gazar*, en arabe); le navet, *brassica napus* (*lift*); le radis, *raphanus sativus* (*figl*); le chou, *brassica oleracea* (*koroub*); le chou-fleur, *brassica oleracea cauliflora* (*karnabid*); l'artichaut, *cynara scolymus* (*kharchouf*); le fenouil, *anethum graveolens* (*chebet*, graine *chamar*); la tomate, *solanum lycopersicum* (*bydingân toumaten*), sont cultivés en Égypte et servent à l'alimentation.

La coriandre, *coriandrum sativum* (*kouz barah*, en arabe), est une espèce de fenouil assez répandue. La graine de cette plante joue un grand rôle dans les incantations des magiciens.

Le carvi, *carum carvi* (*kardouyh*, en arabe); le cumin, *cuminum cyminum* (*kammoun*); l'anis vert, *pimpinella anisum* (*yansoun*); le piment rouge, *capsicum frutescens* (*felfel ahmar*), sont employés comme condiment.

L'Égypte abonde en melons et en concombres. Nous citerons parmi ceux-ci le *cucumis chate* (*abd-allâouy*, fruit encore vert *aggour*, en arabe), qu'on nomme aussi *le roi des concombres*, et qui ne se trouve que dans le voisinage du Caire. La chair de cette cucurbitacée a beaucoup d'analogie avec celle du melon; elle est douce, fraîche et légèrement aqueuse: les gens riches, et les Européens qui vivent au Caire, en font grand cas, et la regardent comme moins dangereuse pour la santé que les autres fruits de la même famille.

La pastèque, *cucurbita citrullus* (*batykh* des Arabes), est délicieuse en Égypte (pastèque à chair rouge, *batykh ahmar*; — jaune, — *asfar*; — blanchâtre, — *abyad*; à écorce maculée, *batykh-el-nems*; — rugueuse, — *agrab*). Lorsque les soldats français rencontrèrent ce bienfaisant melon d'eau dans leur marche d'Alexandrie au Caire, ils lui vouèrent une sorte de culte, comme les anciens Égyptiens, et l'appelèrent *sainte pastèque*. Les citrouilles les plus communes sont qualifiées: *beledy*; celles qui croissent dans les localités voisines des déserts: *djebely*; les meilleures, qui viennent de Bourlos: *bourlosy*.

Parmi les gourdes, celle que le peuple mange de préférence est le *cucurbita lagenaria*, qu'il appelle *qarahtâouyl*: c'est la courge longue de Barbarie, *courge trompette*. On la fait bouillir, puis on l'assaisonne avec du vinaigre; l'écorce hachée et mêlée avec un peu de riz et de farine compose une espèce de gâteau. Le *qarah-tâouyl* croît dans toutes les parties de l'Égypte, et même dans quelques oasis du désert. Citons encore la cougourde ou gourde des pèlerins, calebasse (*qarah medaouer*); le *cucurbita pepo*, potiron (*qarah eslâmbouly*); — *polymorpha oblonga*, giraumon, — (*moghreby*).

L'aubergine, *solanum melongena*, compte deux variétés: l'une, blanche, se nomme *bydingân abyad*; l'autre, violette, porte le nom de *bydingân asoued*; on les mange crues et cuites.

La colocase, *arum colocasia* (*qolqâs*

bélédy des Arabes), est toujours cultivée en Égypte pour ses grosses et succulentes racines déjà connues des gourmets de l'antiquité.

On cultive beaucoup le safran bâtard ou carthame en Égypte, et c'est un des objets d'exportation les plus considérables; les feuilles du safranon, *carthamus tinctorius* (plante, *qortom;* fleur, *ohsfour*), se cueillent trois fois durant l'année, et quand elles ont été soigneusement lavées, pressées et séchées, on les exporte dans toutes les contrées de l'Europe, où elles fournissent à l'artisan une belle nuance jaune. Au Caire on mange les jeunes pousses en salade, les tiges servent de combustible, et les graines fournissent de l'huile à l'usage du peuple.

L'acacia de la Haute-Égypte, *lebbeck* (*lebakh*, en arabe), se voit dans les jardins du Caire, mais il ne paraît pas être indigène : c'est le *mimosa nilotica*, ou *acacia vera*, qui est originaire de l'Égypte et qui produit l'encens. Alpinus a confondu cet arbre avec le *mimosa* du Sénégal, et décrit même la célèbre gomme odorante comme le produit de ce dernier arbre; mais les Arabes, qui connaissent parfaitement les deux espèces, appellent *sant* (fruit, *qarad*) l'arbre qui produit l'encens (en nubien *horg, djoouy*), et *fetneh* le *mimosa* du Sénégal. L'encens est lui-même de deux sortes; le meilleur se recueille dans la baie septentrionale de la mer Rouge, près de *Thor* ou *Thur* : de là le nom de *thus* que les Romains donnaient à l'encens, et qui était usité parmi les marchands égyptiens eux-mêmes. On récolte une qualité inférieure dans le désert situé entre le Caire et l'isthme de Suez.

On sait que l'usage des femmes de presque tous les pays orientaux est de se teindre les ongles d'un jaune orangé ayant à peu près la nuance de l'acajou. C'est par l'action d'une pâte faite avec les feuilles pulvérisées du *henneh* que les Égyptiennes obtiennent cette coloration. Le *henneh, lawsonia spinosa* et *lawsonia inermis* (fleur et arbre, *thamra henneh;* feuilles pilées, *enneh* en arabe; en nubien, *kofreh*), qui n'est qu'une plante d'agrément, fleurit au mois de mai. Malgré une certaine fadeur qui répugne aux Européens, l'odeur du *henneh* plaît aux femmes égyptiennes; elles ont pour cette fleur une sorte de passion; elles aiment à en orner leurs turbans, et à les placer dans leur sein. On assure que le *henneh* possède des vertus aphrodisiaques. C'est une coutume fort ancienne que celle de se teindre les ongles, car on a trouvé des momies dont les mains en portaient encore les traces évidentes.

L'asclépiade, *asclepias gigantea*, appelée *ohchar* par les Arabes (fruit, *beyd-el-ohchar;* en nubien, *abouk*), croît dans les parties les plus méridionales du Saïd. La soie que donne cette plante pourrait être employée à faire des tissus et des cordages excellents, mais l'industrie ne sait pas encore l'utiliser; les voleurs seuls se servent du suc de l'asclépiade pour changer le pelage des animaux qu'ils dérobent, et qu'ils font paraître blancs de bruns ou de noirs qu'ils étaient auparavant.

L'aloès, *aloë vulgaris* (*sabbárah*, en arabe), est une plante symbolique pour les Égyptiens musulmans, qui l'ont pour ainsi dire dédiée à la religion. Les Hadjis ornent le seuil de leur porte avec une branche d'aloès pour indiquer qu'ils ont accompli le saint voyage. On attribue en outre à cette plante le pouvoir d'éloigner les mauvais esprits et les apparitions surnaturelles; et cette croyance est commune aux musulmans, aux chrétiens et aux juifs, qui tous ont l'aloès en grande vénération.

Le chanvre, *cannabis sativa* (*tyl charâneq, el-hachych,* en arabe), n'était cultivé jadis que dans la Haute-Égypte, et servait seulement à faire la préparation enivrante qu'on nomme *hachych;* le vice-roi en a étendu la culture.

Le cotonnier, *gossypium vitifolium* (*qotn-el-chagar*, en arabe, c'est-à-dire arborescent), a été tiré des jardins des particuliers, où il n'était qu'un vain ornement, pour devenir une des plus riches productions du pays. Cette mesure importante est également due à Méhémet-Ali. Il y a encore deux variétés de gossypium : le *G. herbaceum annuum* (*qoln*), dans le Delta, et le *G. herbaceum frutescens* (*qotn;* en nubien, *beunábouk*), dans la Haute-Égypte.

Le lin, *linum usitatissimum* (*kittân;* (en arabe, huile *zeyt-hâr*), a été cultivé de toute antiquité en Égypte; c'est encore une des plantes importantes du pays.

La garance, *rubia tinctorum* (*fouah*, en arabe), est cultivée avec succès depuis quelques années.

L'indigotier, *indigofera argentea* ou *tinctoria* (*nyleh*, en arabe), est ordinairement semé sur les bords du Nil, dans la Haute-Égypte et le Fayoum. L'indigo paraît y conserver sa propriété colorante, quoique la matière soit moins bien préparée.

Outre qu'on extrait de l'huile des semences du lin, du coton et du chanvre, on cultive encore en Égypte diverses plantes oléifères : le tournesol, *croton tinctorium* (*khobbeyreh*); l'arachide, *arachis hypogæa* (*foul Sennaar*); le colza, *brassica napus* (*selgam*); le pavot, *papaver somniferum* (*abou-el-noum*); le ricin, (*ricinus communis*) (*kharouah*; en nubien, *rouâgy*); le sésame, *sesamum orientale* (*semsem*; huile *syrig*); etc.

L'avoine (*zommeyr*), *l'avena Forskalii* ou *pensilvanica*, près des Pyramides de Sakarah (*chagaret-el-djemmel*, herbe du chameau); le trèfle, *trifolium alexandrinum* (*bersym*; herbe sèche, *derys*); le chiendent (*negyl*); la luzerne, *medicago intertexta* (*nafal*); le cléome, *cleome pentaphylla* (en nubien *arâreg*), composent, avec quelques plantes déjà signalées, la nourriture des bestiaux. Le vice-roi a introduit plusieurs plantes fourragères, dont la plus remarquable est une espèce de luzerne (*bersym hedjiazy*) venant de la Mekke, et qui peut être coupée trois fois par mois, lorsqu'elle est bien arrosée.

La luffe, *momordica lufa* (*louf*), est une plante dont le fruit est rempli d'un tissu filamenteux, avec lequel on pratique les frictions dans les bains.

On cultive le tabac sur les berges du Nil et des canaux. Le tabac commun est jaune (*dokhân*, fumée); le tabac rustique est vert, et les Arabes l'appellent *dokhân akhdar*, c'est-à-dire : à fleurs vertes : c'est le *nicotiana rustica*. Tous deux sont de qualité médiocre et servent seulement à la consommation du pauvre. Le tabac de Schiraz est le *nicotiana persica*. Les Haïtiens appelaient le tabac *yati*, et le nom de *tabac*, qu'ils donnaient à la pipe, fut appliqué par les Européens à la plante.

Le houblon a été récemment introduit dans la culture égyptienne par le professeur Delile.

Le dahlia, *dahlia pinnata*, a été importé par les Français; il réussit bien.

On fait de jolis berceaux de verdure avec le *dolic lablab*, qui porte de longues grappes de fleurs.

Le jasmin à grandes fleurs, *arminum grandiflorum* (*yasmym*, *djasmyn*), se voit dans les jardins, et fleurit de mars jusqu'en décembre.

Le laurier-rose, *nerium oleander* (*tifleh*), est très-commun en Égypte; la jonquille, *narcissus jonquilla*; l'œillet, *dianthus caryophyllus* (*qoronfel*); la pervenche rose, *vinca rosea;* la renoncule des jardins, *ranunculus asiaticus* (*zaglyl*); le romarin, *rosmarinus officinalis* (*klyl*, *aselbân*); la tubéreuse, *polyanthes tuberosa*, sont cultivés dans les jardins des gens riches.

La rose à cent feuilles, *rosa centifolia* (*ouard*), et d'autres variétés de roses s'y trouvent également. De tout temps on a cultivé cette fleur dans le Fayoum, pour en extraire l'essence de rose. C'est au mois de février que la récolte se fait.

Nous citerons encore la violette (*benefsig*), charmante fleur qu'on cultive à l'ombre des orangers.

Les jardins magnifiques du vice-roi et de son fils aîné renferment un grand nombre d'espèces végétales très-rares.

Le *caféier*, *coffea arabica* (*boun*; graine, *bounalis*; décoction, *kavah*, *kahoueh*), s'est difficilement acclimaté; mais, à force de soins, on a obtenu dans les plantations d'Ibrahim-Pacha des arbrisseaux qui ont quinze pieds de hauteur et produisent une assez grande quantité de grains. Suivant le témoignage d'Alpin, il y avait jadis en Égypte des caféiers dans les jardins; il est probable que la culture réussirait beaucoup mieux dans le Saïd. Ce végétal vient de la Haute-Éthiopie; il a été, vers la fin du quinzième siècle, transporté à Moka; les Vénitiens firent connaître la graine en France et en Angleterre, au milieu du dix-septième siècle; mais ce fut plus tard que des plants furent introduits en Europe par les Hollandais; leur première culture au jardin de Paris est de 1713, et c'est de là que, en 1717, le caféier fût importé dans les colonies des Antilles.

Les *bambous* (*arundo bambos*, *bambusa arundinacea*), croissent très-bien en Égypte. On y voit encore le *campêche* (*hœmatoxylon campechianum*); le *terminalier des Indes*; le *micocoulier de Provence* (*celtis australis*); le *santal blanc* (*santalum album*); le *tamarinier*, *tamarindus indica* (*tamar hendy*); des *myrtacées* fort rares; des *amomées*; le *cannellier* (*laurus cinnamomum*); le laurier qui produit le *camphre* (*laurus camphora*); des *orchidées d'Amérique*, entre autres la *vanille* (*epidendron vanilla*,) qui vit, comme plante épiphyte, sur un gros mûrier; la *thalie*, *thalia dealbata*, envoyée de Montpellier par M. Delile; l'*euphorbe à feuilles de souci*, *euphorbia calendulifolia*; le *lis blanc* (*lilium album*), qui fleurit au mois de mars; etc., etc.

La patate, *convolvulus batatas*, pomme de terre de l'Yémen, réussit parfaitement et promet à l'Égypte un nouveau légume. Il en est de même du *topinambour* d'Europe, *helianthus tuberosus*.

Le *bouleau* (*betula alba*); le *micocoulier d'Amérique* (*celtis occidentalis*); le *badamier* (*terminalia catappa*); l'*arbre de Judée* (*cercis siliquastrum*); le *sterculier à feuilles de platane* (*sterculia platanifolia*); l'*érable sycomore* (*acer pseudo-platanus*); l'*érable platane* (*acer platanoides*); le *filaria à larges feuilles* (*phyllyrea latifolia*), se trouvent seulement dans les jardins des riches. Dans la Basse-Égypte, on voit surtout le *platane d'Orient* (*platanus orientalis*), le *frêne à fleurs* (*fraxinus ornus*) (*lesân-el-ahsfour*); le *frêne commun*, le *robinier faux-acacia* (*robinia pseudo-acacia*); le *févier d'Amérique* (*gleditsia diacanthus*); le *peuplier tremble* (*populus tremula*), le *pin sylvestre* (*pinus sylvestris*,) le *thuya* (*thuya orientalis* et *occidentalis*). Il y a aussi un petit nombre de *chênes*, et plusieurs espèces de cyprès, *cupressus disticha, pendula, horizontalis*.

CLIMAT ET TEMPÉRATURE.

Le climat de l'Égypte doit être classé en tête des climats tempérés, si on le compare à celui des plages torrides.

On pourrait dire qu'il n'y a en Égypte que deux saisons : — la saison tempérée qui dure depuis le mois d'octobre jusqu'à la fin de mars, et qu'on ne saurait mieux comparer qu'à nos plus belles journées de printemps et d'automne; et la saison chaude, qui règne jusqu'à la fin de septembre.

On a, en général, beaucoup exagéré l'élévation de la température de l'Égypte, très-variable d'ailleurs suivant les régions.

La chaleur, qui dans le Delta s'élève rarement au-dessus de 28° ou 29°, augmente progressivement si l'on remonte vers la Haute-Égypte. A Syout, placée à peu près au centre, le thermomètre marque jusqu'à 34°, et à Syène jusqu'à 36° et 38°.

Voici des *maxima* de température observés sur différents points de l'Égypte.

A Philæ, ville située sous le 24° lat., Coutelle a noté une élévation de 43° 1″. A Esneh, située au 25° 14″ lat., Burckardt a trouvé 47° 4″ pendant un *khamsin*. Pendant un autre *khamsin*, le 12 août 1839, à Thèbes, palais de Luxor, M. Prisse d'Avennes a vu le thermomètre marquer 48° à l'ombre. Plongé à dix-sept pieds de profondeur dans le Nil, le thermomètre, après y avoir séjourné un quart d'heure, a donné 19°. Quoique l'habitation de M. Prisse fût située au bord du fleuve et parfaitement aérée, les murs étaient constamment brûlants.

Au Caire, qui se trouve sous le 30° 2′ lat., Coutelle a noté un maximum de 40° 2′, et Niebuhr un minimum de 9° 1′. Sous le khalifat de Mamoun, de 813 à 833, Denys de Jelmari, patriarche jacobite d'Antioche, vint en Égypte, où il trouva le *Nil gelé*. (Chron. syr., page 152; Relations d'Égypte, par Abdallatif, trad. par de Sacy, page 505.)

On aura une idée exacte de la température moyenne de la Basse-Égypte pendant chaque mois de l'année, en jetant les yeux sur le tableau suivant. La première colonne donne le résultat des observations thermométriques faites au Caire par la commission scientifique de l'expédition française. On pourra comparer ces observations à celles qui sont consignées dans les cinq colonnes suivantes : elles ont été faites dans la même ville par M. Destouches, pharmacien au service du pacha. On verra par là que la température n'a pas éprouvé de variations sensibles depuis plus de quarante ans.

	COMMISSION scientifique de l'expédition française.	1835	1836	1837	1838	1839
Janvier......	13,3	12,2	11,3	15,3	14,2	13,8
Février......	14,»	15,4	14,9	14,9	16,6	14,9
Mars........	17,5	17,5	18,1	19,7	18,5	17,3
Avril........	22,2	24,4	21,1	22,1	21,9	20,6
Mai.........	24,3	25,7	22,9	27,8	25,5	24,4
Juin.........	28,6	27,7	27,»	30,4	28,5	28,»
Juillet.......	30,2	30,»	29,4	30,6	28,3	29,4
Août........	29,»	29,9	29,4	29,8	28,4	30,2
Septembre...	28,3	26,8	27,8	28,8	26,9	26,5
Octobre......	22,7	24,3	25,3	23,4	23,8	23,7
Novembre...	18,8	19,6	20,0	19,1	20,»	20,3
Décembre...	16,2	15,»	16,3	14,6	15,9	15,8

Nous devons ajouter à ce tableau la hauteur barométrique mensuelle moyenne au Caire, pour compléter les observations faites en cet endroit.

HAUTEUR BAROMÉTRIQUE MENSUELLE AU CAIRE.

Janvier............	762mm.40
Février...........	»»» »»
Mars.............	759 43
Avril.............	760 10
Mai..............	758 23
Juin..............	754 .4 !
Juillet............	753 90
Août.............	754 06
Septembre........	756 70
Octobre..........	759 70
Novembre........	760 76
Décembre........	761 82

On voit que dans les lieux situés au nord de l'équateur la pression atmosphérique diminue à partir de janvier et augmente en hiver.

L'amplitude moyenne des oscillations barométriques au Caire, en hiver est 14°, 21 ; en été, 5°,57 ; la moyenne de l'année est 9,25.

L'*isotherme* (1) de 25° passe par le nord

(1) En réunissant par des lignes tous les points dont la température moyenne annuelle est la même, on obtient des courbes, que M. de Humboldt a nommées *lignes isothermes*.

de la mer Rouge, puis par *Abuscheher*, sur le golfe Persique. L'*isotherme* de 20° passe près de Tunis et d'Alger, suit à peu près la direction de la côte du nord au sud, et vient passer entre l'île de Candie (lat. 35° 29'', temp. 17° 9') et le Caire (lat. 30° 2', temp. 22° 4').

Les *lignes isobarométriques* sont des courbes qui indiquent l'égale intensité de pression atmosphérique dans des localités différentes.

La *ligne isobarométrique* de 4mm 51r atteint l'Afrique au nord du cap Vert, s'élève ensuite vers le nord, traverse l'Égypte, puis descend vers l'équateur. La *ligne isobarométrique* de 9mm 02 atteint la côte occidentale de l'Afrique entre le cap Bojador et les îles Canaries, traverse la partie septentrionale du Fezzan et le Delta du Nil, puis passe entre Bagdad et Bassora.

L'air de l'Égypte, et spécialement celui d'Alexandrie, a une faculté d'oxydation très-remarquable. Un voyageur français nous a affirmé qu'en trois ans il avait vu les ferrures de ses fenêtres disparaître complétement.

On ne peut parler du climat de l'Égypte sans mentionner le mirage. C'est surtout dans les vastes plaines nivelées,

lorsque le sol est échauffé par le soleil, que ce phénomène d'optique se produit. Dans la Haute-Égypte, où les villages sont situés sur de petites éminences, le pays, au milieu du jour, présente souvent aux yeux trompés l'apparence d'un lac semé d'îlots sur lesquels s'élèvent les villages; cet effet physique est si commun sur les plages africaines, que le Koran désigne par *Serab* (mirage) tout ce qui est trompeur. « Les actions de l'incré-
« dule sont comme le *Serab* de la plaine,
« dit-il; celui qui a soif le prend pour
« de l'eau, jusqu'à ce qu'il s'approche et
« trouve que ce n'est rien. »

Les effets du mirage varient, et ne présentent pas toujours l'apparence trompeuse de vastes nappes d'eau; quelquefois les couches d'air échauffé forment comme un miroir fantastique dans lequel semblent se refléter des villages, des forêts, situés souvent à de grandes distances; mais ces tableaux, tout en produisant une illusion complète, disparaissent à mesure qu'on avance, pour faire place à d'autres qui disparaissent aussi à leur tour. On se rappelle que lors de l'invasion française en Égypte, les soldats, dévorés par la soif, furent continuellement le jouet de ces apparitions mensongères pendant leur marche d'Alexandrie au Caire.

DES VENTS ET DE LEUR INFLUENCE. PLUIE ET ROSÉE.

Parmi les vents qui règnent en Égypte il faut d'abord nommer le *khamsin*. C'est un vent chaud du sud-sud-ouest, qui se déclare le plus souvent au mois de mai, et dure habituellement *cinquante jours*; ce qui lui a valu son nom, qui en arabe signifie *cinquante*. On ne peut se faire une idée du khamsin, si l'on n'en a pas éprouvé les effets. Il s'annonce presque toujours brusquement comme un ouragan, par un désordre général dans l'atmosphère. Le ciel, de pur et serein qu'il était, se rembrunit tout à coup; c'est à peine si l'on aperçoit le disque du soleil; des nuages d'un jaune terne s'amassent dans une partie du ciel, roulent, s'étendent, s'aplanissent et se fixent; un bruit sourd les accompagne; toute la nature prend une teinte uniforme, qui a quelque chose de sinistre. Si on lève les yeux pour chercher le soleil, on voit flotter, dans une colonne oblique d'atomes lumineux, la poussière impalpable que le khamsin enlève au désert. Les arbres de haute futaie, placés à une distance qui permettait de distinguer les feuillages et les fruits, ne paraissent plus que comme une silhouette plus sombre dans l'atmosphère grisâtre. Le thermomètre monte de 10 ou 15 degrés dans l'espace de quelques heures; la chaleur devient étouffante et plonge le corps dans un état complet de prostration; la respiration est courte et laborieuse, la peau se dessèche et se crispe; la transpiration s'arrête, et l'on se sent dévoré par une chaleur ardente qu'aucune boisson ne semble pouvoir apaiser. Ce qu'on éprouve est d'autant plus pénible, que le khamsin succède très-souvent à une belle soirée de printemps. Un silence effrayant règne partout; les travaux et le mouvement de la vie cessent, les animaux se cachent, et on n'entend que le bruit de l'ouragan. Les habitants des villes et des villages se réfugient à la hâte dans leurs maisons, où ils se jettent sur des divans ou sur des nattes, après avoir fermé portes et fenêtres, pour se garantir de la poussière fine et pénétrante que soulève le tourbillon. Le Bédouin, si indifférent aux vicissitudes de l'atmosphère, attend prudemment sous sa tente, enveloppé de son ample burnous de laine, la fin du khamsin. Malheur à celui qu'un tel vent surprend au milieu du désert! Le sable, en recouvrant les traces des caravanes, l'empêche de reconnaître la route qu'il doit suivre: il lui faut camper à la hâte là où il se trouve. Les végétaux souffrent encore plus que les êtres du règne animal. Les premières rafales du khamsin hâtent la maturité des fruits, lorsqu'elles ont lieu à l'époque ordinaire; mais si ces ouragans commencent trop tôt, ils causent un dessèchement anticipé qui diminue quelquefois d'un tiers la valeur de la récolte. En 1838, plus de quarante mille pèlerins musulmans étaient campés dans le désert, près du but de leur voyage, lorsque le khamsin se déchaîna tout à coup; les tentes furent déchirées et jetées au loin, beaucoup de voyageurs furent frappés d'apoplexie, et d'autres, déjà fatigués d'une longue route, présentèrent bientôt les symptômes cholériques les plus alarmants; ceux qui survécurent précipitèrent leur marche en désordre vers la *Kaaba*, et, frappés de terreur, s'empressèrent d'offrir un sacrifice pour désarmer la colère d'Allah.

La poussière impalpable envoyée par le désert est peut-être ce qui est le plus pénible à supporter dans les ouragans du khamsin; elle provoque des éternuments, fatigue le gosier et dessèche la bouche, donne des maux de tête et provoque le sommeil. L'odorat est frappé d'une odeur de terre semblable à celle qui se développe au début d'un orage après une longue sécheresse.

Le khamsin n'est point particulier à l'Égypte, puisqu'on le retrouve dans le désert, sur la côte de Syrie, en Arabie et dans le Diarbekir. Des vents chauds analogues au khamsin règnent aussi en Perse, sur divers points de l'Afrique, et en Espagne, mais ils soufflent dans des directions différentes suivant les localités. En Égypte, le plus violent vient du sud-sud-ouest; à la Mekke, il vient de l'est; à Surate, du nord; à Basra, du nord-ouest; à Bagdad, de l'ouest, et en Syrie, du sud-est. Voici comment Volney explique ces différences :

« Examinant les sites géographiques, « on trouve que c'est toujours des con- « tinents déserts que vient le vent chaud; « et en effet il est naturel que l'air qui « couvre les immenses plaines de la Libye « et de l'Arabie, n'y trouvant ni ruis- « seaux, ni lacs, ni forêts, s'y échauffe par « l'action d'un soleil ardent, par la ré- « flexion des sables, et prenne le degré « de chaleur et de sécheresse dont il est « capable. S'il survient une cause quel- « conque qui détermine un courant à « cette masse, elle s'y précipite et porte « avec elle les qualités étonnantes qu'elle « a acquises. Il est si vrai que ces qua- « lités sont dues à l'action du soleil sur « les sables, que ces mêmes vents n'ont « point dans toutes les saisons la même « intensité. »

On peut, en outre, déduire de cette explication la raison pour laquelle ces mêmes vents du sud sont très-froids pendant les mois de décembre et de janvier.

Nous empruntons encore à Volney le passage suivant, qui donne une idée bien précise de la direction la plus ordinaire des vents pendant l'année : « En Égypte, « lorsque le soleil s'approche de nos zo- « nes, les vents qui se tenaient dans la « partie de l'est passent aux rumbs du « nord et s'y fixent. Pendant juin ils « soufflent constamment nord et nord- « ouest. Ils continuent en juillet de « souffler nord, variant à droite et à « gauche, du nord-ouest au nord-est. « Sur la fin de juillet et la moitié de sep- « tembre ils se fixent nord pur, et ils « sont modérés, plus vifs le jour, plus « calmes la nuit.

« Sur la fin de septembre, lorsque « le soleil repasse la ligne, les vents « reviennent vers l'est, et sans y être « fixés ils en soufflent plus que d'aucun « autre rumb, le nord seul excepté. A « mesure que le soleil passe à l'autre « tropique les vents deviennent plus « variables, plus tumultueux; leurs ré- « gions les plus constantes sont le « nord, le nord-ouest et l'ouest. Ils se « maintiennent tels en décembre, jan- « vier et février, qui pour l'Égypte comme « pour nous est la saison d'hiver. Alors « les vapeurs de la Méditerranée, entas- « sées et appesanties par le froid de l'air, « se rapprochent de la terre, et forment « les brouillards et les pluies. Sur la fin « de février et de mars, quand le soleil « revient vers l'équateur, les vents vien- « nent plus que dans aucun temps des « rumbs du midi. C'est dans ce dernier « mois, et pendant celui d'avril, qu'on « voit régner le sud pur, le sud-est et « le sud-ouest; ils sont mêlés d'ouest, « de nord et d'est; celui-ci devient le « plus habituel sur la fin d'avril, et pen- « dant mai il partage avec le nord l'em- « pire de la mer. »

A cette explication de l'illustre voyageur nous n'ajouterons que quelques mots. Au sud du bassin de la Méditerranée s'étend l'immense Sahara, dépourvu d'eau et composé uniquement de sable ou de cailloux roulés; le désert s'échauffe donc fortement sous un soleil presque vertical, tandis que la Méditerranée conserve sa température ordinaire. Il en résulte qu'en été l'air s'élève au-dessus du Sahara avec une grande rapidité et s'écoule surtout vers le nord, tandis que dans le bas les vents du nord s'étendent jusqu'en Italie. Dans le nord de l'Afrique, au Caire, à Alexandrie, on ne trouve que des vents du nord. Tous les navigateurs savent que la traversée est moins longue que le retour quand on va d'Europe en Afrique, durant l'été. En hiver, où le sable rayonne fortement, l'air du désert est plus frais que celui de la Méditerranée, et un vent du sud très-froid se fait sentir en Égypte, mais il est infiniment moins fort que celui du nord ne l'est en été. Le vent du nord prédomine toujours dans la partie orientale du bassin de la Méditerranée ; du 15 mai au 15 octobre les vents soufflent constamment du nord ou du nord-est. En hiver, la direction est moins constante, mais la prédominance des vents du nord est encore très-marquée. Depuis avril jusqu'a juillet ces vents chassent de gros nuages, qui parcourent lentement la longue vallée du Nil et semblent menacer continuellement de la pluie. Ces nuages épais, qu'on croirait destinés à se résoudre en pluies abondantes sur les montagnes boisées de l'Abyssinie, décroissent peu à peu dans leur marche au-dessus des déserts, et sont complétement dissipés dans le voisinage des frontières de cette contrée, qu'ils atteignent rarement. Aussi ne pleut-il presque jamais dans la Haute-Égypte.

Du reste, les pluies n'y sont pas considérées comme un bienfait. Soit préjugé, soit observation, le cultivateur égyptien croit que l'eau du ciel fait germer une foule de plantes nuisibles aux céréales, parce qu'elles absorbent sa nourriture. Dans la Basse-Égypte, où il pleut assez fréquemment, les blés sont mêlés de graines étrangères qui leur ôtent de leur valeur ; c'est peut-être là tout le fondement de l'opinion des cultivateurs sur les pluies. Au Caire quelquefois des roulements prolongés de tonnerre amènent d'abondantes pluies ; mais la foudre gronde rarement dans la Thébaïde. Cependant le 23 mai 1838 fut une journée d'orage pour Thèbes. Le ciel était chargé de nuages dès le lever du soleil ; le thermomètre marquait 39° ; on ne voyait pas les éclairs, tant les nuages étaient denses et épais ; à midi tomba une averse qui n'apporta aucune fraîcheur et ne découvrit pas le ciel. Jusques à quatre heures la pluie, le tonnerre et des rafales chargées de poussière se succédèrent sans interruption. De Luxor on n'apercevait plus la montagne libyque, on ne voyait plus même l'autre rive du fleuve, mais on entendait au sud et au nord de Thèbes d'affreux roulements de tonnerre. A quatre heures, la pluie tombant par torrents dégagea un instant le ciel. Mais ce fut seulement après le coucher du soleil que le ciel s'éclaircit complétement ; le vent devint alors plus frais, et le thermomètre descendit à 30°. Cette même année Ruppel remarqua aussi de violents orages dans l'Afrique orientale. Pendant l'année qui suivit toute la partie septentrionale du tropique africain souffrit d'une grande sécheresse, l'inondation du Nil manqua, et la disette fut complète en Égypte.

On croit généralement qu'il ne pleut jamais en Égypte : cette erreur vient de la confusion qu'on fait des diverses parties de cette contrée. Les gens du pays se rappellent cependant avoir vu de la pluie même à Assouan ; mais sans tenir compte de ces rares exceptions, ce qui est vrai pour la Haute-Égypte est complétement inexact pour la Basse. Dans cette dernière province les pluies, qui commencent ordinairement dans le mois d'octobre, continuent en novembre et décembre et finissent en mars. Pendant cette période de temps la pluie est à peu près continuelle. On compte par année de vingt-cinq à trente averses de pluie. Dans le Delta, pendant la saison des pluies, l'eau tombée la veille sature si complétement l'air d'humidité, qu'on est comme plongé dans un bain de vapeur perpétuel. C'est l'époque des maladies endémiques si fatales aux Européens. Quoiqu'il pleuve moins souvent et moins abondamment au Caire, il y eut dans cette ville en 1824 huit jours d'une pluie si violente, qu'elle occasionna des dégâts de toute espèce et l'écroulement de plusieurs maisons. En général, les pluies sont d'autant plus fortes et plus fréquentes que le Nil a débordé davantage et qu'on est plus près de ses embouchures.

Quelques personnes ont prétendu que les nombreuses plantations du vice-roi avaient modifié le climat quant aux pluies ; mais en réalité l'effet en est jusqu'à présent insaisissable. Pour déterminer un changement plus marqué, il faudrait opérer des boisements infiniment plus considérables. Si l'on compare les

EGYPTE MODERNE

résultats donnés dans ces dernières années avec ceux de la commission scientifique de l'expédition française, on verra qu'il n'y a pas eu de variations considérables depuis plus de quarante ans; le nombre moyen des jours de pluie à cette époque était de quinze à seize, et il est de douze à treize d'après les expériences les plus récentes.

Le brouillard est rare en Égypte, même en hiver; cependant il y est quelquefois si épais, qu'on se croirait transporté sous le ciel brumeux de l'Angleterre; l'influence du soleil le fait néanmoins bientôt disparaître.

La neige ne tombe jamais que sur le littoral ou sur des territoires qui en sont rapprochés; encore tombe-t-elle en si petite quantité, qu'elle y est à peine sensible. En 1833 il tomba de la neige à Alexandrie, à Rosette et jusqu'à Atfeh; ce phénomène excita un étonnement général. Les gens les plus vieux du pays ne se souvenaient pas d'exemple d'un pareil fait.

La grêle, moins rare en Égypte que celle de la neige, ne laisse pas que d'être un événement assez extraordinaire. Les Français qui étaient à Keneh en l'an VIII virent tomber des grêlons gros comme des noisettes. Depuis lors on a vu le même fait se renouveler à de longs intervalles, notamment en 1828 à Abouzabel. Suivant le témoignage du docteur Clot-Bey, la grêle fut cette fois si grosse, qu'elle tua plusieurs animaux et ravagea les campagnes. En 1832 M. Prisse d'Avennes vit tomber de la grêle à Kankat, et en 1841 à Thèbes. Les Arabes attribuaient ce phénomène à la grande quantité d'étoiles filantes qu'on avait vues cette année-là en Égypte.

Une extrême chaleur n'est pas un obstacle à la formation de la grêle. On en voit dans les contrées équatoriales. Denham et Clapperton en ont remarqué au centre du continent africain, et Bruce parle d'orages de grêle observés en Abyssinie.

Selon Volney, « une température élevée et un ciel presque toujours pur donnent à l'Égypte de fréquentes rosées. On les observe surtout en été, et dans la Basse-Égypte, où leur abondance dépend de la direction des vents. Lorsque le vent vient du nord ou de l'ouest, il arrive sur l'Égypte chargé de l'évaporation de la Méditerranée, et les rosées sont très-pénétrantes; quand il vient du sud ou du sud-est, il atteint l'Égypte après avoir traversé l'Afrique et l'Arabie, et les rosées sont presque nulles. » Ces remarques sont parfaitement justes : seulement Volney a commis une erreur en disant que les rosées sont plus fréquentes pendant l'été; une suite d'observations exactes a démontré le contraire. Les rosées sont d'autant plus sensibles qu'on s'approche davantage de la mer; les inondations du Nil influent aussi beaucoup sur leur développement.

L'influence des rosées est en général très-bienfaisante. On se souviendra sans doute ici de la croyance copte qui attribue à la *Noktah* la disparition de la peste.

MALADIES, MORTALITÉ A ALEXANDRIE.

Les maladies ont en Égypte un caractère particulier : les uns l'attribuent aux miasmes répandus dans l'atmosphère par les eaux stagnantes des lacs, ou par les eaux débordées du Nil; les autres veulent y voir l'effet de l'extrême chaleur et du rayonnement des sables, qui l'augmente encore. Ceux-ci prétendent que la saleté et la misère du peuple sont la cause unique de ces maladies, ou au moins de leur nature maligne; suivant d'autres, les trois circonstances d'humidité, de chaleur et de malpropreté réunies engendrent la plupart des maladies régnantes.

Nous ne pouvons donner une idée plus exacte de la peste et des causes qui la produisent qu'en citant textuellement les conclusions d'un savant mémoire de M. Pariset, inséré dans les *Annales d'hygiène publique et de médecine légale*.

« Il faut reconnaître, dit-il, avec les
« illustres médecins de l'armée française,
« avec les barons Desgenettes et Larrey,
« avec Pugnet et Savarési, etc., il faut
« reconnaître que la peste est endémique
« en Égypte, qu'elle y est spontanée, et
« qu'elle s'y développerait par des causes
« propres, quand même le reste de la
« terre n'existerait pas. Cette endémi-
« cité, du reste, cette spontanéité tou-
« jours instante est mise en jeu par
« des circonstances ou permanentes ou

« éventuelles, de saisons et de localités.
« Les causes dont l'effet paraît être le
« plus constant sont les pluies, qui,
« pendant le trimestre de la mauvaise
« saison, en novembre, décembre et jan-
« vier, tombent dans la Basse-Égypte,
« et même dans la capitale. Plus dange-
« reuses que l'inondation, non-seulement
« ces pluies dégradent et ouvrent les sé-
« pultures, mais encore elles détrempent
« ces amas prodigieux d'immondices
« qui ceignent les villages ; et lors-
« qu'elles s'arrêtent, pour peu que l'air
« soit tranquille et le soleil ardent, tous
« ces éléments de putréfaction fermen-
« tent, et chaque village devient une
« fournaise d'émanations pestilentielles.
« Ces émanations, retenues par les
« brouillards, stationnent avec eux sur
« le sol ; elles pénètrent par toutes les
« voies dans l'économie, et se déposent
« soit sur les matières textiles, soit sur
« les tissus déjà fabriqués. De quelque
« manière que les choses se passent, ce
« qu'on ne saurait nier, c'est que la
« peste est d'autant plus à craindre pour
« les villages, qu'ils ont reçu de plus
« fortes pluies pendant l'hiver. Tel est
« le fait capital que M. Hamont tient de
« la bouche même de plusieurs sheicks
« du Delta, et qu'il a eu l'occasion de
« constater lui-même. Il suit de là que
« lorsqu'en raison de ces pluies d'hiver,
« la peste prend quelques développe-
« ments, les premiers malades doivent
« se montrer dans le mois de février, un
« peu plus tôt, un peu plus tard, et c'est
« ce qui a lieu en effet. Ensuite la peste
« croît, s'élève en mars et en avril, se
« soutient ou fléchit en mai, décline et
« tombe à la fin de juin, jetant cepen-
« dant encore quelques éclats en juil-
« let et même en août et septembre ;
« d'où l'on voit deux choses : la première,
« que cette marche uniforme se conci-
« lierait difficilement avec une impor-
« tation qui n'a rien de régulier ; la se-
« conde, que, contre l'opinion de quel-
« ques médecins, le khamsin ne prend au-
« cune part à la production de la peste ;
« car le khamsin ne souffle qu'entre
« l'équinoxe du printemps et le solstice
« d'été. J'ajoute que lorsque le kham-
« sin paraît il tue les pestiférés, sans
« tuer la peste. La peste s'arrête : on la
« dirait terminée ; elle ne reprend son
« cours que lorsque le khamsin s'est ar-
« rêté lui-même.
« Certes, la peste n'est pas toujours
« contagieuse ; autrement l'Orient serait
« désert ; mais elle l'est quelquefois à un
« degré incroyable, et je me crois en droit
« de soutenir, comme les Européens
« orientaux, qu'elle se communique et
« par une inoculation directe, et par le
« contact, et par les germes qu'un ma-
« lade dépose dans ses vêtements, et par
« ceux que récèlent principalement les
« matières dont on fabrique des tissus.
« Ce qu'elle a épargné dans telle épi-
« démie elle l'immole dans telle autre.
« Sexe, âge, tempérament, profession,
« régime, habitude, tout en défend, tout
« y livre. Avec des symptômes doux, elle
« tue ; avec des symptômes violents, elle
« laisse vivre. Dans la même année, dans
« le même lieu, à plus forte raison d'une
« année à l'autre, d'un lieu à l'autre, elle
« est bénigne, elle est mortelle. Les
« efforts critiques, les bubons, les char-
« bons, ici favorables, là sont contraires.
« Elle cède à l'hiver, elle brave l'hiver ;
« elle cède à la chaleur, elle brave la cha-
« leur. Tel remède est utile aujourd'hui
« qui demain sera pernicieux ; ainsi de
« suite, avec une variété, avec une ver-
« satilité que nous qualifions de caprice
« et d'anomalie, et qui est l'effet néces-
« saire de mille causes que notre saga-
« cité ne pénétrera jamais.
« L'unique foyer de peste qui soit
« au monde, c'est le Delta, parce que
« nulle part, dans le monde, vous ne
« rencontrerez ce que vous rencontrez
« dans le Delta : une terre étendue, égale,
« unie, chaude, humide et saturée de
« matière animale. Or, l'homme ne peut
« rien sur la chaleur ; il ne peut presque
« rien sur l'humidité ; mais il peut tout
« sur la matière animale ; et cette ma-
« tière soustraite, la peste est anéantie
« pour jamais. »

Sous le nom de *hâb el Nil*, qui signifie *bouton du Nil*, les Égyptiens désignent une maladie cutanée, causée par
l'usage de l'eau du Nil en boisson, ou
plutôt par la continuité de la chaleur.
Cette maladie règne pendant les mois
de juillet, août et septembre ; ce n'est
point une affection dartreuse, ainsi
qu'on l'a prétendu, mais une simple
éruption cutanée générale ou partielle ;

EGYPTE MODERNE.

elle se manifeste par de petits boutons entourés d'un cercle rose plus ou moins vif selon la délicatesse et la sensibilité du sujet; ces boutons, qui donnent lieu à un prurit aussi douloureux qu'incommode, deviennent quelquefois de véritables furoncles. Le *hab el Nil* attaque de préférence les Européens; on le voit plus fréquemment dans la Basse-Égypte que dans la Moyenne, et très-rarement dans la Haute; en général, la maladie se traite avec succès par les saignées, les bains froids et les antiphlogistiques.

Le *ramdam* est une ophthalmie endémique dans toute l'Égypte, mais plus fréquente dans le nord que près de l'équateur, plus commune dans les villes que dans les campagnes. Le ramdam n'épargne aucune classe, aucun tempérament; ce n'est point un tribut une fois payé au climat de l'Égypte; et le même individu peut en être attaqué à plusieurs reprises. Les animaux eux-mêmes n'en sont pas exempts; les chevaux, les ânes, les chameaux, les bœufs, les chiens, les chats, en sont souvent atteints, quoique plus rarement et avec moins de violence que l'homme. C'est surtout à l'époque des chaleurs que cette affection devient fréquente. Le ramdam n'a pas toujours une grande intensité; quand la maladie est bénigne, une légère rougeur se manifeste sur la conjonctive palpébrale, et ne s'étend guère au delà; quelquefois cependant elle se prolonge jusqu'à la membrane muqueuse; mais elle l'attaque toujours assez faiblement. Cette inflammation produit une douleur légère accompagnée de larmoiement, et se résout promptement par la sécrétion d'un mucus qui s'amasse entre les cils; au bout de quelques jours, l'œil, complétement dégagé, revient à son état primitif.

Mais la maladie ne présente pas toujours des symptômes aussi peu graves : trop souvent l'inflammation s'empare de la muqueuse et gonfle les paupières; l'œil malade sécrète d'abord des larmes âcres et brûlantes, auxquelles succède bientôt une humeur purulente qui s'échappe des angles lacrymaux, du canal nasal et de tous les points tapissés par la muqueuse. Les désordres ne se bornent pas toujours là : d'autres parties internes sont quelquefois envahies, et l'inflammation devient si intense, que l'œil, après s'être gonflé d'une manière épouvantable, finit par se vider complétement, au milieu des plus atroces douleurs. Après cette résolution, tous les symptômes morbides disparaissent successivement, et la guérison ne se fait pas attendre.

Le traitement le plus ordinaire de l'ophthalmie aiguë consiste dans l'emploi des antiphlogistiques, des saignées et des lotions émollientes. Dans le traitement de l'opthalmie chronique, le docteur Clot-Bey affirme avoir obtenu un grand nombre de guérisons en employant une dissolution par parties égales de sulfate de zinc et de sulfate d'alumine.

Ces terribles maladies des yeux ont été attribuées à diverses causes. Quelques médecins ont pensé que le ramdam égyptien était dû, comme les ophthalmies de Malte, à la réflexion du soleil éclatant sur des surfaces de couleurs claires; d'autres ont cru trouver l'origine de cette maladie dans la poussière fine que soulève le khamsin ou dans les molécules salines irritantes que l'atmosphère tient en suspension.

A la vérité, ces diverses causes déterminent souvent une légère blépharite dont on triomphe aisément par l'usage d'un simple collyre; mais on ne peut admettre qu'elles donnent naissance aux ophthalmies graves dont on vient de parler; car dans la Haute-Égypte, où la réverbération du soleil est plus intense que dans le reste du pays, le ramdam est très-rare; d'autre part, si la maladie est due à l'introduction dans l'œil de molécules sablonneuses ou salines, pourquoi est-elle inconnue dans le désert? pourquoi les ouvriers qui travaillent dans les terrains nitreux n'en sont-ils pas atteints plus fréquemment que d'autres individus? Il est donc plus rationnel d'attribuer l'ophthalmie à des causes physiques résidant, en effet, ou dans l'atmosphère, ou dans la composition du sol, mais qui ont jusqu'à présent échappé aux investigations. La suppression subite de la transpiration de la tête doit aussi être comptée au nombre des causes immédiates de l'ophthalmie; l'exemple des Bédouins, qui passent leur vie dans le désert à peine abrités sous de misérables tentes, et qui, malgré les vicissitudes atmosphériques auxquelles ils sont exposés, malgré leur mauvaise nourriture et leur rude existence, n'ont jamais d'ophthalmie, est digne d'une attention sérieuse. L'unique préservatif employé par ces hommes presque sauvages contre toute espèce de maladies est l'ample burnous de laine qui les enveloppe constamment, quelles que soient la chaleur ou la douceur de la saison.

L'organe de la vue est encore le siége de diverses autres affections, qui sont en général la conséquence d'ophthalmies plus ou moins répétées; de ce nombre sont l'*entropion* et le *trichiasis*. Ces deux maladies, que l'on confond souvent, sont parfaitement distinctes.

L'*entropion*, qui consiste dans le renversement de la paupière en dedans, provient de la cicatrisation de petits ulcères palpébraux.

Le *trichiasis* n'est que la déviation des cils; il est indépendant de l'état des paupières, et ne dérive pas toujours de l'ophthalmie, dont il est, au contraire, souvent la cause. On remédie facilement à ces deux maladies au moyen de petites incisions pratiquées dans les parties malades.

Le *dragonneau*, dont quelques naturalistes ont nié l'existence, est un entomozoaire, espèce de ver de la grosseur d'une corde de violon, et d'une longueur qui est rarement moindre de six pouces, et qui va quelquefois jusqu'à quatre pieds. Le dragonneau prend naissance sur toutes les parties du corps, au nez, à la langue, au tronc, aux testicules, sur les membres supérieurs ou inférieurs, mais principalement sur ces derniers. Il s'établit à la surface de la peau comme dans les tissus sous-cutanés et au centre des articulations; dans le premier cas, il révèle sa présence par l'apparition d'un cordon arrangé en spirale, qu'on prendrait pour une veine ou un vaisseau lymphatique enflammé, et qui cause un prurit douloureux. Quand il a son siége dans le tissu cellulaire, l'engorgement qu'il provoque est plus de temps à se déclarer; après une inflammation plus ou moins prolongée des parties envahies, l'abcès qui renferme le dragonneau laisse échapper un liquide purulent au milieu duquel on voit un gros fil blanchâtre, qui n'est autre chose qu'une des extrémités du dragonneau. On parvient à l'extraire en le saisissant au moyen d'un morceau de diachylon, et en exerçant de temps à autre de légères tractions, jusqu'à ce qu'on l'ait fait sortir tout entier; ce qui dure souvent plusieurs jours. Mais il est surtout essentiel de ne pas brusquer l'opération; sans quoi, comme le ver solitaire, l'animal se briserait et occasionnerait de nouveaux accidents.

Le dragonneau était presque inconnu en Égypte avant la conquête du Sennaar par Méhémet-Aly, et aujourd'hui il attaque de préférence les nègres de l'Hedjaz, de la Nubie, de l'Éthiopie. On l'a cependant observé sur quelques Égyptiens et même sur des Européens. Les causes de cette étrange affection sont jusqu'à présent inconnues: la seule observation importante qu'on ait faite à ce sujet, c'est que les personnes attaquées du dragonneau avaient eu des rapports avec des individus atteints du même mal. On pourrait inférer de là l'existence d'un certain principe contagieux.

Outre les maladies dont nous venons de parler, et qui sont particulières à l'Égypte, il en est beaucoup d'autres qu'on y rencontre plus communément que dans nos climats. Telles sont la *dyssenterie*, les *hémorrhoïdes*, les *hernies*, l'*éléphantiasis*, la *lèpre*, la *gale*, les *affections calculeuses* et *cérébrales*, les *apoplexies*.

La chaleur intense de l'été, et surtout l'extrême différence de température qui existe entre le jour et la nuit, contribuent activement au développement de la plupart de ces maladies. Mais, par des dispositions particulières du climat, dont la nature nous est inconnue, d'autres maladies, qui sembleraient devoir être plus fréquentes en Égypte que partout ailleurs, y sont au contraire fort rares. Le *tétanos*, par exemple, qui est surtout propre aux climats chauds, attaque fort peu d'Égyptiens, et on ne rencontre jamais dans ce pays de cas de *goutte* et d'*hydrophobie*; cette dernière exception est d'autant plus extraordinaire que les villes renferment une grande quantité de chiens errants. C'est seulement au Dongolah, au Sennaar et dans le Soudan, qu'on voit fréquemment en hiver des chiens enragés.

Nous ne pouvons donner, faute de documents, ni la mortalité moyenne de l'Égypte, ni même celle des principaux endroits du pays: nous dirons seulement qu'à Alexandrie le chiffre des morts s'éleva pendant longtemps à dix-sept par jour sur une population de soixante-dix mille âmes ; ce qui fait une moyenne annuelle de neuf à dix pour cent. Cette effrayante mortalité a diminué un peu depuis le départ des troupes. D'après cela, le climat des côtes septentrionales de l'Égypte serait plus meurtrier que celui de la Nouvelle-Orléans, de Batavia, etc. A Londres, la mortalité annuelle moyenne de toutes les classes réunies présente une proportion de vingt à vingt-deux par mille. A Ceylan, parmi les troupes anglaises, la proportion la plus considérable ne monte pas au delà de trente par mille, et au cap de Bonne-Espérance, où la mortalité atteint un véritable minimum, on ne compte que neuf décès par mille Européens.

CHAPITRE III.

POPULATION DE L'ÉGYPTE.

COPTES. — FELLAHS. — NUBIENS. — BÉDOUINS. — ABABDEHS. — BICHARIS. — OSMANLIS. — GRECS. — ARMÉNIENS. — SYRIENS. — JUIFS. — ESCLAVES BLANCS, ESCLAVES NOIRS ET ABYSSINIENS. — EUROPÉENS. — DURÉE DE LA VIE CHEZ LA POPULATION ÉGYPTIENNE.

Au temps de son antique splendeur l'Égypte dut avoir, comme tous les États prospères, une population nombreuse. Selon Diodore de Sicile et Strabon, le nombre des habitants de cette contrée était de sept à huit millions d'âmes sous les Pharaons, et même sous les Ptolémées. Les historiens arabes prétendent que l'Égypte comptait vingt millions d'âmes et vingt mille villes ou villages lorsque Amrou en fit la conquête. A cette évaluation on reconnaît l'exagération habituelle des Orientaux. Cependant, comme la vérité perce toujours à travers la fiction, on peut en inférer que la population de l'Égypte était alors fort considérable. Lors de l'expédition française, au commencement de ce siècle, on ne faisait plus monter qu'à deux millions le nombre de ses habitants ; mais ce nombre n'est évidemment qu'une exagération en sens inverse, car, après de longues et sanglantes guerres, un calcul impartial porte encore à trois millions au moins la population actuelle de l'Égypte. A la vérité, l'absence de registres d'état civil fait qu'on ne peut appuyer cette donnée sur des statistiques d'une authenticité rigoureuse. La quantité approximative des maisons, qu'on a supposé (1) contenir, en moyenne, huit personnes au Caire et quatre dans le reste de l'Égypte, a été pris pour base de l'évaluation. On estime à quatorze cent mille individus la population mâle, dont le tiers est en état de porter les armes.

La population se répartit à peu près de la manière suivante :

Égyptiens musulmans	2,600,000
Égyptiens chrétiens coptes	150,000
Osmanlis turcs	12,000
Arabes bédouins	70,000
Barabras	5,000
Nègres	20,000
Abyssiniens	5,000
Esclaves circassiens, mingréliens, géorgiens	5,000
Juifs	7,000
Syriens	5,000
Grecs rayas	3,000
Arméniens	2,000
Grecs francs	2,000

Européens domiciliés en Égypte :

Italiens	2,000	
Maltais	1,000	
Français	de 5 à 6,000	
Anglais	de 100 à 200	
Autrichiens	de 100 à 200	9,500 environ.
Russes, Polonais	de 40 à 50	
Espagnols	de 15 à 20	
Suisses, Belges, Hollandais ; Prussiens, Suédois, Danois, environ	100	

En comparant le dépeuplement de l'Égypte turque avec l'exubérance de la population sous les Pharaons, les Ptolémées, et sous la domination romaine, on est naturellement conduit à rechercher les causes de cet appauvrissement dans un pays que la nature a si richement doté. Pressée de deux côtés par le désert, et bornée des deux autres côtés

---

(1) Nous avons dit, dans la vie de Méhémet-Ali, qu'un impôt frappé sur les maisons de l'Égypte produisit au gouvernement six millions sept cent cinquante mille francs ; c'est d'après ce document officiel qu'on a établi le nombre des maisons, et par conséquent le total des habitants.

par la mer, l'Égypte serait-elle forcée de céder peu à peu du terrain à son terrible envahisseur, sans pouvoir reprendre ailleurs ce que le désert lui enlève ? Serait-il vrai, comme le dit Cuvier, que la Haute-Égypte doit être un jour engloutie par le Saharah ? Non ; l'homme peut opposer un obstacle au désert, et ne doit voir dans les empiétements successifs de cet élément de destruction qu'une preuve accusatrice de sa complète incurie. La prospérité de l'Égypte et l'augmentation du nombre de ses habitants dépendent de la distribution intelligente des eaux du Nil, du développement et de l'entretien des canaux d'irrigation, de la protection sage et continuelle de l'agriculture, de l'industrie et du commerce. Cette protection ne peut émaner que d'un gouvernement stable, héréditaire, et comprenant ses véritables intérêts.

Ravagé en tous temps par la peste, et depuis près d'un siècle par la misère, le peuple avait besoin d'institutions sanitaires pour le protéger contre la peste, et de bons règlements administratifs qui, en prévenant les dilapidations, lui allégeassent le poids des impôts ; avant tout il lui fallait une longue trêve, pendant laquelle les travaux d'irrigation, trop négligés sous les mamelouks, pussent s'exécuter sur une large échelle et préparer à l'agriculture une nouvelle ère de prospérité. La richesse et la santé auraient réparé promptement les désastres sur une terre si fertile ; mais bien loin que ces filles de la Paix vinssent régner chez l'Égypte épuisée et négligée, ce fut la guerre qui s'intronisa, et qui écrasa de son bras de fer la race déjà vaincue par d'autres fléaux ; guerre forcée ou volontaire, ce fut le coup de grâce du pachalik : les biens, en petit nombre déjà, furent mangés hors du pays par les frais de l'armée ; le désordre s'augmenta de telle sorte que si le pacha demandait mille ardebs de froment, en arrivant au fellah à travers dix fonctionnaires, la demande était de DIX MILLE ! Aussi la mortalité s'augmenta non-seulement des victimes de la bataille, mais encore des femmes, des enfants abandonnés, bien à regret, par le soldat, et des soldats eux-mêmes, qui, ne recevant dans les camps ni nourriture ni vêtements gagnaient des affections de poitrine, ou toute autre maladie chronique constitutive. La peste, la famine, la guerre, dans ces dernières trente années, ont beaucoup nui à l'accroissement de la population. Cependant l'importation de la vaccine, la création de quelques hôpitaux et des lazarets, ont apporté quelque soulagement à ces maux. Des mesures hygiéniques, sagement instituées, ont un peu ralenti le mouvement rétrograde du chiffre de la population.

COPTES.

Parmi les races diverses qui composent aujourd'hui la nation égyptienne, et dont chacune a sa religion, son langage et ses mœurs propres, nous placerons d'abord les Coptes, que l'on regarde comme les descendants des anciens Égyptiens. Les traditions conservées presque intactes dans les familles, des coutumes antiques, et surtout cette langue copte, devenue lettre close pour ceux qui en sont les dépositaires, semblaient confirmer cette origine. Volney avait même voulu trouver dans l'étymologie de leur nom une preuve à l'appui de son opinion. Le mot arabe *Goubti*, qui signifie Copte, lui parut une altération évidente du grec : αἰ-γύπ-τιος, un Égyptien. « On doit remarquer, disait-il, que l'*upsilon* était prononcé *ou* chez les anciens Grecs, et que les Arabes, n'ayant ni *g* devant *a* ou, ni la lettre *p*, remplacent toujours ces lettres par *q* et *b* ; et il en concluait que les Coptes descendaient immédiatement des anciens Égyptiens. Nous n'admettons point l'étymologie de Volney. Copte vient de *Kept* ou *Coptos*, nom d'une ville située près de Thèbes dans le Saïd, et qui était la capitale de l'Égypte chrétienne. Toutefois cette étymologie ne détruit en rien la supposition d'une descendance directe des anciens Égyptiens. Champollion émit même une opinion fort différente de celle de Volney : il crut reconnaître les vrais descendants de l'ancienne race égyptienne dans certaines peuplades de la Nubie, et les probabilités ne manquèrent pas à cette nouvelle opinion. Denon trouve frappante la ressemblance des Coptes avec les figures sculptées sur les monuments : selon lui, les Coptes ont le front plat, les yeux à demi fermés et relevés vers les tempes, les pommettes saillantes, le nez large, court, épaté, la bouche grande et peu saillante, placée à une distance considérable du nez, les lèvres larges, et très-peu de barbe. Leur corps n'a point de formes accusées, leurs jambes sont arquées et grêles, les doigts de leurs pieds sont longs et aplatis; et il trouve ces divers caractères dans les sculptures antiques de l'Égypte. Sonnini accepte cette description; il ajoute seulement que si les *Coptes sont les plus laids des hommes, ils en sont aussi les plus sales et les plus dégoûtants* (1). Mais tandis que ces deux savants les dépeignent ainsi, d'autres savants et des voyageurs en font les portraits les plus divers. Les uns remarquent en eux une grande ressemblance avec la race nègre, et la boîte osseuse de la tête copte leur paraît identiquement celle des têtes négroïdes. Pour eux l'angle facial est le même, la forme des os nasaux est semblable, et les yeux sont également écartés l'un de l'autre dans les deux crânes. Browne, au contraire, ne trouve aucune similitude entre la tête des Nègres et celle des Coptes. Un autre voyageur anglais, M. Lane, décrit ainsi le visage des Coptes : « Des yeux grands, bien fendus, descendant obliquement vers le nez, et toujours noirs ; un nez *droit*, terminé par un bout large et arrondi, des lèvres épaisses, des cheveux noirs et bouclés. » Belzoni et Madden s'expriment à peu près de la même manière ; cependant Belzoni prétend avoir vu des individus coptes aussi blancs que les Européens (2), et Madden remarque que les Coptes, en général, ont les yeux fort éloignés l'un de l'autre. Rosellini a cru reconnaître en eux un mélange de sang juif et de sang romain. Enfin d'Avezac et Depauw, sortant de ce cercle de suppositions fondées sur l'histoire de l'Égypte, voient dans les Coptes les traces d'une origine chinoise.

Afin de nous guider dans ce dédale d'hypothèses, nous rappellerons ici les principaux traits des figures sculptées qui passent généralement pour représenter des individus de l'ancien type égyptien. Un front plat orné de cheveux lisses, des yeux longs peu ouverts et montant vers les tempes, un nez court sans être fort épaté, une bouche grande, plate, bordée de larges lèvres, et fort éloignée du nez, les membres fort anguleux et grêles, les jambes arquées et sans souplesse, les doigts des pieds allongés et plats. On voit que les différents traits attribués aux Coptes par chacun des auteurs cités se rapprochent tous, plus ou moins, du type des sculptures antiques, et que des descriptions, en apparence fort contradictoires, peuvent s'expliquer par des différences dans les proportions du mélange de la race mère avec les races caucasienne, sémitique, africaine, etc.

En résumé, les anciens Égyptiens ont dû se mêler, sinon se confondre, avec les peuples dont ils subissaient la domination.

Une partie de la population copte est catholique ; celle-là s'est alliée aux chrétiens grecs ou syriens ; une autre partie a embrassé l'islamisme, et s'est confondue dans le type fellah. Il n'est donc resté qu'un petit nombre de Jacobites, qu'on rencontre surtout dans le Saïd. En voici le portrait : Un front fuyant, de grands yeux noirs posés obliquement, des pommettes saillantes, des oreilles épaisses et détachées de la tête, un nez légèrement épaté, des lèvres fortes et épaisses, une mâchoire inférieure large et plate, les cheveux noirs et bouclés, des membres disgracieux, maigres et grêles, et un teint blafard. Ce type a été sans doute altéré par son mélange avec la race nègre ; les Coptes en effet achètent souvent des esclaves noires de Darfour ou du Kordofan.

FELLAHS.

Les alliances de sang sont d'ordinaire rares entre les conquérants étrangers et la population agricole indigène. Cependant la conquête d'Amrou n'eut pas ce résultat. Les vainqueurs s'unirent bientôt aux vaincus, et un grand nombre de familles musulmanes vinrent demander à la terre d'Isis une richesse dont elles étaient privées dans les plages incultes de leur patrie. La population fellah se composait donc, au bout de deux ou trois générations, d'une quantité à peu près égale d'Égyptiens et d'Arabes, dont les types se confondaient de plus en plus.

---

(1) *Voyage en Égypte*, tome II, p. 108.
(2) *Monumenti*, tom. II, p. 77.

Bientôt les vainqueurs, subjugués à leur tour par le climat de l'Égypte, perdirent leur originalité et devinrent égyptiens. « A l'aspect des hommes du territoire « d'Esneh, d'Ombos, d'Edfou, ou des « environs de Selsele, dit M. Jomard, on « croirait que les figures des monuments « de Latopolis, d'Ombos, ou d'Apolli-« nopolis Magna se sont détachées des « murailles, et sont descendues dans la « campagne. » Le crâniologue américain M. Morton n'a pas craint d'avancer que le peuple fellah est, parmi les habitants de la vallée du Nil, *celui qui se rapproche le plus des anciens Égyptiens.* La physionomie des habitants de la Haute-Égypte présente en effet les plus grands rapports avec celle des momies, des statues et des sculptures qui abondent dans cette contrée. Les tribus arabes qui habitent les caves sépulcrales de la montagne Libyque à quatre cents toises de Gournah, et qu'on appelle *Troglodytes de Gournah,* offrent des têtes absolument conformes à celles des momies. Ritter décrit ainsi cette peuplade : « Front large, nez aquilin, tempes larges, joues saillantes, yeux grands, bouche grande mais bien faite, dents serrées, belles et égales, lèvres un peu épaisses, cheveux fins; l'angle facial porte de 76° à 80°, comme chez les Européens; telles sont les têtes des statues colossales des ruines de la Nubie et du Saïd. La ligne frontale, qui chez les habitants du nord de l'Europe est saillante, et chez les Grecs perpendiculaire et droite, est un peu plus oblique sur la tête des momies et celle des Troglodytes, et forme un angle plus ouvert avec celle du nez; cette particularité caractéristique se reproduit dans toutes les sculptures. »

Le *Fellah,* en général, a une taille avantageuse, une large poitrine, des membres musculeux et bien proportionnés, des mains et des pieds petits, des traits réguliers, fermes et prononcés; ses yeux, enfoncés dans leurs orbites et relevés vers les angles, sont vifs et expressifs; ses cils sont noirs et longs, ses lèvres fortes, ses dents belles; sa face se rétrécit à partir des pommettes, et son menton effilé est garni d'une barbe peu fournie. Le crâne est bien développé, et beaucoup d'*Arabes cultivateurs* ont l'angle facial presque droit; pourtant, chez les Fellahs du Delta le crâne est plus dévié en arrière, et la forme de la boîte osseuse appartient bien à la branche arabe de la grande famille sémitique. Dans le Saïd ils ont le teint cuivré; mais on les trouve plus blancs à mesure qu'on descend vers la Méditerranée.

La femme du Fellah est svelte et bien faite; mais les traits de son visage sont sans délicatesse, et manquent d'expression, malgré la beauté et la vivacité des yeux. Soumises aux accidents, vivant dans le même milieu qui ont modifié les hommes de la race arabe, les femmes fellahs reproduisent exactement la conformation des femmes de l'antique Égypte. Leurs tailles élancées n'ont point de cambrure, et manquent de hanches; leur ventre est gracieusement arrondi, et leur corps repose sur de fortes cuisses d'un dessin élégant et correct. Leurs articulations sont peu saillantes, et les extrémités sont souvent d'une perfection idéale. A douze ans elles sont nubiles, mais elles vieillissent vite, ayant à supporter presque seules tous les travaux domestiques; à vingt-cinq ans elles sont aussi flétries que les Européennes à quarante; et dès qu'elles ont atteint leur trentième année, ce n'est pas sans péril qu'elles mettent au monde des enfants, rarement viables. En général, même pendant leur jeunesse, ces femmes mettent au monde et nourrissent des enfants maigres, difformes, maladifs; durant les premières années de leur vie, ces êtres chétifs ont le ventre ballonné et une apparence rachitique. A l'époque de la puberté, il s'opère dans leur tempérament une révolution heureuse; leurs membres se développent, les traits malingres de leur physionomie prennent tout à coup un caractère de force et de virilité chez les garçons, ou s'adoucissent en lignes harmonieuses chez les filles. Le rachitisme et la petite vérole enlèvent beaucoup d'enfants fellahs, et un ancien préjugé, qui défend de les laver pendant la première année de leur existence, contribue puissamment encore à augmenter la mortalité parmi ces enfants.

La langue du Fellah est riche et bien modulée; douce dans la bouche des femmes, qui aiment à se servir de paroles bienveillantes et à prodiguer les compliments, elle devient dure sur les lèvres des hommes, qui semblent s'être réservé tout ce que la langue arabe possède de plus désagréable et de plus rude. Patient et infatigable, quoique profondément insouciant, le Fellah travaillera du matin au soir, exposé au soleil, dans l'eau et dans la boue, s'il entrevoit un gain certain; mais le gain obtenu, il rentre dans une inaction complète, et tout lui devient indifférent.

Le Fellah, pauvre et paresseux, est d'une sobriété nécessaire; sa nourriture se compose de pain de doura mal levé, mal pétri, de fèves cuites à l'eau, de fromage salé, de dattes et de pasteques; au printemps il mange avec délices les jeunes pousses et les fleurs du trèfle. Riche ou pauvre, il est passionné pour la pipe et le café.

Malgré cette extrême sobriété, la salubrité du climat, et la fécondité des femmes, la population de l'Égypte décroîtrait chaque jour, si les immigrations ne la renouvelaient pas constamment.

NUBIENS.

La race nubienne partage avec les Coptes et les Fellahs le privilége de compter les Égyptiens parmi ses ancêtres: telle est, du moins, l'opinion émise par Champollion, Rosellini, et quelques autres savants archéologues ou ethnographes. D'autres savants, tout en reconnaissant l'identité parfaite des formes, et la conservation frappante d'anciens usages, ont cru retrouver dans la Nubie le berceau de la civilisation égyptienne et le germe de la population de ce pays.

Il existe dans la Nubie inférieure une peuplade qui est répandue sur les rives du Nil, depuis l'île de Philæ jusqu'à la troisième cataracte, et couvre un espace de deux cents lieues environ; c'est chez elle que d'illustres voyageurs ont reconnu les vestiges d'une origine analogue à celle des Égyptiens; et après de nombreuses recherches, des études ingénieuses et profondes, ils ont été portés à conclure, les uns que les Égyptiens étaient les descendants des Nubiens, les autres qu'à la suite de quelque commotion politique, un certain nombre de familles égyptiennes se sont réfugiées dans la Nubie, où elles ont conservé intacts leur type et leurs mœurs. Les premiers considèrent le centre du continent africain comme la patrie primitive des habitants des côtes de la Méditerranée. Les seconds se sont exclusivement attachés à établir une parenté immédiate entre les Égyptiens et les Nubiens.

Burckhardt décrit ainsi les Berbers, habitants modernes de la Nubie, chez lesquels il avait séjourné quelque temps: « Leur carnation, dit-il, est d'un brun « rougeâtre, qui devient d'un brun-clair « dans l'enfant, si la mère est abyssi- « nienne, et d'un brun très-sombre si « la mère est négresse. Leurs traits sont « loin d'être ceux des indigènes du cen- « tre de l'Afrique; car la figure est « ovale, les pommettes ont peu de sail- « lie, et le nez affecte souvent la forme « grecque la plus pure. Néanmoins la « lèvre supérieure est souvent plus « épaisse que ne le veut l'art européen, « quoiqu'elle n'ait pas les proportions « disgracieuses de la lèvre supérieure « des nègres. Leurs cheveux sont abon- « dants et assez durs, mais point lai- « neux. »

On divise les tribus nubiennes en deux catégories très-distinctes: l'une parle arabe, et l'autre ne se sert point de cet idiome. « Les habitants de Dar- « Dongola, dit Ruppel, se divisent en « deux classes principales; les Barabras, « qui ont été soumis dans le cours des « siècles par plusieurs tribus ennemies, « doivent garder quelque chose de leur « mélange avec d'autres races Cependant « un examen attentif fait découvrir en- « core aujourd'hui dans les individus de « cette peuplade la vieille physionomie « nationale que leurs pères ont impri- « mée sur les statues colossales et sur « les figures des bas-reliefs et des tom- « beaux. Un visage d'un ovale allongé, « un beau nez aquilin, un peu arrondi « à son extrémité, des lèvres épaisses « mais point excessivement saillantes, « un menton fuyant, une barbe rare, des « yeux vifs et une chevelure très-frisée, « sans être crépue, sont les traits ca- « ractéristiques des Dongolawi; ils sont « de moyenne taille, et leur peau est cou- « leur de bronze. »

Il est naturel de penser que les linéaments égypto-éthiopiens n'existent point intégralement dans un grand nombre d'individus. Placés entre les Égyptiens au nord, les Indo-Arabes à l'est, et les Nègres au sud et à l'ouest, les Nubiens ont dû se modifier sensiblement par des mélanges de races voisines; et même de grandes tribus nègres étant venues à diverses époques s'établir dans la Nubie, le type nègre s'est en partie greffé sur les formes primitives des *Barabras*. Selon le docteur Pritchard, les Barabras seraient les descendants des *Noubas*, nation nègre du Kordofan. De nos jours le croisement des races n'est pas moins marqué. Au Sennaar la durée moyenne de la vie est si courte, par suite des maladies et de la débauche, que la fécondité remarquable des femmes et les incessantes importations d'esclaves nègres peuvent seules maintenir l'équilibre et empêcher une dépopulation rapide. Un voyageur a dit :

« Les tribus arabes de Chendy et de
« ses environs peuvent peut-être se van-
« ter, à juste titre, de la pureté de leur
« sang; mais, en général, dans toute la
« Nubie les esclaves noirs forment en-
« viron un sixième de la population,
« et se mêlent perpétuellement avec
« elle. Ainsi, tandis que l'action de la na-
« ture tend à dégager le type originel de
« ses alliances étrangères, chaque cara-
« vane qui vient du sud ou de l'ouest,
« verse en Nubie de nouvelles recrues
« d'esclaves, et ravive le type exotique. »

L'origine du mot *Nubie* n'est pas sans quelque importance ethnographique. On trouve dans les légendes hiéroglyphiques du temps de Ménephthah Iᵉʳ, ou des Ramsès II et III, le nom de *Noub-Noub*, divinité adorée dans la partie de l'Afrique occupée par les Nubiens ; la racine de ce mot lui-même est évidemment *Noub*, qui signifie *Or*, et se rapporte sans doute à l'Éthiopie, riche en mines d'*or*.

Le nom de *Barabras* ou *Berbers* est dérivé de *Barobaro*, qu'on lit sur les monuments de l'époque où florissait la dix-huitième dynastie. Les Égyptiens de ce temps désignaient ainsi une des tribus de la Nubie.

BÉDOUINS.

Les Bédouins sont des peuplades nomades vivant dans les contrées sablonneuses de la Haute-Égypte et dans les déserts qui s'étendent au delà des limites de la vallée du Nil.

Ils ne se rapprochent des bords du fleuve que pour venir échanger, contre des objets de première nécessité, les diverses marchandises qu'ils apportent du fond de leurs déserts, ou pour cultiver les terrains que le gouverneur de la province leur afferme. On compte environ soixante tribus bédouines, tant arabes que barbaresques, dont la population forme un total de près de 100,000 individus.

Les tribus les plus importantes qui habitent le Saïd ou les parties latérales de la Nubie inférieure sont les *Haouarehs*, les *Henadys*, les *Henadouehs*, les *Bicharis*, les *Ababdeh*; dans l'Égypte moyenne, les *Mahás*; et dans la Basse-Égypte, les grands et les petits *Terrabyns*, les *Qattábs*, les *Halaybis*, les *Beni-Oualis*, etc.

Presque toutes celles qui occupent les déserts de la rive gauche viennent des États Barbaresques, celles de la rive droite de l'Arabie. Ces peuples nomades peuvent se diviser en deux catégories : les tribus de pasteurs, et les tribus purement guerrières. Les pasteurs sont des tribus arabes répandues en Afrique après la conquête; les guerriers sont des tribus africaines converties à l'islamisme. Au milieu d'une vie si peu stable, il est difficile néanmoins d'assigner exactement à chaque race les traits qui la caractérisent.

Les Arabes du désert se disent descendants de ces fameuses tribus qui de tout temps ont occupé les plaines de sable situées entre les rives de l'Euphrate et celles du Nil. Ils ont en effet conservé les mœurs, les usages et le gouvernement des patriarches.

Les *Bédouins*, ou *Arabes Magrebins*, sont venus à différentes époques de l'Afrique septentrionale, chassés par la guerre ou la misère, et attirés vers la vallée du Nil par la fécondité du sol. Ces deux races ont conservé des dissemblances notables. Les *Magrebins* ont le teint brun, les cheveux crépus et peu de barbe.

EGYPTE MODERNE.

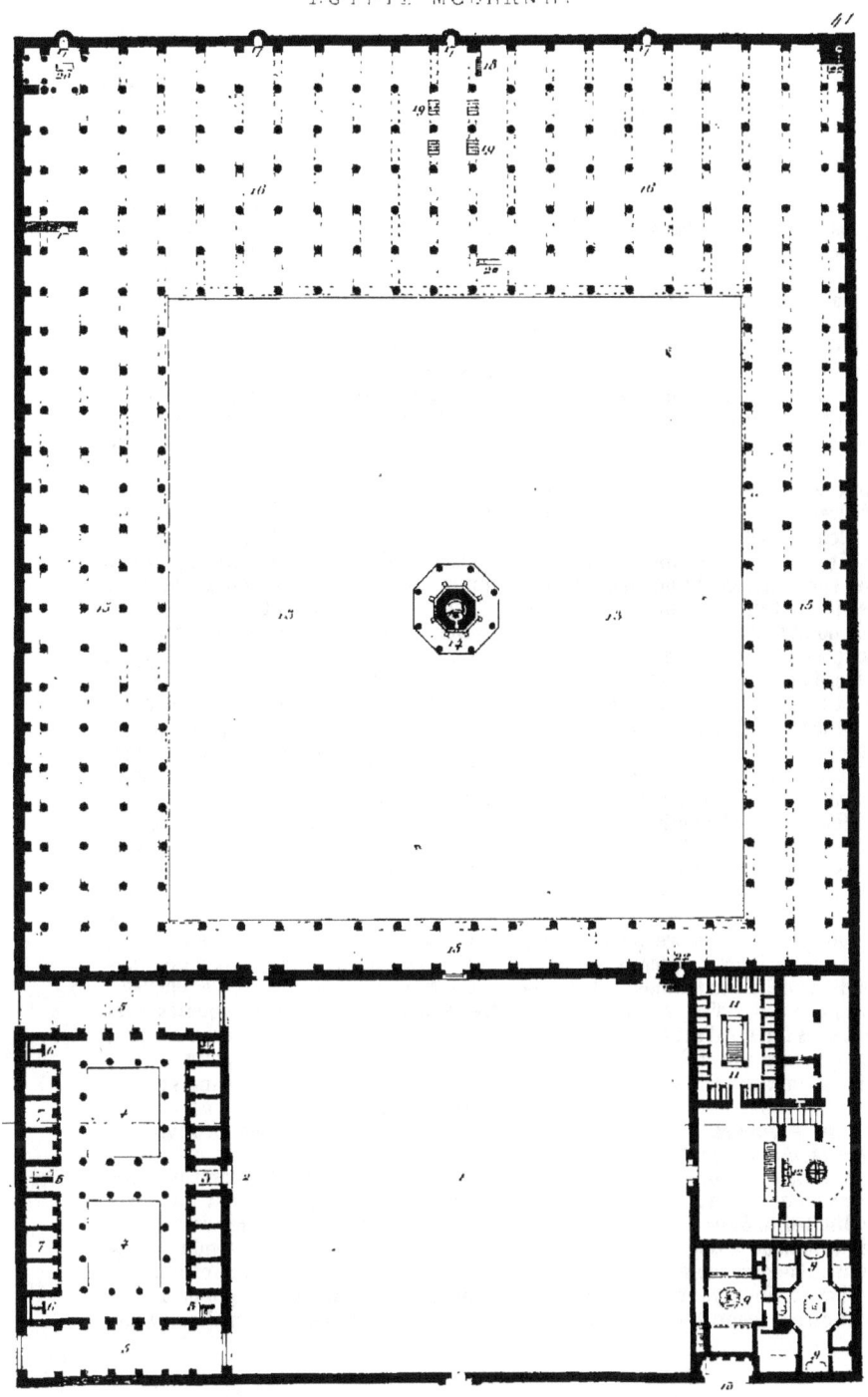

Les Arabes sont blancs; mais le soleil et la réverbération des sables les colorent d'une teinte bistre très-foncée; ils ont les yeux noirs, les cheveux et la barbe noirs et frisés sans être laineux et crépus; leur barbe devient longue et assez abondante. Leurs dents sont extrêmement blanches et bien rangées; les traits sont généralement beaux, marqués par des arêtes vives, et plus doux, quoique aussi fiers, que ceux des *Magrebins;* leur cou est musculeux, leurs épaules larges, et leur poitrine bien développée; leurs pieds et leurs mains sont d'une grande pureté de lignes.

L'angle facial n'est point aussi ouvert chez les Arabes que dans la race caucasienne, et compte rarement plus de 78°. Chez eux le bas de la face est proéminent, le front est bas et fuyant, le nez droit, ou légèrement aquilin, la tête proportionnellement petite.

Plutôt nerveux que musculeux, les Arabes sont souvent d'une maigreur extrême. Ils sont de taille moyenne, et on ne voit point parmi eux, comme parmi les peuples d'Europe, des hommes fort grands et d'autres très-petits; ils sont tous d'une taille à peu près uniforme, rarement au-dessous de cinq pieds deux pouces et au-dessus de cinq pieds quatre pouces. Cependant quelques tribus se distinguent par la petitesse de leur stature.

Les femmes des Bédouins arabes sont bien faites; leur taille est souple, élancée, gracieuse; leurs bras et leurs jambes sont dignes de la statuaire. Elles ont, comme les hommes, de beaux yeux noirs, que le kolh fait paraître encore plus grands; on peut dire de leurs visages ce que nous avons dit de celui des femmes fellahs : ce sont des traits parfaits, mais sans mobilité et sans finesse d'expression. Aussi, quoiqu'on voie de très-belles figures parmi les femmes arabes, on en trouve rarement de jolies.

On divise encore les Bédouins en *Kheych* et *Byout,* mots qui signifient *tente* et *maison,* selon qu'ils sont restés *pasteurs* ou qu'ils ont acquis des terres sur les limites du désert. — La transition de l'état nomade à une position permanente entraîne presque toujours la perte de la liberté. Nous pouvons en citer un exemple assez récent. La tribu barbaresque des *Haouárah* quitta les environs de Tunis peu de temps après la conquête de l'Égypte par Selim; elle s'établit d'abord sur la limite du désert, puis elle vint occuper une grande partie du Saïd. Peu à peu, leurs habitudes nomades cédèrent devant le désir de conserver, d'entretenir et d'agrandir leurs biens. Les *tentes* se transformèrent en *maisons;* l'amour de l'indépendance fut affaibli par l'amour du bien-être; bientôt l'idée de retourner dans les sables du désert leur parut plus cruelle que celle de vivre sous une domination étrangère; et après avoir été vaincus plusieurs fois par Ali-Bey, jaloux de leur puissance, ils se soumirent aux mamelouks, et entrèrent tout à fait dans les conditions ordinaires de l'existence du cultivateur. Leur constitution et leurs traits se sont déjà modifiés par suite de ce changement; cependant un aspect plus fier, des membres plus secs et plus nerveux, les distinguent encore des tribus qui avant eux sont devenues *Byout* de *Kheych* qu'elles étaient.

Des événements fort divers ont amené les tribus bédouines autour de l'Égypte. Les *Awazems,* qui ne comptent que quatre ou cinq cents hommes, sont venus du pays de Nejd lors de la conquête de l'Égypte par les Français. Les Awazems, originaires du Barh, accoururent avec d'autres bandes fanatisées pour combattre les infidèles. Après le sac de Benhauth par Desaix, les quelques familles awazems qui restaient ne retournèrent point en Arabie, et se fixèrent dans le pays qui s'étend de Keneh jusqu'à Salamyeh, deux lieues au-dessus de Luxor. Cette tribu, qui représente le type arabe d'une manière très-prononcée, porte les cheveux très-longs. Il est à remarquer que les Arabes nouvellement fixés ne *djeezment* pas, c'est-à-dire ils ne disent point *quebr, gâma,* comme les Égyptiens, mais *djesr, djama :* ils ne prononcent point *tesathé,* mais *thelathé,* comme les Bédouins et les Arabes nomades.

En 1816, la tribu barbaresque des *Bendaouy* quitta subitement les environs de Tripoli pour émigrer en Égypte. Le bey de Tripoli avait entendu vanter la beauté de la femme du cheikh; il n'imagina rien de mieux que de la demander au mari. Celui-ci, maître de lui-même, accepta la proposition, et promit d'amener sa femme le lendemain, après l'avoir préparée à l'honneur qui devait lui être réservé. Le lendemain, les tentes étaient reployées, et la tribu fuyait dans le désert; le bey, irrité d'avoir été trompé, fit poursuivre les fugitifs; les Bédouins s'arrêtèrent, battirent les troupes du bey, et, reprenant ensuite leur marche, ils vinrent chercher une protection en Égypte.

Les *Kadatfays* ont aussi quitté Tripoli en 1822; ils sont au service du viceroi.

Les tableaux statistiques suivants compléteront ces détails sur les Bédouins et les Arabes nomades.

TRIBUS ARABES DE LA RIVE GAUCHE.

NOMS des tribus arabes de la rive gauche du Nil.	NOMS des lieux qu'elles occupent.	NOMS de leurs cheiks en 1830.	NOMBRE de cavaliers.	NOMBRE de fantassins.
Gouâbys............	Aux lacs Natroum.......	Ebn-Abou-Ghâleb.......	80	150
Sammalous..........		Ebn-Abou-Denán.......	30	400
Khabyry............	Province de Gyzeh......	Abou-Haggâr..........	30	500
Malhay.............	A Sakkarâh...........	Hadji-Hendaouy.......	20	200
Tharhouney........	Province de Fayoum....	Magoub et Fahatât.....	40	600
Berys..............		Tchorbagi............	»	450
Balâth.............	Près de l'oasis de Siout..	Sallàm..............	»	500
Abd-el-Athy........		Abd-el-Athy..........	»	900
El-Khargeh.........		Ahmed-el-Khárgy......	100	800

TRIBUS BARBARESQUES OU BÉDOUINES.

NOMS des tribus bédouines établies sur la rive gauche du Nil.	NOMS des lieux qu'elles occupent.	NOMS de leurs cheiks en 1830.	NOMBRE de cavaliers.	NOMBRE de fantassins.
Oualàd-Aly..........	Province de Bahireh....	Aouy-Omar...........	600	2,000
Géméat.............		Thah................	100	150
Faouâyed...........		Mohammed-Abou-Hamedy............	300	600
Géhâmeh............	Behneseh............	Mazay-Abou-Omar.....	60	250
Harâby.............		Hédan-el-Gebeyly......	150	400
Ghaouâzys..........		Abd-el-Naby..........	120	700
Oualàd-Solymân.....		Abou-Khézam.........	80	350
El-Garâby...........	Le Fayoum...........	Hadji-Mohammed-el-Kafay................	100	300
Ebn-Ghâzy..........		Youssef..............	70	100
Hamâym............		Ahmed-Abou-Zayed....	200	300
Rabâyé.............		Moussa-Abou-Gebour...	50	200
Saàdneh............	Behnehdy............	Abder-Rahamân-Abou-Oueychah..........	20	180
El-Farkán...........		Farag-Allah..........	25	140
Hendâouy...........		Hendàouy............	500	»
Kadatfay...........	Province de Gyzeh.....	Hadji-Solyman-Abou-Hamedy................	300	800

ÉGYPTE MODERNE.

ARABES.

RIVE DROITE du Nil.	NOMS des lieux.	NOMS des cheiks en 1830.	NOMBRE de cavaliers.	NOMBRE de fantassins.
Ayadès...............	Province de Kelyoubyeh.	Salem-Abou-Assy......	150	2,000
Hannaytâ.............	Près du Caire..........	Ebn-Chédyd...........	40	1,500
Bely.................	Kelyoubyeh............	Nasr-el-Ghadyry.......	50	2,200
Semâanah.............		Aly-Abou, chérif.......	35	500
Aly-Ebn-Chérif.......		*Même nom*............	25	200
Saouâleh.............		Ahmed-Abou-Chayr.....	15	200
Néfayadès............	Charkyeh.............	Mohammed............	40	800
Etmélad..............		Sâleh................	12	200
Aouéna...............		Ismayl...............	20	900
Hennadys.............		Nasner-el Tahaouy.....	900	2,500
Zaouâneh.............		Abou-Salem...........	8	100
Soneyrkah............	El-Arych.............	Saleh-Harâdeh........	50	3,000

BÉDOUINS.

RIVE DROITE du Nil.	NOMS des lieux.	NOMS des cheiks en 1830.	NOMBRE de cavaliers.	NOMBRE de fantassins.
Roum-Lath......	El-Arych............	Solyman..............	30	3,500
Honeym-el-Sâdynes		Saleh-Ebn-Nassyr......	300	500
Aleykat.........	Mont Sinaï..........	Ayd..................	100	200
Asseblahs.......		Abou-Taleb...........	»	100
Terrabyns.......	Baçatyn.............	Abou-Sarhân.........	»	150
El-Maazeh.......	En face de Syout et au-dessus.............	Ayd..................	400 hommes à dromadaire	100
Ebn-Habyb......	Keloubyeh...........	Ahmed...............	70	300
Heteym..........	Près de Belbeys......	Solyman-Abou-Oteyfah	200 hommes à dromadaire	4,000
Saouâneh........		Aly..................	10	400
El-Aydy.........	Mansourah...........	Ibrahim..............	15	300
Abazâbs.........		Hassan-Abâza.........	8	200
Bakârieh........	Atfeyhyeh...........	Aly-Ebn-Abou-Kourâh (1)	150	200
Aly-el-Baye.....		Aly-el-Baye..........	»	800

BYCHARIS.

Les Arabes ont désigné sous le nom collectif de *Bedjaz* une partie des descendants des anciens *Blémies*. Après des défaites successives, cette nation, quelquefois redoutable à Rome elle-même, se divisa en deux catégories fort distinctes. — L'une se fixa dans les villes,

(1) Ce cheik est le fils d'une Française enlevée à Mansourah pendant l'occupation de l'Égypte par Bonaparte. Cette femme, que les Arabes nommaient *la signora*, jouissait d'une grande influence auprès des populations indigènes.

et adopta la vie régulière des citadins; l'autre continua de se faire craindre des peuplades environnantes, et vécut en nomades sous des tentes, dans les déserts et les montagnes. C'est ceux-là qu'on appelle *Bedjaz*. Quelques-uns ont pensé que les *Ababdeh* et plusieurs autres tribus africaines devaient faire remonter leur origine aux *Blémies*; d'autres la font remonter aux Bycharis.

Le territoire de la tribu des *Bycharis* commence, au nord, où finit le pays des *Ababdeh*, et s'étend au sud jusque dans le voisinage de Souakem; il occupe toute cette chaîne de montagnes qui longe la côte orientale de l'Afrique, et paraît être le berceau commun de ces peuplades sauvages connues sous le nom générique de *Troglodytes*.

Les Bycharis, comme les Ababdeh, ont des traits européens avec la peau africaine ; il est rare de trouver parmi eux un homme contrefait ou estropié, un borgne ou un aveugle. Les femmes sont remarquablement bien faites, elles ont de beaux yeux et de belles dents, et leur physionomie est plus vive que celle des femmes qui portent constamment le *borqo*.

Cette tribu parle une langue qui n'offre aucun rapport avec l'arabe, et paraît plutôt se rapprocher du langage usité chez les Abyssiniens et les Berbers.

ABABDEH.

Parmi les tribus nomades il en est une qui, par son importance, mérite une attention spéciale : c'est la tribu des *Ababdeh*, qui occupe le pays situé à l'est du Nil, sur le bord de la mer Rouge, depuis Kosséir jusqu'aux frontières de la Nubie, pays sauvage, sillonné par d'arides montagnes.

Les Ababdeh appartiennent à la famille troglodytique, et ont conservé les traces indélébiles et authentiques de leur origine africaine. C'est à tort que des voyageurs modernes les ont considérés comme descendants des tribus arabes. Les dissemblances entre ces deux races sont trop frappantes ; d'ailleurs, les Arabes, jaloux de conserver la pureté de leur extraction, ne se sont jamais alliés qu'individuellement avec les Africains, et leurs tribus ont toujours vécu isolées et indépendantes des populations indigènes.

Incontestablement issus de la race africaine, les Ababdeh prétendent néanmoins être nés de sang arabe ; et c'est dans la tribu même du Prophète qu'ils vont chercher leur origine. Voici ce qu'ils racontent à cet égard.

Abad-ebn-Zeber, Koréischite, chef d'une tribu du Hedjaz, s'empara de Kosséir et du littoral. Il avait trois fils : Amr, Mossour, et Homran. *Amr* ou ses descendants occupèrent le territoire jusqu'à Fazogl ; Mossour occupa le *Davel Monnasyr* ; Homran et les siens s'établirent dans la Thébaïde. Les trois familles qui portent les noms des fils d'Abad forment aujourd'hui la tribu des Ababdeh.

Les Ababdeh sont presque noirs ; mais leurs traits sont réguliers et tiennent plutôt du type caucasien que de la race nègre. Ils sont petits, mal faits, mais généralement lestes et vigoureux. Leurs yeux sont grands et expressifs, leurs dents belles et bien rangées, quoique longues et proéminentes. Leurs cheveux, qu'ils tressent avec beaucoup de soin, deviennent très-longs, quoiqu'ils soient fort crépus.

Au nombre de leurs vertus il faut compter une sobriété extrême : l'eau, le lait de leurs troupeaux et le doura forment leurs principaux aliments. Pour eux une pipe garnie de tabac est un objet de luxe ; et un morceau de mouton gras, souvent cru, et assaisonné seulement de cheyteita (espèce de poivre rouge très-fort), leur semble un mets des plus friands.

Les Ababdeh ont un idiome particulier, qui paraît être celui des aborigènes et l'ancien éthiopien ; mais par suite de leurs relations avec les marchands d'Égypte et du Hedjaz, la plupart de ces barbares ont adopté la langue arabe, et se sont convertis à l'islamisme ; cette transformation n'a pas peu contribué, peut-être, à les faire confondre pendant longtemps avec les tribus arabes.

Les *Beniwassel*, les *Muhazé* et les *Howatat*, qui semblent être des divisions de la tribu mère des Ababdeh, habitent encore plus au nord, dans la Basse-Égypte ; les premiers se trouvent près de *Monfalout* et *Minieh* ; les seconds sous le parallèle de *Fayoum*, *Benisouef* et *Boustré*, près de la mer Rouge ; les troisièmes ont leurs habitations dans l'isthme de Suez.

En 1830, le cheik des Ababdeh se nommait Abou-Otayfah. Ils ont environ huit cents hommes de guerre, qui sont montés non pas sur des chevaux, mais sur des dromadaires dont la vitesse est célèbre ; ils n'ont point de fantassins.

OSMANLIS.

Les Turcs sont aujourd'hui les véritables maîtres du pays, comme au temps de la conquête par les sultans de Constantinople. Les troupes laissées en Égypte par

Selim, favorisées par des prérogatives de tout genre, s'y fixèrent définitivement, et devinrent le noyau d'une armée et d'une aristocratie toutes-puissantes.

Les Osmanlis sont, en général, d'une taille assez élevée; ils ont la tête grosse, le front plat et bas, les yeux assez éloignés l'un de l'autre, le nez un peu fort et retroussé, les lèvres épaisses et saillantes, la face large, la peau blanche; leur complexion est robuste, mais une tendance très-prononcée à l'obésité les rend lourds et difformes de bonne heure. Leurs fréquentes alliances avec les races pélagiennes sémitiques et négroïdes modifient le type primitif des Tatares. Chez les individus qu'on pourrait appeler Turco-Grecs les traits ont beaucoup plus de dignité et de grâce. Ceux-là ont le nez grec ou aquilin sans exagération, leur bouche est plus petite, leurs yeux sont moins écartés, et l'expression de leur visage, au lieu d'être mélancolique et pleine d'apathie, a quelque chose de vif et d'enjoué. C'est à ce type mêlé qu'appartient la belle figure de Méhémet-Ali.

Le type turc n'a pas beaucoup altéré la race égyptienne moderne : les Turcs s'allient entre eux, ou épousent des femmes étrangères, qu'ils ont achetées; le climat de l'Égypte n'est pas favorable, d'ailleurs, à la fusion des races. Nous répéterons ici un fait déjà cité dans la vie de Méhémet-Ali, pour les conséquences politiques qu'il doit avoir un jour. Si sur quatre-vingt-trois enfants nés en Égypte dans le harem du grand pacha cinq seulement ont survécu, on peut dire que les Osmanlis ne fondent pas de familles chez eux dans le pays qu'ils ont conquis. Il en a été de même pour les mamelouks, chez lesquels la dégénérescence était tellement rapide, qu'ils préféraient recruter leur corps au dehors par des achats d'hommes, et ne point y admettre le peu d'enfants abâtardis dont leurs nombreuses esclaves les rendaient pères.

GRECS.

Les Grecs conservent aussi en Égypte les traits distincts de leur race : leur forme idéale, classique, ne se trouve point parmi les indigènes. Dans les harems il y a beaucoup d'esclaves grecques, et leur présence au milieu des familles turques contribue à former le groupe turco-grec, autant que l'influence meurtrière du climat de l'Égypte sur les Européens et les Asiatiques peut le permettre. Comme les Grecs sont chrétiens, et par conséquent monogames; comme, en outre, ils n'ont point de harems, la race ne s'altère pas chez eux par des croisements avec le type nègre; en général, quand leurs femmes ne sont pas grecques, elles sont arméniennes.

ARMÉNIENS.

Les Arméniens représentent en Égypte l'un des types les plus purs de la grande famille caucasienne. Leurs traits sont à peu près ceux des Grecs; mais leurs formes sont plus lourdes et leur corps plus ramassé; leur figure, d'un ovale plus long et plus étroit, a une expression sombre et farouche bien différente de la physionomie ordinaire des Grecs; leur teint est aussi moins blanc que celui de leurs coreligionnaires. Les Arméniennes sont extrêmement jolies; mais un embonpoint excessif les prive de bonne heure de la grâce naturelle de leur sexe.

SYRIENS.

On compte en Égypte environ 5,000 Syriens. Cette population flottante se compose des divers éléments du peuple syrien : elle comprend des *Grecs*, des *Arabes sédentaires* et *nomades*, des *Turcs*, et des *Kourdes*. A la race *pélasgique* appartiennent les *Grecs* proprement dits et les *Maronites*. La race *sémitique* comprend les *Arabes sédentaires*, les *Ansariés*, les *Motoualis*, les *Druses* et les *Bédouins*. La race *tartare* se divise en *Turcs* et en *Turcomans*. Les habitants du Liban n'ont pas le teint plus foncé que celui des hommes du centre de la France, et on vante les femmes de Damas et de Tripoli pour leur blancheur et la beauté de leurs yeux. Les Syriens, en général, de quelle race qu'ils soient issus, sont de stature moyenne, et musculeux sans être gras. Il faut en excepter cependant les Bédouins, qui sont d'une maigreur extrême et fort petits, quoique vigoureux et bien portants.

Quant aux Kourdes, ils ne ressemblent en rien au reste de la population. Au lieu du nez droit des Grecs, du nez plat des Tartares, ou du nez aquilin des Arabes, ils ont un nez très-épais qui tient la

8ᵉ *Livraison.* (ÉGYPTE MODERNE.) 8

moitié de leur visage ; le front bas, le crâne aplati, une grande bouche, et les joues creuses composent leur physionomie, où l'idiotisme le dispute à la férocité. On donne aux *Kourdes* les Parthes pour ancêtres.

JUIFS.

Sans patrie et dispersés dans toutes les contrées du globe, confondus dans la masse des populations sans jamais s'y mêler, les Juifs sont comme ces cours d'eau rapides qui traversent des lacs en gardant leur teinte naturelle.

Cette caste à part offre en Égypte un caractère moins insolite qu'il ne le paraît en Europe. Depuis des siècles, l'histoire des Juifs suit pas à pas l'histoire et les traditions antiques des peuples indigènes de l'Égypte ; c'est à des Juifs qu'on attribue la construction de la plupart des monuments et les grands travaux de canalisation dont nous admirons encore les vestiges ; ils ont été tout à la fois les esclaves et les maîtres des Égyptiens ; et malgré leur long séjour sur les bords du Nil, dans la prospérité ou dans l'abaissement, ils ont gardé intacts les traits et les formes originelles, et n'ont point laissé dans la population de traces appréciables de leur passage.

Là comme ailleurs on distingue facilement les Juifs par le type inaltérable de leur physionomie. Quelques individus ont des cheveux châtains ou blonds, et des yeux bleus. Ceux-là ont un teint fort blanc, et se font justement remarquer en Orient par un contraste tout opposé à celui que les Juifs, en général, présentent dans certains endroits de l'Europe ; car en Égypte ils forment un peuple blanc au milieu des races noires, tandis qu'en Allemagne et dans le nord de la France les Juifs se font remarquer plus souvent par la teinte olivâtre de leur peau et la couleur foncée de leur chevelure. Le soin qu'ils prennent de cacher leur richesse sous une apparence de misère et leur malpropreté naturelle font que l'on a souvent de la peine à démêler dans ces êtres réprouvés la configuration énergique et régulière des peuples sémitiques. Les femmes juives de la classe aisée, qui vivent dans l'abondance et la paix, sont souvent d'une beauté frappante, tout en présentant les linéaments du visage, quelquefois repoussant, des hommes.

ESCLAVES BLANCS.

La destruction du corps politique des mamelouks par Méhémet-Ali, et surtout l'influence de la Russie dans toutes les provinces qui alimentaient les marchés de Constantinople, a beaucoup diminué l'importation des esclaves blancs en Égypte. Ce ne sont pas seulement des esclaves mâles que les Égyptiens réclament de la Circassie, de la Mingrélie et de la Géorgie, ils y fournissent encore leurs harems de femmes admirablement belles. Les *Circassiennes*, et surtout les *Géorgiennes*, ont le cerveau très-développé ; chez elles l'angle facial est de 80°. Leur figure est ronde, leurs yeux sont très-beaux, leur nez est grec, leur bouche petite et garnie de dents parfaitement rangées. L'embonpoint excessif qui résulte de leur oisiveté augmente leurs charmes aux yeux des Turcs. Les enfants qu'elles mettent au monde sont rarement doués du beau sang de leur mère, et presque tous meurent en bas âge.

ABYSSINIENS.

On amène chaque année en Égypte un nombre assez considérable d'Abyssiniens pour les vendre comme esclaves ; et un plus grand nombre encore de femmes de ce pays passent dans les harems des musulmans. Ces esclaves se divisent en trois variétés : la première vient des côtes de la mer Rouge ; la seconde, de l'intérieur de l'Abyssinie ; la troisième, du pays des *Gallas occidentaux* sur les frontières de la Nigritie.

Les habitants des rives de la mer Rouge ont la conformation de la tête et les traits des Arabes ; leur peau est à peu près de la teinte de celle des mulâtres, ils ont des cheveux crépus sans être laineux.

Les Abyssiniens de l'intérieur sont d'une couleur moins foncée encore ; leurs cheveux, longs et bouclés, n'ont aucune ressemblance avec ceux des Nègres. Ces deux variétés tiennent beaucoup du type arabe pur ; cependant leurs traits sont plus réguliers et plus doux que ceux des Arabes. Leurs formes, moins grêles, n'accusent point de vigueur, car leur cons-

Bazar d'Oranges, Figues, et Citrons.

ÉGYPTE MODERNE.

titution est généralement délicate ; ils manquent de force physique et d'énergie morale, mais non d'intelligence et de cœur.

La troisième variété de la race abyssinienne forme une transition entre la famille sémitique et la famille négroïde. Les *Gallas occidentaux* ont la peau presque noire, les cheveux laineux, et leur physionomie générale présente une grande analogie avec celle des Nègres.

Les Abyssiniens ont peine à s'acclimater en Égypte ; les femmes surtout meurent dans un âge peu avancé, et rarement elles atteignent leur quarante-cinquième année ; les enfants qu'elles donnent à leurs maîtres ne vivent pas, ou végètent attaqués par des maladies de poitrine et des affections scrofuleuses ; malgré cela, les Turcs recherchent passionnément les Abyssiniennes, à cause de leur beauté et de leur aimable caractère.

ESCLAVES NOIRS.

Ce sont les nègres du Darfour, du Kordofan et des provinces du Kamamil qu'on amène esclaves en Égypte ; les différentes tribus de ces contrées présentent des variétés très-nombreuses dans les formes du corps ou de la tête, dans la couleur de la peau, ou l'expression du visage. Ce sont toujours néanmoins des crânes déprimés, dont l'angle facial est de 72° à 62°, des nez complétement épatés, des mâchoires très-proéminentes, d'énormes bouches bordées de lèvres épaisses, des têtes rejetées en arrière sur un col grêle et bas, des épaules hautes, carrées, des membres sans grâce et sans rondeur, et d'énormes pieds plats avec des talons saillants et larges. Ce sont eux qui gardent les femmes des riches dans les harems, après avoir subi la castration. Comme les eunuques blancs, les eunuques noirs ont une voix de femme ou même d'enfant, et acquièrent un embonpoint souvent monstrueux. Bien que tous les esclaves africains ne soient point mutilés, ce n'est pas par les esclaves mâles que s'opère le mélange des races négroïde et caucasienne ; les Turcs admettent par lasciveté des femmes noires dans leurs harems, et voient sans regret une partie de leur lignée reproduire les traits d'une race inférieure en beauté comme en intelligence, tandis qu'une autre rappelle l'élégante forme pélasgique, et promet les plus belles facultés intellectuelles. Du reste, les enfants des négresses ne supportent pas mieux le climat de l'Égypte que ceux des Géorgiennes ou des Abyssiniennes.

EUROPÉENS.

Comme les Européens ne forment guère d'alliance durable en Égypte, et comme ils y sont en fort petit nombre, on ne saurait préciser quelle serait sur eux l'influence du climat, s'ils cherchaient à s'y établir. Il est vraisemblable que des familles humaines si différentes de l'antique race égyptienne finiront par s'éteindre entièrement après un petit nombre de générations.

DURÉE DE LA VIE CHEZ LA POPULATION ÉGYPTIENNE.

Les anciens Égyptiens jouissaient d'une longévité remarquable : les inscriptions funéraires en font foi ; et l'auteur du *Crania ægyptiaca* remarque que sur cent crânes qui lui furent envoyés, et qui avaient été pris au hasard, il en trouva deux de soixante à soixante-dix ans, trois de soixante-dix à quatre-vingts, et deux de quatre-vingts à quatre-vingt-dix ; la proportion est de beaucoup plus forte que celle des populations de l'Europe, où l'on ne trouve pas sur mille individus deux personnes âgées de quatre-vingt-dix ans. D'autre part, soit que les enfants fussent embaumés d'une manière particulière, ou qu'on les déposât dans des tombeaux non encore retrouvés, on rencontre comparativement peu de momies d'enfants. En l'absence de renseignements, nous serions porté à croire qu'une grande salubrité et une sage entente des soins nécessaires à l'enfance diminuaient alors considérablement la proportion de la mortalité pendant les premiers temps de la vie.

Aujourd'hui le contraire a lieu en Égypte, et la mortalité y est effrayante parmi les enfants. L'époque du passage de l'enfance à la puberté est aussi fort dangereuse et fort meurtrière ; mais ces deux terribles épreuves passées, les Égyptiens sont fondés à espérer une longue carrière. Cependant si le climat de l'Égypte, dans une condition normale, est favorable à la population indigène, il paraît complétement nuisible aux peuples étrangers.

Ainsi les Nègres, qui dans leur patrie parviennent à un âge fort avancé, s'usent et meurent rapidement en Égypte, quoique les conditions climatériques n'y présentent pas des différences extrêmes. Nous nous gardons bien de prendre à la lettre, dans cette appréciation, ce que les Nègres eux-mêmes racontent, et ce que disent la plupart des voyageurs. En Orient personne ne sait son âge; et parmi les tribus sauvages, souvent vagabondes, c'est seulement par une estimation approximative que l'on parvient à connaître la durée de la vie. Il résulte d'une série importante de témoignages qu'il existe au Darfour beaucoup d'individus ayant toutes les apparences d'une vieillesse très-avancée. Or, tous les voyageurs savent qu'on voit en Égypte, au contraire, les Nègres les plus vigoureux s'étioler et s'éteindre en très-peu de temps.

Du reste, la faculté d'acclimatement est en raison directe de la perfection des organes. Les sauvages n'endurent point impunément le moindre changement de lieu, de vie et d'habitudes, tandis que l'homme civilisé supporte facilement des variations considérables de température, et des révolutions radicales dans ses habitudes et son alimentation. Ainsi les noirs du centre de l'Afrique périssent en deux ou trois années dans les colonies anglaises de la Côte d'Or, tandis que les Européens supportent dans la Haute-Égypte une chaleur de 48°, et dans l'Amérique du Nord un froid de 56°, extrêmes qui présentent la différence énorme de 104°.

Mais cette faculté congéniale ne peut se transmettre au même degré à des enfants conçus et élevés dans un milieu formé d'éléments sans analogie avec les principes constitutifs du sol originaire; et c'est par là qu'on pourrait expliquer comment les races étrangères de la population de l'Égypte sont affectées diversement par l'influence fâcheuse du climat. Pour les individus appartenant à des races perfectionnées l'action est médiate; ils vivent en Égypte aussi longtemps que dans leur propre pays, et leur santé y est aussi bonne; mais à la première génération, la nature du pays reprend ses droits, surtout quand le moindre mélange avec des races inférieures place l'enfant dans d'autres conditions que le père. — Pour les individus issus de races sauvages ou barbares, l'action est immédiate : dès leur séjour en Égypte ils souffrent, et s'il se prolonge ils meurent.

CHAPITRE IV.

RELIGIONS.

Lorsque Méhémet-Ali arriva au pachalik d'Égypte, il eut soin, en politique adroit, de développer les germes de tolérance laissés par l'invasion française. Les chrétiens devaient être utiles à ses desseins : il les protégea. Dans son œuvre de réforme, Méhémet-Ali eut d'abord à combattre le fanatisme des ulémas et des cheiks. Tantôt il employa le despotisme pour détruire des préjugés religieux, tantôt il feignit de se soumettre aux représentations des chefs du culte musulman, éludant ensuite par une négligence calculée l'exécution des mesures qu'il était forcé de prendre. Ce fu ainsi qu'il gagna du temps, et le temps créa l'habitude; les musulmans s'accoutumèrent peu à peu à voir des chrétiens porter des turbans semblables aux leurs, des pantoufles rouges ou jaunes, et à les rencontrer à cheval dans les rues. A ce propos, nous rappellerons la requête adressée par les musulmans de Damas à Ibrahim-Pacha lors de l'expédition de Syrie : les dévots de Damas demandaient qu'il fût défendu aux chrétiens d'aller à cheval, afin que les musulmans fussent toujours au-dessus d'eux. Le pacha répondit que si les musulmans voulaient garder leur position supérieure, ils pouvaient monter des dromadaires, ce que les chrétiens se garderaient bien d'imiter.

Toutes les religions jouissent en Égypte, non pas d'une faveur égale, mais d'une paix assez constante, et d'une liberté que la conscience a souvent réclamée en vain dans des empires que l'on regarde comme beaucoup plus civilisés.

L'Égypte a subi successivement l'influence des trois religions principales

Colonne d'infanterie avant l'expédition française. — Anxnahay — Régt. Hanitrakı

qu'on y retrouve encore aujourd'hui. Sans avoir jamais été juive, ses rapports avec le *peuple de Dieu* ont dû avoir une influence sensible sur ses mœurs et sa morale religieuse. L'Égypte entière fut chrétienne sous la domination romaine et sous l'empire d'Orient; mais, quoique si voisine de l'Église d'Afrique, l'Église égyptienne n'eut jamais la ferveur et l'éclat du berceau des Ambroise et des Augustin.

Les juifs d'Orient regardent le *Talmud* comme d'origine divine. La seule différence qu'ils font entre ce livre et le *Pentateuque* est que le *Talmud* a été communiqué verbalement à Moïse, tandis que le *Pentateuque* lui a été donné. Leurs cérémonies religieuses, et les moindres formalités du culte, de la vie civile, ou des relations domestiques, sont les mêmes en Orient que partout ailleurs.

Les caraïtes sont une secte de la religion juive; en Turquie ils sont placés sous la protection de la Russie ou de l'Autriche; mais en Égypte ils forment une communauté nombreuse. Les caraïtes rejettent le *Talmud* et tous les commentateurs. Chacun d'eux est obligé de transcrire le *Pentateuque* une fois en sa vie, et ils en prennent à la lettre toutes les prescriptions avec une exactitude scrupuleuse. Ces sectaires admettent la polygamie; mais il est rare qu'ils épousent plus d'une femme. Les rabbins prétendent que l'hérésie caraïte est née vers le milieu du huitième siècle de l'ère chrétienne; mais les hérésiarques font remonter leur origine jusqu'à une époque antérieure à la destruction du premier temple de Jérusalem; les juifs orthodoxes et les caraïtes se portent la haine la plus violente.

Les mahométans regardent les juifs comme leurs ennemis les plus acharnés. On lit dans le Koran : « Tu trouveras que les plus violents ennemis des vrais croyants sont les juifs et les idolâtres; et tu trouveras que les plus portés à aimer les vrais croyants sont ceux qui disent : « *Nous sommes chrétiens.* » Une locution proverbiale, fort usitée parmi les musulmans, qualifie de *haine juive* une inimitié irréconciliable : *Il a pour moi une haine juive*, disent-ils.

Les coptes jacobites ou schismatiques, nom que l'on donne ordinairement aux sectateurs de l'Église d'Alexandrie, forment la classe la plus nombreuse parmi les chrétiens. On en compte environ cent soixante mille, répandus dans les provinces de la Haute et de la Basse-Égypte; au Caire, ils occupent deux des quartiers les plus populeux. Attachés aux anciens usages, observateurs rigides des préceptes de leur Église, les coptes obéissent sans contrainte aux commandements de leur patriarche, qui réside au Caire, quoiqu'on lui donne le titre de *patriarche d'Alexandrie et de Jérusalem*. Outre le baptême des enfants, qui doit avoir lieu à l'église, ils pratiquent aussi la circoncision; mais c'est plutôt pour eux une coutume nationale et une mesure de propreté qu'une cérémonie religieuse. Les coptes admettent la confession auriculaire, et communient sous les deux espèces. Le clergé copte nomme le patriarche, qui, comme nous l'avons dit, a un pouvoir illimité. Nul ne peut recevoir la prêtrise s'il n'est marié, et pourtant tout individu marié en secondes noces est inhabile au sacerdoce. La manière de sacrer les prêtres est remarquable : le postulant est amené de force devant le patriarche, qui, malgré les protestations d'indignité du candidat, persiste à lui conférer l'ordination. Contrairement aux conditions exigées pour les fonctions cléricales de la classe séculière, le célibat est obligatoire pour l'état monastique; mais aussi ceux qui choisissent cette profession sont privilégiés, car c'est exclusivement parmi les moines qu'on choisit les hauts dignitaires de l'Église copte. Les offices sont célébrés en langue copte, bien que les prêtres, excessivement ignorants, ne comprennent point un mot de cette langue antique; ils lisent l'Évangile dans des termes qui sont pour eux lettre close, et que le plus souvent ils défigurent; le dernier membre du clergé copte qui ait possédé la connaissance de l'idiome dans lequel sont écrites la parole divine et la liturgie est mort dans le courant du dix-huitième siècle.

Les coptes possèdent environ cent églises ou monastères, dont la plupart ont été placés dans des lieux d'un accès difficile, et à l'abri des invasions des Bédouins, toujours disposés au pillage et à la destruction. Ils ne s'allient qu'entre eux, et forment, au milieu de la population égyptienne, une nation à part, avec ses mœurs et ses usages particuliers. Le nom de jacobites leur vient de *Jacob Baradaï* ou *Zauzalus*, moine syrien, qui, au sixième siècle, parcourut la Syrie et la Mésopotamie pour réunir en une seule Église les monophysites dispersés.

Les coptes doivent baptiser leurs fils lorsqu'ils ont quarante jours, et leurs filles à quatre-vingts jours; ils pensent que si l'enfant meurt sans baptême, il sera aveugle dans l'autre vie; en outre, l'inobservance de cette prescription est un péché grave pour les parents; cependant les gens de la classe pauvre, qui se trouvent quelquefois fort éloignés des églises, diffèrent souvent cette cérémonie pendant une année entière. Le baptistère est tout simplement un des coins du temple; les fonts baptismaux consistent le plus souvent en un large vase de terre, mais quelquefois on donne cette destination à un chapiteau antique, grossièrement creusé. Le baptême copte se fait par immersion; l'enfant est plongé trois fois dans une eau tiède où le prêtre a jeté avec le pouce un peu d'huile sainte; les prières qui accompagnent cette cérémonie sont dites en copte.

Il est digne de remarque que les prières quotidiennes des coptes tiennent à la fois de celles des juifs et de celles des musulmans. Ils sont astreints à prier sept fois par jour, et peu s'abstiennent de cette pratique. Les premières dévotions se font au point du jour; les secondes, à la troisième heure; on accomplit encore cet acte religieux à la sixième heure, à la neuvième, à la onzième et à la douzième, qui est celle du coucher du soleil; la septième oraison se fait à minuit. Pour ceux qui savent lire, la prière se compose de quelques-uns des psaumes de David (formant à peu près la septième partie du Psautier), et d'un chapitre des saints Évangiles; le tout en arabe. Ensuite on répète quarante et une fois, en arabe ou en copte : « O Seigneur! ayez pitié de moi!. »

De peur d'omettre une de ces invocations, on se sert d'un chapelet ayant quarante et un grains, ou bien on compte attentivement sur ses doigts; enfin l'acte religieux se termine par une courte prière en copte. Ceux qui ne savent pas lire répètent sept fois la prière dominicale à chacune des sept oraisons de la journée; ils y ajoutent aussi quarante et une fois : « O Seigneur! ayez pitié de moi! »

Avant de prier, soit en commun, soit en particulier, les coptes se lavent le visage, les mains et souvent les pieds; en priant, ils se tournent vers l'est.

En vaquant à leurs affaires ou en se promenant ils répètent souvent leurs prières habituelles, ou du moins l'oraison dominicale.

Les grandes églises des coptes sont divisées en cinq compartiments. Le *heykel* ou chœur contient l'autel, et occupe le centre du compartiment qui forme la partie supérieure du vaisseau; il est séparé du reste de l'église par une cloison en bois, au milieu de laquelle se trouve une porte voilée par un rideau. Le second compartiment est destiné aux prêtres qui lisent les oraisons, et aux enfants qui leur servent d'acolytes, ainsi qu'aux principaux membres de la congrégation; cette partie est séparée du reste de l'église par un lattis de huit ou neuf pieds de haut, ayant une ou plusieurs ouvertures. Les membres inférieurs de la congrégation occupent les deux autres divisions de l'église; celle qui se trouve près de l'entrée est réservée ordinairement aux femmes, qu'un épais treillage de bois cache entièrement aux regards indiscrets; dans quelques temples pourtant elles occupent une petite galerie fermée par une draperie; dans d'autres leur place est dans les ailes latérales du bâtiment. Dans tous les cas, elles sont toujours complétement isolées des hommes. L'église ne contient aucune statue, mais les murailles sont revêtues de quelques images de saints grossièrement peintes. Les hommes ôtent leurs souliers en entrant dans l'église, mais ils gardent leur turban. Pieds nus sur les nattes qui tapissent partout les dalles, ils se rangent debout, les uns à côté des autres, et s'appuient pendant l'office sur une espèce de béquille ayant de quatre à cinq pieds de longueur ; ce support n'est pas inutile, car on ne se sert point de siége, et l'office dure de trois à quatre heures. Dans leurs génuflexions, les coptes inclinent la tête jusqu'à terre, comme les musulmans, et le prêtre les bénit alors avec une petite croix d'argent.

On ne se sert pas de cloches pour appeler les fidèles à l'église ; l'heure du service divin est annoncée par les sons éclatants de cymbales d'une grande dimension. Les prêtres qui officient dans le *heykel* sont revêtus de robes magnifiques ; ceux qui les assistent seulement portent leur costume de ville. Comme nous l'avons dit, l'office se fait en copte ; tout autre langage est interdit dans le *heykel* ; mais ceux des ecclésiastiques qui sont placés dans la seconde division de l'église, la face tournée du côté du chœur, lisent et chantent des paraphrases arabes ou coptes. Leur psalmodie est à peu près la même que celle des musulmans qui récitent le Koran. Les prêtres ne doivent pas s'asseoir pendant qu'ils officient ; mais comme le service est très-long, ils l'interrompent plusieurs fois pour s'asseoir durant quelques minutes, et dans ces intervalles de repos des cymbales de différents tons remplissent l'église d'un bruit assourdissant, jusqu'à ce que la cérémonie recommence.

Pendant la célébration de l'office, un prêtre sort de temps à autre du *heykel*, et vient encenser et bénir, par l'imposition des mains, chacune des catégories de fidèles. L'usage d'inonder fréquemment l'édifice des flots d'une fumée odorante n'est pas une vaine cérémonie dans ces églises basses, sombres et pleines des miasmes putrides qui s'échappent des tombes. La communion se fait sous les deux espèces ; on trempe le pain dans le vin pour les fidèles, les prêtres seuls boivent le vin. Le prêtre officiant communie toujours seul, et cet acte est accompagné d'une foule de cérémonies mystérieuses ; en terminant, il lave d'abord les vases sacrés, puis ses mains, enfin il boit l'eau qui a servi à ces divers lavages ; prenant de l'eau bénite à deux mains, il en asperge tous les assistants, et en mouille la barbe de ceux d'entre eux qui s'approchent de lui. Une distribution de pain bénit est alors faite, et le peuple est congédié.

Les coptes observent des jeûnes longs et sévères. Une semaine avant le grand carême a lieu un jeûne de trois jours, en commémoration de celui de Ninive. Le grand carême dure cinquante-cinq jours ; il y en a encore trois autres : un de vingt-huit jours, avant la Nativité ; un second qui dure depuis l'Ascension jusqu'au cinq du mois ébed : on l'appelle *le jeûne des apôtres* ; et un troisième de quinze jours, qui précède l'Assomption (*le jeûne de la Vierge*). Les mercredis et les vendredis sont des jours d'abstinence pendant toute l'année, à l'exception des quinze jours qui précèdent le grand carême.

Le calendrier religieux des coptes compte sept grandes fêtes : *la Nativité* (*id el Milad*) ; *le Baptême* (*id el Ghœtas*) ; *l'Annonciation* (*id el Besharah*) ; *les Rameaux* ou *les Palmes* (*id esh Shaanen*) ; *la Résurrection* (*el id el Kebeer*) ; *l'Ascension* (*id es Sooud*) ; *la Pentecôte* (*id el Ansarah*). Pour la première et la cinquième de ces fêtes les offices sont célébrés pendant la nuit qui précède la solennité. A chacune de ces époques on se pare de ses plus beaux habits, et on fait des aumônes. Le jour commémoratif du baptême de Jésus-Christ est consacré à un usage bizarre. Tous les hommes, vieux ou jeunes, se baignent soit dans un réservoir établi à ce dessein près des églises, et béni par les prêtres, soit dans une rivière quelconque, où l'on verse préalablement un peu d'eau bénite ; et pendant que l'un d'eux se baigne, les autres lui disent : « Baigne-toi, comme ton père et ton grand-père se sont baignés, et chasse l'islamisme de ton cœur. » Néanmoins, cette allocution n'est rapportée que par les Arabes musulmans.

Le jour des Palmes (*dimanche des Rameaux*) le prêtre récite les prières des morts pour toute la congrégation ; et si quelque membre vient à mourir entre cette époque et la fin du *khumasin* (la période de l'année où la peste est le plus redoutable), on ne répète point les prières sur son corps. Cette triste appréhension d'une grande mortalité produit toujours un effet profond sur un peuple si souvent décimé par la peste. Les coptes tiennent beaucoup à faire le pèlerinage de Jérusalem ; mais il ne peut être accompli que par les personnes de la classe aisée. Il se fait pendant la semaine sainte.

Les coptes haïssent beaucoup plus les autres chrétiens que les musulmans eux-mêmes, et on voit parmi eux beaucoup de conversions à l'islamisme.

On évalue à cinq mille le nombre des coptes *orthodoxes*, c'est-à-dire qui sont en communion avec Rome; leurs mœurs, leurs usages, sont à peu près ceux des *coptes jacobites*; la seule différence notable qui existe entre eux se trouve dans les cérémonies extérieures du culte. Toutefois le clergé copte latin est moins ignorant que celui des jacobites, et la secte entière participe à cette supériorité d'instruction. Ils ont au Caire un évêque et des prêtres du rite latin.

GRECS SCHISMATIQUES.

On compte en Égypte environ trois mille cinq cents Grecs schismatiques : il refusent, comme on sait, de reconnaître la suprématie du pape comme vicaire de Jésus-Christ, et rejettent le dogme qui fait procéder le Saint-Esprit du Fils aussi bien que du Père. Ils permettent le mariage des prêtres, et communient sous les deux espèces. Leur chef est le patriarche de Constantinople, et ils ont au Caire trois édifices religieux : le couvent de Saint-George, celui de Sainte-Catherine, et une église dédiée à Saint-Nicolas.

On trouve encore en Égypte une autre secte de schismatiques grecs, qui depuis quelques années s'est soumise à un patriarche particulier, résidant en Égypte; ceux-ci ne sont guère plus nombreux que les précédents.

ARMÉNIENS.

Les Arméniens sont environ au nombre de deux mille; ils reconnaissent un petit nombre de fêtes, et rejettent le culte des images.

Le *Credo* arménien n'admet qu'une seule nature en Jésus-Christ, ou plutôt il ne nie pas la nature humaine, comme Apollinaire; il ne confond pas les deux natures comme Eutychès, et il ne les divise pas absolument comme Nestorius; mais il enseigne que les éléments divins et humains sont unis inséparablement, comme l'âme et le corps sont unis pour former un être vivant.

Les Arméniens font remonter leur culte au temps même de la vie de Jésus-Christ. Ils se sont séparés de l'Église catholique en 525 de l'ère chrétienne, quatre-vingt-quatre ans après le concile de Chalcédoine, qui avait rejeté la doctrine d'Eutychès, et quarante-quatre ans après qu'un synode d'évêques eut excommunié cet hérésiarque. La séparation avait été résolue en 520 dans un concile tenu à Tavin, sous le patriarche Nercet II; elle fut quinze ans à s'accomplir. En 551, sous le patriarcat de Moïse Ier, les hérésiarques adoptèrent une ère, d'après laquelle ils comptent encore. Les Arméniens ont cinq patriarches principaux : le premier est celui de Constantinople, qui représente les *rayas arméniens* répandus dans tout l'empire ottoman; sa nomination doit être confirmée par le sultan.

Cette secte chrétienne est d'une extrême sévérité dans l'observance des pratiques religieuses. Outre le grand carême, elle en a institué dix autres de cinq jours chacun. Si l'on ajoute à ce nombre tous le mercredis et les samedis, qui sont également des jours d'abstinence, on trouve dans l'année deux cent deux jours de jeûne, pendant lesquels il faut s'abstenir de viande, de poisson, de beurre, d'huile, de lait et de vin. Les prêtres ont, de plus, deux autres carêmes de cinquante jours, l'un avant Noël, l'autre avant la Transfiguration.

Il y a quelques années, le patriarche arménien tenta de réformer son Église. Il voulait supprimer la confession auriculaire et mettre en vigueur ce précepte de l'Écriture, si souvent violé par les diverses religions issues du christianisme : « *Tu ne feras pas de Dieu à ton image.* » La proscription complète des images, tant de la divinité que des saints, trouva une opposition des plus vives chez les Arméniens, et le patriarche copte intervint même, et fit connaître au patriarche iconomaque la dangereuse inconvenance de ses idées; la réforme en est restée là pour le moment.

Quelques Arméniens, mais en petit

nombre, ont adopté le culte catholique; ils possèdent un temple spécial pour la célébration de leurs cérémonies religieuses.

Des nestoriens et des maronites se trouvent aussi en Égypte, où ils ont des chapelles, des églises, et d'autres établissements religieux. Comme les coptes, les prêtres maronites peuvent se marier.

CATHOLIQUES LATINS.

La population européenne fixée en Égypte forme l'Église catholique du rite latin, dont les différents temples sont desservis par les Pères de la terre sainte, religieux de l'ordre de Saint-François.

Conformément aux ordonnances de François Ier et de Louis XIV, qui s'en déclarèrent les défenseurs, les établissements religieux du catholicisme en Égypte sont restés sous la protection spéciale de la France.

Ces diverses sectes chrétiennes, jalouses les unes des autres, ont souvent offert aux musulmans le spectacle de déplorables conflits, et cela pour les causes les plus légères.

Ainsi, les grecs purs, les arméniens et les coptes s'entr'égorgeaient parce que les premiers faisaient le signe de la croix avec trois doigts; les arméniens, avec deux; et les coptes, avec un seul.

Aujourd'hui que le vice-roi protège toutes les religions sans distinction, et ne permet pas qu'une d'elles opprime les autres, ces haines intestines n'ont d'autre effet que d'augmenter le mépris que le musulman professe héréditairement pour les hommes qui ne sont point de sa religion.

ÉTABLISSEMENT DE L'ISLAMISME EN ÉGYPTE.

Séduit par la position politique et les richesses de ce pays, Mohammed avait toujours rêvé la conquête de l'Égypte; mais ce fut seulement sept ans après sa mort que cette conquête fut accomplie; le troisième successeur du prophète fut appelé à la réaliser. Les Égyptiens, dont la foi religieuse avait été fortement ébranlée par des schismes nombreux, n'opposèrent qu'une faible résistance, lorsque le lieutenant d'Omar, *Amrou-Ben-él-Aàs*, se présenta pour leur imposer des lois et une croyance nouvelle; d'un christianisme sans unité ils passèrent facilement au mahométisme.

FÊTES ET RITES RELIGIEUX.

Nous ne tracerons point ici l'histoire de Mohammed et des premiers califes; car cette partie a été traitée à fond dans un autre volume de l'Univers Pittoresque. (Voy. l'*Arabie* par M. Noël Desvergers.)

Les purifications ou ablutions, qui forment une des obligations principales de l'islamisme, sont un usage oriental dont l'origine se perd dans les temps les plus reculés. D'ailleurs, on ne doit y voir que des pratiques hygiéniques, indispensables à observer dans des climats chauds, et Mohammed les a revêtues d'un caractère sacré pour que personne ne s'en dispensât. Le croyant ne peut se livrer à aucun acte religieux avant de s'être préalablement lavé de toute souillure corporelle. Il y a trois espèces de purification: le *ghasl*, ou lavage pour les souillures matérielles du corps, de l'habit, ou du lieu où l'on prie; *el oudhouou*, ou l'ablution, qui consiste à se laver le visage, la barbe, les mains, les bras jusqu'au coude et les pieds jusqu'à la cheville; enfin le *ghousl*, lotion obligatoire après l'acte vénérien, pendant les pertes périodiques de la femme, les couches, etc.

Afin d'offrir en tous lieux aux vrais croyants une eau pure pour les ablutions, Mohammed a conseillé aux femmes de prier dans leurs maisons; rien n'est plus rare que de voir une femme dans la mosquée, bien que l'entrée lui en soit permise. Le pèlerinage de la Mekke n'est pas non plus obligatoire pour les femmes; mais dans aucun cas il ne leur est accordé de monter seules au sommet du mont Arafat. Si elles ne sont point mariées, elles prennent un époux, afin d'accomplir cette pieuse cérémonie, après laquelle ce mariage éphémère se trouve dissous de droit.

Comme le judaïsme et le christianisme, la religion mahométane met la piété au-dessus des autres vertus, et en fait le complément indispensable d'une vie méritoire et agréable à Dieu.

L'homme pieux doit préserver de

toute souillure ses sept membres, qui sans cette précaution peuvent devenir pour lui les sept portes de l'enfer. Les sept membres sont : *les oreilles*, *les yeux*, *la langue*, *les mains*, *les pieds*, *le ventre* et *les parties sexuelles*.

Les oreilles ne doivent entendre aucun instrument de musique. Elles doivent se fermer au mensonge, à la médisance, aux discours obscènes.

Les yeux n'ont pas moins de choses à fuir. Il est défendu à tout croyant de regarder un homme du nombril au genou. Les femmes ne peuvent jamais jeter les yeux sur cette partie du corps, quel que soit le sexe de la personne qu'elles ont devant elles. Quant aux hommes, la prescription est la même pour les femmes qu'ils ne peuvent épouser; et pour celles dont ils pourraient faire une épouse la loi est encore plus sévère. Les femmes légitimes et les esclaves sont placées en dehors de ces règles. L'œil ne peut sans péché épier furtivement les actions d'autrui. Il faut aussi se garder de jeter un regard de mépris sur un musulman. Les riches et pieux musulmans établissent sur le bord des routes, dans le voisinage des villes, ou à l'entrée des déserts, des fontaines ou des réservoirs construits avec plus ou moins de luxe. Souvent ces fontaines sont entourées d'édifices pour que les musulmans puissent accomplir à l'ombre leurs devoirs religieux; si, malgré ces fondations pieuses, le musulman manque d'eau, il peut purifier son corps en le frottant de sable, de terre, de poussière ou de toute autre substance pulvérisée et sèche, pourvu que nulle chose impure n'y soit mêlée; cette cérémonie symbolique, fondée sur l'exemple de Mohammed, s'appelle *teyemmoum*, et l'origine de son institution s'explique assez par la nature aride et sablonneuse du pays où fut institué l'islamisme.

La prière est un précepte de toutes les religions. La loi de Mohammed prescrit au fidèle cinq prières par jour : une avant le lever du soleil, une à midi, une entre midi et le soir, une au coucher du soleil, et une à l'entrée de la nuit. Les heures de la prière varient suivant les saisons : celle de l'aurore, par exemple, doit se faire au moment où l'on peut distinguer un fil blanc d'un fil noir.

Ceux qui n ont point accompli leurs dévotions dans la première partie de la journée peuvent effacer leur faute en priant plus que les autres pendant le reste du jour. Les heures de la prière sont toutes annoncées par les muezzins, dont la voix grave et solennelle appelle les fidèles du haut des minarets.

Les prières peuvent être faites en particulier, dans la maison, ou en plein air, ou bien en commun dans une mosquée, sous la direction d'un iman. L'assemblée suit alors scrupuleusement les mouvements du pontife, et répond *amen* à la récitation de chacun des versets qui font partie de la prière. Le *salat-el-gouma* (la prière du vendredi) se fait toujours sous la conduite d'un iman.

Pour que la prière soit efficace, la loi musulmane exige :

1° L'état de propreté ; 2° la décence dans le vêtement; 3° la direction du corps vers le temple de la Mekke, l'éternelle Caaba; et 4° la volonté ou l'intention.

Le musulman qui veut être dans la première de ces conditions doit faire les ablutions suivantes avec de l'eau pure, chaque fois qu'il se dispose à prier :

Laver les mains jusqu'au poignet. (*Ter.*)

Laver ou rincer la bouche. (*Ter.*)

Laver les narines. (*Ter.*)

Laver le visage. (*Ter.*)

Laver le bras droit jusqu'au coude. (*Ter.*)

Laver le bras gauche jusqu'au coude. (*Ter.*)

Ensuite passer la main droite mouillée sur le front, à la racine des cheveux; introduire les deux doigts index dans les oreilles; passer les pouces derrière les oreilles; passer le dos des mains sur le cou. (*Une fois.*)

Laver le pied droit jusqu'à la cheville. (*Ter.*)

Laver le pied gauche jusqu'à la cheville. (*Ter.*)

En finissant les ablutions, on prononce la profession de foi :

J'atteste qu'il n'y a de dieu que Dieu, et que Mohammed est son serviteur et son prophète.

L'ablution faite, le musulman se place

sur la natte qui couvre le sol de sa demeure, ou bien il étend dans le lieu où il se trouve un petit tapis destiné à cet usage ; ce tapis s'appelle en arabe *sedjadeh*. A défaut de natte ou de tapis, il ôte un de ses vêtements, l'étale à terre, et commence la prière.

D'abord il se tient debout, dans un recueillement respectueux, la face tournée du côté de la *kiblah*, petite niche qui, dans toutes les constructions consacrées au culte, sert à indiquer la direction du temple de la Mekke ; cette niche est ornée d'arabesques et de sentences tirées du Koran. Dans cette position, le fidèle fait en ces termes un *neut* ou vœu :

« Je veux offrir à Dieu deux rikats, qui forment la prière du matin, ou bien quatre rikats, qui forment la prière du soir. »

Puis il élève ses deux mains, les doigts entr'ouverts, en portant les pouces vers la partie inférieure des oreilles ; la femme ne doit élever les mains que jusqu'à la hauteur des épaules, afin de ne point se découvrir : ainsi placé, le musulman dit :

Allah-hou akbar!

Dieu est grand!

Ensuite il pose les mains sur le nombril, la droite sur la gauche, les doigts un peu détachés les uns des autres, les yeux fixés sur la place qu'il touchera en se prosternant, et il récite le *sourate-él-fatihat*, c'est-à-dire le chapitre d'introduction, et un autre chapitre du Koran à son choix.

Les différentes prières se composent de plusieurs rikats ; la prière la plus courte, celle du matin, n'a que deux rikats.

Dans les écoles du Caire, avant de retourner à la maison paternelle, les enfants musulmans récitent chaque jour, à l'*asr* (soir), et le jeudi seulement au *dour* (midi), une prière appelée *khezb*. Cette prière n'est pas récitée dans les écoles des mosquées.

En voici la traduction :

« Je cherche près de Dieu un refuge
« contre Satan le maudit. Au nom de
« Dieu le compatissant, le miséricor-
« dieux, le clément.

« O Dieu ! protège l'islamisme, ré-
« pands la parole de vérité, soutiens la
« foi, en conservant ton serviteur et
« le fils de ton serviteur, le sultan des
« deux continents, et le souverain des
« deux mers, le sultan, fils de sultan,
« Abd-oul-Medjid Khan. O Dieu ! pro-
« tège-le, protège ses armées et toutes
« les forces musulmanes.

« Seigneur de toutes les créatures,
« ô Dieu ! détruis les infidèles et les
« polythéistes, tes ennemis, les enne-
« mis de la religion. O Dieu ! rends
« leurs enfants orphelins. Souille leurs
« habitations, fais que leur pied glisse,
« donne-les, eux, leurs familles, leurs
« ménages, leurs femmes, leurs en-
« fants, leurs parents par alliance,
« leurs frères, leurs amis, leurs pro-
« priétés, leurs races, leurs fortunes
« et leurs terres, comme butin, aux
« musulmans, ô souverain Maître de
« toutes les créatures. »

Les docteurs musulmans, qui sont entrés dans des détails minutieux à l'égard des prières, ont établi un certain nombre de règles disciplinaires. Ainsi, tant que l'on est debout, on ne doit regarder que le tapis, et, dans la position du *tahyetou*, on ne doit jamais mouvoir le pied droit lors même qu'on veut accomplir le *sidjout* ou prosternation. En faisant les salutations, le regard ne doit pas s'étendre au delà des épaules ; enfin, on doit éviter soigneusement de bâiller pendant la prière, parce que le démon en profiterait pour s'insinuer dans le corps du croyant.

Indépendamment de ces prières quotidiennes que tout musulman doit faire isolément, soit dans sa demeure, soit dans les lieux où il se trouve accidentellement, soit dans les édifices consacrés au culte, les croyants doivent s'assembler le vendredi pour prier en commun, y assister à une cérémonie hebdomadaire appelée le *khotbah* : c'est, à proprement parler, une espèce de sermon qui se tient dans les mosquées principales de chaque ville et dans celles qui ont été fondées par les califes. Ce sermon prend régulièrement place après les prières ordinaires de midi ; en le prononçant, l'iman loue Dieu, célèbre la mémoire de Mohammed ; et du temps des califes, qui réunissaient à la fois les fonctions de souverain pontife et d'empereur, on y ajoutait des vœux, des prières et des acclamations pour la prospérité de celui qui régnait, pour la longue durée de sa puissance, ainsi que pour le bonheur et la gloire du prince désigné comme devant hériter de l'empire. Cet honneur, qui était un des attributs de la souveraineté, fut exclusivement réservé aux califes et à leurs successeurs présomptifs jusqu'en l'an 205 de l'hégire (820 de l'ère chrétienne). Quelques ouvrages religieux portent aussi pour titre le nom de *khotbah*.

Avant l'établissement de l'islamisme, le jeûne religieux existait déjà chez plusieurs peuples, entre autres chez les juifs et les chrétiens; et si ce n'était point une pratique religieuse pour les anciens habitants de l'Égypte, c'était au moins une mesure hygiénique généralement usitée chez eux. Mohammed dénatura cette institution en la rendant trop sévère. Le jeûne du ramadan, pendant lequel on doit s'abstenir de tout aliment, depuis l'aurore jusqu'au coucher du soleil, sans qu'il soit permis même de fumer ou de prendre un verre d'eau, dure un mois lunaire. Une abstinence aussi rigoureuse, maintenue pendant si longtemps, peut affecter la santé des individus obligés à des travaux pénibles.

Comme les musulmans ne font usage que du calendrier lunaire, il arrive que le ramadan est célébré successivement dans chacun des mois de l'année pour revenir tous les trente-trois ans à la même époque.

A ce long jeûne succède une fête qui dure trois jours, pendant lesquels les fidèles se dédommagent, selon la mesure de leurs moyens, des privations qu'ils se sont scrupuleusement imposées. Cette fête s'appelle le *Petit-Baïram*. Le *Grand-Baïram* ou *Courbam-Baïram* a lieu soixante-dix jours après le petit, et dure quatre jours. Le *Courbam-Baïram* a été institué en mémoire du sacrifice d'Abraham.

Toutes les religions ont recommandé l'aumône, comme une vertu. L'islamisme en a fait une loi dont il a réglé l'exécution. Tout croyant doit donner, chaque année, aux pauvres musulmans, au moins deux et demi pour cent de son revenu. Cette espèce de redevance peut se payer en argent, en bétail, en grains, en fruits ou en marchandises. Néanmoins, pour s'y trouver obligé il faut jouir d'une certaine aisance.

Le pèlerinage de la Mekke et les cérémonies pratiquées autour de la Caaba étaient des dévotions suivies par les Arabes bien des siècles avant Mohammed. Tout musulman, fidèle observateur de la loi du Koran, doit, au moins une fois dans sa vie, visiter la ville sainte.

Chaque année, des milliers de pèlerins se réunissent pour accomplir ensemble ce pieux voyage. La caravane part du Caire vers le 27 du mois de *chewal*, quelques jours après la procession du *mahmil*. Le *mahmil* est une caisse en bois qui contient la voile de la Caaba, et quelquefois deux exemplaires du Koran, destinés au temple de la Mekke; cet envoi se fait régulièrement tous les ans. La sainte caravane emporte avec elle, outre le *mahmil*, le trésor envoyé par le sultan à la Mekke et les divers dons faits par les princes, les villes ou particuliers. Les pèlerins se partagent en trois troupes : l'une suit la route du désert; le voyage par terre dure environ quarante jours : les deux autres troupes s'embarquent à Suez ou à Kosséir. C'est pendant les fêtes du *Courbam-Baïram* que les pèlerins, venus de tous les points de l'Orient, doivent se trouver rassemblés dans la ville qui a vu naître leur prophète.

Autrefois la ville sainte était visitée par de nombreuses caravanes, venues de tous les points de l'Orient, pour déposer de pieuses offrandes; mais aujourd'hui la ferveur religieuse s'est fort attiédie, même en Arabie; et, soit indifférence, soit par suite de la crainte qu'inspiraient les brigandages des Wahabytes, les pèlerinages, et surtout les dons, deviennent de plus en plus rares. Toutefois, les *hadjis* (pèlerins) sont toujours fort considérés, et ce titre confère une sorte de sainteté.

Le musulman qui déserte la loi de Mohammed est condamné à mort; on donne ordinairement trois jours de sur-

ÉGYPTE MODERNE.

MOURAD BEY.

sis à l'apostat pour réfléchir et abjurer son *idolâtrie*. Et si à l'expiration de ce temps de miséricorde il ne vient pas à résipiscence, on l'envoie devant Dieu implorer un pardon refusé par les hommes : Allah peut être clément, mais le fanatisme est inexorable.

Tout individu qui abandonne un autre culte pour embrasser l'islamisme devient le fils spirituel ou adoptif du prophète; ce qui lui donne le droit de porter le turban vert et des vêtements de la même couleur, privilége exclusivement réservé aux descendants de Mohammed; mais cette noblesse est purement personnelle, et ne se transmet pas aux enfants du converti.

Les renégats, dont la profession de foi a été déterminée par quelque calcul d'intérêt, n'obtiennent aucune considération; et même ils sont le plus souvent en butte à toute espèce de dédains et d'injures de la part de leurs nouveaux coreligionnaires.

Quant aux Orientaux ou aux Européens dont la conversion a lieu dans des circonstances favorables, dont la détermination, pure de tout soupçon de bassesse et d'intrigue, a eu manifestement pour cause unique une conviction sincère, lorsque leur vie est du reste probe et noble, que leurs mœurs sont irréprochables et qu'ils se conforment strictement aux prescriptions du Koran, ils sont traités, en toutes occasions, avec les plus grands égards; leur qualité les investit d'une sorte de sainteté, qui leur attire le respect et la vénération générale.

Selon quelques auteurs, les juifs qui veulent entrer dans le sein de la religion musulmane sont obligés de se faire d'abord baptiser comme chrétiens. Cette assertion est inexacte : pour apostasier ils ne sont soumis à aucune formalité spéciale, et peuvent passer sans profession intermédiaire du judaïsme à l'islamisme.

SECTES MUSULMANES.

L'islamisme a vu s'élever beaucoup de sectes dans son sein; cependant les docteurs musulmans affirment que leur nombre n'a jamais atteint *soixante-treize*.

Les deux principales, celles qui partagent encore les musulmans de nos jours, sont celles des *sonnites* ou orthodoxes, et des *schyytes* ou hérétiques. Cette séparation remonte à peu de temps après la mort du prophète.

Les *sonnites* reconnaissent l'infaillibilité d'Aboubekr, d'Omar et d'Osman; ils admettent toutes les explications théologiques, toutes les décisions légales de ces différents chefs. Pour eux, la *sonna*, vaste compilation de traditions qui sert de complément au Koran, a la même autorité que la loi orale chez les Juifs; de là leur nom de *sonnites*.

Les *schyytes*, au contraire, prétendent que le véritable successeur de Mohammed est Aly, son gendre et son fils adoptif, désigné par lui comme héritier de l'empire. Toutes les explications du Koran, données par d'autres, sont autant d'hérésies pour eux. Ils nient la prédestination absolue, et ne veulent point admettre l'incréation du Koran. Les *schyytes* révèrent Hussein et Aly comme des saints, et même quelques-unes des divisions de cette secte importante, les *nossairis* et les *mitoualis*, qui habitent une partie des hauteurs du Liban, sont persuadés qu'Aly a été revêtu d'un caractère divin, et lui rendent une sorte de culte.

Les *sonnites* eux-mêmes se sont subdivisés en quatre catégories : Les *hanbalites*, les *schaféites*, les *malékites* et les *hanéfites*, ainsi appelés du nom de leurs fondateurs *Hanbal, Schaféi, Malek* et *Habou-Hanifa*; mais comme ces sectaires ne diffèrent entre eux que sur des questions peu importantes, ils sont regardés comme également orthodoxes.

Les musulmans orthodoxes occupent l'empire ottoman, plusieurs parties de l'Afrique, les îles de la mer des Indes et de l'Égypte. C'est la doctrine de *Schaféi* qui domine dans cette dernière contrée. En Perse et dans la Tartarie on trouve beaucoup de *schyytes*.

Les habitants du desert, *Arabes nomades* ou *Bédouins*, forment une autre catégorie de musulmans; on ne les regarde point comme dissidents, quoiqu'ils s'exemptent de toutes les pratiques minutieuses et s'inquiètent peu des subtilités dont les docteurs ont enveloppé les dogmes de l'islamisme. Pour justifier leurs infractions perpétuelles aux prescriptions religieuses, ils disent : « Nous ne récitons pas les prières, parce que nous n'avons pas d'eau pour faire les ablutions; nous ne faisons pas l'aumône, parce que nous sommes pauvres; nous n'observons pas le ramadan, parce que nous jeûnons toute l'année; et nous n'allons point à la Mekke, parce que le temple de Dieu est partout. » Et les musulmans acceptent tacitement ces excuses, au moins fort spécieuses.

Au milieu des populations chrétiennes et musulmanes, il existe une autre secte dont on ignore la véritable origine : ce sont les *yésidis*, qui habitent les montagnes voisines de la ville de Singar. Ces sectaires, dont quelques dogmes présentent de l'analogie avec ceux du christianisme, reconnaissent un bon et un mauvais génie; mais, persuadés que le mauvais génie n'est qu'un ange déchu, et qu'un jour il doit rentrer en grâce auprès de Dieu, ils redoutent sa vengeance, et c'est à lui surtout que s'adressent leurs prières et leurs hommages.

Ce fut au commencement du dix-huitième siècle de l'ère chrétienne et du douzième de l'hégire qu'Abd-el-Wahab commença à prêcher une doctrine nouvelle dans les mêmes lieux où Mohammed avait établi sa religion. Il voulait ramener l'islamisme à sa pureté primitive, et le purger de toutes les superstitions. A ses yeux, le Koran n'est point un livre créé par l'inspiration divine, ou apporté par l'ange Gabriel; Jésus-Christ, Mohammed et les autres prophètes, ne sont que des sages aimés du Très-Haut; c'est à Dieu seul que doit s'adresser la prière.

Voici quels sont les principaux dogmes des wahabis :

Prier cinq fois le jour ; jeûner le mois de ramadan.

Ne point faire usage de boissons spiritueuses.

Ne point tolérer les prostituées.

Prohiber les jeux de hasard et la magie.

Donner en aumônes la centième partie de son bien.

Punir sévèrement les pédérastes et les faux témoins.

Empêcher l'usure.

Faire au moins une fois le pèlerinage de la Mekke.

Ne point fumer de tabac et de toumbak, cet usage étant une chose futile et de pure vanité.

Ne point permettre que les hommes se vêtissent d'étoffes de soie : l'or et la parure n'appartiennent qu'aux femmes, dont ils relèvent la beauté.

Ne point élever de dômes et de mausolées. Abattre ceux qui existent; cette pompe favorisant l'idolâtrie.

Cette secte, dont la doctrine semble si sage, coûta des flots de sang à l'empire ottoman. Le fanatisme le plus féroce animait les wahabys ; ils attaquaient, ils égorgeaient sans pitié les musulmans qui refusaient d'admettre leur réforme, et brisaient les chapelles sépulcrales élevées en l'honneur des cheiks et des imans réputés saints parmi les croyants. Leur nombre étant devenu considérable, ils s'emparèrent d'une partie de la Mésopotamie, prirent Médine, la Mekke et Djedda, pillant et rançonnant les caravanes qui apportaient à la ville sainte les dons précieux des pieux musulmans, leur puissance s'accrut si rapidement, qu'ils menacèrent un instant de changer la face du monde oriental.

Ce fut alors que le pacha d'Égypte, Méhémet-Aly, fut chargé par la Sublime-Porte de leur faire une guerre d'extermination. La lutte fut longue et opiniâtre; mais les troupes égyptiennes, mieux disciplinées et pourvues d'artillerie, devaient inévitablement triompher. Les wahabys, vaincus, furent refoulés dans leurs déserts, et le 17 décembre 1818 Abd-Allah-Ebn-Sououd, leur dernier chef, fut décapité à Constantinople, sur la place de Sainte-Sophie.

Dès les premiers temps de l'islamisme, plusieurs des nouveaux convertis se vouèrent à une vie austère, solitaire et contemplative. Ces religieux furent désignés sous le nom de *sofys* ou de *faquirs*; plus tard, lorsqu'ils se furent constitués en communauté, on leur donna le nom de *dervis* ou *derviches*. Aujourd'hui on en compte dans l'empire ottoman trente-deux ordres principaux, ayant leurs règles, leurs statuts, leurs pratiques et leurs costumes particuliers. Tous habitent des couvents,

l'hôtel à Alexandrie, près le port neuf

que les fidèles enrichissent de leurs bienfaits ; les mieux dotés aident les autres.

Dépravés par le fanatisme, et quelquefois excités par l'ambition et le désir de se faire une grande réputation de sainteté, quelques-uns se livrent à des actes étranges, bizarres, puérils, incompréhensibles; les uns, tenant entre leurs dents un fer rouge ou un charbon ardent, tournent sur leurs talons avec une effrayante rapidité. Les autres s'agitent dans d'horribles convulsions, ou s'enfoncent dans les oreilles ou dans d'autres parties du corps des instruments acérés, jusqu'à ce qu'ils succombent sous la fatigue et la douleur..... D'autres pratiquent des jeûnes interminables, pendant lesquels ils restent debout en prières sans remuer aucun de leurs membres.

Les derviches aiment à suivre les expéditions militaires ; ils animent le soldat par des invocations et des allocutions fanatiques; quelquefois même ils s'élancent dans la mêlée, et contribuent de leur valeur personnelle à la défense de l'étendard de Mohammed.

Ces moines sont en grande vénération auprès des musulmans, et beaucoup d'entre eux profitent de l'autorité attribuée à leur caractère pour exploiter la crédulité de gens ignorants et superstitieux, soit en interprétant les songes, soit en vendant des remèdes et des talismans; beaucoup aussi ont des mœurs dissolues, et couvrent du manteau de la sainteté les plus honteuses débauches.

Le supérieur général de tous les ordres de derviches établis en Égypte est un descendant en ligne directe du premier calife Abou-Bekr; cet éminent personnage, regardé comme le représentant de tout un illustre ancêtre, porte le titre de *Esh-Cheik-él-Bekri*. Omar, le second des califes, a aussi son représentant parmi les cheiks des derviches; c'est le chef des *Enaniyeh* ou *Owlad-Enan*. Osman, n'ayant point eu de postérité, n'a pas de représentant. Aly est représenté par le *cheik-es-sadat*, ou *cheik des seyyids* ou *chérifs*, titre moins important que celui de *mackib des chérifs*, qui est aussi l'apanage du successeur d'Abou-Bekr. Chacun de ces trois cheiks est appelé *le possesseur* du *sedjadeh* du prince son aïeul, de même qu'on appelle le cheik d'un ordre *le possesseur du sedjadeh du fondateur de l'ordre* (*Sahheb sedjadeh*). Le *sedjadeh* est le trône de la grandeur spirituelle.

Il y a quatre grands ordres de derviches en Égypte.

Les *rifadiyeh* ont des bannières et des turbans noirs; quelquefois les turbans sont en étoffe de laine bleu foncé, ou en mousseline d'un vert très-sombre. Les traditions populaires attribuent à ces derviches une foule d'actions merveilleuses, qui leur ont conquis une grande célébrité; ils se subdivisent en plusieurs ordres : les *ilwaniyeh* jouissent du privilége de s'enfoncer des pointes de fer dans les yeux ou dans toute autre partie du corps sans éprouver aucune douleur; ils se passent des épées au travers du corps, et criblent leurs joues d'aiguilles sans qu'on puisse voir ensuite aucune trace de blessures. Ils portent aussi de grosses pierres sur leur poitrine, et accomplissent encore beaucoup d'autres miracles. Les *saadiyeh*, autre subdivision des *rifadyeh*, ont pour insignes des bannières vertes et des turbans verts ou bleu sombre, comme la presque totalité de l'ordre auquel ils se rattachent. Ceux-ci ont le don de manier les serpents venimeux sans danger, et quelques-uns même s'en nourrissent. Le cheik des *saadiyeh* a la prérogative d'être l'acteur principal dans une cérémonie fort étrange, qu'on appelle le *doleh*, et qui se pratique dans les grandes occasions, comme à la fête de la naissance du prophète. Il monte à cheval, et galope sur le corps de ses derviches, et même sur celui d'autres personnes qui viennent, par piété, se jeter sous les pieds du cheval, et qui n'en reçoivent jamais aucun dommage.

Le second ordre est celui des *ckadiriyeh*; leurs bannières et leurs turbans sont blancs. La plupart de ces derviches sont pêcheurs, et dans leurs processions religieuses ils portent, sur de longues perches, des filets verts, rouges, jaunes, blancs, etc.

Le troisième ordre, celui des *ahhmediyeh*, est très-nombreux et fort respecté; les bannières et les turbans de ses membres sont rouges. Il se subdivise en *beipoumiyeh*, *shaaraweyeh*, *shinawiyeh*, etc., etc. Ces derniers ont coutume de faire jouer à un âne un singulier rôle dans les cérémonies de la fête de leur patron : l'âne entre seul dans la mosquée, et s'en va droit à la tombe du saint, où il s'arrête; alors la foule se presse autour de lui, et chacun lui enlève un peu de poil qui acquiert la vertu d'un talisman; la pauvre bête reste immobile et se laisse épiler jusqu'à ce que sa peau soit devenue nue comme la paume de la main. Une autre subdivision des *ahhmediyeh* se compose de jeunes hommes qu'on nomme *owlad-noohh*; ils portent de grands chapeaux, *turtours*, surmontés d'une touffe de morceaux de drap de diverses couleurs, des épées de bois, et une masse de chapelets; ils tiennent à la main un fouet fait d'une épaisse tresse de cordes et qu'on appelle *firckilled*.

Enfin, le quatrième ordre, les *basahimeh* ou *bourhamiyeh*, porte des bannières et des turbans verts. Il y a encore beaucoup d'autres classes de derviches; mais elles rentrent presque toutes dans l'une ou l'autre des catégories de ces quatre ordres.

Il est impossible de faire connaître toutes les règles et les pratiques de ces diverses communautés, d'autant plus que beaucoup de leurs statuts, comme ceux des francs-maçons, ne sont pas révélés à tous les initiés. La réception d'un derviche se fait à peu près de la manière suivante dans tous les ordres :

Le candidat ou *moored* s'assied à terre en face du cheik, assis également sur le sol; ils entrelacent leurs mains droites, qui sont recouvertes par la manche de la robe du cheik, et le *moored* récite les formules de l'admission ratifiée par le supérieur. Voici quelles sont ces formules : « Je demande pardon à Dieu le Grand (*trois fois*), le seul Dieu, le Dieu vivant, éternel; je reviens à lui plein de repentir, et lui demande sa grâce, son pardon, et l'exemption des peines de l'enfer. » Le cheik dit alors : « Viens-tu à Dieu plein de repentir? » Le moored répond : « Je reviens à Dieu plein de repentir; je me jette dans le sein de Dieu, j'éprouve un violent chagrin de mes fautes passées, et je suis résolu à n'y plus retomber. » Il dit ensuite, après le cheik : « Je demande la faveur de Dieu le Grand et du noble prophète; et je prends pour cheik et pour guide auprès de Dieu, mon maître.... » (Suivent les noms et qualités du chef de l'ordre dans lequel on entre.) « Je ne veux ni changement, ni séparation; que Dieu le Grand soit notre témoin! » Ce serment est répété trois fois; puis l'adepte dit également à trois reprises : « Il n'y a pas d'autre Dieu qu'Allah. » Ensuite le cheik et le moored récitent ensemble la *fatihat*, et le nouveau derviche termine la cérémonie en baisant la main de son supérieur.

Les exercices religieux des derviches consistent principalement dans la récitation des *zikrs*. Assis ou debout, ils se placent les uns auprès des autres de façon à former un cercle ou un ovale, ou bien sur deux files disposées face à face, et chantent ou crient : *La ilaha illallah!* ou toute autre invocation, jusqu'à ce que leurs forces soient épuisées; ils accompagnent leur chant ou leur cri de mouvements de la tête, du corps, ou des membres. L'habitude de ces exercices fatigants leur permet de les continuer pendant un temps beaucoup plus long qu'on ne pourrait se l'imaginer; souvent leur chant est soutenu par des musiciens qui jouent d'une sorte de flûte nommée *nay*, ou d'une espèce de musette appelée *arghool*, et par des dévots qui entonnent des hymnes religieux. Quelques derviches jouent eux-mêmes d'un petit tambour (*baz*) ou du tambourin; enfin quelques-uns dansent en vociférant leurs zikrs.

Parmi les rites des derviches, il y en a qui sont d'un usage commun à tous les ordres, et d'autres qui sont particuliers à une classe de ces religieux. Au nombre des rites spéciaux on doit citer ceux des *khalwetis* et ceux des *shazilis*, qui diffèrent entre eux par la fixation du moment de la prière du matin. La prière des khalwetis se dit avant l'aurore et s'appelle *wird-sahar*; celle des shazilis se fait après le point du jour et s'appelle *hhezb-esh-shazili*; en outre, les khalwetis pratiquent des réclusions temporaires, d'où est venu leur nom (*khalweh*, *cellule*); il arrive souvent qu'un khalweti se confine solitairement dans une cellule, et y reste pendant quarante jours et quarante nuits, jeûnant depuis le lever jusqu'au coucher du soleil durant tout ce temps. Quelquefois un certain nombre de ces derviches vient se renfermer dans les cellules de la mosquée du cheik *Eddimurdashi*, et y reste trois jours et trois nuits à l'occasion de la fête de ce saint; pendant ce temps ils mangent seulement un peu de riz le soir et boivent une coupe de sorbet; ils passent leur temps à répéter des prières inconnues aux profanes, et ne quittent leurs cellules que pour se réunir aux fidèles aux heures des cinq prières quotidiennes. Si quelqu'un prend la liberté de leur parler, ils se bornent à répondre : « Il n'y a pas d'autre Dieu qu'Allah. »

Presque tous les derviches de l'Égypte sont négociants, artisans ou agriculteurs, et assistent seulement aux cérémonies de leurs ordres respectifs; néanmoins, il y en a qui n'ont d'autre fonction que d'accomplir des *zikrs* dans les fêtes religieuses, ou de chanter dans les processions funèbres : ceux-là sont appelés *foockura*, ou *fackirs*, nom donné aux pauvres en général, et spécialement aux pauvres religieux. Quelques-uns vivent en vendant de l'eau aux paysans, et à ceux qui viennent pour assister aux solennités du culte. Outre les derviches qui font métier de charmer les serpents, il y en a d'autres qui mènent une vie errante, et voyagent en Égypte pour exploiter une superstition ridicule dont nous allons citer un exemple. Un saint fort honoré, appelé *Si-Daoud-el-Azab*, qui vivait à Tefahineh, village de la Basse-Égypte, avait un veau, qui le suivait partout, lui portait son eau, etc. Depuis la mort de ce religieux, les derviches de son ordre achètent des veaux dans le village de Tefahineh, et leur apprennent à monter des escaliers, à se coucher au commandement. Quant il est dressé, ils parcourent le pays avec leur élève, et vivent des aumônes que l'animal sacré leur procure auprès des musulmans superstitieux. Ce veau, qu'on nomme *egl-el-Azab* (le veau d'el Azab), est ordinairement garni de deux grosses sonnettes, dont l'une est suspendue à son cou par un collier, l'autre attachée à son corps par une ceinture. L'*egl-el-Azab* doit attirer la bénédiction de *Si-Daoud-el-Azab* sur les maisons où il est appelé.

Il y a aussi en Égypte une grande quantité de derviches errants, qui sont Perses ou Turcs; ils sont beaucoup plus importuns que les Égyptiens qui mènent la même vie. Pendant la prière du vendredi, on voit de ces religieux entrer dans la mosquée de Hhasaneyn, la plus fréquentée par les musulmans étrangers; et quand l'iman récite le premier khootbeh, ils passent entre les rangs des fidèles, et leur mettent sous les yeux une petite bande de papier sur laquelle se trouve quelque sentence du Koran; par exemple : « Celui qui fait l'aumône sera pourvu. » D'autres inscrivent sur leur supplique cette phrase, plus explicite : « Le pauvre derviche demande une aumône; » ou toute autre formule analogue. A l'aide de cette pratique ils ramassent souvent dans la mosquée une somme assez considérable. Les derviches perses demandent l'aumône en présentant une espèce de tasse de métal, ou une sebille de bois ou une noix de coco; ils mettent aussi leur nourriture dans ce vase, auprès duquel figure généralement une cuiller de bois. Ils sont vêtus de costumes variés; mais on les distingue surtout des Égyptiens par la coiffure, qui est le plus souvent un chapeau de feutre en forme de pain de sucre; le reste de leur habillement se compose d'une veste avec de larges pantalons, ou bien d'une sorte de tunique attachée par une ceinture et recouverte d'une longue robe ou d'un manteau d'étoffe grossière. Les Turcs sont encore plus hardis que leurs confrères : ils s'insinuent partout, et, grâce à leur saint caractère, le succès couronne presque toujours leurs demandes.

CHAPITRE IV.

ARMÉE DE TERRE. — MARINE.

INTRODUCTION DE LA TACTIQUE EUROPÉENNE. — INFANTERIE. — CAVALERIE. — ARTILLERIE. — ARSENAUX. — ÉCOLES. — ÉTABLISSEMENTS MILITAIRES. — COSTUMES DU NIZAM. — ARMEMENT. — SOLDE ET TAIM. — ADMINISTRATION DE L'ARMÉE. — MODE DE RECRUTEMENT. — ÉTAT MORAL DU NIZAM. — TABLEAU DES FORCES DE L'ARMÉE

9me *Livraison.* (ÉGYPTE MODERNE.)

RÉGULIÈRE, DES TROUPES IRRÉGULIÈRES ET DE LA GARDE NATIONALE. — MARINE. — ARSENAL DE LA MARINE. — ÉCOLE NAVALE. — TABLEAU DE LA MARINE.

A sa première campagne Méhémet-Ali fut mis en présence de troupes organisées d'après un système dont les Orientaux n'avaient aucune idée. A la vue de ces beaux régiments, dociles comme un seul homme, agissant avec un ensemble qui décuplait leur force, son esprit, naturellement observateur, fut saisi d'une admiration profonde, et ce sentiment s'enracina de jour en jour par l'expérience fâcheuse qu'il fit des désordres et de l'impuissance d'une horde indisciplinée. Il comprit bientôt que le seul moyen de repousser les attaques de ses ennemis, et d'établir un ordre durable, était la création d'une armée régulière.

Avant l'établissement de l'autorité de Méhémet-Ali, l'Égypte avait été en proie à l'anarchie. Une milice turque et albanaise faisait peser sur les habitants un joug de fer. Souvent, exaspérées par les violences de cette soldatesque sans frein, les populations se révoltaient, pour être comprimées un instant et se révolter de nouveau, avec aussi peu de succès. D'ailleurs, la puissance militaire elle-même était un foyer de discordes. Des rivalités, des intrigues, des luttes, des guerres intestines, absorbaient la plus grande part de l'activité des chefs, et ne laissaient entre les mains du gouvernement qu'un effectif très-variable.

Abandonné à ses propres ressources, le pacha n'aurait pu accomplir les grands projets qu'il avait conçus. Il lui fallait avoir recours à la science des Européens; il appela auprès de lui des officiers français et italiens, qui enseignèrent à ses sujets la discipline militaire, le maniement des armes, les manœuvres et les évolutions. On dut ensuite pourvoir à la formation d'un corps d'officiers, fonder des écoles où les jeunes gens pussent puiser toutes les connaissances théoriques nécessaires. A mesure que l'armée régulière grossissait, on fut obligé de construire des casernes; et successivement la nécessité fit créer des manufactures d'armes, et des fabriques pour subvenir à l'habillement et à l'équipement des troupes. C'est ainsi que des travaux considérables furent exécutés en peu de temps. Mais, il faut le dire, ce fut souvent avec plus d'ardeur que d'intelligence. L'impatience du pacha lui fit quelquefois tenter des entreprises chimériques, impossibles; maint projet sans consistance reçut un commencement d'exécution avant d'avoir été étudié suffisamment.

Ainsi, en 1830, le pacha ordonna la construction de vingt-cinq salpêtrières; elles devaient être élevées dans le Saïd, sur les monticules formés par les ruines des villes anciennes. Pour bâtir ces fabriques on démolit les temples antiques d'alentour : quatre à Karnack, un à Erment, un à Denderah, un à Edfou. En 1838 les constructions étaient achevées; ce fut alors seulement qu'on s'avisa de faire l'essai des terres, et on reconnut qu'elles n'étaient pas propres à donner du salpêtre.

C'est ainsi qu'en 1840 Méhémet-Ali, préoccupé des préparatifs d'une défense désespérée, envoya aux moudirs, entre autres ordres, celui de faire planter des saules destinés à procurer le charbon nécessaire à la fabrication de la poudre. Le firman fixait impérieusement le nombre de saules que les sujets du pacha devaient cultiver sans retard; la seule province d'Esnée était taxée à 50,000 arbres, et l'arrondissement de Thèbes à 7,000; or, tout le Moudirié à cette époque comptait trois saules seulement, qui se trouvaient placés dans le jardin du consul de France à Luxor!

Sans aucun doute la nécessité d'organiser rapidement une armée fit entreprendre simultanément de grands travaux, et donna subitement à l'Égypte une apparence d'activité et d'industrie; la face du pays fut changée en quelques années : mais que de pertes de temps et d'argent on se serait épargnées avec quelques études préalables!

Comme nous l'avons dit, ce furent des officiers européens, surtout des Français et des Italiens, qui firent l'éducation de la nouvelle milice (Nizam-Djeddyd), et qui formèrent les divers établissements nécessaires à la nouvelle organisation militaire. On ne lira pas

EGYPTE MODERNE.

Sakhieh.

sans intérêt, sans doute, quelques détails sur les principaux de ces officiers, et sur les difficultés qu'ils rencontrèrent en Égypte. Parmi ceux qui ont rendu au vice-roi les services les plus signalés, on doit en première ligne nommer M. Sève (et non Selves), ancien aide de camp des maréchaux Ney et Grouchy, plus connu aujourd'hui sous le nom de Soliman-Pacha. Né à Lyon en 1787, entré à douze ans dans l'artillerie de marine, il quitta ce corps en 1807, et s'enrôla dans le 2e régiment de hussards; il fut nommé sous-lieutenant en 1813, et passa lieutenant, puis capitaine en 1814. N'ayant pas été confirmé dans ce grade de capitaine par la restauration, il donna sa démission, et vint en 1816 chercher fortune en Égypte, où ses talents incontestables, mis en lumière et secondés par les circonstances, l'ont élevé au poste qu'il occupe. Après la conquête de la Syrie, il fut nommé pacha et général de division (mai 1834); ses appointements furent portés à 35 bourses par mois (4,375 francs). Méhémet-Ali, n'osant ouvertement élever un renégat à cette dignité, fit savoir au conseil de la guerre qu'il voulait nommer pacha celui de ses généraux qui lui avait rendu les plus grands services. Soliman réunit toutes les voix du divan, qui ne s'était pas mépris sur le candidat tacitement présenté par Méhémet-Ali.

Après la tentative de 1815, mentionnée dans le 1er chapitre, et la révolte qu'elle causa, et qui fut une des péripéties les plus redoutables de la vie de Méhémet-Ali, ce prince n'osa donner suite à ses projets de réforme qu'avec les plus grandes précautions. En 1816 il choisit cinq cents hommes d'élite parmi ses mameluks, et confia à M. Sève le soin de les former au maniement des armes et à la discipline européenne. Une caserne spacieuse, construite avec les matériaux des temples d'Éléphantine, s'éleva rapidement à Assouan, près de la première cataracte, et reçut le faible détachement sur lequel reposaient de si grandes espérances.

M. Sève avait bien compris l'importance extrême du rôle qu'il avait à remplir; s'il réussissait, les préjugés du pays étaient détruits en grande partie, l'opposition contre les changements aux coutumes invétérées était vaincue sans retour, et l'armée nouvelle avait un noyau; s'il échouait, le dessein de Méhémet-Ali était compromis pour longtemps, et son pouvoir même pouvait s'en ressentir. Mais, quoique l'habile officier eût bien prévu les difficultés de toutes sortes, et qu'il se fût armé de fermeté et de patience, il était loin de prévoir quelles haines son entreprise allait soulever parmi ses élèves. Il lui fallait initier aux connaissances militaires une race ignorante, paresseuse, et pleine de vanité. Il vit bientôt que pour dompter la mollesse, l'apathie, les répugnances opiniâtres de ses soldats, il fallait être sans cesse sur le qui-vive, et déployer autant de bravoure et de vigueur que de persévérance et d'adresse. C'était pour ces jeunes musulmans, avides de jeux et de plaisirs, un véritable supplice de garder pendant les manœuvres un silence absolu, d'obéir à une règle inflexible; il leur semblait surtout odieux d'être soumis aux ordres d'un infidèle, d'*un chien de chrétien*. Aussi employèrent-ils tous les moyens pour dégoûter leur chef; ils allèrent même jusqu'à tramer des complots contre sa vie. Un jour, pendant l'exercice à feu, Sève entendit une balle siffler à son oreille : « Vous êtes des maladroits! leur cria-t-il; visez mieux. » Et de nouveau il commanda le feu. Ce trait de courage et de sang-froid imposa aux mécontents; et comme il eut le tact, ou la générosité, de ne pas faire rechercher les coupables, on lui sut gré de sa clémence; et il ne fut plus question ni de révoltes ni de complots. Il ne négligeait rien d'ailleurs pour se concilier l'affection de ses subordonnés; il partageait leurs jeux et leurs exercices, et y excella bientôt lui-même. Enfin, son dévouement intelligent fut récompensé; il vit une salutaire émulation s'éveiller dans l'école; et au bout de trois ans il put annoncer au pacha que l'instruction du bataillon modèle était terminée. Dans le courant de cette période de temps on avait successivement envoyé à Assouan d'autres détachements de mamelucks, donnés par les hauts fonctionnaires et les courtisans du pacha. Ce n'était donc plus cinq cents, mais mille jeunes gens instruits qui sortaient de l'école pour former les premiers cadres des régiments de la nouvelle armée. Quant aux soldats, il eût été téméraire de les prendre parmi les Turcs et les Albanais ; et, d'autre part, les indigènes n'offrant aucune garantie de bonne volonté et d'intelligence, on préféra faire venir du Kordofan et du Sennaar trente mille nègres, qui complétèrent l'effectif des six premiers régiments. Ces malheureux, changés de climat et de régime, peu propres aux fatigues de la guerre, et fort maltraités à cause de leur inaptitude, furent attaqués par toutes sortes de maux, et périrent en masse. Il essaya alors de recruter l'armée parmi les Arabes ; tentative hardie, devant laquelle le pacha reculait le plus possible, et qui ne réussit qu'à force d'énergie, de ténacité, et même de rigueurs, au milieu des perpétuelles rébellions d'une nation profondément irritée.

Pour achever ce qui concerne l'infanterie, il nous reste à parler de deux autres personnages, dont les soins concoururent à perfectionner l'œuvre si bien fondée par M. Sève. L'un est le lieutenant général Boyer, qui, sur la demande du pacha, quitta Paris, et débarqua en Égypte à la fin de 1824. Il alla aussitôt rejoindre le Nizam, campé pour le moment à Kanka. Les officiers qu'il avait sous ses ordres étaient le colonel Gaudin, M. A. Tarlé, chef d'état-major, et deux aides de camp. A peine était-il installé dans ses fonctions, que les intrigues s'agitaient autour du lieutenant général. Celui-ci, fatigué par les manœuvres ténébreuses dont on l'enveloppait, envoya sa démission au pacha, en lui détaillant les motifs de cette détermination. On tenta vainement de le retenir : en août 1826 il était de retour en France. Le peu de temps que le général passa au milieu de l'armée égyptienne fut marqué par de véritables progrès dans la discipline et dans l'administration. Les troupes étaient alors aussi instruites qu'aujourd'hui, mieux tenues, et payées avec plus de régularité.

Après le départ de M. Boyer, le colonel Gaudin devint instructeur en chef de l'armée. Le temps qui ne se passait pas en inspections puériles était employé à extraire de divers ouvrages des leçons de tactique élémentaire pour les instructeurs inférieurs. Malheureusement M. Gaudin ne sut ni se faire aimer des soldats, ni se faire respecter des officiers subalternes ; et il dut bientôt quitter l'Égypte.

Il y avait longtemps que l'infanterie avait reçu sa nouvelle forme, lorsqu'on songea à établir aussi un corps de cavalerie régulière. Le pacha n'avait pas pensé qu'il y eût avantage à appliquer la tactique européenne aux mouvements de la cavalerie. Ce fut Ibrahim-Pacha qui accomplit la réforme de cette partie de l'armée. A son retour de l'expédition de Morée, où la supériorité des manœuvres européennes lui avait été révélée, il s'occupa activement d'introduire parmi les troupes à cheval des changements analogues à ceux de l'infanterie.

Aidé par les conseils expérimentés de M. Paulin de Tarlet, il se mit à l'œuvre sur-le-champ. On fit venir des instructeurs français ; et des régiments de chasseurs, de dragons, de cuirassiers, etc., furent promptement organisés. Méhémet-Ali subvint d'abord aux dépenses de la monture en exigeant que tous les hauts fonctionnaires lui fournissent des chevaux. Mais, au bout de quelque temps, cette ressource étant épuisée, les chevaux furent pris partout où l'on en trouva ; et les cavaliers eurent dans leurs rangs, pêle-mêle, des chevaux grecs, dongolahs, syriens, égyptiens.

Après la fameuse épizootie de 1842 et 1843, les chevaux vinrent à manquer en Égypte pour les travaux de la terre, et on fut obligé de prendre ceux de la cavalerie ; plusieurs régiments se trouvèrent ainsi démontés ; et depuis ce moment ils sont restés à pied, tout en conservant leur uniforme et leurs armes spéciales.

L'armée avait été élevée par des instructeurs étrangers. Méhémet-Ali voulut qu'elle se perpétuât par l'action de ses propres membres ; et il fonda des écoles spéciales pour l'infanterie et pour la cavalerie. La première est à Damiette ; elle reçoit quatre cents élèves. On y enseigne l'arabe, le turc, le persan, la comptabilité militaire, l'exercice et la tactique. En sortant de cette école les jeunes gens entrent dans les corps en qualité d'officiers ou de sous-officiers.

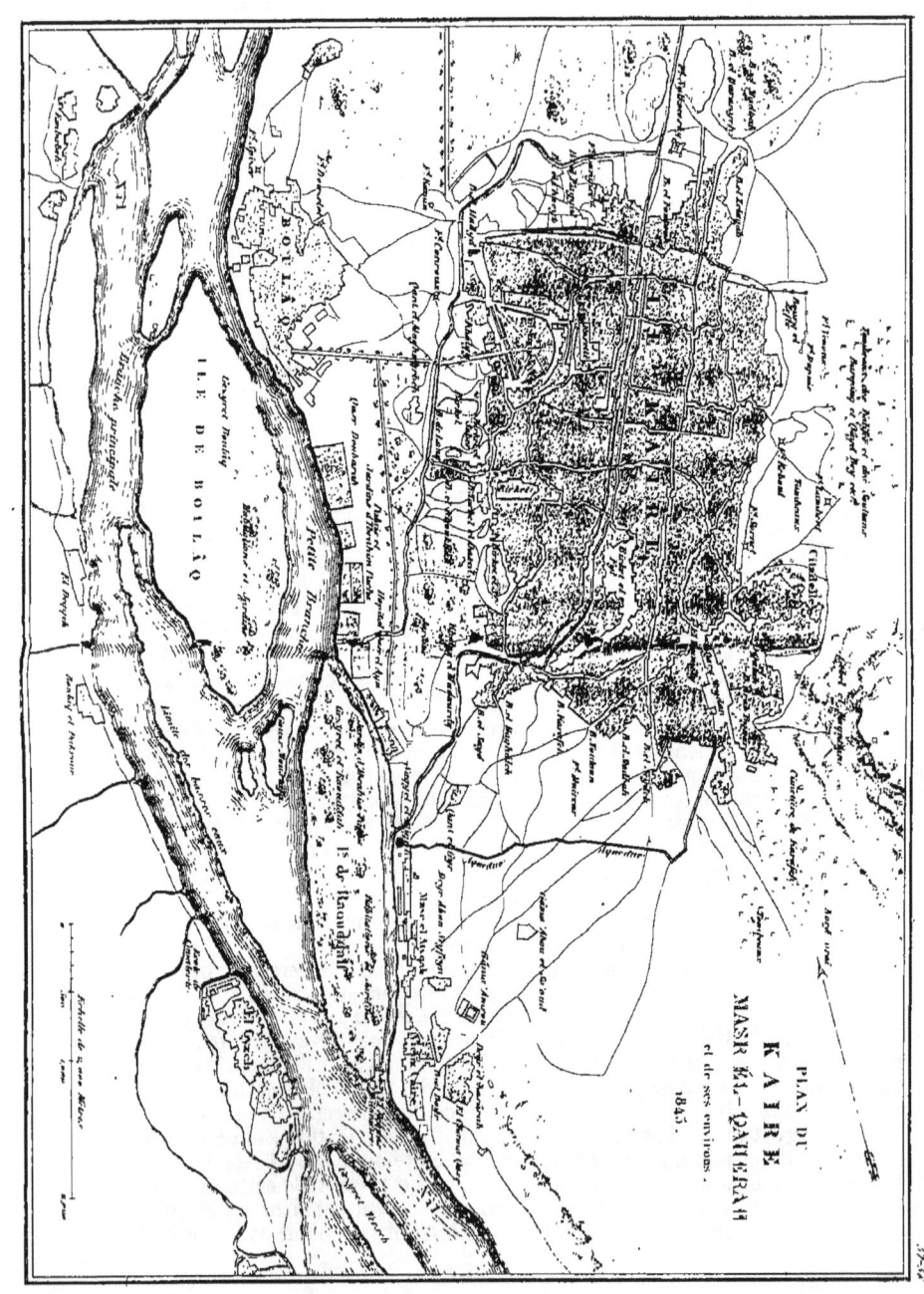

Un réfugié piémontais, M. Bolognino, dirige l'établissement.

L'école de cavalerie a été formée en 1830; elle occupe l'ancien palais de Mourad-Bey, à Giseh, près des Pyramides. Trois cent soixante jeunes gens y apprennent l'exercice à pied et les manœuvres de la cavalerie, l'escrime, le dessin, et la comptabilité. Elle est dirigée par un officier français, M. Varin, chef d'escadron, ancien aide de camp du maréchal de Gouvion-Saint-Cyr. La précision des manœuvres, la régularité du service intérieur, et l'extrême propreté de ce petit escadron excitent l'admiration de tous ceux qui visitent l'établissement. Les élèves de M. Varin ont été les premiers à porter le pantalon à sous-pieds et les bottes de la cavalerie européenne.

L'artillerie éveilla également la sollicitude de Méhémet-Ali. Un ancien officier de la jeune garde, M. Gonthard du Veneur, fut nommé instructeur. Cet homme distingué inventa un système d'artillerie applicable à l'Égypte, où le sol sablonneux gêne les évolutions de l'artillerie ordinaire; mais les intrigues de ses compatriotes empêchèrent M. du Veneur de faire adopter cet utile projet. Il mourut abreuvé de dégoût et de chagrins.

Une école d'artillerie a été établie à Torrah; on y reçoit de trois à quatre cents jeunes gens. En 1825, un colonel d'artillerie, M. Rey, arriva d'Europe avec des modèles de tous les calibres et de tous les genres de bouches à feu, quatre pièces de campagne, quatre caissons et une forge. C'était un cadeau du roi de France à Méhémet-Ali. Le colonel, à la prière du pacha, visita l'arsenal égyptien, et fit sur cet établissement un rapport dans lequel il exposait dans le plus grand détail les abus et les désordres à réprimer, et les améliorations à introduire. A cette époque, l'arsenal n'avait plus d'ouvriers européens; le directeur, homme ignorant et présomptueux, comme le sont en général les Turcs, les avait tous congédiés avant qu'ils eussent formé des élèves en état d'exécuter des travaux de précision. M. Rey visita ensuite la manufacture d'armes. C'était l'œuvre d'un Français, M. Guillemain, ancien contrôleur de la fabrique d'armes de Versailles, homme instruit et plein d'intelligence. Malheureusement il n'était pas resté assez longtemps à la tête de sa création. La manufacture, presque abandonnée à elle-même, allait de mal en pis, lorsque la direction éclairée du colonel Rey vint la relever. Depuis ce moment les deux établissements ont prospéré, et il en est sorti un bon matériel de guerre fait sur les modèles français.

L'école d'état-major fut fondée en 1824 par M. J. Planat; dirigée d'abord par des professeurs français, elle semblait devoir donner de bons officiers à l'armée; mais les chefs de l'école, qui n'avaient pu acquérir que des connaissances superficielles, craignaient d'être surpassés par des élèves, s'attachèrent à entraver le développement de l'instruction.

L'école contenait environ deux cents jeunes hommes. C'étaient des mameluks ou des Turcs envoyés de Constantinople. Quelques Arabes y furent admis par grâce spéciale; mais ils n'y obtinrent jamais le moindre grade (les Turcs entraient dans l'école avec le grade de lieutenant), et on défendait même aux professeurs de les porter sur les cadres de l'examen. Cette école fut plus tard réorganisée par les soins d'Ibrahim-Pacha.

L'uniforme des officiers du Nizam est en drap ponceau bleu de ciel; il consiste en une veste ou justaucorps appelé *entéri*, et un pantalon très-large de la ceinture au jaret, et collant comme une guêtre sur la jambe jusqu'à la cheville. Une ceinture de soie, rayée d'or, sert à joindre les deux parties de ce costume. Le tarbouche est la coiffure de l'officier comme celle du soldat; les officiers sont chaussés de pantoufles rouges. L'ensemble de cet uniforme ne manque pas d'élégance.

Les grades sont indiqués par des broderies d'or et par des décorations d'argent, d'or et de diamants, en forme d'étoiles ou de croissants qu'on applique sur la poitrine.

Les sous-officiers sont habillés aussi de drap; leurs insignes sont des ornements d'or faux. Les soldats sont vêtus de serge rouge l'hiver, et de toile blanche l'été. Leur ceinture est de cuir

On affirme qu'Ibrahim-Pacha gagna sur la paye de son armée six cent mille piastres en un seul jour, à Modon (septembre 1827). Il avait élevé subitement le tallari à seize piastres, au lieu de quinze qu'il valait en Égypte.

La ration du soldat égyptien, ou *le taïm*, est évaluée à *vingt-cinq piastres* par mois, ou environ *neuf francs*. Les rations des grades supérieurs sont délivrées en argent.

Voici le détail du Taïm :

RATIONS QUOTIDIENNES.

	(1) Drachmes
Huile à manger, ou beurre.	5
Huile à brûler.	2
Savon.	1
Sel.	6
Pain.	300
Viande.	75
Riz.	20
Lentilles.	40
Fèves.	60
Combustible.	400

La fourniture des vivres est également entachée de vices. Le pain est souvent mauvais; la viande manque, ou provient d'animaux malades. On supprime presque toujours un des articles du taïm, qui n'en est pas moins intégralement compté aux soldats. Dans les garnisons un peu éloignées de la métropole, les colonels se livrent aux plus révoltantes spéculations ; ils s'enrichissent en peu de temps, et le soldat meurt de privations.

Les soldats arabes se marient; c'est une concession qu'il a fallu faire pour empêcher des désertions innombrables. Ils bâtissent auprès du camp de chétives huttes de boue desséchée, et ils y entassent leur famille. Dans les intervalles de loisir laissés par le service militaire, ils courent à cette demeure misérable, et partagent leur ration avec deux, trois, quatre personnes et souvent davantage. Si le régiment change de garnison, la pauvre famille suit le soldat; mais s'il quitte le sol de la patrie, il ne reste plus d'asile ni de ressources à ces infortunés ; les enfants et les vieillards meurent bientôt, et souvent la femme se prostitue pour avoir du pain.

(1) 420 drachmes font 3 livres poids de table.

Le mode de recrutement est singulièrement arbitraire et cruel. On ne peut voir de spectacle plus affreux que celui de ces pauvres conscrits, conduits jusqu'au régiment demi-nus, les fers au cou, liés deux à deux par les bras, ou bien les mains serrées dans des éclisses de bois, clouées près du poignet. Les recrues restent en prison dans leurs provinces respectives jusqu'à ce que le contingent demandé soit au complet. On les mène ensuite au camp, où ils arrivent des deux extrémités de l'Égypte, exténués de fatigue, mourant de faim. L'inspection se fait seulement au régiment, et ceux que l'on juge impropres au service sont renvoyés, sans secours ou indemnités pour ce voyage inutile. Il leur faut un long temps pour retourner à leurs champs abandonnés, à leurs récoltes ravagées ; et quand ils arrivent enfin, ils n'ont plus rien : le voyage a épuisé leurs faibles ressources. Néanmoins il leur faut payer l'impôt à l'époque fixée ; ils n'obtiennent ni délai ni allégement en considération d'une si rude corvée. D'ailleurs, en matière de recrutement, le pouvoir des chefs de village et des mammours n'est soumis à aucun contrôle; aucune loi n'en règle l'exercice ; ils procèdent le plus souvent au gré de leurs caprices, ne prenant pour guides que leurs intérêts, leur affection ou leur animosité.

Ainsi, tout ce que les observateurs européens ont raconté de ce mode odieux de recrutement est parfaitement vrai. Le vice-roi paraît lui-même gémir de la nécessité de ces violences ; il désirerait vivement remplacer une aussi déplorable méthode par la conscription française; mais il n'a pu y parvenir jusqu'à ce jour.

Les conseils généraux lui conseillèrent de tenter une expérience; elle échoua, par la mauvaise volonté des cheiks, auxquels le recrutement actuel offre à la fois des moyens d'exaction pour grossir leurs revenus, et des occasions d'augmenter leur puissance. En attendant une réforme si utile, l'ancien système est toujours en vigueur, et l'horreur qu'ont les Arabes pour le service militaire n'a guère diminué. On voit des mères mutiler elles-mêmes leurs enfants, et leur ôter l'exercice d'un membre pour les préserver de cette corvée ; et les hommes poursuivis par les recruteurs se tranchent d'un coup de couteau plusieurs doigts de la main gauche ou l'index de la main droite ; ou bien ils s'introduisent dans l'œil droit un peu de chaux vive, et se rendent borgnes.

C'est pour le paysan égyptien un supplice sans égal que de quitter sa vie misérable, mais libre, pour s'assujettir à une discipline sévère, et apprendre un métier pénible enseigné à coups de courbache (1).

Arrivé dans l'armée avec une répugnance insurmontable, il n'est pas surprenant que l'Égyptien, quoique sobre, patient, assez facile à discipliner, ne fasse point un soldat vraiment brave : il se bat par obéissance. La discipline lui est odieuse ; quoique dans la vie civile il ne jouisse que d'une liberté fort restreinte, l'assujettissement de la vie militaire lui pèse étrangement. Aucun espoir n'éveille en lui une émulation généreuse ; il est très-rare qu'un Arabe parvienne au grade de lieutenant. Rien ne flatte donc l'ambition du soldat ; aucun rêve de gloire ne peut lui apparaître ; rien ne l'encourage à se distinguer, et l'avenir n'est pour lui que la triste continuation du présent.

Vil et lâche dans les revers, il est cruel dans la victoire. Dans la guerre de Morée, les troupes d'Ibrahim-Pacha ont épuisé tout ce que la barbarie a de plus atroce. C'était spécialement sur les femmes et les enfants que s'exerçait leur violence, comme si elles eussent voulu anéantir la race des vaincus.

Tant que les Arabes restent dans les grades inférieurs, ils conservent leurs qualités naturelles, mais aussitôt qu'ils sont parvenus à un grade supérieur ils se relâchent, et deviennent arrogants et grossiers. Après les campagnes de Morée et de l'Hedjaz, après la prise de Saint-Jean d'Acre, et surtout à la suite de la bataille de Koniah, Ibrahim-Pacha, satisfait des soldats égyptiens, en promut un grand nombre aux grades de sous-lieutenant et de lieutenant. Les nouveaux élus traitèrent leurs compatriotes avec une insolence peu commune ; il les insultaient à tout propos, et ne leur adressaient la parole qu'en y joignant quelque épithète outrageante. La plupart exigeaient qu'un homme de leur compagnie les suivît et les servît partout, qu'il fût toujours dans une attitude respectueuse devant eux, et qu'il témoignât de la soumission la plus complète.

Afin de récompenser les services de son armée, Ibrahim décréta qu'à l'avenir aucun colonel ne pourrait infliger des punitions, et que les hommes contre lesquels il y aurait des sujets de plainte devaient, dans tous les cas, être traduits devant un conseil de guerre ; en même temps il accorda aux soldats le droit d'élire leurs sous-officiers. Ces dispositions, dictées par des sentiments d'équité, eurent pour premier effet un grand relâchement dans la discipline. Les soldats n'obéissaient plus, s'absentaient sans permission, et dévalisaient les voyageurs sur les grandes routes. C'est à cette époque que deux Français, MM. Bois-le-Comte et de la Noue, furent insultés par des soldats égyptiens. L'armée se désorganisait rapidement ; Ibrahim reconnut sa faute, et se hâta d'abroger son décret et de rentrer dans l'arbitraire.

Les officiers turcs sont aussi ignorants et plus lâches que les soldats sur lesquels ils font peser un joug despotique. Leurs facultés sont étouffées par les préjugés et par une obéissance sans bornes, et ils manquent presque tous de l'instruction la plus vulgaire. Leur éducation militaire n'est pas meilleure. Les officiers supérieurs eux-mêmes connaissent à peine leur métier ; ils arrivent subitement à de hauts grades, souvent sans avoir acquis les connaissances préliminaires les plus indispensables.

La présomption des chefs de l'armée égyptienne peut seule égaler leur ignorance ; et toutes deux sont portées à un point incroyable. Le maniement des armes est leur plus grande affaire. Aussi voit-on les officiers supérieurs s'y livrer avec zèle, et y mettre autant d'amour-propre que ferait chez nous un caporal.

Telle est cette armée dont les succès éclatants ont un moment occupé le monde civilisé. Elle ne s'est jamais mesurée en bataille rangée avec des trou-

---

(1) La courbache est un fouet en peau d'hippopotame, avec lequel se font la plupart des flagellations.

pes européennes, et les soldats qu'elle a battus avaient tous les désavantages d'une organisation incomplète et encore plus récente. Les Syriens ont dû céder devant la discipline et l'ordre du Nizam, et les Turcs n'y ont point résisté.

Pour compléter l'histoire du soldat égyptien, il faut encore parler des pensions de retraite. Le soldat reçoit à ce titre un secours, dont le minimum est de sept piastres, et le maximum de trente-sept piastres par mois. Pour recevoir cette faible rétribution, les *sakkats* (invalides) subissent tous les six mois une visite de médecin. S'ils sont jugés capables de travailler, la pension est retranchée, et on les renvoie aussitôt; dans le cas où ils semblent tout à fait hors d'état de pourvoir à leur subsistance, on augmente leur pension de retraite. Quoique fort modique, cette pension pourrait encore suffire si elle était payée régulièrement. Mais il est loin d'en être ainsi. Les invalides, ou *sakkats*, attendent quelquefois pendant plusieurs mois sans rien toucher, ou bien ils sont obligés de vendre leur *teskéré* à des juifs. Les délais et ensuite les *bachiks* (pourboire) qu'il faut donner aux *maallems* absorbent la moitié d'un revenu, déjà d'une exiguïté extrême.

Nous ne devons pas oublier non plus de dire que la justice militaire s'est épurée depuis l'établissement du Nizam. Il n'est plus question aujourd'hui de ces exécutions de prévoyance si fréquentes sous la domination des mameluks. Le code militaire français est mis en vigueur, et quoique ici comme ailleurs l'argent soit toujours un argument victorieux, les soldats, au moins, sont jugés d'une manière légale. Le pacha réunit aussi un divan de colonels et de généraux. Ce divan se nomme le *machoireh* : il traite de toutes les affaires de la guerre, depuis les plus minutieuses jusqu'aux plus importantes, et Méhémet-Ali sanctionne ses décisions.

Le régiment qui doit recevoir un drapeau se forme en carré faisant face au centre où les officiers sont placés avec les imans. Alors, au milieu du plus religieux silence, ces derniers entonnent des chants arabes à la louange des armées musulmanes. Un seul vrai croyant, disent-ils, peut, dans la guerre du Gihâh,

détruire cent mille chrétiens ou juifs, avec l'assistance d'Allah. Après ces hymnes de guerre, on lit la formule de prestation du serment, et le drapeau est remis à l'officier qui doit le porter. On égorge ensuite des agneaux, et chaque porte-drapeau trempant sa main droite dans le sang des victimes l'imprime sur un coin de l'étendard; des salves d'artillerie terminent cette consécration antique.

Voici quel était en 1841 l'état de l'armée en Égypte :

DÉSIGNATION.	NOMB. DES RÉGIMENTS.	NOMBRE D'HOMMES.
Artillerie de la garde à pied	3	5,670
Artillerie de la garde à cheval	2	1,989
4 pelotons d'artill. détachés	»	337
1 bataillon d'artilleurs	»	379
Infanterie de la garde	3	8,188
Infanterie	35	88,877
Cavalerie de la garde	2	1,640
Cavalerie	13	10,044
Vétérans	»	9,950
Génie	»	19,515
Artificiers	»	185
Carabiniers	»	1,258
Total des troupes régulières ..		148,032
Troupes irrégulières	»	41,678
Garde nationale	»	47,800
Ouvriers des fabriques formés en bataillons	»	15,000
Effectif des écoles	»	1,200
Flotte, personnel de l'arsenal compris	»	40,663
Total général ..		294,373

Au sujet de la garde nationale, qui figure dans le tableau pour un chiffre assez élevé, nous avons à faire remarquer qu'elle renferme beaucoup d'invalides, des vieillards et même des enfants.

Quant aux troupes irrégulières fournies par les tribus qui habitent la partie de l'Égypte bordée par le désert, et le désert même, elles ne sont soumises à aucune levée fixe, et Méhémet-Ali se contente de requérir leur appui lorsqu'il en a besoin. Maintenues dans l'obéissance par la résidence forcée de leurs cheiks au Kaire, elles envoient au pacha le contingent dont elles peuvent disposer; mais elles gardent dans l'armée leur manière propre de combattre, leurs armes, et leurs costumes particuliers. Certaines tribus ne se servent pas d'armes à feu; un petit bouclier en peau d'éléphant, d'hippopotame ou de crocodile, est l'arme défensive; et leurs guerriers se jettent sur l'ennemi avec des lances garnies de fer; ils portent aussi un petit poignard attaché au bras gauche. Leur choc est impétueux, et ils se battent avec acharnement.

Avant la guerre de Morée, Méhémet-Ali avait songé à créer une marine. Il fut puissamment secondé dans cette entreprise par un Français, M. Besson, officier distingué, mort il y a quelques années, et qu'il sera difficile de remplacer auprès du vice-roi.

Le maréchal Marmont donne les détails suivants sur la vie de cet excellent marin. Après avoir parlé de la puissante escadre du vice-roi, M. le duc de Raguse ajoute : « L'âme de cette escadre, celui qui l'a organisée et l'a mise sur le pied où elle est, est un Français, M. Besson (Besson-Bey), qui est vice-amiral, et le major général du pacha. Voici quelle est son histoire :

« Cet officier servait dans la marine française en qualité de lieutenant de vaisseau, et était en 1815 employé au port de Rochefort. Il avait épousé une demoiselle danoise, assez riche, qui possédait un bâtiment de commerce, et ce navire, nommé *la Madeleine*, se trouvait précisément à Rochefort au moment où Napoléon y arriva et se disposait à quitter la France. M. Besson proposa à l'empereur de le conduire sur son vaisseau aux États-Unis d'Amérique. Napoléon accepta; tout fut en conséquence disposé à bord. On fit préparer un endroit pour le cacher au moyen de tonneaux défoncés communiquant entre eux et matelassés intérieurement. Les effets les plus précieux de l'empereur furent embarqués mystérieusement en plusieurs fois. Il avait donné l'ordre à M. Besson de se trouver entre l'île d'Aix et le rocher d'Eneste, et de venir ensuite le prendre. Mais quand M. Besson arriva près de Napoléon, celui-ci avait changé d'avis; il lui annonça qu'il renonçait à ce parti, que trop de chances contraires accompagnaient, et qu'il avait envoyé M. de Lascases auprès de l'amiral anglais, pour lui demander de le recevoir. *La Madeleine* mit à la voile, et arriva en Amérique, très-promptement et très-heureusement, sans même avoir été visitée. Si Napoléon avait persisté dans son premier projet, sa destinée prenait un tout autre cours.

« Cet acte de dévouement de M. Besson envers l'empereur le compromit; son nom fut rayé des contrôles de la marine, et il se vit obligé, afin d'assurer son existence et celle de sa famille, de naviguer pour le commerce. Ses premières opérations ayant mal réussi, et se trouvant à Alexandrie en 1820, il proposa au vice-roi d'Égypte, qui s'occupait de la création d'une marine militaire, d'entrer à son service. Son offre fut acceptée. D'abord il fut chargé de surveiller la construction des bâtiments que le pacha faisait faire en France; puis il eut le commandement de la belle frégate de soixante-quatre canons, le *Bahireh*, qui sortait des chantiers de Marseille. Bientôt après, le pacha, appréciant sa capacité, et convaincu qu'il pouvait lui être plus utile dans un grade plus élevé, l'avança; il est devenu en peu d'années vice-amiral et major général, c'est-à-dire le véritable ministre de ce département. »

L'Égypte n'ayant ni fer, ni cuivre, ni bois, la plupart de ses vaisseaux avaient été construits et achetés à Marseille, à Livourne, à Trieste. La bataille de Navarin détruisit cette flotte naissante. Quelques bâtiments échappèrent à grand'peine à ce désastre : une frégate de soixante canons, construite à Venise, une frégate de Livourne, un très-petit nombre de corvettes et de bricks, voilà tout ce qui resta au pacha de sa brillante escadre.

Tout était donc à créer de nouveau : arsenaux, ateliers, matériel et personnel. Un Français, M. de Cérisy, habile ingénieur de Toulon, fut chargé par le pacha d'établir l'arsenal et de diriger les constructions. Malgré des obstacles sans nombre, malgré l'injuste prévention des indigènes, et l'insubordination des ouvriers européens, dont il était forcé de se servir dans le commencement de ses opérations, M. de Cérisy obtint bientôt d'heureux résultats. Méhémet-Ali, charmé de ces premiers succès, lui donna dans l'arsenal une autorité absolue. Le seul terrain dont on pouvait disposer pour cet établissement était un endroit marécageux, où l'ingénieur eut à lutter contre des difficultés de tout genre. Il fut obligé d'affermir le sol avant d'y jeter les fondements de l'édifice. Tout était à créer. Entreprenant et infatigable, il formait des ouvriers pour la charpente et la ferrure, bâtissait des magasins, organisait une administration, et faisait régner un ordre parfait dans ce vaste arsenal. Soutenu par l'énergique volonté du pacha, qui faisait pour sa marine toute espèce de sacrifice, M. de Cérisy vint à bout de fonder à Alexandrie un arsenal capable de soutenir la comparaison avec les premiers arsenaux de l'Europe. Malheureusement la plupart des navires nouvellement construits sont dans un état peu satisfaisant. La prompte détérioration de ces bâtiments n'est pas due à une construction vicieuse, mais à la mauvaise qualité des matériaux employés. L'Égypte étant dépourvue de bois, c'est à Trieste, et surtout dans la Caramanie, que le pacha s'en procure; et ces bois, achetés par des gens sans expérience ou sans probité, sont souvent trop verts, et n'ont pas les qualités requises. En 1838, après une croisière de quarante jours, la flotte fut obligée de rentrer à Alexandrie dans un état pitoyable : les navires faisaient eau de toutes parts.

Il est bon de noter que les travailleurs sont insuffisants pour une besogne aussi pénible. C'est pitié de voir cette foule considérable, hommes, femmes, enfants, déguenillés, presque nus, au teint hâve, aux membres chétifs, succombant sous le poids du plus léger fardeau; ces misérables, mal payés, se nourrissent à peine, et n'ont point de force; ils n'obéissent qu'au bâton des surveillants.

Près de quatre mille ouvriers arabes sont employés à l'arsenal, sous la direction de chefs d'atelier français venus de Toulon. La quantité supplée donc ici à la vigueur; et en employant le double de bras et de temps qu'il en coûte en Europe, on arriverait encore à faire de bons travaux si on possédait les matières premières.

Les métaux, l'artillerie, les munitions devant venir de France et d'Angleterre, un conseil d'administration a été institué sous la présidence de l'inspecteur de l'arsenal; ce conseil est chargé de décider la quantité de fourniture qu'il convient de demander, et d'en contrôler la réception.

Un conseil supérieur d'amirauté, composé de l'amiral, du vice-amiral, et d'un contre-amiral, a la mission de surveiller toute la marine et de proposer au vice-roi les améliorations nécessaires; le pacha suit presque toujours les indications tracées par ce conseil.

On a aussi fondé à l'arsenal une école de marine et une école de construction navale; mais elles n'ont donné aucun résultat satisfaisant, au moins jusqu'à ce jour.

Malgré les plus grands obstacles qu'il avait à surmonter, M. de Cérisy est parvenu à organiser la marine égyptienne. Il a introduit dans la construction des navires de guerre les améliorations réclamées depuis longtemps par les officiers français, et dont ses propres observations lui avaient fait reconnaître l'utilité. Les bâtiments ont été exécutés d'après ses plans.

Voici le tableau des constructions faites et des bâtiments réparés pendant la direction de M. de Cérisy.

BATIMENTS CONSTRUITS.			BATIMENTS RÉPARÉS.			
NOMS.	DÉSIGNATION.	NOMBRE de bouches à feu.	NOMS.	DÉSIGNATION.	NOMBRE de bouches à feu.	LIEU de leur construction.
Masr	Vaisseau de premier rang	100	Bahireh	Frégate	60	Marseille.
Acri	id.	100	Jafferieh	id.	60	Livourne.
Meballet-el-Kébir	Vaisseau	100	Reschdjd	id.	58	Venise.
Mansoura	id.	100	Capecheik	id.	54	Arcangel.
Scanderièh	id.	100	Sirijihâd	id.	60	Livourne.
Homs	id.	100	Damiatyeh	id.	54	Alexandrie.
Aboukir	id.	78	Mostagihâd	id.	56	Frég. algér.
Tantah	Corvette	24	Djelma-Bahary	Corvette	22	Gênes.
Azizièh	Goëlette	10	Gihâd-Beker	id.	22	id.
Beylan	Vaisseau	86	Fouâh	id.	22	Alexandrie.
Alep	Vaisseau en chantier	100	Pelenk-Gihad	id.	22	Marseille.
Damas	id.	100	Washington	Grand brick	22	Bordeaux.
» »	Un cutter de plaisance.	4	Le Fulminant	id.	22	Livourne.
» »	Une bombarde	»	Feschné	id.	22	Alexandrie.
» »	Un transport pour les bois de mâture	»	Chain-Déria	id.	22	Ven. de Turq.
» »	Une grande frégate en chantier	60	Semend-Gihâd	Petit brick	18	Marseille.
			Chabas-Gihâd	id.	18	La Ciotat.
			Le Crocodile	id.	18	Marseille.
			Bahi-Gihad	id.	18	Alexandrie.
			L'Américain	id.	18	États-Unis.

La flotte comptait, de plus, quatre bâtiments de transport de quatre cents tonneaux, une frégate, un brick, et un cutter turc pris pendant la guerre.

Après avoir fait construire les plus grands vaisseaux de guerre, le vice-roi sentit la nécessité d'avoir un ou plusieurs vaisseaux de radoub pour la flotte. C'était une source de nouvelles et sérieuses difficultés. Les premiers plans échouèrent; le vice-roi s'adressa encore à la France pour avoir un homme capable de diriger l'accomplissement de ce vaste travail. L'administration des ponts et chaussées désigna M. Mougel, ingénieur distingué, qui a parfaitement justifié le choix de ses supérieurs, et répondu à l'attente du vice-roi.

Méhémet-Ali voulut aussi faire creuser un bassin dans le port d'Alexandrie, dont le fond est vaseux jusqu'à une profondeur de soixante pieds. Il s'agissait d'établir sur un pareil fond un pavé hydraulique. Le bassin devait pouvoir contenir des vaisseaux de ligne tirant vingt pieds d'eau; ce qui, joint aux quatorze pieds de hauteur du radier, plaçait le sol artificiel à trente-quatre pieds sous l'eau.

M. Mougel n'a pas reculé devant les

obstacles d'une entreprise si difficile; il a soumis au vice-roi un plan simple, dont le succès est infaillible. Les travaux sont en pleine activité, et ce bel ouvrage sera bientôt terminé.

On avait improvisé une flotte, il fallut aussi improviser des marins. Le pacha institua une école de navigation, et y plaça de jeunes mameluks, destinés à remplir les cadres de la marine. Comme par le passé, la France fournit les officiers chargés de l'armement des vaisseaux et de l'instruction des équipages. Parmi les officiers de la marine française, le capitaine Letellier, Besson-Bey, dont l'Égypte regrette la mort prématurée, et M. Housard, qui n'a point cessé d'aider le vice-roi de ses services précieux, méritent une mention toute spéciale pour l'intelligence et l'activité déployées dans leurs divers emplois.

Quand on se souvient que la première marine créée par Méhémet-Ali a été anéantie à Navarin, on s'étonne de trouver aujourd'hui dans le seul port de l'Égypte une force navale supérieure à celle de quelques États de l'Europe qui n'ont point eu à subir une pareille catastrophe. Cette flotte comprend :

A flot :

7 vaisseaux de ligne,
6 frégates,
4 corvettes,
7 bricks,
2 bateaux à vapeur,
23 transports.

En construction :

3 vaisseaux,
1 corvette de charge,
1 cutter.

On évalue à 12,000 le nombre de marins embarqués à bord de la flotte. Ces bâtiments ne sont point inoccupés, comme les frégates du sultan devant les caïques du Bosphore; la plupart louvoient constamment hors du port pour exercer les équipages aux manœuvres des voiles et de l'artillerie, manœuvres dans lesquelles les Arabes déploient beaucoup d'adresse et de précision.

Un des principaux instructeurs a fait adopter en Égypte le système en vigueur dans la marine française, et le matelot arabe est à la fois gabier, fusilier et canonnier. Le mode de recrutement est à peu près le même que pour l'armée de terre; seulement, pour prévenir les désertions, on imprime, à Alexandrie, sur le dos de la main, ou sur le gras de la jambe des conscrits, une ancre ou un poisson, comme on faisait jadis aux soldats romains.

Le paye et le taïm sont aussi les mêmes que pour l'infanterie. L'uniforme des marins est à peu près semblable à celui des troupes à pied; il est en grosse toile de coton blanche, avec un collet et des parements de couleur; une ancre de drap est placée sur le dos.

Le grade le plus élevé de la marine est celui de capitan-pacha, ou amiral. Cet officier a deux lieutenants : le vice-amiral, et le contre-amiral. Vient ensuite le *bym-bachi*, capitaine de vaisseau; le *sagh-kol-agassi* capitaine de frégate; et le *sol-kol-agassi*, capitaine de corvette; les lieutenants de vaisseau prennent le nom de *yun-bachis;* les maîtres d'équipage sont appelés *effendis*. Les grades se distinguent, comme dans l'armée de terre, par une décoration plus ou moins riche, que l'on porte à gauche sur la poitrine; pour les officiers de la marine, cette décoration représente une ancre.

Le poste de capitan-pacha fut occupé d'abord par Ismael Gibraltar, puis par Osman Noureddyn-Pacha. Après que celui-ci eut quitté le service de Méhémet-Ali, Moutouch-Pacha, fils d'un bey des mameluks tué au massacre de cette milice, obtint cette place éminente, et la possède encore.

Les travaux de Noureddyn-Pacha, qui jouissait d'une grande réputation, exigent que nous entrions dans quelques détails sur cet officier supérieur, un des plus remarquables de l'armée égyptienne.

Osman Noureddyn-Pacha, fils d'un domestique de Méhémet-Ali, fut élevé par le maître de son père; après avoir pris soin de l'enfance d'Osman, le pacha, croyant reconnaître en lui des dispositions intelligentes, se chargea de son éducation, et l'envoya en Europe, où il resta sept ans. Osman visita l'Italie, la France et l'Angleterre, et revint sinon avec un savoir profond, du moins entiè-

Chadouf, machine à arroser.

EGYPTE MODERNE.

rement dépouillé des préjugés orientaux.

A son retour, Osman-Effendi fut chargé de l'instruction publique et de l'organisation de l'imprimerie. Préservé, comme par miracle, de l'exécution d'une sentence qui devait l'envoyer au fond du Nil pour une faute assez légère, il fut nommé directeur de l'école de *Kars-el-Aïn;* de là, montant rapidement en grade, il devint bey, puis major général de l'armée.

C'est alors que lui fut confiée la mission de diriger et de régulariser l'instruction des troupes de terre et de mer. Toutes les traductions, tous les projets, tous les règlements relatifs à des innovations dans l'armée, devaient passer sous les yeux et recevoir l'approbation d'Osman-Noureddyn. Aidé d'officiers européens pleins de mérite, dont il faisait sa société et son conseil, il réussit à organiser quelques parties du travail qu'on lui avait remis entre les mains, et contribua à coup sûr aux progrès de la civilisation en Égypte.

Il était gouverneur de Candie en 1833; lors de l'insurrection il parvint à pacifier cette île sans verser de sang, et promit une amnistie générale au nom du vice-roi. Malheureusement Méhémet-Ali, d'ordinaire si généreux et clément, avait contre les Candiotes un profond ressentiment. Osman, contraint de violer sa parole et d'être l'instrument d'exécutions sanglantes, obéit en fidèle serviteur; mais aussitôt après il abandonna le service de Méhémet-Ali. Il monta sur un brick qui le conduisit à Métélin, sa patrie, et renvoya le bâtiment au pacha avec une lettre contenant sa démission et l'explication des motifs qui la légitimaient à ses yeux. Cette retraite fut bientôt connue; la Porte, toujours prête à profiter des fautes ou des revers du pacha d'Égypte, appela Noureddyn à Constantinople, et lui confia le poste de *Barout-khané-éminé* (intendant général des poudres). Osman-Noureddyn mourut de la peste peu de temps après; il avait alors environ quarante-cinq ans.

CHAPITRE V.

AGRICULTURE. COMMERCE. INDUSTRIE.

Dans tous les pays du monde, pour fertiliser le sol, il faut de l'eau et de l'engrais. Les Égyptiens se sont toujours passé d'engrais, parce qu'ils ont les eaux du Nil qui, lors de l'inondation renferment des matières salines et organiques éminemment propres à l'amendement des terres. L'Égypte manque de pluies. Le sort des habitants, qui tirent leur subsistance de l'agriculture, dépend donc exclusivement de l'aménagement des eaux du Nil. Cela est si vrai, que si Albuquerque avait pu détourner le cours de ce fleuve dans la mer Rouge, les Égyptiens seraient morts de famine.

Tandis que dans d'autres pays il faut s'ingénier de mille manières pour amender le sol, l'agriculture a toujours été en Égypte un art facile. Tous les auteurs ou voyageurs, tant anciens que modernes, sont d'accord sur ce sujet. « Comme le courant du fleuve est très-lent, dit Diodore, ils le détournent aisément au moyen de petites digues, et font répandre les eaux dans les champs quand ils le jugent à propos. Tout cela rend la culture du sol si facile et si profitable qu'après sa dessiccation les laboureurs n'ont qu'à y jeter la semence et à y conduire les bestiaux, qui la foulent sous leurs pieds; et au bout de quatre ou cinq mois ils reviennent pour la moisson. D'autres, après avoir passé une charrue légère sur les champs qui ont été ainsi arrosés, recueillent des monceaux de fruits sans beaucoup de dépense et de peine. Le terrain vignoble, cultivé de la même manière, rapporte aux indigènes abondance de vin. Les terrains qu'on laisse incultes, après l'inondation, produisent des pâturages si riches que les troupeaux de brebis qu'on y nourrit donnent une double portée et une double tonte (1). »

Hérodote nous apprend à peu près la même chose. Seulement il ajoute qu'on se servait plus particulièrement des pourceaux pour fouler le sol et enterrer les se-

---

(1) Diod. Sicil., tome I, p. 41 (traduction de Hoefer); Paris, 1846.

mences (1). Dans les peintures des tombeaux de Giseh et de Koum-el-Hamar, on voit des chèvres employées à ce travail ; dans celle de Beni-Hassan, et au milieu d'autres représentations des travaux agricoles, on remarque trois hommes, armés du corbasch, qui frappent un troupeau de béliers et de moutons en les poussant devant eux. De l'autre côté de ce même tableau, trois hommes frappent également des moutons, et les poussent dans une direction opposée (2).

Mais nous n'avons pas ici à parler de l'état de l'agriculture chez les anciens Égyptiens ; cette partie a été traitée ailleurs mieux que nous ne le ferions ici (3).

L'agriculture méritait de fixer l'attention du régénérateur de l'Égypte moderne. Méhémet-Ali entreprit des améliorations qui n'avaient pas encore été tentées avant lui. Le barrage et la canalisation du Nil fixèrent d'abord toute son attention.

Si toute l'Égypte pouvait être suffisamment arrosée, elle serait la contrée la plus riche de la terre. C'est ce qu'avaient parfaitement compris les Français, lorsque, maîtres de l'Égypte, ils avaient songé à construire des digues aux deux embouchures du Nil, afin de faire refluer les eaux dans toute la vallée, et d'en arroser à volonté toute la superficie (4). Ce plan gigantesque a été repris par le vice-roi ; il en a confié l'exécution à M. Linant-bey. Il y a là, il ne faut pas se le dissimuler, de grands obstacles à vaincre : il faut préalablement bien étudier le cours et les alluvions du Nil. Ce fleuve est difficile à maîtriser : tantôt il se gonfle et roule un volume d'eau dont la rapidité est effrayante, tantôt ce n'est plus qu'un large ruisseau que le fellah passe à gué. Les préparatifs du barrage ont fait naître l'idée de construire un chemin de fer, conduisant des carrières du Mokathan au bord du Nil ; l'intervalle est d'environ une lieue.

Pour augmenter les moyens d'irrigation et favoriser les différentes cultures, il fallait creuser des canaux, réparer ou nettoyer ceux qui existaient déjà, rétablir les digues et en faire de nouvelles. Méhémet-Ali y a songé ; mais son ouvrage est encore inachevé. Dans le Delta, on a creusé, à *Tantah*, un canal qui a son embouchure dans celui de Chibyn, au sud et à peu de distance de Djafaryeh. Il se joint au canal de Kafr-el-Cheik, à l'ouest de Deflyeh ; sa longueur est d'environ cinquante kilomètres, sur une largeur de quinze mètres. Dans sa longueur il y a quatre écluses à vannes pour régler la dépense des eaux.

Le canal de *Bouseyeh* a sa prise d'eau dans la branche de Damiette, au nord de Dacadous : il se dirige au nord-ouest jusqu'à Sembellayoun, et de là il coule à l'est jusqu'à la rencontre du canal de Moueys, auquel il se joint, au sud de Kafr-el-Daôud ; sa longueur est d'environ cinquante-cinq kilomètres sur quinze de large. Dans sa largeur, il y a quatre ponts avec écluses à vannes. Le canal de *Bahyreh* a son embouchure au nord de Beni-Salam, sur la branche de Rosette ; il longe les bords du Nil jusqu'à la rencontre du canal de Rahmanieh. Il a plus de quatre-vingts kilomètres, sur environ dix-huit de large. Il y a cinq ponts avec écluses à vannes. Le canal de *Mahmoudieh*, qui a coûté tant d'hommes et d'argent, n'est plus navigable que pendant l'inondation. Il est à sec pendant huit mois, depuis son embouchure jusqu'à Birket-el-Gheytâs.

Tel est l'état de canalisation de la Basse-Égypte. Quant à l'irrigation de la Haute-Égypte, elle est dans un état moins satisfaisant. Les grands canaux conservent peu d'eau après l'inondation ; les canaux de dérivation ne suffisent pas au besoin des terres. Chaque année les eaux rompent les digues qui n'ont point de solidité, ce qui fait écouler les eaux, avant qu'elles aient pu déposer sur le sol leur limon fécondant.

Des cultures du coton, de l'indigo, de l'opium, du mûrier, etc.

On distingue particulièrement deux espèces de cotonnier le *gossypium herbaceum* (cotonnier, herbacé), et le *gossypium arboreum* (cotonnier en arbre). Ce dernier ne croît que dans les

---
(1) Hérod., II, 14.
(2) Voyez l'*Égypte ancienne*, par M. Champollion-Figeac, p. 189 (collection de l'*Univers pittoresque*).
(3) Voyez l'ouvrage cité de M. Champollion, et J. Gardner Wilkinson, *Manners and customs of the ancient Egyptians*, vol. I et II.
(4) Le plan de ce travail se trouve résumé dans le grand ouvrage de l'expédition d'Égypte.

régions tropicales, et peut vivre de nombreuses années. Quant au premier, il est annuel, comme dans l'île de Malte ; et cependant sa tige devient facilement vivace dans des climats plus chauds. Suivant Pline, « la partie de la Haute-Égypte qui confine à l'Arabie produit un petit arbrisseau que les uns appellent *gossypion*, et les autres *xylon* ; son fruit, qui ressemble à celui d'une aveline, entouré de son enveloppe barbue, contient un duvet que l'on file ; on en fabrique des étoffes qui ne le cèdent à aucune autre ni en mollesse ni en blancheur, et les prêtres égyptiens en portent des vêtements auxquels ils attachent un grand prix (1). »

Il est très-vraisemblable que Pline désigne dans ce passage le coton herbacé, qui serait ainsi originaire de l'Égypte.

La culture du cotonnier resta longtemps dans l'oubli. Cette malvacée embellissait seulement quelques jardins du Caire, où elle ne servait qu'à donner de l'ombre. Le vice-roi s'assura, par des essais, de l'importance de cette culture. Il fit ensemencer deux mille feddans (2), qui sont devenus la base de plantations plus étendues.

On sème le coton de préférence dans des terrains gras, forts et conservant l'humidité ; on recherche aussi la proximité du Nil, pour arroser plus aisément et à moins de frais. Ces terrains doivent être à l'abri des débordements du fleuve, car le séjour des eaux ferait périr les plants. Les fellahs ont grand soin de diguer le voisinage des terres qui seraient sujettes à être inondées dans le moment de la haute crue. Cependant les cotonniers reçoivent des arrosements périodiques, sans lesquels ils ne pourraient se développer. En hiver, on les arrose tous les quinze jours ; au printemps, tous les douze jours, et en été, tous les huit jours. Les machines hydrauliques dont se servent les fellahs pour les arrosements sont les puits à roues et les *deloú* ou *chádouf*. La machine qu'on nomme *chádouf* se compose d'un balancier suspendu à une traverse que soutiennent deux montants ; un contre-poids, attaché à l'arrière du balancier, facilite l'ascension d'un panier attaché à l'extrémité antérieure du balancier. Le travailleur fait descendre ce panier dans le Nil, le remplit, le remonte et le déverse dans la rigole destinée à l'irrigation.

Aussitôt après l'ensemencement on arrose, et cet arrosage continue tant que produit le cotonnier.

Dans la Basse-Égypte on donne un seul labour à la terre où l'on veut semer le coton ; dans le Saïd on laboure deux fois, si le sol est friable et léger ; ensuite on trace des sillons à la distance d'environ un mètre. En général, dans toutes les provinces, on laboure la terre à trente-six centimètres de profondeur ; si elle est trop forte, le labour est moins profond. Les fellahs se servent de la charrue pour labourer ; quelquefois, ils emploient la houe, lorsque le terrain n'a pas beaucoup d'étendue. Le bœuf, le buffle et l'âne sont les animaux destinés à cet usage. Après le labour, on brise les mottes avec la houe, et on achève avec le même instrument de niveler la terre, qui ne subit aucune autre préparation. On fait des trous de trois à quatre pouces de diamètre, sur autant de profondeur. On y dépose de deux à quatre grains, à deux et trois pouces de profondeur, après avoir laissé tremper ces grains dans l'eau pendant vingt-quatre heures pour les amollir et hâter

---

(1) On a prétendu qu'il n'y a pas de témoignage qui établisse avec certitude que le coton existait en Égypte avant le temps de Pline. Mais alors le passage cité ne s'appliquerait qu'à l'introduction en Égypte d'une culture toute nouvelle du temps de Pline. Cette supposition est absurde ; et il faut bien admettre que Pline parle d'une plante (évidemment le cotonnier) cultivée avant lui, sans préciser l'époque de son introduction en Égypte.

On a beaucoup discuté pour savoir si le *byssos* d'Hérodote (*boutz* des Hébreux) désigne le lin ou le coton. Cette question, peu importante en elle-même, a été résolue par l'examen microscopique des tissus qui enveloppent les momies ; il a été ainsi constaté que ces tissus sont tantôt en lin, tantôt en coton. Combien d'ailleurs y a-t-il aujourd'hui de savants assez habiles pour distinguer, à la simple vue, certaines toiles de coton d'une toile de lin ? N'est-il donc pas naturel de croire que les écrivains anciens ont appliqué le nom de *byssus* indifféremment à toutes toiles, soit de lin, soit de coton ? C'est ainsi que pendant des milliers de siècles on a confondu entre elles la chaux, la baryte, la strontiane, la magnésie, en appliquant à toutes ces substances la dénomination générique de *calx*. La distinction des substances est le fruit de l'analyse, et celle-ci résulte des progrès de la science.

(2) Le feddan équivaut à 5929 mètres carrés.

la germination. On sème toujours en mars et avril. On laisse un mètre environ et souvent moins de distance entre les pieds de cotonnier. Dans les plantations rapprochées des villes, les fellahs mettent ce terrain à profit en y semant des légumes et autres productions.

A l'époque de l'inondation, on sarcle à la main les herbes parasites qui croissent autour et dans les intervalles des cotonniers; les fellahs qui ont de grandes plantations y font passer la charrue au commencement de l'hiver, pour économiser le temps, ce qui endommage souvent les cotonniers; ceux qui n'ont que de petites plantations se servent de la houe. On commence à sarcler dès que la plante est arrivée environ à un décimètre de hauteur. Les sarclages se font à la main, avec la houe ou avec la charrue. Les fellahs sarclent dans toute l'étendue de leurs plantations, autant pour amender la terre que pour détruire les herbes qui nuisent à la croissance des plantes.

Dans la seconde année, on ne remue la terre que pour enlever, par le moyen de la charrue ou de la houe, les herbes parasites que les irrigations font croître en abondance; ce sarclage a lieu une seule fois.

Le cotonnier s'élève d'environ un mètre et demi la première année; sa croissance est moindre dans la seconde et la troisième. On taille les cotonniers avec une espèce de serpette; on l'émonde tellement qu'on ne laisse que le tronc. Toutes les branches sont enlevées; on s'en sert comme combustible. Les fellahs qui n'ont pas d'instrument tranchant se contentent de casser les branches, méthode vicieuse employée surtout dans la Haute-Égypte. La taille des cotonniers a lieu la première année, et se renouvelle dans la seconde et la troisième, à l'exception que la première année on laisse les branches un peu longues, et que dans les deux autres on les taille plus courtes. Cette opération est salutaire à l'arbuste : elle lui donne plus de force et le garantit du froid qui ferait périr les branches.

La récolte du coton commence pour la première année en juillet, et finit en janvier, quand il ne fait plus froid; mais si la saison devient un peu rigoureuse la récolte finit en décembre. Un ouvrier ramasse ordinairement dans une journée quinze à dix-huit livres de coton.

Le rapport d'un cotonnier est d'une livre à une livre un quart brut, pour la première année; il donne, dans la seconde, d'une livre un quart à deux livres; la quantité est la même pour la troisième année. A partir de cette époque, la plante dégénère, elle produit peu, son feuillage s'épaissit, et il convient de l'arracher. Un homme cultive jusqu'à quatre feddans de terre, qui contiennent chacune environ mille cotonniers.

Pour égrener les capsules, on se sert d'une machine semblable à un rouet ; elle est surmontée de deux cylindres d'environ neuf pouces de diamètre, placés l'un sur l'autre, et fixés à deux montants. Un homme, avec son pied, imprime le mouvement au rouet et fait tourner les deux cylindres entre lesquels on met le duvet : celui-ci passe d'un côté, tandis que les graines s'arrêtent et passent de l'autre. Un ouvrier égrène ordinairement douze à quinze livres de coton net pendant sa journée. Si le fellah cultive peu de cotonniers, il travaille lui-même à l'égrenage du coton dans sa demeure; si, au contraire, sa plantation est considérable, il prend des ouvriers auxquels il donne un salaire de cinq francs par quintal de cent vingt livres.

Après l'égrenage on ne donne aucune autre préparation au coton; les fellahs le mettent en balles dans l'état poudreux où il se trouve; le peu de soin que la plupart apportent à l'égrenage le rend sale et comme poivré. Pour le mettre en balles, les fellahs se contentent de presser le coton avec leurs pieds. Mais, depuis quelques années, le vice-roi a fait venir une presse usitée en Amérique, et ordonné la confection de plusieurs presses sur le même modèle. Il y a aujourd'hui une douzaine de presses en activité. Chacune d'elles, servie par trois ouvriers, presse de dix-huit à vingt balles par jour. La balle pressée avec les pieds porte un mètre et demi de hauteur sur un mètre de diamètre environ; la balle pressée suivant les procédés qu'emploient les Américains n'a

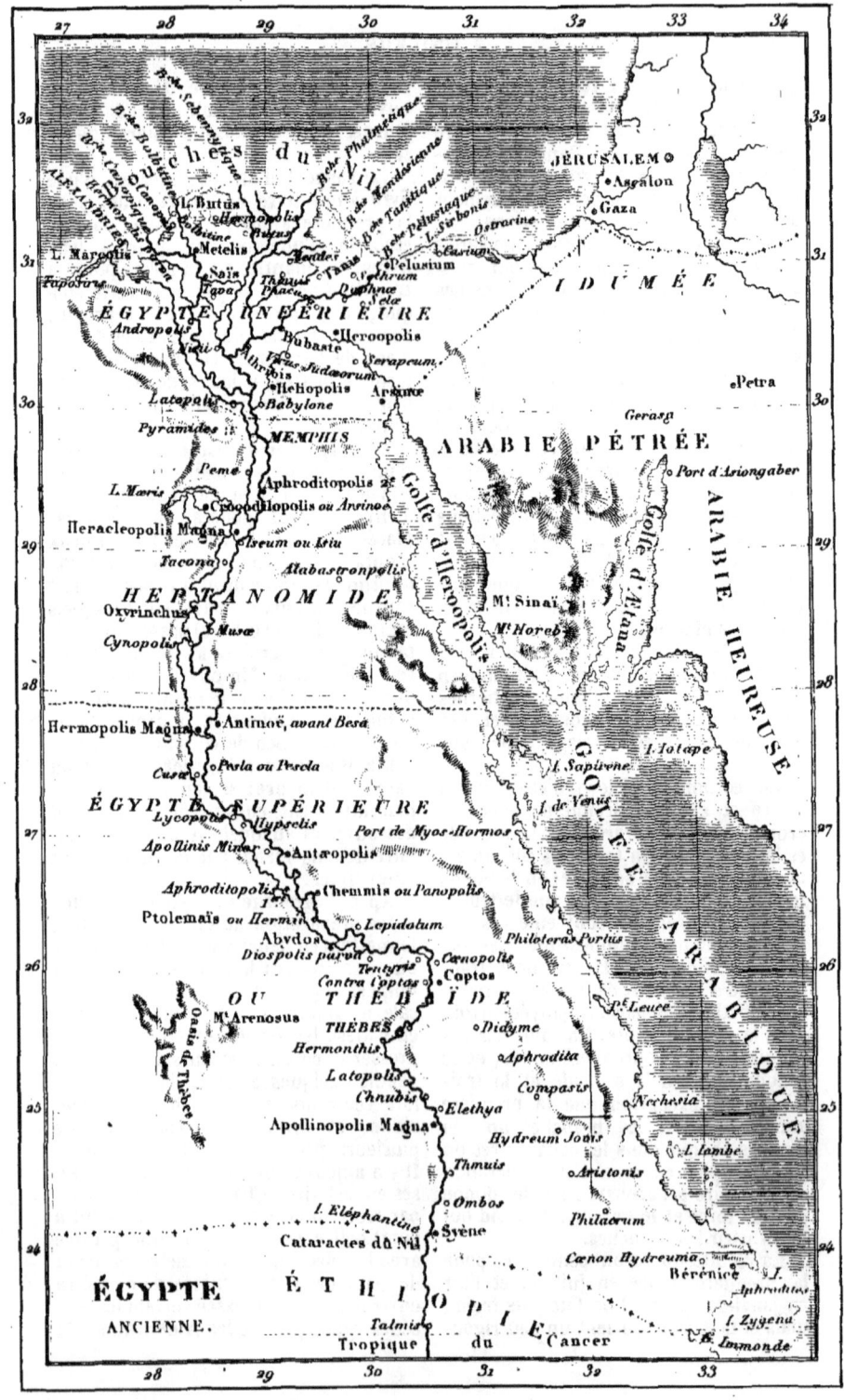

qu'un mètre de hauteur sur un demi-mètre de diamètre.

Le vice-roi ne fait aucune avance au fellah qui cultive le coton ; seulement il n'exige de lui l'impôt foncier qu'après la récolte. Le fellah ne peut distraire une livre de coton à son profit ; il est obligé de tenir toute sa récolte à la disposition du gouvernement, qui la fait acheter par ses agents. Ceux-ci payent le coton au cultivateur, de 112 à 150 piastres le quintal de cent vingt livres, suivant la qualité, et à la condition que celui-ci le transporte aux dépôts établis dans les chefs-lieux de canton ; on lui donne un récépissé de la valeur de sa marchandise ; la somme est déduite de ses impositions, s'il ne les a pas encore payées ; ou bien il la touche par à-compte, et à la volonté du directeur du dépôt, chargé de cette comptabilité.

Le prix de la main-d'œuvre n'est pas fixe ; il varie suivant les lieux. Dans le Saïd, il est de 20 à 30 paras par jour, pour le salaire d'un homme employé aux travaux de la campagne. Dans la Basse-Égypte, on paye de 30 à 40 paras. La nourriture d'un homme employé aux travaux de la campagne est évaluée aux deux tiers du prix de la journée. Ainsi, dans le Saïd un homme vit avec 20 paras par jour, et dans la Basse-Égypte il en dépense 25 à 30.

D'après les ordres du vice-roi, les chefs de canton assignent à chaque village la quantité de feddans qu'il doit ensemencer. La division a lieu d'après l'examen des localités et la nature des terrains. Le cheik-el-beled fait alors lui-même la répartition entre les fellahs, qui savent combien chacun d'eux doit ensemencer de feddans. La récolte tout entière est livrée au vice-roi, aux prix et conditions qui viennent d'être indiqués. Dans le principe, les fellahs se livraient avec peine à cette culture, parce qu'ils étaient incertains si elle réussirait ; mais la seconde et la troisième année, lorsqu'ils ont vu que les cotonniers produisaient beaucoup, et que le gouvernement leur payait jusqu'à 175 piastres le quintal de coton de première qualité ; que d'ailleurs cette culture ne tournait pas au détriment des denrées de première nécessité, ils s'y sont livrés avec d'autant plus de zèle que le vice-roi a fait établir dans les villages des puits à roues. Aujourd'hui la baisse des prix a un peu refroidi leur zèle. Ils soignent moins bien la culture ; aussi les récoltes ont-elles diminué.

La culture du coton ne nuit point, ainsi qu'on l'avait avancé, à celle des céréales. Les parties inférieures de la vallée, arrosées par l'inondation du Nil, sont impropres à faire prospérer les cotonniers. Au contraire, les terrains où l'on sème le blé, les fèves, l'orge, etc., doivent, au préalable, avoir été inondés ; car ce n'est qu'au mois de novembre, après la retraite des eaux, que l'on confie les semences à la terre. Le maïs seul a pu souffrir de l'extension du cotonnier, parce que la même nature de terrain convient à l'un et à l'autre.

Ce ne sont pas les terres qui manquent à l'Égypte, mais bien les bras pour les cultiver. Depuis Assouan jusqu'à la Méditerranée, il y a plus d'un million de feddans incultes.

Indigo. L'amélioration de la culture de l'*indigo* devait suivre de près celle du coton, l'un fournissant la matière pour teindre le tissu de l'autre. On distingue particulièrement trois espèces d'indigotiers : *Indigofera tinctoria*, *Indigofera argentea*, et *Indigofera Anil*. Ce dernier est indigène de l'Amérique équatoriale. Les deux premiers seuls appartiennent à l'ancien monde, surtout à l'Inde et à l'Égypte.

Pour perfectionner la culture de l'indigo, Méhémet-Ali fit choix des terres les plus limonneuses, de celles qui, pouvant être arrosées toute l'année, sont mieux appropriées à la nature de ce végétal. On vit bientôt dans plusieurs provinces une plus grande quantité de champs consacrés à ce produit.

On a remarqué que la terre où l'on avait semé auparavant du trèfle ou toute autre légumineuse est éminemment propre à la culture de l'indigo, qui, comme l'on sait, est également une légumineuse. A la fin de mars on donne deux ou trois labours croisés, et l'on y fait passer le rouleau pour rendre la surface plus unie ; la terre est ensuite divisée par carrés. Après l'avoir ainsi préparée, le fellah fait des trous où il dépose des grains, qu'il recouvre avec la main. Dès que les semailles sont terminées, on arrose continuellement si les terres sont éloignées du Nil; mais si elles en sont rapprochées elles conservent assez d'humidité, et n'ont pas besoin d'eau. La première coupe a lieu vers la fin de juin. On en fait deux autres, à trente jours d'intervalle. La troisième est plus belle que les autres, parce que la plante, imbibée de l'eau du fleuve débordé, s'est élevée davantage.

On cultive le même plant d'indigo pendant trois ans; mais la première année est plus productive que les autres. La graine dégénère tellement qu'on ne peut l'employer pour les semis; on en fait venir de nouvelles de la Syrie. A mesure qu'on coupe les tiges, on les transporte à dos de chameau près du village où l'indigoterie est établie. Celle-ci consiste en de grands mortiers de pierre disposés les uns près des autres; on y mêle de l'eau bouillante à un sixième d'eau froide, ensuite on y jette les tiges, que l'on a soin de couvrir jusqu'à ce que l'eau soit colorée. Cette eau est reçue dans des jarres qui sont trouées à une certaine élévation. Dès que la fécule est déposée, on ouvre ces trous pour faire écouler l'eau. On mêle avec la fécule un tiers de terre glaise; cette pâte est divisée en petits pains ronds que l'on met sécher au soleil.

Cet indigo, fabriqué contre les règles de l'art, et mêlé d'impuretés, était repoussé de presque tous les marchés d'Europe. Frappé de ce grave inconvénient, le vice-roi fit venir du Bengale des ouvriers qui enseignèrent aux Arabes les procédés suivis dans l'Inde pour cette manipulation. Ce fut M. Bozari, frère du médecin du vice-roi, qui les amena en Égypte.

L'indigotier aime les terres qui ne sont pas trop grasses, et qui surtout sont susceptibles d'être irriguées. Il contient d'autant plus de matière colorante que l'année a été plus chaude. Ce végétal dure dix ans et plus; mais comme les feuilles des jeunes plantes contiennent plus de matière colorante que celles des plantes plus âgées, on renouvelle les plantes tous les ans dans les Indes orientales. Il ne faudrait pas agir de la même manière dans des climats moins chauds, car dans ce cas la matière colorante ne se développe pas complétement dans l'espace d'une année.

La matière qui produit l'indigo est uniquement renfermée dans le parenchyme des feuilles, et en plus grande quantité au commencement de la maturité; plus tard l'indigo est plus beau, mais sa proportion est moindre; après cela on en obtient moins encore, et de mauvaise qualité.

Aux Indes orientales, sur la côte de Coromandel, la culture de l'indigo se fait dans des sols sablonneux non irrigués, et sur lesquels la végétation n'est possible malgré la température extrême du climat que durant la saison des pluies. Le rendement est toujours faible, en raison de la sécheresse; la plante est peu fournie, et n'atteint jamais soixante-cinq centimètres de hauteur. La coupe se fait après la floraison, à environ un décimètre au-dessus du sol. On fait sécher la récolte au soleil, puis on bat la plante avec des gaules.

Les feuilles, détachées par le battage, sont de nouveau exposées au soleil pour en assurer la complète dessiccation; ensuite, on les concasse grossièrement.

C'est toujours des feuilles sèches qu'on extrait l'indigo sur la côte de Coromandel: On fait infuser pendant deux ou trois heures les feuilles concassées, dans trois fois leur volume d'eau froide; on passe la dissolution à travers un tissu peu serré; on bat la liqueur filtrée, et on y ajoute, après le battage, environ 48 litres d'eau de chaux pour 100 kil. de feuilles sèches; on agite pendant quelques minutes; enfin on laisse déposer. Quand le dépôt est formé, on décante, on lave avec un peu d'eau bouillante, et l'on met à égoutter sur une toile le dépôt lavé. On soumet alors l'indigo à l'action d'une presse, puis on coupe la pâte en morceaux cubiques, qu'on dessèche à l'air. Ces derniers, lorsqu'ils sont secs, pèsent environ 90 grammes.

L'indigo existe évidemment à l'état incolore dans les feuilles soumises à l'opération qu'on vient de décrire. Du moins, ne tarde-t-il point à se décolorer, au moment où la fermentation s'établit. Tout porte donc à croire que l'indigo bleu commence par se convertir

Wahabits.

Culture du safranon (*carthamus tinctorius*). Le carthame est indigène en Égypte. Sa fleur fournit une belle matière colorante rouge, et sa graine une huile grasse. On le sème après la retraite des eaux. Le semeur le jette à la volée sans que la terre ait reçu aucune préparation, et le recouvre ensuite avec le rateau. Quand la terre est trop sèche on lui donne un labour. Dans ce cas, les semeurs en répandent dans les sillons tracés à la charrue. Cette manière est plus avantageuse, mais moins économique. Le carthame, pendant sa croissance, n'exige aucun soin. La récolte se fait au mois de mars. Chaque matin, au lever, et avant le coucher du soleil, des femmes et des enfants arrachent les fleurs, jusqu'à ce que la plante n'en produise plus. Il y a quelques années, les fellahs mêlaient à ces fleurs de la farine de pois chiche pour colorer le safranon et lui donner plus de poids; mais ils n'osent plus faire ce mélange depuis que le vice-roi s'est emparé de cette branche de commerce.

Après la récolte, on broie les fleurs sur un moulin semblable à celui où l'on écrase le plâtre, puis on les presse dans les mains, et on les étend au soleil pour leur donner une couleur plus foncée, avant de les mettre au sac, et de les transporter dans les magasins du gouvernement.

Les fellahs laissent sécher la plante sur pied; ils arrachent ensuite les tiges, dont ils font sortir les graines en les frappant avec de longs bâtons. Un feddan exige un demi-ardeb de semence; il en produit deux et demi, et deux quintaux de safranon, si l'on sème à la volée; en semant dans les sillons sur les traces de la charrue, il donne deux quintaux et demi et trois ardebs de semence. L'huile qu'on en extrait sert à l'usage du peuple. Les tiges sont employées comme combustible.

C'est principalement dans les provinces de Benisouef, de Gizeh et de Kélyoub que le carthame est le plus cultivé. Cette culture est avantageuse, lorsque les vents de khamsin ne brûlent point les fleurs, ainsi que cela est arrivé en 1821.

Culture du henné ou *tamar-henné* (*lawsonia inermis*). On cultive cet arbrisseau dans les provinces de Charkyeh et de Kélyoub. Avant de le planter, la terre reçoit deux labours; on enfonce ensuite verticalement, à la distance de trois pieds, des scions taillés et disposés symétriquement. Les arrosements commencent aussitôt; ils se répètent aussi souvent que pour les cannes à sucre. La plantation se fait au mois d'avril; un an après l'arbrisseau est déjà élevé. On commence à détacher les feuilles, que l'on broie après les avoir fait sécher. Les femmes font de ces feuilles réduites en poudre une pâte dont elles se servent pour teindre en rouge orangé leurs ongles et la paume des mains.

Culture de l'opium. L'opium de la Thébaïde était jadis si renommé, qu'on désigne encore aujourd'hui l'extrait d'opium des officines par le nom d'*extrait thébaïque*. Le vice-roi voulut donner un nouvel essor à cette culture, depuis longtemps oubliée. A cet effet, il fit venir de Smyrne des Arméniens habitués à la culture de l'opium. Après divers essais, qui donnèrent des résultats satisfaisants, on adopta la méthode suivante.

Vers la fin d'octobre, après la retraite des eaux, on donne deux labours à la terre, qui doit être de bonne qualité, forte et de couleur jaunâtre; ensuite, on dépose dans les sillons tracés par le second labour des graines de pavot mêlées avec une portion de cette même terre pulvérisée. Ce mélange suffit pour enterrer les graines, et l'on est dispensé de passer la herse. Quinze jours après qu'on a semé, la plante commence à germer; en s'élevant elle forme une tige de la grosseur d'un chalumeau; en deux mois cette tige a atteint sa hauteur naturelle, d'environ quatre pieds; elle est couverte de feuilles larges et ovales dans toute la longueur; son fruit, d'une couleur verdâtre, a la grosseur d'un petit citron; il y a des tiges qui en portent jusqu'à quatre, placés à distance; cela dépend de la qualité de la terre. Chaque matin, avant le lever du soleil, on fait de légères incisions; le fruit jaunit et blanchit en se desséchant.

Quelquefois on sème la graine dans

des terres qui n'ont pas reçu les eaux du fleuve ; on y supplée par des arrosements avant et après avoir semé ; mais la plante ne vient pas aussi bien ; elle a moins de grosseur et d'élévation ; son fruit est maigre, petit, et rend peu de suc. L'opium de la Thébaïde est meilleur que celui de l'Asie-Mineure ; il obtient sur les marchés de l'Europe un avantage de vingt pour cent. Avec la graine, on fait de l'huile bonne à brûler ; ses tiges servent de combustible. En 1833 la récolte de l'opium s'est élevée à 14,500 okes, dont chacune a été vendue 110 piastres.

Culture du lin. On cultive le lin (*linum usitatissimum*, L.) de deux méthodes différentes : suivant l'une, la terre n'a besoin d'aucune préparation ni avant ni après les semailles. Aussitôt après la retraite des eaux, lorsque le sol est encore fangeux, on y jette la graine. D'après l'autre méthode, les fellahs labourent le sol en deux sens, puis ils traînent le rouleau pour briser les mottes, ensuite ils le divisent en carrés d'environ huit pieds de largeur sur quinze de longueur. Cette opération finie, ils sèment à la volée. Quelquefois un homme passe avec un rateau pour enterrer les semences ; souvent on néglige cette précaution, qui n'influe en rien sur la réussite des procédés de culture : on se contente alors d'arroser une seule fois. La terre ainsi ménagée donne jusqu'à trois quintaux et demi de lin par feddan, et trois ardebs de graines. Lorsqu'on ne donne aucune culture à la terre, le rapport du feddan est de quatre ardebs de graines et de deux quintaux de lin, parce qu'alors les tiges deviennent grosses et ligneuses sans être bien fournies de filasse. Dans ces deux cas, le feddan n'exige qu'un tiers d'ardeb de semences.

Quand le germe s'est développé et que la végétation commence à produire des brins, on couvre le champ de terre alcaline, comme pour le doura indigène ; ensuite on arrose à mesure que la terre commence à sécher, pendant la croissance des tiges et jusqu'à leur maturité, qu'elles atteignent au mois de mars ; alors les fellahs arrachent les tiges, et les étendent pour les faire sécher, en ayant soin de les remuer souvent. Quand la dessiccation est faite, ils les lient en petites gerbes, qu'ils transportent dans un endroit près du village pour en extraire les graines.

Dans la Basse-Égypte, cette opération se fait en froissant les sommités des tiges. Dans le Saïd, un homme tient dans ses mains un paquet de plantes, dont il frappe l'extrémité sur un vase de terre placé devant lui ; il a soin de s'environner de gerbes pour empêcher les capsules de jaillir de tous côtés.

Après le battage, le même homme ramasse toutes les capsules, et les passe dans une espèce de moulin, semblable à celui dont on se sert pour concasser les fèves ; ce sont deux petites meules placées l'une sur l'autre ; celle qui est dessus tourne par le moyen d'un manche qui lui est adapté, et que l'ouvrier tient à la main en lui donnant le mouvement de rotation ; une ouverture pratiquée dans le milieu reçoit les capsules qui, tombant sous la presse, se trouvent assez froissées pour détacher les graines de leurs balles, et pas assez pour les écraser, ce qui arriverait si le poids supérieur n'était pas en terre durcie au soleil, pour être plus léger. L'opération finie, on lie en bottes bien serrées les tiges dégarnies de leurs graines, on les expose de nouveau à la rosée et au soleil, et quand elles sont bien sèches, on les porte dans des mares ou dans des canaux où l'eau se conserve une partie de l'année. Là, elles sont placées verticalement les unes à côté des autres ; on les charge de pierres pour qu'elles ne surnagent pas. On les laisse dans cet état jusqu'à ce que le lin soit bien roui. La submersion est ordinairement de vingt-cinq jours. On retire les tiges, et on les expose au soleil pour les faire sécher. Lorsque la dessiccation est bien faite, on les brise en les frappant sur la pierre avec un bâton raccourci ; puis on secoue le lin, que l'on bat avec une espèce de palette pour le dégager des fragments de tiges dont il est mêlé. Il n'a besoin d'aucune autre préparation : on le passe seulement à travers les dents d'un peigne.

Culture de la canne à sucre. Les Égyptiens consomment beaucoup de sucre, par le grand usage qu'ils font des sirops et des confitures. On en distingue deux qualités, le *noukarrar*, qui est compacte et bien cristallisé, et le *kasr*, qui est plus poreux. On cultive la canne à sucre (*saccharum officinale*, L.) dans une partie de la Haute-Égypte, et particulièrement dans la province de Minieh. On laboure plusieurs fois la terre dans différentes directions, puis le cultivateur trace des sillons dans lesquels il couche de biais des cannes fraîchement coupées, de manière que le bout reste à découvert, pour faciliter la végétation. La plantation a lieu dans les mois de mars et d'avril; les arrosements commencent de suite, et continuent jusqu'à la récolte. On consomme en vert les coupes mal venues. La coupe s'en fait au mois d'octobre. Lorsqu'elles sont destinés à la fabrication du sucre, on les coupe en janvier et février. Les plantations de l'année suivante se renouvellent avec des jets produits par la souche des cannes laissées sur pied.

La machine dont on se sert pour extraire le suc de la canne est composée de deux rouleaux de bois placés à côté l'un de l'autre; ils tournent au moyen d'une roue dentée, mise elle-même en mouvement par une autre, qui porte à son axe vertical un levier auquel est attelé un bœuf. On met plusieurs cannes à la fois entre les deux cylindres, qui les pressent fortement et les écrasent. Le suc qui en découle est reçu dans un bassin construit en ciment; puis il est transporté dans des jarres disposées à cet effet; ensuite on le met dans une grande chaudière sur le feu, où il reste environ vingt-quatre heures, jusqu'à ce qu'il ait subi une première coction. De là on dépose le sirop dans des cônes de terre cuite, sous lesquels on a pratiqué une issue pour l'écoulement de la mélasse, qui est reçue dans un autre vase. Ces cônes sont placés dans un endroit chaud et environné de paille.

Cette première qualité de sucre se nomme *khâm*. La seconde opération, sur le sucre appelé *khaouámy*, se fait comme la première. On met les pains, qu'on a retirés des cônes, dans la chaudière avec de l'eau, pour hâter la liquéfaction. Pendant le temps de la cuisson, qui est à peu près le même, on a soin d'enlever l'écume que l'ébullition a formée à sa surface.

On continue les mêmes procédés pour le *kasr*. Cette fois, comme les précédentes, un ouvrier jette dans la chaudière des raclures de savon ou des blancs d'œufs, pour clarifier le sirop, et précipiter les corps étrangers. Cette qualité entre dans la consommation; c'est celle dont on fait le plus d'usage. Le *kasr* donne le *moukarrar*, en suivant les mêmes procédés; et, par luxe, on raffine ce dernier, qui prend alors le nom de *moukarrar el-moukarra*. On ne le voit pas dans le commerce; il est réservé à la classe opulente.

Les procédés pour raffiner le sucre différent de ceux qu'emploient les indigènes. On jette dans la chaudière une quantité d'eau de chaux pour précipiter les matières albumineuses; et lorsque le sirop est versé dans les cônes on met à la surface une couche d'argile, qui hâte la cristallisation. Le sucre est blanc, compact, mais il a un goût fade provenant de l'alun mêlé à l'argile. Son prix et sa qualité ne le rendent pas propre à l'exportation. Au Caire, on préfère le sucre fait par les habitants; il convient mieux au goût des consommateurs.

Café. L'Égypte n'aurait rien à envier aux colonies d'Amérique si l'on pouvait y naturaliser le café. On a vainement essayé, dans quelques endroits de la Haute et Moyenne Égypte, de cultiver le caféier de l'Yémen, qui donne le café connu sous le nom de Moka; ces essais ont toujours été infructueux. A peine arrivé à la hauteur de deux pieds, l'arbuste se dessèche et meurt. La fraîcheur de l'air et les pluies sont-elles absolument nécessaires au développement de ce végétal? Ne pourrait-on pas remplacer les conditions naturelles par des moyens artificiels?

Les mêmes observations s'appliquent aussi à la culture du *thé*, qu'on n'est pas encore parvenu à naturaliser en Égypte.

Culture du tabac. On sème le tabac au mois de décembre, à la volée, dans des terrains près du Nil. Deux mois après, lorsqu'on transplante les pieds dans une autre terre fraîchement labourée, on les espace de cinq à six pouces. Les fellahs jettent dans les intervalles de la fiente de mouton, pour donner au tabac une couleur verdâtre. Ils ont soin de sarcler les herbes parasites, qui nuisent à la croissance des plantes. On fait la récolte au mois d'avril, en détachant les feuilles de leur tige, puis on les passe dans une ficelle pour les exposer au soleil et les faire sécher. Ensuite, on émonde les sommités des tiges que cette opération rend productives. Quarante jours après on fait une seconde récolte, en suivant les mêmes procédés que dans la première, mais le tabac est d'une qualité inférieure. Le travail fini, on met les feuilles desséchées dans des sacs recouverts de nattes. Dès lors elles entrent dans la consommation.

Quand à l'époque de l'inondation les eaux n'atteignent pas les plantes qu'on a laissées sur pied, elles donnent une troisième récolte, beaucoup inférieure aux deux autres. Dès qu'on les coupe on recueille les graines pour semer l'année suivante. — Le feddan donne ordinairement dix quintaux de tabac dans les deux coupes, mais la première est toujours plus abondante; la qualité inférieure de ce tabac en rend le prix très-modéré; il sert uniquement à l'usage du fellah.

Culture de l'olivier. La culture de cet arbre utile était depuis longtemps négligée : les fellahs, habitués à rester stationnaires dans l'art agricole, ne savaient point donner d'extension à cette culture. L'olivier florissait seulement dans les champs du Fayoum et dans quelques jardins des environs du Caire. Mais depuis plusieurs années le viceroi a ordonné des plantations d'oliviers dans le Saïd et dans la Basse-Égypte; elles sont maintenant en plein rapport. Ibrahim-Pacha, secondant les vues de son père, a couvert d'arbres les champs de ses vastes possessions. On y compte plus de quatre-vingt mille oliviers. Trois ans après avoir été plantés, ces arbres portaient déjà des fruits. Une telle précocité n'existe pas dans d'autres climats. Ils sont plantés en ligne, espacés les uns des autres de vingt à vingt-cinq pieds de distance, ce qui donne la facilité de faire passer la charrue dans les intervalles et d'y semer de l'orge, des fèves ou du blé. Les arrosements artificiels se renouvellent souvent; ils hâtent la croissance de l'arbre et la maturité de son fruit; mais on cesse d'arroser l'olivier parvenu à sa hauteur naturelle; il ne reçoit plus de l'eau que pendant l'inondation.

L'olive égyptienne est charnue sans être onctueuse; son noyau est rond; d'un volume égal à la pulpe. On sale les olives vertes, et lorsqu'elles sont noires, après qu'elles ont passé à la saumure, on les met en barils avec une préparation d'huile.

Ce fruit bien confit a du goût; on en fait une grande consommation.

Culture du rosier. Les terres du Fayoum sont les seules propres à la culture des rosiers. Au mois de mars, on donne deux labours à la terre destinée à ce genre de culture; on la divise en carrés, puis on y dépose, dans des trous pratiqués à la distance de deux pieds et demi les uns des autres, des scions que l'on recouvre de terre; cette opération finie, on arrose souvent, pour que le sol soit toujours humide jusqu'à la pousse des rosiers; à cette époque les arrosements diminuent, et les rosiers atteignent peu à peu leur hauteur naturelle, d'un pied et demi environ.

A la fin de décembre, on coupe les plants à la surface de la terre, puis on recommence à donner de l'eau pendant trente à quarante jours, temps nécessaire pour la pousse des boutons et pour faire éclore les roses. Alors, chaque matin, avant le lever du soleil, pendant que les roses sont encore humides de la rosée, on les cueille et on les met tout de suite dans l'alambic, pour empêcher qu'elles ne sèchent et ne s'échauffent en restant trop longtemps sans passer à la distillation. On distille les roses en mettant une couche de sable au fond de l'alambic pour qu'elles ne brûlent pas : la distillation dure environ six heures.

L'eau de rose est blanche en sortant de l'alambic; celle que l'on voit dans le commerce a une teinte jaunâtre; cette couleur provient du mélange d'un produit de combustion.

Un feddan donne six à sept quintaux de roses. En 1833 on a recueilli huit cents quintaux ; par le déchet de cinquante pour cent qui résulte de la distillation, ces huit cents quintaux ont été réduits à quatre cents, qui ont donné quarante mille rotles d'eau de rose de trois qualités différentes. La première qualité se vend sept piastres la bouteille, contenant un rotle ; la seconde qualité est fixée à cinq piastres, et la dernière à trois piastres. Un feddan planté en rosiers coûte soixante piastres environ de culture et d'impôt ; il produit, après déchet, trois quintaux de roses ; ces trois quintaux donnent trois cents bouteilles, qui, vendues au dernier prix de trois piastres, rapportent neuf cents piastres nettes de tous frais.

Cette branche si lucrative de l'industrie compte aussi parmi les articles du monopole. Personne ne peut distiller des roses ; ceux qui les cultivent sont obligés de les vendre à bas prix aux agents du gouvernement.

Culture du chanvre. On avait cru que le climat sec de l'Égypte n'était pas propre à la culture du chanvre ; mais le vice-roi, qui avait besoin de cet article, voulut tenter des expériences (1). En 1827, il chargea un Français de Grenoble d'enseigner aux fellahs la manière de le cultiver et de le préparer. On fit des essais dans quelques villages riverains de la province de Gerbieh et à Mansourah, où les temps humides de l'automne et de l'hiver favorisent la croissance des plantes. Ces essais réussirent assez bien. Depuis ce temps, on a étendu la culture du chanvre, que l'on emploie avec avantage dans la marine.

Culture du mûrier ; vers à soie. Les mûriers prospèrent très-bien en Égypte. Ils commencent à boutonner en janvier, et sont en plein développement vers le 10 ou 15 février. C'est au commencement du mois de mars que les vers éclosent, et même plutôt, si on n'a pas la précaution de tenir la semence dans des lieux bien frais. Dans l'espace de dix jours tous les vers ont pris naissance. L'intervalle entre la naissance et la première venue n'est pas fixe ; cela dépend du degré de chaleur ; on peut compter de dix à quinze jours. On calcule douze jours entre la première et la seconde, douze à quinze jours entre la seconde et la troisième, et quinze autres jours entre la troisième et la quatrième. Il y a soixante jours environ entre la naissance des vers et le moment où ils commencent à filer les cocons. Un excès de chaleur, la poussière et la rosée dont les feuilles sont quelquefois imprégnées, occasionnent des maladies aux vers à soie ; mais en les soignant bien on évite ces accidents. Il est aussi très-nuisible de les tenir serrés dans les paniers et de ne point échanger les feuilles ; l'odeur des feuilles mâchées est malsaine. La maladie qui altère le ver est produite par le vent chaud du midi. Les maladies épidémiques des vers sont inconnues en Égypte.

Une once de semence donne sept mille deux cents cocons environ ; chaque cocon pèse d'une demi-drachme à une drachme.

Pour conserver la semence en hiver on place les sacs qui la contiennent dans des lieux frais, en ayant soin d'éviter la poussière. A cet effet, on en met une partie dans des caisses, que l'on descend dans le fond des puits ; à la citadelle du Caire, on les descend dans le puits de Joseph. Au moment de la ponte des papillons, la semence reste déposée sur une toile que l'on tend exprès ; ensuite on la détache en la frottant légèrement ; puis on la met dans des sacs pour la conserver. En Égypte, les mâles s'accouplent d'eux-mêmes avec les femelles, sans qu'on ait besoin d'y songer. On ne connaît point l'usage de lever les semences dans le vin ou dans l'eau. La chaleur fait souvent développer les semences avant la pousse des feuilles, ce qui donne de l'embarras pour trouver de la nourriture aux vers ; quelques précautions que l'on puisse prendre, on ne peut obvier à cet inconvénient. L'intervalle de la métamorphose du

---

(1) Pietro della Valle croyait que le *hachiche*, qu'on prépare avec le chanvre, pourrait bien être le *nepenthès* d'Homère (Voyez *Journal des Savants*, 1829, p. 86, et 1825, p. 176). M. Ampère paraît adopter cette opinion ; mais n'est-il pas plus simple d'admettre que ce *nepenthès* n'était autre chose que l'opium, dont la culture était jadis fort commune en Égypte, particulièrement aux environs de Thèbes. C'est pourquoi l'extrait d'opium s'appelle encore aujourd'hui extrait *thébaïque*.

ver est ordinairement de quinze à vingt jours. Vingt jours suffisent pour que le cocon soit parfait. Pour faire une livre de douze onces, il faut deux cents à deux cent cinquante cocons, suivant la grosseur.

Sésame. Cette plante (*sesamum orientale*) de la famille des bignoniacées, est de tout temps cultivée en Égypte, à cause de ses graines oléagineuses. On en extrait l'huile par le moyen de presses appelées *sirgué*. Ce n'est que dans l'intérieur du Caire que l'on en fait usage. Le nombre de ces sirgués est de soixante; elles peuvent presser mille huit ardebs par mois. Le produit d'un ardeb est de cent trente rotles d'huile. Les habitants en consomment beaucoup dans leurs cuisines et pour l'éclairage de leur maisons.

Culture des céréales et d'autres denrées.

Froment (blé). Les procédés de culture du blé diffèrent suivant les localités. Vers les dernières provinces du Said, on sème aussitôt après la retraite des eaux, lorsque la terre est encore fangeuse. Quelques jours après, dès que l'état de sécheresse le permet, on laboure pour enterrer les semences. Dans la Basse-Égypte, on donne deux labours, l'un avant de semer, l'autre après avoir semé; cette pratique remplace l'usage de la herse. Ce second labour sert à couvrir les semences, et à rendre les terres plus productives. On ne chaule point le blé avant de le semer; on le confie à la terre dans l'état où il se trouve, sans enlever les vesces ni les autres corps étrangers. Chaque feddan reçoit un douzième d'ardeb, et en rend ordinairement de quatre à sept. Les meilleures terres en produisent jusqu'à huit; les plus chétives n'en donnent pas plus de deux. Lorsque le blé commence à germer, il arrive quelquefois, dans certains cantons, que les vers en piquent les chaumes et détruisent le produit de plusieurs feddans. Dans ce cas, on laboure et on sème de nouveau, ou l'on laisse la terre pour le maïs. Pendant la végétation, des enfants arrachent à la main les herbes parasites qui empêchent le blé de prospérer.

Dans la Basse-Égypte, les semailles sont achevées à la fin de novembre, et les récoltes dans le courant de mai. Dans le Saïd, elles ont lieu un mois plus tôt, la température y étant plus chaude et le temps des semailles moins tardif. La tige du blé ne s'élève pas à plus de deux pieds et demi; mais le chaume a de la solidité; l'épi est long, épais et bien rempli. On ne se sert pas de la faucille pour couper les blés; la sécheresse du sol, rempli de gerçures, permet d'arracher à la main les chaumes, dont on fait des gerbes que l'on transporte, à dos d'âne ou de chameau, sur une aire disposée près du village. Ces gerbes sont placées les unes sur les autres de manière à former une meule autour de laquelle on étend le blé; ensuite on fait passer dessus un traîneau, appelé *noreg*, supporté par trois rouleaux où sont adaptées des rondelles de fer saillantes; ce traîneau, attelé de deux bœufs et conduit par un fellah assis dessus, passe sur les gerbes jusqu'à ce que le grain soit sorti de l'épi, et que la paille soit hachée. A mesure que le noreg tourne, un autre homme, armé d'une fourche, ramène sur l'aire les chaumes que les bœufs en écartent en marchant. Lorsque le travail est fini, on entasse le tout ensemble, et on place de nouvelles gerbes pour continuer l'opération. Les fellahs emploient pour vanner le blé une fourche à deux dents, au moyen de laquelle ils le jettent en l'air pour séparer le grain d'avec la paille, puis ils passent le blé par un crible à claires voies qu'ils tiennent à la main; mais cette opération ne le sépare pas de la racine des chaumes, ni des menues pailles; il faut encore le laver et le nettoyer, pour le rendre propre à la mouture.

Orge. A l'époque des semailles, lorsque les terres ont reçu l'eau du fleuve, on jette un ardeb d'orge dans chaque feddan, après avoir donné un léger labour à la terre; ensuite on y fait passer des bœufs pour enterrer les semences. Dans quelques provinces, on se sert du râteau de même que pour les fèves. La récolte se fait avant celle du blé; un ardeb de semence en produit depuis quatre jusqu'à quinze. Les procédés sont les mêmes que ceux que l'on emploie pour le blé,

Doura balady (*Holcus sorghum*, Linn.). Les habitants font une grande consommation de cette céréale, qui sert, dans toutes les provinces, à la nourriture des fellahs. On sème le doura à la fin de mars, ce qui lui fait donner le nom de *seyfy* (été). On consacre à cette culture une partie des terres où l'on a fait la récolte du trèfle. Ces terres sont arrosées par le moyen des puits à roues ou de la machine appelée *châdouf*.

Après avoir dégagé la terre de toutes les herbes parasites, et notamment du halfeh (*poa cyonosuroides*), qu'on brûle pour la rendre plus féconde, on lui donne un seul labour. Dans plusieurs villages, elle ne reçoit aucune préparation. Les fellahs déposent trois et quatre grains dans des trous faits à la pioche, à trois pouces de profondeur; après les avoir recouverts, ils divisent le terrain en carrés de quatre à cinq pieds, fermés par de petites digues autour desquelles ils font couler l'eau sortant des rigoles d'irrigation, puis ils conduisent cette eau dans des sillons tracés avec le hoyau. Lorsqu'un carré a reçu l'eau suffisante, on le ferme et on fait entrer l'eau dans un autre carré. Dans les terrains éloignés du Nil, et où il n'y a pas de puits à roues, on transporte de l'eau à force de bras. On se contente alors d'en verser dans les trous, après y avoir déposé la graine; de cette manière, il n'est pas besoin de diviser la terre en carrés. Le doura n'est pas toujours arrosé pendant sa croissance; cette manière est moins dispendieuse, mais aussi la récolte est moins belle; le grain est plus écorné, les épis sont moins fournis que ceux dont les tiges ont conservé une humidité bienfaisante. Vingt jours après avoir semé, on répand dans le champ une légère couche de terre alcaline pour exciter et hâter la végétation. La plante croît rapidement, et s'élève jusqu'à huit à dix pieds.

La récolte du doura se fait dans le courant de juillet; on coupe les tiges à la faucille ou avec un instrument tranchant, après en avoir séparé les épis, que l'on met en tas pour les faire sécher, en ayant soin de les remuer souvent; ensuite on les coupe en deux parties dans leur longueur, et on les place sur une aire où des bœufs les foulent aux pieds jusqu'à ce que la séparation des grains soit faite. Ceux qui ont de fortes récoltes se servent du *noreg* pour nettoyer le doura; on le jette en l'air, et on le met sous le toit après l'avoir criblé.

Les tiges servent de combustibles dans les fours à chaux, ou bien sont employées à couvrir les allées des jardins, à élever des cabanes, à former des cloisons et à couvrir des terrasses.

Maïs ou *doura châmy*. On donne au maïs le nom de *châmy* (étranger), originaire de la Turquie, pour le distinguer du doura *belady* (doura indigène); il est appelé aussi *nily*, parce qu'on le cultive à l'époque de la crue du Nil. Son grain est jaunâtre et plus gros que celui du doura indigène, qui se distingue par sa couleur blanche.

Vers la fin de juillet, lorsque les eaux du fleuve commencent à s'élever, on donne un seul labour à la terre que l'on destine à être ensemencée, après avoir préalablement couvert sa surface de terre alcaline. Le semeur suit la charrue, et répand dans les sillons des grains de maïs, que le soc recouvre de terre; ou bien il emploie les mêmes procédés que pour le doura indigène; puis il divise le terrain en carrés, afin de le préparer à recevoir l'eau que l'on y fait entrer. Le germe se développe, la végétation commence, et l'on continue les arrosements. On a soin de sarcler les herbes parasites que l'humidité fait croître autour des plantes.

Avant que le maïs soit arrivé à son point de maturité, les fellahs coupent chaque jour les épis qu'ils veulent faire griller pour servir à leur nourriture.

A cette époque, on a soin d'éloigner à coups de fronde (ainsi que cela se pratique lorsque le doura indigène commence à mûrir) les nuées de pigeons et d'autres oiseaux qui détruiraient les récoltes.

Dans les villages situés autour du Caire, les habitants sèment au commencement de l'été quelques feddans de maïs qu'ils réservent pour leurs besoins. Les épis grillés sont vendus à la classe indigente.

Lorsque l'inondation est grande, les eaux atteignent les plantes, et l'excès d'humidité les noircit. Pour les en pré-

EGYPTE MODERNE.

server, on élève des digues autour des champs; mais souvent ces précautions sont inutiles; il n'y a pas longtemps qu'une partie de la récolte fut perdue par cette cause.

Dès que les plantes sont en maturité, ce qui a lieu dans le terme de soixante-dix jours complets, on les coupe et on les transporte, liées en gerbes, sur un terrain disposé à cet effet auprès du village; on les étend pour les faire sécher; ensuite des femmes et des enfants détachent les épis et les séparent de leurs enveloppes. Quand on veut réduire le maïs en farine, ou le faire entrer dans le commerce, on froisse les épis entre les mains, et les grains desséchés s'en détachent aisément.

Riz. On sème le riz au mois d'avril. Avant de le confier au sol on le laisse tremper dans l'eau, jusqu'à ce que le grain soit assez amolli; puis on l'étend sur des nattes que l'on couvre de trèfle ou de paille. Lorsque la chaleur a fait développer le germe, on met le riz en terre. Avant cette opération, on couvre la terre d'eau pendant plusieurs jours; après quoi elle reçoit deux labours croisés; dans cet état, on la laisse reposer. Ensuite elle est de nouveau labourée et submergée. Dès qu'elle est suffisamment arrosée, deux hommes font passer dessus une espèce de râteau pour unir sa surface; ainsi préparée, elle reçoit le riz, qu'on y jette à la volée. Il s'enfonce de son propre poids, et par le mouvement que lui donne le semeur.

Il faut un sixième de dâreb pour ensemencer un feddan à Rosette. Un dixième de dâreb est la quantité que l'on donne ordinairement aux terres de Damiette. Celles-ci, suivant leurs qualités, produisent de deux à cinq dârebs; le rapport des autres est de quatre à six.

Après trois jours, on recouvre d'eau la terre ensemencée. On laisse séjourner cette eau pendant le même temps, puis on la fait écouler pour inonder de nouveau. Les arrosements se répètent jusqu'à la maturité du riz. Pendant la végétation, on ne néglige pas de sarcler les mauvaises herbes, qui nuisent à la croissance des tiges.

C'est au mois de novembre que se fait la récolte du riz. Les fellahs le coupent avec la faucille, et le lient en gerbes, qu'ils transportent sur une aire où le grain est séparé de sa tige par le moyen d'un traîneau, fait à peu près comme le *noreg*, que deux bœufs promènent pendant plusieurs heures sur les gerbes déliées. Ensuite on jette le riz en l'air avec des fourches de bois, comme on vanne le blé.

Cette opération finie, on l'expose au soleil jusqu'à ce qu'il soit bien sec. Pour le détacher de sa balle, on le met dans des mortiers à fleur de terre, et on le fait passer à trois reprises sous des pilons cylindriques de fer creux, dont il reçoit la percussion par le moyen d'un manche mobile fixé verticalement à ces pilons sur un essieu placé au-dessus de leurs sommités. Le mouvement de bascule a lieu, et se répète par la pression successive sur l'extrémité du manche de plusieurs montants, qui se rattachent à une traverse horizontale servant d'axe à une roue dentée; celle-ci reçoit le mouvement d'une autre roue plus grande, portant à son axe vertical une flèche où l'on attache un bœuf si la machine a deux pilons, et deux quand elle en a quatre; la première se nomme *oud*, et l'autre *dâyreh*.

Les bœufs sont changés de deux heures en deux heures; l'ouvrier préposé au travail profite de ce moment de repos pour retirer le riz des pilons, et le nettoyer des balles détachées; il le remet ensuite dans les mortiers, et l'opération continue jusqu'à ce qu'on amène un autre relais. Le riz est criblé de nouveau, puis il est remis sous les pilons avec la quantité de sel équivalant à la diminution qu'il a éprouvée pendant son blanchiment: elle est d'un cinquième environ.

A Damiette le *dâyreh* blanchit un ardeb et demi par jour; conséquemment, le *oud* n'en blanchit que la moitié. Les moulins de Rosette ont une forme semblable, et portent les mêmes noms. Les procédés de culture, de récolte et de préparation, ne diffèrent en rien. Le produit journalier d'un moulin à un ou deux bœufs est le même qu'à Damiette.

Le vice-roi achète des cultivateurs le riz en orge, qu'il fait blanchir dans ses moulins; le travail est plus accéléré, l'opération est moins soignée; le riz, ne restant pas sous les pilons le temps qui lui est nécessaire pour qu'il se dépouille entièrement de ses balles, conserve une teinte rougeâtre. Cette méthode, nuisible à sa qualité, jointe à la forte portion de sel qu'on y fait entrer et à la poussière des grains brisés provenant de la percussion, lui a fait perdre cette ancienne réputation dont il jouissait à si juste titre lorsqu'il était bien blanchi et convenablement préparé.

Culture des légumineuses. On cultive les fèves dans toute l'Égypte, surtout depuis qu'elles sont devenues un objet de spéculation pour l'Europe. Ce légume sert autant à la subsistance des fellahs et des citadins, qu'à la nourriture des bestiaux. A la fin du mois d'octobre, après la retraite des eaux, on laboure la terre, puis on sème les fèves à la volée ; on les recouvre ensuite en y faisant passer une seconde fois la charrue. Dans plusieurs villages, on enterre les semences avec une espèce de râteau traîné par deux hommes sur toute la surface du champ. Pendant la croissance, on a soin d'arracher les mauvaises herbes et les avortons.

La récolte se fait un mois avant celle du blé. Au moment de la maturité, des nuées de pigeons et d'étourneaux viennent fondre sur les champs de fèves ; il faut que des gens continuellement éveillés les éloignent à coups de fronde ; ils les tuent avec autant d'adresse que le ferait un chasseur armé de son fusil. On coupe les fèves avec la faucille, et on les transporte en gerbes sous le *noreg*, pour en retirer la graine et sécher les tiges, que l'on donne aux bestiaux.

La culture des *lentilles* n'est pas bien étendue ; la récolte ne va jamais au delà de cent cinquante ardebs dans toute l'Egypte. Les fellahs sèment les lentilles en novembre, sans faire subir à la terre aucune préparation. Elles sont en maturité au mois de mars. On arrache les plantes, et on les place sous le noreg comme les autres graines.

On sème les *pois chiches* au mois de novembre. Les fellahs se contentent d'un simple labour. La récolte se fait au mois de mars. Deux tiers d'ardeb suffisent pour chaque feddân, dont le produit varie de trois à sept. Les habitants consomment beaucoup de pois chiches en vert. On laisse sécher sur pied ce qui reste des plantes, puis on les arrache et on les transporte sous le noreg. On étend ensuite les graines au soleil, afin de les faire bien sécher, puis on les passe au crible pour les nettoyer. Le peuple mange les pois chiches grillés ; mais le marchand ne les expose en vente qu'après les avoir trempés dans l'eau et passés à la chaux, et après les avoir aspergés d'huile de graine de lin.

La culture du *lupin* est la même que celle des lentilles. Les tiges, trop ligneuses, ne peuvent servir à la nourriture des bestiaux ; on les emploie comme combustibles.

Quand elles sont desséchées, on les frappe avec de longs bâtons pour en extraire les graines, que l'on mange après les avoir souvent trempées dans l'eau pour leur ôter un goût d'amertume.

On suit les mêmes procédés pour le *fenu-grec* (*helbeh*). On le sème après la retraite des eaux, quand la terre est encore humide. Lorsqu'il est bien sec, on l'arrache au lieu de le couper. La récolte se fait trois mois après les semailles. On le ramasse en gerbes, que l'on étend sous le noreg. Quand il a subi cette opération, on le jette en l'air avec la fourche, pour séparer les graines d'avec les tiges hachées, qui deviennent la nourriture des chameaux seulement.

Telles sont les productions les plus utiles qu'on cultive aujourd'hui en Égypte. Il serait intéressant de comparer l'agriculture actuelle avec celle d'autrefois. On arriverait à ce résultat curieux que même les productions naturelles, qu'on devrait supposer immuables, changent avec le temps, au gré des institutions civiles et religieuses, ainsi que d'après les modifications que le sol peut éprouver à la longue. Ainsi, les marais qui restaient après l'inondation étaient jadis beaucoup plus fertiles en plantes aquatiques comestibles, qu'ils ne le sont aujourd'hui. Le lotus (*nymphæa lotus* ou *nymphæa cærulea*) y était assez abondant pour permettre aux habitants de faire du pain avec les graines de son fruit et de se nourrir de ses racines épaisses (1).

(1) Le *nymphæa lutea* ou *alba*, qui croît

EGYPTE MODERNE.

Cange à Voiles.

17. Egypte moderne.

Le fruit du nymphéa (*nymphæa nelumbo*, Linn.; *nelumbium speciosum*, Delil.), aujourd'hui très-rare, servait également de nourriture. Ce fruit, semblable à la pomme d'un arrosoir, est comparé par Hérodote (II, 92) (1) aux gâteaux de cire des abeilles. Strabon (lib. XVII) lui donne le nom de *ciborium* (κιβώριον). « Ce fruit, ajoute Hérodote, renferme plusieurs graines de la grosseur d'un noyau d'olive, bonnes à manger fraîches ou séchées. » C'est sans doute ces graines que Diodore et d'autres auteurs appellent *fèves d'Égypte*, (Αἰγύπτιοι κύαμοι.) (2) Hérodote nous apprend, en outre, que les Égyptiens mangeaient certaines espèces de papyrus. C'est probablement du *cyperus esculentus* que l'historien parle; sa racine est, en effet, féculente et comestible. Suivant Diodore, ils recherchaient surtout l'*agrostis*, « plante remarquable par sa saveur douce et par la nourriture suffisante qu'elle offre à l'appétit de l'homme (I, 43). » Nous avons des raisons pour croire que l'*agrostis* de Diodore était la canne à sucre.

Aujourd'hui, la plupart de ces plantes palustres, dont se nourrissaient les anciens habitants de l'Égypte, ont disparu ou sont beaucoup moins abondantes; elles ont été remplacées par la culture du riz, du doura (3) et d'autres céréales.

Il est à regretter que les auteurs anciens ne nous apprennent rien sur l'administration agricole ou les règlements de l'autorité pour favoriser le développement de la première des industries humaines, l'économie rurale. La nature de la propriété en Égypte a toujours été une question obscure ou du moins très-controversée.

---

dans les eaux stagnantes de la Seine et de la Marne, peut donner une idée du lotos égyptien: il appartient au même genre; son fruit ressemble à celui du pavot, et ses racines sont remplies de fécule.

(1) Le *nymphæa lotus* et le *nelumbium speciosum* étaient vulgairement connus sous le nom de *lis d'eau*. La fleur du dernier ressemblait, suivant Hérodote, à une rose.

(2) Il ne faut pas confondre cette fève avec celle dont parle Hérodote (II, 37), et qui était considérée comme un légume impur. Celle-ci était le *faba major* (fève des marais), dont la fleur est marquée d'une tache noire.

(3) La culture du doura (*holcus sorghum*) est fort ancienne en Égypte. *Voyez* Hérodote, II, 36.

Lorsque Amrou s'empara de l'Égypte, sous le califat d'Omar, il fut convenu que toutes les concessions précédemment faites seraient maintenues.

Les premières transmissions de propriété datent de cette époque; elles avaient lieu moyennant une rétribution que l'on payait au prince. Ces mêmes usages furent conservés sous les califes et sous les sultans mameluks. Rien ne fut changé dans l'administration des terres confiées aux Coptes depuis les temps les plus reculés; il ne convenait pas à cette nation de rien innover; les changements, quels qu'ils fussent, auraient nui à leur considération, à leurs intérêts. Les Coptes étaient aussi chargés de l'arpentage et de la tenue des écritures. La différence de leur idiome avec la langue arabe, devenue familière aux Égyptiens, fit naître souvent des contestations entre eux et les gouvernants. Vers la fin du règne des sultans mameluks, on fit fermer leurs écoles; il ne fut plus permis d'enseigner la langue copte.

Telle était l'administration agricole en Égypte, lorsqu'elle passa en 1519 sous la domination des Ottomans. Selim Ier, qui voulait abaisser la noblesse, prit pour base de ses règlements sur l'administration, que les terres originairement concédées par les princes appartiendraient désormais au souverain, ce qui changeait la condition de propriétaire en celle d'usufruitier; aussi à la mort de ce dernier ses terres tombaient entre les mains du fisc; mais il était d'usage que les héritiers les rachetassent, en payant un droit, toujours fixé arbitrairement. Soliman II confirma ces dispositions; il fit plus encore: il confia l'administration à un defterdar qui tenait registre de la totalité des terres, sous l'inspection d'un pacha qu'il établit au Caire. Quant au propriétaire du fisc, ce gouverneur munissait provisoirement le nouveau propriétaire d'un firman qui faisait son titre. Toutes ces institutions étaient adaptées aux circonstances. Depuis cette époque, aucune modification n'était apportée à ces lois, quoiqu'elles fussent tombées en désuétude par la faiblesse des sultans et la puissance des beys mameluks. Ceux-ci, habitués à gouverner avec le sabre, déclinèrent l'autorité de la Porte; tout se réglait suivant leurs caprices ; ils dépouillaient les uns pour enrichir les autres ; ils s'emparaient souvent, et sans bourse délier, de villages entiers, selon leur convenance. Dans le principe, ils payaient au pacha, suivant l'ancienne coutume, une légère rétribution.

Le propriétaire n'était pas sûr de jouir d'un bien qui était convoité par un homme puissant, quoique ses *hedjets* (titres de propriété) fussent émanés des buraux du cady.

Tel était l'état des choses, lorsque l'armée française parut en Égypte. Sa présence opéra un changement dans l'administration agricole ; on s'empara des des biens des émigrés, leurs villages furent confisqués au profit du trésor ; mais le propriétaire inoffensif conserva ses terres en payant le *miri* tel qu'il était établi. On abolit les impôts vexatoires, tels la que le *rafa-el-mazalem* (le rachat de tyrannie), le *koulfeh* (réquisition en nature) et le droit de *méatadeh*. Les biens de ceux qui mouraient passaient à leurs héritiers, à la charge par eux de payer le droit d'enregistrement de cinq pour cent. L'administration des domaines, chargée de la rédaction des titres de vente et de transmission adoucit la rigidité des mesures en vigueur sous les mameluks.

Sous le gouvernement de Méhemet-Ali, l'Égypte a pris un autre aspect. Après l'extinction des mameluks, leurs propriétés passèrent entre les mains du prince. Celui-ci accorda des pensions aux moultezims qui restaient encore, en leur conservant aussi les terrains dits d'*oussyeh*.

Pendant plusieurs années, l'administration agricole subit des changements nombreux. Aujourd'hui, les terres appartiennent au vice-roi ; il les fait cultiver à son gré, et en dispose comme bon lui semble. Les propriétaires cultivateurs ne sont que des tenanciers, car celui qui ne peut payer le miri est exproprié, et ses champs sont distribués à ceux qui ont les moyens de les mettre en valeur. C'est à ces innovations que l'on doit l'introduction des nouveaux produits qui couvrent maintenant une partie du sol de l'Égypte.

La situation du cultivateur sous le rapport de la propriété conduit naturellement à considérer les abus dont il est la victime comme contribuable. Ce n'est pas sans raison qu'on se récrie contre les exactions exercées sur le fellah lors de la perception de l'impôt ; mais le mal est ancien, il est invétéré ; il n'émane pas du vice-roi, qui, ni autour de lui ni dans les provinces, n'a assez d'hommes probes et dévoués à la réforme pour réprimer avec énergie ces déplorables abus.

Au reste, le mal est le même, ou pire encore, dans d'autres États de l'Orient. On y voit que le peuple paye quatre fois plus en réalité qu'il ne le devrait d'après la taxation. Il en était ainsi en Égypte sous les mameluks ; cela est prouvé par l'immense richesse des beys, des kâchefs, des agas, et de leurs maisons. Il n'existait pas là un prince souverain, comme dans les régences et dans l'empire de Maroc ; mais il y en avait vingt-quatre ! Et comment le *revenu officiel* de l'Égypte aurait-il pu y suffire ! Qu'on se rappelle le luxe des palais, le nombre des femmes, celui des domestiques, celui des chevaux, la splendeur des ameublements, la richesse des armes ! Est-ce avec quatre millions de francs, le revenu avoué de l'Égypte, le revenu porté aux registres des Coptes, qu'on aurait pu y pourvoir ? Cette somme n'était que nominale, et l'effectif n'y ressemblait guère : ce ne serait pas exagérer que de le porter à dix fois la somme inscrite. Les agents coptes, espèce servile et hypocrite, s'entendaient avec la plupart des agents turcs pour dissimuler ces détestables fraudes. Ils semblaient se venger sur les pauvres Arabes de ce que la nation copte était seule soumise à la capitation. Est-il étonnant que la multitude de gens qui vivaient d'abus soient encore aujourd'hui acharnés après leur proie ? Il est plus difficile au prince d'extirper du sol ces sangsues, qu'il ne l'a été de faire disparaître de la lisière du désert les Bédouins voleurs, ces hommes insatiables de pillage. Le Coran porte l'impôt légal à un dixième : les princes osmanlis l'ont élevé à huit et plus, ou du moins ils l'ont laissé porter à ce taux exorbitant par les exactions des beys et des mameluks. Une prompte réforme est devenue bien nécessaire dans cette partie de l'administration.

Industrie; fabriques.

Une partie des produits du sol de l'Égypte est convertie en objets nécessaires aux indigènes, et propres aux exportations des pays limitrophes : telles sont les toiles de lin et de coton, les soieries, le fil d'or, les nattes, les peaux apprêtées, l'eau de rose, l'indigo, etc. Ces diverses branches d'industrie occupaient autrefois une grande partie de la population ; chaque famille vivait heureuse de son travail. Maintenant les artisans exercent leurs métiers au profit du fisc. Plusieurs des tisserands, répandus en grand nombre dans les villages de la Haute et de la Basse-Égypte, ont abandonné leur état, préférant se livrer à la culture des champs plutôt que d'être soumis à la visite d'agents importuns.

Depuis que toute espèce d'industrie est exploitée par le vice-roi, les produits des fabriques sont bien moins estimés ; il y a de la négligence dans l'apprêt et la main-d'œuvre. La servitude, qui a remplacé la propriété, a anéanti l'émulation ; l'ouvrier travaille sans s'inquiéter si son ouvrage est bien ou mal fait ; ce qui lui importe, c'est de recevoir le prix convenu.

Le gouvernement fournit aux ouvriers les matières premières : la soie, le lin, le coton sont livrés au poids. On sait, d'après les épreuves faites antérieurement, ce que doit rendre en étoffe ou en toile une quantité donnée de matière première ; le déchet dans le filage et le tissu n'est point au préjudice du fisc. S'il y en a, il est déduit du salaire de l'ouvrier, que l'on paye à la tâche et non à la journée.

Il y a pour chaque branche d'industrie une administration et un lieu central de dépôt où sont reçus et vendus les divers objets ; on a soin de les revêtir d'une marque pour empêcher la fraude. C'est là que les consommateurs vont s'approvisionner, et que les négociants expéditionnaires au dehors vont faire leurs achats.

Chaque administration a un directeur chargé de la comptabilité ; ce directeur a sous ses ordres un sous-intendant copte, chef des employés auxquels est confiée la tenue des écritures. Un *seraf* reçoit les versements, et paye en vertu d'un mandat signé du directeur. La malversation chez les subalternes est punie du bâton et de la privation de la place, ce qui n'empêche pas que les surveillants ne fassent des bénéfices illicites.

Un des premiers établissements de fabriques fut introduit au Caire en 1816, au quartier dit le Khorounfech. Quelques ouvriers appelés des fabriques de Florence commencèrent à filer la soie pour des velours et des satins légers. Peu de temps après, les métiers propres à ce genre de travail furent transportés dans un autre établissement, et l'on mit à leur place des filatures et d'autres métiers à tisser le coton.

Outre la filature et les métiers à tisser, il y a au Khorounfech des ateliers de forgerons, de limeurs, de tourneurs en fer et en bois, et des menuisiers pour le raccommodage des machines et la confection des pièces.

La fabrique n'était pas encore terminée, que déjà l'on jetait, à Boulâq, les fondements d'une autre fabrique plus spacieuse. La direction en fut confiée à Jumel, qui a ouvert une mine si féconde pour l'Égypte en développant la culture du cotonnier arbuste. Ce vaste établissement, qui prit dans la suite le nom de *Malta*, parce qu'il y avait un grand nombre d'ouvriers maltais, tient aujourd'hui en activité vingt-huit chariots et vingt-quatre cardes et drosses, avec les assortiments en téraches et lanternes ; ces machines vont, ainsi que dans la fabrique de Khorounfech, par le moyen de quatorze tambours, qui reçoivent leur mouvement d'un manége attelé de huit bœufs. Chaque chariot emploie un homme et trois enfants occupés à renouer les fils que le mouvement de la machine fait casser.

Il existe à Malta deux cents métiers à tisser le fil de coton. On fait, comme dans les autres fabriques, des baftas, des cambriges, des batistes, des mousselines, dans les mêmes longueurs et largeurs. Le déchet d'un quintal de coton en laine est d'un cinquième lorsqu'il est filé.

Outre les ateliers de l'industrie, il existe des ouvriers de chaque profession pour réparer et confectionner les machines et autres objets destinés aux fabriques de la Haute et Basse-Égypte.

Il y a encore un atelier de menuiserie,

où des Francs et des Grecs sont occupés à faire des modèles et d'autres objets d'ébénisterie.

On remarque à la fabrique de Malta deux ateliers de tournerie, l'un ayant un manége conduit par huit bœufs, faisant tourner huit tambours qui mettent en mouvement deux plates-formes, huit tours à canneler les cylindres des chariots, deux tours à percer, deux scies, l'une pour bois, l'autre pour cuivre, un tour à guillocher, vingt-cinq tours simples et deux machines à percer.

L'autre atelier, avec un manége conduit également par huit bœufs, contient une grande meule, deux plates-formes, trente tours, deux machines à percer et cinq à canneler.

L'appareil qui sert à forger les grandes pièces, composé d'un martinet, est mis en action par quatre bœufs, ainsi que deux soufflets en bois et un en cuir; un autre manége fait mouvoir huit soufflets. Près de cet endroit il y a quatre-vingts forges, uniquement destinées à fabriquer des ancres et beaucoup d'objets pour la construction des bâtiments de guerre. La consommation de fer et de charbon surtout est immense dans ces fabriques.

Dans les environs de Malta il y a deux filatures de coton, dites d'Ibrahim-Aghâ et de Sebâtyéh. On y compte quatre-vingt-dix chariots et soixante cardes et drosses. Les magasins de Malta fournissent à ces deux fabriques les objets nécessaires à l'entretien et aux réparations des machines. Il n'existe d'autre atelier que ceux de la filature. Le prix de la main-d'œuvre est le même que celui des autres fabriques, qui prennent, comme elles, le coton et la laine à l'entrepôt général.

Sur les bords du Nil, entre Boulâq et Choubra, s'élèvent de nouveaux édifices, parmi lesquels on remarque des maisons de campagne et des constructions de bon goût. On a donné à ce lieu le nom de Moubeydah (Blanchisserie); c'est là, dans un vaste enclos, que l'on soumet les toiles aux différentes opérations du blanchiment.

Un autre genre d'industrie de la fabrique de Moubeydah sont les mouchoirs imprimés, dont les femmes font un grand usage pour leur coiffure. On emploie pour cet objet quatre cents pièces de mousseline par mois; chaque pièce fournit vingt-six mouchoirs, sur lesquels on applique diverses couleurs. Ces mouchoirs, imprimés à la planche en bois de Brésil, se vendent 6 et 10 piastres, suivant leur finesse; on vend 16 piastres ceux qui sont faits au pinceau et à la cochenille.

On paye aux ouvriers qui impriment les mouchoirs à la planche 4 piastres et demie par demi-pièce de mousseline et pour les mouchoirs au pinceau 15 piastres.

Au Caire, dans le quartier de Sitty Zeynab, il y a une fabrique de cardes; chaque mois on confectionne trente assortiments. On y emploie des enfants formés à ce genre de travail. La fabrique fournit aux filatures les cardes qui leur sont nécessaires. On y répare aussi celles qui sont hors de service.

Dans la même fabrique, il y a trois cents métiers à tisser. Cinq cents ouvriers tissent par mois douze cents pièces de toile environ. Dans l'origine, on tissait en Égypte des cotnis, des alajas et autres étoffes en soie et coton; mais le vice-roi, voulant donner plus d'extension à ce genre d'industrie, fit venir de Constantinople des ouvriers capables de faire des tissus en soie tels qu'on les travaille dans cette ville et aux Indes. Les premiers essais eurent du succès; la fabrique prit de l'essor, et reçut des encouragements. Les maîtres firent des élèves. Aujourd'hui, il y a deux cents métiers employés à tisser les soies de la Syrie et de l'Égypte, ainsi que le fil d'or. En 1833 on a employé quatre mille okes de soie à faire des tissus en tout genre et de divers prix. L'ouvrier travaille à la tâche; son ouvrage est bien confectionné, les tissus sont bien unis, et les dessins d'un goût recherché. En général, les couleurs ont de l'éclat; mais elles n'ont pas encore atteint la solidité des couleurs de l'Inde.

Au Caire on a établi une corderie, où l'on fait des câbles que l'on envoie à l'arsenal d'Alexandrie.

On fait des tissus en laine pour vêtir les marins, ainsi que des couvertures de lit; on destine à cet usage les grosses laines de la Haute-Égypte, qui ne peuvent avoir un autre emploi.

ÉGYPTE MODERNE.

La bastonnade.

14. Égypte moderne

Relations commerciales.

Les grains et les légumes étaient autrefois l'objet d'un grand commerce avec la France, l'Italie et le midi de l'Espagne. On connaît en Égypte plusieurs qualités de blé, toutes inférieures à celles de la France. Les blés que produit la province de Bahyreh sont durs, et d'une écorce mince et rougeâtre ; la farine en est abondante, mais elle n'a pas la même blancheur que celle que rend le blé du Delta, mêlé de grains durs et tendres. Celui-ci, moins productif, est plus exposé à la piqûre des insectes ; il a plus de poids que celui de la Haute-Égypte, qui a la couleur de l'épi ; le grain en est petit et écorné, parce qu'il parvient plus vite à sa maturité ; son rapport est d'un sixième moindre que le blé dur ; la farine est d'une blancheur éblouissante, et le pain que l'on en fabrique est savoureux ; mais ce blé ne se conserve pas aussi longtemps que les autres qualités.

Les fèves sont généralement plus estimées en Europe que les blés : la chaleur les rend sèches sans les détériorer. Quoique l'exportation de ce légume soit diminuée, il servira toujours de retour pour l'Europe.

On expédie du maïs et quelquefois du doura dans les îles de la Grèce. Le grain du maïs n'est pas aussi gros que celui d'Europe, mais la qualité en est bonne. La Toscane en fait usage lorsque la récolte des châtaignes est médiocre ; sa population se sert également des pois chiches et des lupins. L'orge et les lentilles ne sont demandées que dans des temps de pénurie. C'est alors seulement que ces denrées entrent dans le commerce d'exportation.

Autrefois les navires français venaient à l'envi charger à Rosette, et dans la rade de Damiette, du riz, qui avait alors une réputation méritée, qu'il a perdue par la manière dont il est falsifié et nettoyé. On y mêle beaucoup de sel pour lui donner plus de poids. On ne procède pas avec assez de soin à son blanchiment. Cette altération a donné du discrédit à cet article, dont le Piémont et la Lombardie ont su profiter. Le riz d'Égypte, bien dégagé de ses balles, a une teinte de blancheur que n'ont point ceux de l'Italie ni de la Caroline ; à sa cuisson il absorbe peu d'eau, et gonfle beaucoup. Sa fécule est saine et savoureuse.

On distingue quatre qualités de sucre, dont les deux dernières entrent dans la série des exportations ; ce sont le *kham* et le *khabuâmi*. Le premier est noir, gras et melleux ; le second, d'une couleur jaunâtre, est dégagé par l'ébullition d'une partie des matières terreuses. On expédie ces deux qualités en Europe pour y être raffinées, et de là passer dans la consommation.

On classe les lins sous différentes dénominations, que les négociants désignent sous les noms des villages et des provinces où on les cultive et les prépare. La qualité des lins est à peu près la même ; ils ne diffèrent entre eux que par leur longueur et la manière dont ils sont apprêtés. On distingue particulièrement les lins de Rosette, du Fayoum, de Boulâq et de Boucyr ; les deux derniers obtiennent la préférence. La Toscane reçoit des importations de ce genre. Autrefois on expédiait à Livourne des lins de Rosette, maintenant on recherche ceux de Boulâq, qui conviennent mieux aux consommateurs. Les autres qualités sont demandées pour la Turquie.

Les cotons ont un débouché plus étendu. Les négociants en expédient fréquemment dans les ports de la Méditerranée, et surtout à Marseille. La grande affluence des cotons du Bengale dans les ports de France leur avait été préjudiciable ; mais l'expérience a fait reconnaître que ceux des provinces de Charkyeh et de Mansourah sont plus serrés ; que la laine est plus longue et moins cassante. Cet article, mieux soigné, favorisera constamment les retours en Europe. On en cultive une plus grande quantité qu'autrefois ; mais les fellahs ne mettent pas assez d'attention à dégager le coton des capsules qu'ils brisent dans l'opération, et dont les parcelles desséchées se mêlent au lainage.

Le safranon, qui était resté dans l'oubli, a reparu avec éclat sur les marchés de l'Europe. C'est pour cette raison que le vice-roi destine chaque année à la culture du carthame une portion de terres dans les provinces voisines du Caire. Il encourage les fellahs à étendre cette

11.

culture, qui est avantageuse sous plusieurs rapports. Les fleurs poussent durant la saison où règne le vent du midi; souvent son souffle brûlant dessèche les prémices de la récolte; leur entière conservation dépend du degré de la violence des rafales.

La feuille du tamar-henneh n'a point à craindre les mêmes inconvénients. La piqûre des insectes ne peut rien sur elle; on est toujours certain de la récolte. La préparation des feuilles exige peu de frais; elle ne demande aucun soin. On ne fait usage du henneh que dans les pays mahométans. Les marchands l'achètent, et l'expédient en retour des importations. Cet article sera uniquement consacré à la parure des femmes de l'Orient jusqu'à ce que la chimie lui aura reconnu des qualités propres aux teintures.

La soude factice que l'on emploie à Marseille a rendu moins nombreuses les demandes du natron; on le vend à Alexandrie pour le compte du vice-roi. Cet article ne se détériore point; il n'exige d'autres frais que ceux de transport; et l'Égypte seule peut fournir à tous les besoins de l'Europe.

Comme Méhémet-Ali s'est réservé la faculté de vendre les denrées et les produits de l'Égypte, ainsi que plusieurs articles de transit, on ne peut trafiquer des uns que dans le pays, tandis que les autres passent directement des mains du cultivateur dans les magasins du gouvernement.

Parmi les articles de transit, le vice-roi fait acheter directement des fellahs la poudre d'or pour les besoins de la monnaie, et les dents d'éléphant, qu'il fait ensuite rentrer dans le commerce avec bénéfice.

Avant que le monopole fît sentir ses effets nuisibles au gouvernement qui l'exerce, et aux particuliers sur lesquels il pèse, Suez recevait chaque année de l'Arabie vingt mille quintaux d'encens; à peine l'importation est-elle aujourd'hui de deux mille quintaux.

Beaucoup d'autres objets dont s'occupait le commerce intérieur pour les besoins de la population entrent aussi dans le domaine du fisc; tels sont les fours servant à l'incubation des œufs, les dattes sèches dites soultânys, la chaux, le plâtre, et les pierres propres aux constructions.

Les prix des autres produits varient suivant ceux de l'Europe. Leur fixation est telle, qu'elle offre aux négociants des pertes plutôt que des bénéfices.

Les marchands étrangers et indigènes peuvent négocier entre eux de toutes les marchandises d'entrée, sans qu'il soit nécessaire de remplir à cet égard aucune formalité; il n'y a pas de différence entre eux; les mêmes règlements leurs sont communs. Il leur est libre d'en user de même pour les articles qui ne sont point dépendants du fisc.

Quant à ceux qui ne sont pas soumis au monopole, dès que le vice-roi a vendu, l'acheteur, quel qu'il soit, a le droit de trafiquer et d'expédier à volonté tout ou partie de son acquisition.

Les relations commerciales fréquentes que l'Égypte entretient aujourd'hui avec le Yémen et l'Inde ont donné à la route de Keneh à Kosséir presque la même importance qu'avait dans l'antiquité la route de Bérénice à Coptos. Ces relations avaient déterminé le vice-roi à rendre moins pénible aux voyageurs et aux caravanes, surtout pendant l'été, le voyage de Keneh à Kosséir. Il envoya deux mineurs anglais, MM. Thomas Wedd et William Henkak, avec une escorte suffisante pour reconnaître l'état des puits placés sur les routes de ces deux villes et les rendre propres à donner de l'eau en tout temps; chose si nécessaire pour un voyage au milieu des sables. Les mineurs ont été occupés de ce travail depuis le 1er novembre 1831 jusqu'au 15 juin 1833. Voici leur rapport, qui peut intéresser les géographes eux-mêmes :

« La distance de Keneh à la Guitta est de trente-quatre milles anglais; dans cette station on trouve huit puits; quatre de ces puits sont restés dans leur premier état; nous en avons réparé trois, et le quatrième a été entièrement renouvelé. Le premier puits a huit pieds anglais de diamètre et neuf à dix de profondeur.

« Auparavant ce puits ne donnait chaque nuit que trois ou quatre outres d'eau; nous l'avons augmenté en creusant huit pieds dans le roc; maintenant

on trouve de sept à huit pieds de bonne eau. Nous avons aussi remis à neuf le bassin qui était en ruine, et nous avons fait des réservoirs pour abreuver les chameaux. Le puits a été revêtu d'un ciment, sur quatre pouces de diamètre, à trente pieds de profondeur. Il est fort estimé des habitants et des Arabes, parce qu'il contient de l'eau potable.

« Le second puits a des escaliers de huit pieds de diamètre; sa profondeur est de neuf à dix pieds; nous l'avons creusé, et avons enlevé huit pieds de sable, pierre et roc. Après cette opération, nous sommes arrivés à un fond de terre argileuse, mais nous n'avons pas creusé plus avant, dans la crainte que l'eau ne vînt à manquer. Dans ce puits, il ne venait que cinq à six outres d'eau par nuit; à présent on en trouve huit pieds dans le même espace de temps. Ce puits a été rétabli, ainsi que ses abreuvoirs.

« Le troisième puits est dans un grand état de vétusté; nous avons pourtant réparé son bassin; son eau n'est pas potable, mais elle sert à abreuver les animaux. Le quatrième puits a été creusé et renouvelé entièrement. Son fond contenait six pieds de cailloux; en outre, vingt pieds de profondeur étaient encombrés de pierres et de sable. Nous avons construit une portion de puits, du diamètre de six pieds, sous le roc. L'on trouve maintenant six pieds d'une eau douce, mais dont on ne peut se servir avec facilité, parce qu'elle n'arrive pas à la superficie de la terre comme dans les autres puits; nous n'avons pu le creuser davantage, n'ayant pas eu la faculté de faire beaucoup de dépenses. En quelque temps que ce soit, on pourra continuer le travail avec facilité.

« De la Guitta, nous nous sommes dirigés au nord, vers un endroit appelé El-Hamamat, qui est éloigné de huit milles des puits ci-dessus indiqués.

« Dans cette position nous avons reconnu un puits de forme octogone et de vingt-cinq pieds de diamètre, avec des escaliers pour descendre et monter; ces escaliers sont pratiqués en dehors et en dedans, avec deux murs. Nous supposons qu'il a fallu de grandes dépenses pour le construire. Il y a des gradins de trois pieds de diamètre; on en compte jusqu'à cent quatre; quelques gradins sont placés çà et là dans le milieu. Nous avons enlevé hors de ce puits deux pieds de pierres et de cailloux, et nous avons creusé quatre pieds de profondeur; nous l'avons ensuite revêtu d'un ciment, sur cinq pieds de diamètre; malgré cela, ce puits n'a donné que deux à trois outres d'eau pendant douze heures. La profondeur actuelle est de cent six pieds. Son eau est si mauvaise qu'elle ne peut même servir aux animaux, sinon dans un besoin extrême. Il est vraiment surprenant que dans ce puits, si bien fabriqué et de belle apparence, l'eau ne soit plus potable.

« D'*El Hamamat* nous sommes arrivés à *Byr-Essad*, à dix milles de distance. Dans cet endroit nous avons trouvé un puits de six pieds et demi de profondeur; nous l'avons encore creusé de huit pieds; il a fallu travailler dans la pierre dure, parce qu'il est situé entre deux montagnes, dans un passage étroit. Son eau est potable.

« De *Byr-Essad* nous avons pris la route au sud jusqu'à *Errassafeh*, dans la vallée de *l'Ouâdy-el-Gasseh*, qui est éloignée de dix à onze milles de Byr-Essad. Là nous avons reconnu trois puits en fort mauvais état.

« Le premier de ces puits a neuf à dix pieds de diamètre; son eau est passablement bonne à quatorze pieds de profondeur; nous l'avons restauré et nettoyé. Aujourd'hui il y a environ vingt-six pieds d'eau. Le second puits est profond de vingt-quatre pieds, avec quatorze pieds d'eau; celui-ci a été également restauré : nous y avons fabriqué six nouveaux réservoirs pour abreuver les animaux; actuellement il contient dix-huit pieds d'eau. Le troisième puits est de la même profondeur que le premier; nous l'avons aussi nettoyé et raccommodé. De *l'Ouâdy-el-Gasseh* nous sommes allés sur la route de Kosséir, dans un endroit appelé *Sayallet-el-hay-Solyman*, ou bien *Seyd-Solyman*. Là nous avons trouvé deux puits, où il y avait peu d'eau. Nous avons creusé le premier à quarante-deux pieds de profondeur, sur un diamètre de neuf pieds, avec quarante-cinq gradins. Dans le fond du puits il y avait trente et un pieds de cailloux et deux pieds de roche très-dure; actuellement il y a cinq pieds d'eau.

« Le second puits a trente-huit pieds de profondeur. Nous n'avons trouvé de l'eau que lorsque nous sommes arrivés au roc; mais nous ne l'avons pas creusé, parce que le commandant de notre escorte ne voulut pas faire de nouveaux frais sans y être autorisé. L'eau de ces deux puits est excellente. »

CHAPITRE VI.

TOPOGRAPHIE.

S'il ne s'agissait que de faire connaître les principales cités de l'Egypte moderne, nous pourrions nous en tenir à la description du Caire et d'Alexandrie. Mais l'Égypte nous intéresse surtout par son passé. C'est pourquoi les moindres localités et les plus misérables villages, qui ailleurs n'attireraient pas les regards du passant, offrent ici souvent le plus haut intérêt historique.

Alexandrie. Cette ville fut, comme on sait, fondée par Alexandre le Grand, dont elle porte le nom. Il y a eu beaucoup de villes de ce nom; mais l'Alexandrie de l'Égypte a toujours occupé le premier rang. Sa fondation remonte à l'année 323 avant J. C., c'est-à-dire à l'époque du voyage d'Alexandre au temple de Jupiter Ammon. Elle occupe l'emplacement de Rhacotis, port commode, qui avait déjà quelque importance sous les anciens rois d'Égypte. En face de la côte était située l'île de Pharos, séjour de Protée, dont parle Homère (1). Selon Diodore (2), Alexandre traça lui-même le plan de sa ville (3) entre le lac Maréotis

---

(1) On s'est laissé embarrasser de ce passage d'Homère qui place l'île de Pharos *à une journée de l'Égypte.* Les uns ont supposé un immense accroissement du Delta, qui se serait opéré depuis le temps d'Homère jusqu'au siècle d'Alexandre. Les autres ont pensé que le mot Egypte (Αἴγυπτος) désignait ici le Nil, et qu'il s'agissait de la distance de l'île, non au rivage le plus proche, mais à l'embouchure du fleuve. Ces deux opinions paraissent également erronées. N'est-il pas plus simple d'admettre que du temps d'Homère, comme à d'autres époques, la côte de l'Égypte était exclusivement comprise entre la branche Canopique et la branche Pélusiaque, et que le rivage en face de l'île de Pharos, appartenait à la Libye? (*Odyss.,* IV, 355.)

(2) Bibl. Hist. XVII, 52.

(3) L'architecte d'Alexandrie s'appelait Di-

au sud-ouest, et la Méditerranée, qui forme au nord-est un golfe profond, qui a la forme d'un lac (lac Madieh). « Elle avait, dit Diodore, ses rues disposées de manière à donner accès aux vents étésiens. Les vents soufflant de la haute mer rafraîchissent l'air de la ville et entretiennent, par une douce température, la santé des habitants. Il entoura la ville d'une enceinte remarquable par son étendue et par son assiette forte; car, placée entre le grand lac et la mer, elle n'est abordable du côté de la terre que par deux passages étroits et très-faciles à défendre. La forme de la ville représente assez bien une chlamyde; elle est traversée presque au milieu par une rue admirable par sa longueur et sa largeur; car d'une porte à l'autre elle a quarante stades de longueur sur une plèthre de large (1). Cette rue était bordée de maisons et de temples magnifiques. Alexandre y fit construire un palais royal, d'une architecture imposante. » Ce palais, situé sur une saillie de la côte connue actuellement sous le nom de *promontoire de Lochias,* fut plus tard considérablement embelli; une partie s'appelait le *Museum;* c'était le siége des sciences et des lettres. Une autre partie de ce palais se nommait *Soma* (le corps); c'est là qu'étaient les tombeaux des Ptolémées et celui d'Alexandre le Grand. Le quartier où se trouvait le palais portait le nom de *Bruchium;* on y voyait une multitude de beaux édifices. Il faut en chercher aujourd'hui les traces près de la branche moderne du canal qui se jette dans la mer derrière la porte de Rosette. L'emplacement du *Cæsarium* ou temple de César est marqué par deux obélisques (aiguilles de Cléopâtre) : ils étaient placés, selon Pline, à l'entrée du temple de César.

Une chaussée de sept stades de long (de là son nom de *Heptastadion*) joignit l'île de Pharos au rivage où est située la ville. Cette chaussée, semblable à celle de Tyr, fut, au rapport de Flavius Josèphe, construite par Ptolémée Philadelphe, et non par Cléo-

---

nocrate ou Dinocharès; Plutarque lui donne le nom de Stasicrate.

(1) Cinq mille quatre cents mètres sur trente de large.

patre, ainsi que le prétend Ammien Marcellin. Cette chaussée ou môle établissait une ligne de séparation entre le *Grand port*, aujourd'hui *port Neuf*, situé à l'est de la ville, et le port *Eunostus*, aujourd'hui *Vieux port*, situé à l'ouest (1). Cependant on y avait pratiqué des ouvertures par lesquelles on pouvait, au moyen de barques, se rendre d'un port à l'autre. Dans le Grand Port était le *port Secret*, qui était exclusivement réservé à l'usage des rois; il était en face du palais. En avant du port Secret était l'îlot d'*Antirrodus*, où se trouvaient quelques édifices. Le port ou réservoir artificiel appelé *Kibotos* communiquait, par un canal navigable, avec le lac Maréotis. Il est aujourd'hui comblé. Près du port Secret était le théâtre, la bourse et le temple de Neptune; ce dernier occupait la place du *Posidium*, que Marc-Antoine prolongea par une digue jusqu'au milieu du port Secret; il y bâtit un palais auquel il donna le nom de *Timonium*, en l'honneur du misanthrope Timon, parce qu'il comptait y passer le reste de sa vie dans la solitude. A côté du Posidium était le Cæsarium, l'Emporium ou le grand Marché, les Apostases (Marais) et le chantier qui s'étendait jusqu'à l'Heptastadion. Le Bruchium était fortifié et séparé de la ville par un mur d'enceinte; Aurélien le fit démolir. C'est entre le Grand port et le port Eunostus que se trouvait anciennement le village de Rhacotis. Là était situé, sur une colline, le *Sérapium* ou ancien temple de Sérapis; il fut détruit, en 389, par Théophile, patriarche d'Alexandrie (2). La partie ouest de la ville renfermait le Gymnasium, le Dicasterium (tribunal) et le Panium. Derrière ces édifices s'étendait au sud-ouest la Nécropole, espèce de faubourg où se trouvaient les tombeaux et onze maisons destinées aux opérations de l'embaumement; on y célébrait aussi les jeux quinquennaux. (1) En sortant de ce faubourg, on arrivait sur l'hippodrome, et de là à Nicopolis, célèbre par la victoire d'Auguste et la prise de Cléopatre.

En parlant d'Alexandrie, nous ne pouvons nous dispenser de dire un mot du Phare, une des sept merveilles du monde, et de la fameuse bibliothèque. Le Phare fut construit par Ptolémée Philadelphe sur un rocher à l'extrémité nord-est de l'ancienne île de Pharos, qui fut, comme nous venons de le

---

(1) Avant le règne de Méhémet-Ali, l'entrée de ce port était défendue à tous les navires chrétiens, qui devaient se contenter du port de l'est, moins profond et moins sûr. Le port *Eunostus* (de bon retour) était ainsi appelé, parce que, tourné vers l'ouest, les vents les plus ordinaires et le grand courant qui vient de Gibraltar y poussent naturellement.

(2) « Le Sérapeum s'élevait dans l'Acropole, sur cette éminence, aujourd'hui moins considérable, d'où la vue domine encore la ville et la mer. Là devait être aussi la citadelle de l'ancienne Racotis, antérieure à Alexandrie, poste militaire, établi par les Pharaons pour garder la côte et pour surveiller les nomades de l'ouest. C'était, du reste, un magnifique édifice que le Sérapeum d'Alexandrie; on y montait par cent degrés, et Ammien Marcellin le compare au Capitole. De son sommet, comme du point le plus élevé de la ville, Caracalla contempla le massacre qu'il avait ordonné. C'est autour du Sérapeum, au cœur de la vieille Alexandrie, que se heurtaient surtout dans un conflit opiniâtre les deux religions rivales. C'est sur les degrés qui conduisaient au temple que se tenait intrépidement Origène, mêlé aux prêtres égyptiens, distribuant comme eux des palmes à ceux qui se présentaient, et leur disant : « Recevez-les, non pas au nom des idoles, mais au nom du vrai Dieu. » C'est là que, sous Julien, les païens traînaient les chrétiens, pour immoler ceux qui refusaient de sacrifier à Sérapis ; c'est là que, sous Théodose, les chrétiens se précipitèrent en furieux, brisant les portes, renversant les idoles, et remportant sur les murailles et les chapelles abandonnées cette victoire qu'Eunape, le Plutarque des philosophes alexandrins, célébra avec une ironie si amère. Le Sérapeum était le palladium de la religion égyptienne et de la philosophie grecque. A l'époque de sa destruction, il représentait l'alliance que toutes deux avaient fini par former contre l'ennemi commun, la religion chrétienne. Dans cette extase prophétique à laquelle aspiraient les philosophes alexandrins, l'un d'eux, Antoninus, fils de la visionnaire Sosipatra, avait prédit la chute du Sérapeum, comme les prophètes de Jérusalem prédisaient la ruine du saint des Saints. Un oracle sibyllin disait : O Sérapis, élevé sur ton rocher, tu feras une grande chute dans la trois fois misérable Égypte. » (M. Ampère, *Revue des deux mondes*, année 1846, p. 423).

(1) Les Égyptiens avaient toujours une ville des morts à côté de la ville des vivants, et toujours elle était située à l'ouest, comme ici. Cette habitude tenait à leurs croyances. Ils plaçaient dans la région où le soleil se couche la demeure des âmes, et ils exprimaient par le même hiéroglyphe et par le même mot, *amenti*, cette demeure mystique et la région du couchant. A l'ouest d'Alexandrie était le faubourg où Strabon vit les sépultures et les maisons pour l'embaumement des morts.

dire, jointe plus tard au continent par le moyen d'un môle. C'était une tour carrée en marbre blanc, qui servait de guide aux navires égarés. On y lisait, suivant Strabon (XVII, p. 544) l'inscription suivante : « Sostrate de Cnide, fils de Dexiphanes, aux dieux sauveurs pour ceux qui traversent la mer. » Mais, d'après Lucien, il faudrait substituer au nom de Sostrate, celui du roi Ptolémée. La tour du Phare, dont le nom fut par la suite appliqué à toutes les vigies du même genre, avait, dit-on, coûté 800 talents (près de quatre millions de francs).

Quant à la bibliothèque d'Alexandrie, la plus célèbre dont l'histoire fasse mention, elle se composait d'environ 700,000 volumes, dont 400,000 étaient conservés dans le Bruchium, au musée du palais (1), et 300,000 dans le temple de Sérapis. Cette bibliothèque avait été fondée par Philadelphe Soter, et enrichie, à grands frais, par les successeurs de ce roi, qui entretenaient des copistes et faisaient venir les originaux de toutes les parties du monde. Le dépôt du musée fut incendié pendant la guerre de Jules-César contre les Alexandrins (2). Quant à la bibliothèque du Sérapium, on en a attribué, à tort selon nous, la destruction au calife Omar. Cet acte de vandalisme avait été probablement déjà accompli par les chrétiens, antérieurement à l'invasion des Arabes. Le Sérapium n'avait-il pas été démoli par ordre du patriarche Théophile?

Alexandrie était la résidence des Ptolémées, et plus tard le siége des préteurs romains. Cette ville, en raison de sa position géographique et de ses relations commerciales avec la Syrie, l'Arabie, l'Inde, prit en peu de temps un accroissement considérable, et atteignit un haut degré de prospérité. Du temps de Diodore (50 ans avant J. C.) c'était une des premières villes du monde tant par ses richesses que par le nombre de ses habitants. « En effet, dit cet historien, elle l'emporte de beaucoup sur les autres villes par la beauté et la grandeur de ses édifices, ainsi que par ses richesses et l'abondance de tout ce qui tient aux besoins de la vie. Elle est également supérieure aux autres villes par sa population ; car à l'époque où nous avons visité l'Égypte ceux qui tiennent les registres du recensement nous assuraient que la population de la ville se composait de plus de trois cent mille hommes de condition libre, et que les revenus du roi d'Égypte étaient de plus de six mille talents (1). »

La population d'Alexandrie diminua singulièrement dans les siècles subséquents. Vers l'année 1790, elle ne se composait plus que de cinq mille âmes. Elle s'accrut de nouveau sous le règne actuel de Méhémet-Ali ; car, d'après les documents les plus récents, la moderne Alexandrie compte environ soixante mille habitants, sans y comprendre la garnison et les matelots. C'est, comme jadis, un mélange de Berbères, d'Égyptiens, de Syriens, de Juifs, de Coptes, d'Arméniens, de Turcs, de Grecs, d'Albanais et d'autres Européens (2).

Parmi les monuments de l'ancienne Alexandrie, il nous reste encore les deux obélisques (aiguilles de Cléopatre) élevés jadis devant le temple de César, et la colonne de Pompée. Les obélisques furent faits, selon Pline, par ordre de Mesphre, sans doute le roi Mesphra-Thothmosis de la liste de Manéthon, et apportés d'Héliopolis à Alexandrie (3). Ils sont en granit rouge, connu sous le nom de *syénite*. L'un est encore debout ; il a environ soixante-dix pieds de haut, sur une épaisseur d'environ sept pieds à sa base ; l'autre est couché tout près de son piédestal en calcaire blanc ; il est un peu moins long que l'autre, mais tout aussi épais. Méhémet-Ali en a fait présent aux Anglais. Mais ceux-ci pensent que ce monument, dans l'état de dégradation où il se trouve, ne vaut pas la peine d'être transporté dans leur

---

(1) Le musée était une institution grecque, comme son nom. Ses chefs furent des littérateurs grecs ; leurs travaux eurent pour objet les lettres et la philologie grecque ; son organisation n'offrit jamais rien d'égyptien ou de sacerdotal.
(2) *Bellum civ.*, III, 92.

(1) *Bibliothèque historique*, XVII, 52.
(2) Gardner Wilkinson, *Modern Egypt and Thebes*, etc. ; London, 1843, vol. I, p 160.
(3) On y lit, suivant M. Ampère, sur la bande du milieu, le nom de Thoutmosis III, « illustre pour avoir battu les Hyk. » (*Revue des deux mondes*, année 1846, p. 414.)

pays (1). Un peu à l'est de l'endroit où se trouvent ces obélisques, on voit les restes d'une vieille tour ronde, appelée *tour romaine;* elle forme l'angle du mur. A en juger par son architecture, elle semble appartenir au temps des Arabes.

La colonne de Pompée est placée sur une colline au sud de l'enceinte actuelle. Elle se compose du chapiteau, du fût, de la base et du piédestal, qui repose sur un soubassement de petits blocs réunis par du mortier, sans doute des fragments d'autres monuments plus anciens. Wilkinson a lu, sur l'un de ces blocs, le nom de Psammitichus II. Beaucoup de voyageurs y ont inscrit leurs noms, au grand dommage du monument; l'un de ces noms, tout à fait obscurs, recouvre de ses lettres gigantesques l'inscription grecque qui s'y trouve. Wilkinson s'élève ici avec raison contre cette stupide détérioration du petit nombre de monuments qui nous sont parvenus de l'antiquité (2). Suivant Salt et Wilkinson, qui ont déchiffré l'inscription grecque, cette colonne, qui porte improprement le nom de Pompée, a été érigée en l'honneur de Dioclétien, par Publius, préfet d'Égypte (3).

La hauteur totale de la colonne est de quatre-vingt-dix-huit pieds neuf pouces (mesure anglaise); le fût est de soixante-treize pieds; la circonférence de vingt-neuf pieds huit pouces, et le diamètre au sommet du chapiteau de seize pieds six pouces. Le fût est élégant et d'un bon style, tandis que le chapiteau et le piédestal semblent être d'une architecture plus récente. M. Wilkinson, qui examina la colonne au moyen d'échelles, vit à son sommet un enfoncement circulaire, sans doute destiné à recevoir la base d'une statue. Il suppose que cette colonne fut élevée à Dioclétien à l'occasion de la prise d'Alexandrie, en 296 après J. C., qui s'était révoltée contre cet empereur. Dioclétien avait d'ailleurs des titres particuliers à la gratitude des habitants d'Alexandrie : dans un moment de disette il leur avait alloué deux millions de médimnes de blé.

Quelques parties de la Nécropole ou des catacombes se voient encore aujourd'hui. On y remarque surtout l'architecture élégante et la symétrie de l'une des chambres; l'entablature est dans le meilleur style dorique. Le voyageur qui veut visiter ces catacombes doit se munir d'une corde et d'une échelle. Leur distance du quartier franc est de près de trois milles; on peut s'y rendre par eau et par terre. Chemin faisant, il rencontrera plusieurs tombeaux à fleur d'eau; d'autres sont même au-dessous du niveau de la mer; et c'est à tort qu'on leur a donné le nom de *bains de Cléopâtre.* De deux choses l'une : ou la côte s'est abaissée depuis des siècles, ou la mer s'est élevée au-dessus de son niveau ancien. Malgré les progrès de la science, il est difficile de décider cette question, en apparence si simple. On admet généralement que telles côtes se sont abaissées, tandis que d'autres ont été exhaussées. On cite à l'appui du dernier cas Ravenne et Arles, qui, jadis villes maritimes, se trouvent aujourd'hui dans l'intérieur des terres.

Au nord-est du couvent grec, derrière le jardin de M. Gibarra, riche Italien, à Alexandrie, se voient des débris de plusieurs grandes colonnes en granit, qui jadis paraissent avoir fait partie de quelques beaux édifices. On en voit d'autres plus petites derrière la maison de M. Costa, au bout du quartier franc. M. Wilkinson soupçonne que ces colonnes ont appartenu à l'ancien temple d'Arsinoé, situé près du môle. Pline place dans ce temple la statue de la sœur (Arsinoé) de Ptolémée Philadelphe; cette statue en fer était, dit-on, suspendue à la voûte du temple par d'énormes aimants. Il y avait aussi un obélisque qui fut envoyé à Rome, et élevé sur le forum.

La ville actuelle d'Alexandrie n'occupe qu'une petite étendue de la côte : elle n'occupe que la huitième partie environ

---

(1) Wilkinson, *Modern Egypt,* vol. I, p. 150.
(2) *Ibid.*, p. 152.
(3) Cette inscription est ainsi conçue :

Τὸν τιμιώτατον αὐτοκράτορα
τὸν πολιοῦχον Ἀλεξανδρείας
Διοκλητιανὸν τὸν ἀνίκητον
Πούβλιος ἔπαρχος Αἰγύπτου
ἐπ' ἀγαθῷ.

Wilkinson partage le doute de Salt sur l'exactitude du dernier mot, ἐπ' ἀγαθῷ.

de l'emplacement ancien (1). L'enceinte ainsi que les portes et les maisons sont de construction moderne. Les rues sont étroites, et la plupart non pavées. Parmi les édifices publics, on remarque l'église de Sainte-Catherine, appartenant aux Grecs; l'église de Saint-Marc, qui appartient aux Coptes, et la belle église de Saint-Athanase, qui a été convertie en une mosquée. Il y a un petit théâtre; les acteurs, tous amateurs, sont européens. Au coin du quartier franc on trouve un cabinet de lecture et une librairie. On y remarque aussi le palais du pacha, l'arsenal et quelques bazars.

Diodore, Strabon, Ammien Marcellin, Quinte-Curce et Celse ont vanté la salubrité du climat d'Alexandrie. Strabon l'attribue, non sans raison, à ce qu'on faisait dériver l'eau du Nil dans le lac Maréotis qui n'avait pas ainsi le temps de se convertir en un marais pestilentiel pendant la saison de l'été. Vers la fin du siècle dernier la communication avec le Nil ayant été interrompue, le lac Maréotis s'était presque desséché. Mais à l'époque de l'occupation française les Anglais y firent passer la mer, pour empêcher les assiégés de s'approvisionner d'eau douce par la voie du Caire. Maintenant il redevient lac. Le Maréotis était autrefois assez profond pour servir à la navigation intérieure. Selon Strabon, il avait un peu moins de trois cents stades de longueur sur cent de large, et contenait huit îles; sur ses bords se pressait une population industrieuse, et on y cultivait un vin d'excellente qualité (2). A deux milles environ au delà des catacombes, on voit les vestiges d'un ancien canal qui faisait communiquer le lac Maréotis avec le Vieux port.

A l'histoire d'Alexandrie se rattachent les plus grands noms de l'histoire : « Qu'on nous montre, dit M. Ampère, une autre ville fondée par Alexandre, défendue par César et prise par Napoléon. »

La première ville qu'on trouvait au nord-est d'Alexandrie était *Canopus*; elle était située sur les bords du canal, et dans le voisinage de la branche Canopique (Naucratique ou Héracléotique) du Nil. Canopus était célèbre par son temple de Sérapis. Ses habitants passaient pour très-débauchés.

Aboukir est un village connu par une célèbre bataille navale. Il y a un fort qui sert de prison d'État. A deux lieues à l'est d'Aboukir est une ouverture, appelée Madieh, par laquelle le lac Etko communique avec la mer; on croit que c'était l'embouchure de la branche la plus occidentale du Nil, c'est-à-dire la branche Canopique. C'est l'angle ouest de la base du Delta.

Schedia était à cent vingt stades d'Alexandrie (environ quatorze milles anglais); son nom était dû à la barrière qui fermait l'entrée du fleuve. M. Salt a découvert, en 1820, quelques vestiges de cette ville sur les bords du canal Mahmoudieh.

Ce canal, qui relie Alexandrie au Nil, fut commencé en 1819, par l'ordre de Méhémet-Ali. Celui-ci lui donna le nom de Mahmoud, alors sultan de Constantinople. Plus de deux cent cinquante mille ouvriers étaient, dit-on, occupés pendant plus d'un an au creusement de ce canal, qui, suivant Mengin, a coûté 7,500,000 francs. Près de vingt mille ouvriers y perdirent la vie, par suite de maladies ou d'accidents. Pendant les travaux de déblayement, on trouva une inscription dédicatoire de Ptolémée Évergète, gravée sur une mince lame de cuivre (1). Méhémet-Ali fit remettre cette antique à sir Sydney Smith, par l'intermédiaire

---

(1) « Suivant la judicieuse comparaison de M. Robillard, la ville d'Alexandrie, avec son port hérissé de mâts de navires, ressemble de loin à un paquet d'aiguilles plantées sur une petite pelote jaune. Des moulins à vent couvrent les hauteurs voisines de la ville; les Français ont construit les deux premiers, les autres sont l'œuvre du pacha. La côte est trop plate pour que la ville puisse se présenter avec avantage. Venise seule, bien que bâtie à ras des flots, est d'un effet admirable; elle le doit à ses clochers à ses dômes. Alexandrie ne nous frappe point par son aspect, elle ne nous attire que par son nom et ses souvenirs. » (M. Ampère, *Recherches en Égypte et en Nubie*, Revue des deux mondes, 1846, p. 406.)

(2) Strabon, XVII, p. 550; Horat., *Od.*, lib. I, 37; Virg., *Georg.*, II, 91.

(1) Cette inscription est ainsi conçue : Βασιλεὺς Πτολεμαῖος Πτολεμαίου καὶ Ἀρσινόης θεῶν ἀδελφῶν καὶ βασίλισσα Βερενίκη ἡ ἀδελφὴ καὶ γυνὴ αὐτοῦ τὸ τέμενος Ὀσίρει: Le roi Ptolémée, fils de Ptolémée et d'Arsinoé, de dieux frères, et la reine Bérénice, sa sœur et sa femme, ont dédié ce temple à Osiris.

de M. Salt, alors consul général de l'Angleterre à Alexandrie.

Les bords du canal de Mahmoudieh sont garnis, de distance en distance, de télégraphes, qui établissent une communication immédiate entre Alexandrie et la citadelle du Caire. On y trouve quelques fermes et maisons de campagne appartenant à des Européens établis à Alexandrie. Dans une partie de son parcours, le canal Mahmoudieh suit la direction de l'ancienne branche Canopique et le vieux canal de Fouah. On rencontre çà et là des débris d'antiques cités, telles que Schedia, Chereu près de Karioun, Anthylla et Archandra, entre les bords du Mahmoudieh et le lac Etko, *Hermopolis parva* de Strabon, etc.

Entre Atfeh et le Caire il existe depuis quelques années un service de bateaux à vapeur. Tout en face d'Atfeh se trouve la ville de *Fouah*, l'ancienne *Metelis*, jadis célèbre par des dattes et la culture de la garance. Belon la décrit, au seizième siècle, comme étant la seconde ville de l'Égypte après le Caire.

A *Rhamanieh* était le commencement de l'ancien canal qui aboutissait à Alexandrie; elle occupe, selon quelques savants, l'emplacement de l'ancienne *Naucratis*, célèbre partout ce qui tenait aux élégances et aux corruptions de la vie hellénique, par ses coupes, ses vases et ses courtisanes. Le séjour de toutes ces brillantes fragilités n'a laissé aucun débris. Pendant l'expédition française Rhamanieh était une place fortifiée; elle tomba en mai 1801 au pouvoir des Anglais.

Sur la rive droite du Nil, au nord du village de Sa-el-Hagar, on voit les ruines de l'ancienne *Saïs* (*Ssa* des Égyptiens), célèbre par les mystères d'Osiris (1). Cécrops, chef de la colonie qui s'établit en Grece, était originaire de Saïs. Il y eut dans cette ville les tombeaux d'Apriès et d'Amasis (2). Saïs fut la résidence de la dernière dynastie nationale, avant la conquête des Perses. On y voit encore une vaste enceinte en briques et quelques ruines. Du reste, ces ruines, visitées par Champollion, L'Hôte et Wil-

(1) *Voy.* dans Wilkinson, *Modern Egypt*, la description de ces ruines, p. 183.
(2) *Voy.*, sur la ville de Saïs, Hérodote, II, 62, 170, 171, 175-176.

kinson, offrent, d'après ce qu'ils en disent, un médiocre intérêt. C'est à Saïs que Platon place l'entretien de Solon et des prêtres sur l'Atlantide.

A deux ou trois milles environ à l'ouest de Kom-Sherik, on trouve les monticules d'une ancienne cité; un peu plus loin, près de Tarih, on en trouve d'autres dans la direction de l'ancien *Lycus canalis*; près de Bouragat, sur la route des lacs Natron, on voit, selon M. Wilkinson, les buttes de l'ancienne Momemphis.

Teraneh est l'ancienne *Terenuthis*. Ses habitants sont principalement occupés au transport du natron, dont les lacs sont à douze heures de là. L'exploitation de ce sel a été affermée à M. Gibarra (1).

(1) La route ordinaire qui conduit des rives du Nil aux lacs de Natron ou Wadi Natroun, passe par Teraneh. Il y a environ douze heures de marche depuis cet endroit jusqu'au village de Zakik ou Zakouk, qui est le point habité, le plus septentrional, de la vallée de Natron. En quittant Teraneh on traverse les ruines d'une ancienne cité, où l'on recueille du nitre. Ces ruines sont d'une grande étendue, et paraissent appartenir à l'époque romaine. M. Wilkinson pense que ce sont les débris d'un village ou ville dont les habitants étaient exclusivement occupés au transport du natron. *Momemphis* et *Menelai Urbs* se trouvaient aussi dans le voisinage de Teraneh. C'est à Zakik que commence la descente dans la vallée de Natron. Cette vallée est plus basse que celle du Nil. Suivant l'estimation, d'ailleurs peu précise, de M. Wilkinson, la rive du Nil à Teraneh est à environ 58 pieds au-dessus du village de Zakik, ou à 86 au-dessus de la surface des lacs de Natron.

Le village de Zakik se compose d'une soixantaine de huttes, et renferme environ deux cents habitants, la plupart d'origine européenne, qui se livrent à l'extraction et au dessèchement du natron. On y voit les vestiges d'une verrerie romaine. Le natron est recueilli dans la plaine et dans les lacs salés, dont les principaux s'appellent El-Gounfedieh et El-Hamra. On en retire aussi, mais en moindre quantité, de deux autres, nommés El-Khortaï et Mellahat-el-Djoun. Il y a huit lacs qui contiennent de l'eau toute l'année; et le plus grand, situé au midi, s'appelle Mellahat-om-Rishen, et ne donne que du chlorure de sodium. Deux étangs, le Birket-el-Schoukayfeh et le Birket-el-Rumadé, se dessèchent en été; quelques autres étangs salés sont de peu d'importance. Le sous-carbonate de soude (natron) et le chlorure de sodium cristallisent séparément dans les eaux où ils se trouvent; le dernier forme la couche supérieure, d'environ 18 pouces d'épaisseur, et le premier la couche inférieure, dont le minimum d'épaisseur est de 27 pouces, et varie suivant la profondeur du lit. On n'y trouve pas de sulfate de soude. Le niveau de l'eau, dans ces lacs, varie suivant les saisons; il commence à s'élever vers la fin de décembre, et continue

Près de Khmas (Lekhmas) on croit avoir trouvé les ruines de la ville de *Ménélaüs*, frère du premier Ptolémée. Un peu au-dessus de Abou-Ghaleb on commence à apercevoir, des bords du fleuve, les pyramides, qu'on ne perd plus ensuite de vue jusqu'au Caire. Deux milles plus loin, au nord-ouest d'Om-el-Dinar, est l'endroit où l'on a commencé le barrage du Nil. Le but de cette gigan-

ainsi jusqu'à la fin de mars, où il commence à décroître au point qu'il ne reste plus qu'une couche de natron cristallisé.

Le natron est de deux sortes : le blanc et le soltanieh. Le dernier est détaché du lit des lacs à mesure que l'eau se retire, tandis que le premier provient des bas-fonds qui entourent les lacs, et qui ne sont pas couverts d'eau. Le natron soltanieh est la meilleure espèce; on le purifie en le dissolvant dans l'eau, et le faisant cristalliser.

Le Wadi-Natroun n'est pas le seul district où l'on trouve le natron. Il y en a aussi dans la vallée d'El-Kab (*Elithyas* d'autrefois), où il cristallise sur les bords de quelques petits étangs, à l'est de l'ancienne cité. Suivant Clot-Bey, on rencontre encore du natron sur les rives du lac Mœris, dans le voisinage d'Alexandrie, près du lac Maréotis et de l'isthme de Suez. Les caravanes en apportent du Darfour. Les Fellahs le mâchent en guise de tabac.

La vallée de Natron offre plusieurs sources d'eau douce, dont les plus pures sont au sud, dans le voisinage des monastères. La source de Dayr-Baramous est légèrement saline; l'eau qui en sort repose sur une couche d'argile, semblable à celle qui forme la base des collines environnantes. L'eau, sans doute, filtre à travers les montagnes qui séparent Wadi-Natroun du Nil; arrivée à la base argileuse de la chaîne libyque, cette eau se fraye une issue dans les basses vallées; elle forme des sources d'eau douce dans les endroits où le sol est exempt de matière saline, et des étangs ou lacs de natron là ou elle traverse des couches imprégnées de sels. Il faut que l'eau, ainsi infiltrée, fasse bien des détours ou qu'elle chemine bien lentement pour que la crue des lacs salés ne se fasse sentir que près de trois mois après celle du Nil.

La population du Wadi-Natroun ne se compose, suivant M. Wilkinson, que de 277 habitants, dont 200 appartiennent, comme nous l'avons dit, au village de Zakik, et 77 aux monastères (30 à 40 pour le couvent de Dayr-Suriani, 22 pour le couvent Saint-Macaire, 13 pour celui de Amba-Bichoï, et 7 pour Dayr-Baramous). Tous ces monastères sont occupés par des Coptes; ils sont moins importants que ceux de Saint-Antoine et de Saint-Paul, dans le désert de l'est. Chaque communauté est gouvernée par un supérieur; les moines-prêtres ont le titre de pères (*ubounas*), les autres sont de simples frères. Leur instruction paraît très bornée. Les bibliothèques de ces monastères renferment, dit-on, des manuscrits grecs très-précieux. Il serait digne d'un gouvernement éclairé de confier à quelque savant la mission honorable d'exposer au grand jour les richesses enfouies dans ces bibliothèques monastiques de l'Égypte.

tesque entreprise est de suppléer aux machines d'irrigation, si dispendieuses, après que les eaux du Nil en sont retirées. Une digue doit être jetée à travers la branche de Rosette, une autre à travers la branche de Damiette : l'eau ainsi emprisonnée doit se rendre dans un large canal coupant le centre du Delta; retenue à l'aide d'écluses, elle est ensuite distribuée régulièrement selon les circonstances et les besoins. Cet ouvrage, digne de Méhémet-Ali, a été commencé par M. Linant; mais il a été souvent interrompu, et il serait à regretter qu'il fût abandonné.

A quelque distance du village d'Om-el-Dinar est l'angle méridional ou le sommet du Delta. C'est là que le Nil se divise en deux branches : celle de Rosette et celle de Damiette. Jadis la pointe du Delta était bien plus au sud que maintenant. *Cercasora*, dans le nôme Latopolitique, juste au-dessus de la pointe du Delta, était, suivant Strabon, presque en face d'Héliopolis, tout près de l'observatoire d'Eudoxus. Du temps d'Hérodote, le Nil avait un canal jusqu'à Cercasora, mais au-dessous de cette ville il se divisait en trois branches qui prenaient différentes directions : l'une (la branche Pélusiaque) allait à l'est; une autre (la branche Canopique) allait à l'ouest, et la troisième (la branche Sebennytique) continuait à suivre en ligne droite son cours primitif jusqu'à la pointe du Delta, où elle se partageait en deux branches (Saïtique et Mendésienne) avant de se jeter dans la mer.

Après cette excursion depuis Alexandrie jusqu'aux portes du Caire, revenons à la base du Delta.

La première ville importante qui se présente à l'angle occidental du Delta est *Rosette*.

Rosette, ou *Raschid* en copte, passe pour la plus jolie ville de l'Égypte moderne. Cette ville est située près de l'embouchure d'une des principales branches du Nil (l'ancienne branche Bolbitine), qui remplace l'ancienne branche Canopique (1). Elle est entourée de beaux

(1) La branche Canopique du Nil, partant de la pointe du Delta, se bifurquait un peu au-dessous de Rhamanieh : l'une des branches ou canaux (branche Bolbitine) allait directement au nord; l'autre, qui conservait le nom de Ca-

EGYPTE MODERNE.

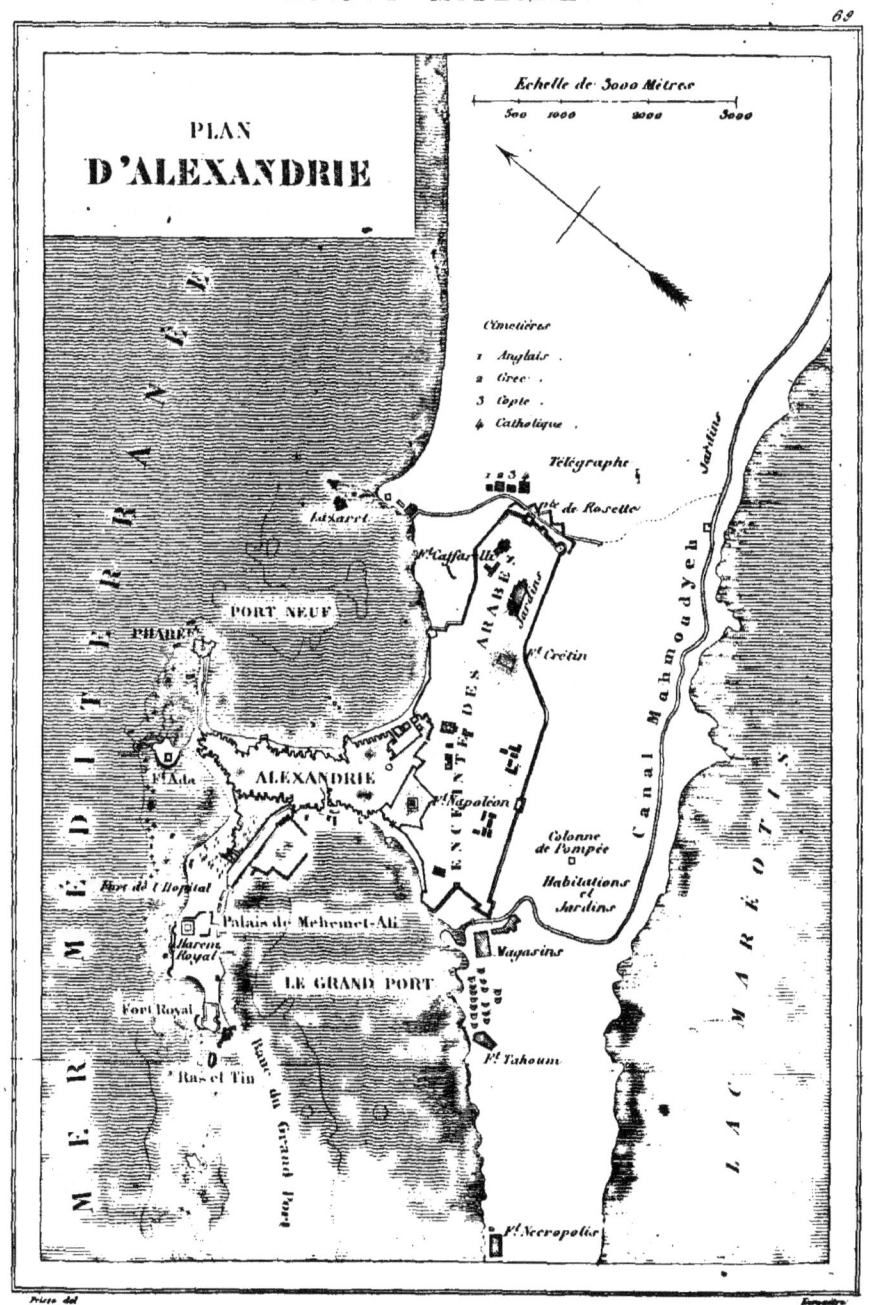

jardins; c'est le séjour favori des habitants du Caire et d'Alexandrie. Sa population est depuis quelque temps diminuée. L'architecture des maisons, qui sont d'assez belle apparence, diffère de celle des autres villes d'Égypte (1). Rosette est entourée d'une enceinte assez forte pour résister aux attaques des Bédouins; il y a plusieurs mosquées et bazars. La porte du nord est garnie de deux tours, d'une forme peu commune en Égypte. C'est entre cette porte et la plaine que se trouvent les plus beaux jardins. On n'y voit point de monuments antiques; seulement sur quelques blocs de pierre qui servent de seuil aux portes des mosquées et des édifices privés, on remarque des inscriptions hiéroglyphiques. M. Wilkinson dit y avoir lu le nom de Psammiticus I. Ces blocs sont d'un schiste siliceux compacte, semblable à celui qu'on trouve sur la montagne Rouge, derrière le Caire.

Rosette est célèbre par l'inscription trilingue gravée sur une pierre que les Français découvrirent en creusant les fondations du fort Saint-Julien. A l'ouest de la ville sont des collines de sable qui menacent d'envahir les plantations de palmiers; à l'angle sud-ouest, l'enceinte se termine par un petit fort, monté d'une demi-douzaine de petites pièces d'artillerie. Les eaux du Nil sont douces et potables; elles ne deviennent légèrement salines que par un vent du nord constant.

A un mille et demi au sud de Rosette est une colline appelée Abou-Mandour, surmontée d'un télégraphe; on la considère comme une partie de l'emplacement de l'ancienne *Bolbitine*.

Damiette est plus considérable que Rosette. Elle a donné son nom à la principale branche orientale du Nil, l'ancien canal Phatmitique, qui sortait de la branche Sébennytique, derrière l'île d'Anynopique, se déviait à l'est, en se rapprochant des montagnes Libyques. Cette dernière branche est aujourd'hui en partie comblée, et en partie occupée par le canal moderne de Mahmoudieh.

(1) C'est sans doute par inadvertance que M. Wilkinson a dit (*Modern Egypt*, vol. I, p. 194) que Rosette comptait il y a vingt ans trente-six mille maisons. Sa population aurait été de trois cent soixante mille, en comptant seulement dix habitants par chaque maison.

sis. Damiette est l'ancienne *Tamiathis*, dont on sait fort peu de chose. Cette ville compte aujourd'hui environ 28,000 habitants. Elle est connue dans l'histoire des croisades comme le boulevart de l'Égypte. Au rapport d'Aboulféda, elle était autrefois située sur le bord de la mer, à l'embouchure même du fleuve; mais, comme elle était ainsi exposée aux attaques des Francs, les califes d'Égypte la démolirent, et fondèrent la ville actuelle de Damiette, à cinq milles en amont du fleuve. Ce changement eut lieu vers l'an 1251 après J. C.

Damiette était jadis l'entrepôt du commerce avec la Grèce et la Syrie; mais son importance commerciale a diminué en raison de la prospérité d'Alexandrie. Damiette était célèbre par ses manufactures de cuirs; ses habitants vivent aujourd'hui principalement de la culture du riz et de la pêche.

Un peu plus haut, sur le même côté oriental de la branche de Damiette, est située *Mansourah* (à 31° 4' 30'' de latitude nord), une des villes les plus considérables du Delta. Elle fut, suivant Aboulféda, fondée en 1221 par Mélek-el-Kamel, à l'époque où les chrétiens assiégeaient Damiette. Elle reçut le nom de Mansourah (*la victorieuse*), en souvenir d'une victoire que les musulmans avaient remportée en cet endroit sur les croisés. C'est près de cette ville que saint Louis fut fait prisonnier, en 1250. Mansourah possède plusieurs manufactures de toile et de coton fort renommées. Au nord de cette ville est l'entrée du canal de Menzaleh ou Aschmoun, qu'on appelle aussi *Toura-el-Soghireh*, petit canal. Il renferme de l'eau pendant toute l'année; mais après le mois d'avril il n'est navigable que jusqu'à Tel-el-Nassara. M. Wilkinson y a trouvé une espèce de *cyperus* (*dihs* des Arabes) qui ne paraît pas encore avoir été décrite. Selon ce même auteur, le *cyperus papyrus* ne se trouve plus aujourd'hui en Égypte, pas même autour du lac de Menzaleh.

La pointe de terre à l'opposite de Mansourah, là où le canal se joint au Nil, est mémorable pour avoir servi de camp aux croisés en 1221 et en 1250.

Menzaleh (31° 11' 33'' lat. nord) est située sur le canal du même nom, qui se jette, à douze milles plus loin, dans le lac. C'était il y a une trentaine d'années un simple village de pêcheurs; aujourd'hui il présente l'aspect d'une cité. On suppose qu'il occupe l'emplacement de l'ancienne *Panephysis*. Sur la pointe de terre qui se projette au nord dans le lac de Menzaleh, quelques savants ont placé *Papremis*, l'ancienne ville de Mars. En automne il y règne quelques fièvres; mais en hiver le séjour à Menzaleh est plus sain qu'à Damiette. Les habitants se livrent au commerce du riz et des poissons.

Le lac Menzaleh (*lacus Taniticus* des anciens) est parsemé de nombreuses îles; ses bords sont garnis de plusieurs villages de pêcheurs, au nombre desquels on remarque Matarieh et el-Ghuzneh. On y voit de nombreuses espèces d'oiseaux aquatiques.

La principale île du lac est Tennis, l'ancien *Tennesus*, situé jadis sur la branche Tanitique du Nil. On y voit des ruines de l'époque romaine; elles consistent en bains, tombeaux, et débris de poterie qui couvrent toute la surface de l'île. Il n'y a pas de traces d'inscriptions hiéroglyphiques. Les tombeaux sont voûtés et pour la plupart peints sur un fond rouge et blanc. Une partie de ces matériaux ont été employés à barrer la branche Mendésienne pour empêcher l'invasion des Grecs. Au sud-ouest de Tennis se trouve un autre îlot, appelé Touna ou Cheik Abd-Allah; on y trouve aussi quelques ruines en granit rouge.

Tineh (*Pelusium* des anciens) est à vingt-trois milles environ au sud-est de l'île Tennis, et à onze milles des bords du lac. C'est un village qui n'est important que par ses ruines. On a fait venir le nom de Pélusium de πηλός, boue; il serait plus rationnel de le faire dériver du copte *peremoun*, d'où le nom de *Farama*, que les Arabes donnent encore à Tineh. Alboufeda en parle comme d'une cité déjà ruinée, sur les bords de la mer; selon Ebn-Haukal, on y voyait le tombeau de Galien. Péluse était jadis une des villes les plus célèbres de l'Égypte; elle est mentionnée dans la Bible, sous le nom de *Sin*. Pompée, vaincu à la bataille de Pharsale, y trouva la mort (en 48 avant J. C.) par ordre du roi Ptolémée, qui voulut faire sa cour à César.

Pline place le tombeau de Pompée à l'est de Péluse, dans la direction du mont Casius. Les ruines de Péluse sont d'un accès difficile : en hiver, après la retraite des eaux, le sol est extrêmement boueux, il ne se dessèche qu'en été; en automne, l'air y est malsain, et on y gagne facilement des fièvres.

Péluse a donné son nom à la branche Pélusiaque du Nil. Cette branche suivait la direction du canal moderne de Schibbin; elle passait un peu à l'ouest d'Onias; plus loin elle formait une île, où était située la ville de Bubastus. De là, elle se dirigeait au nord-est vers Phacusa, aujourd'hui *Fakkous*, pour se jeter dans la mer, un peu à l'ouest de Péluse. Les principales villes situées sur la branche Pélusiaque étaient, à partir de la pointe du Delta, *Onion, Bubastis, Daphne, Magdalænæ*. Onion fut fondée par le fils du grand prêtre Onias, sous le règne de Ptolémée Philométor (1). Dans le même district se trouvaient sans doute les cinq cités juives qui, selon le prophète Isaïe, parlaient la langue de Canaan. Les Juifs les occupèrent jusqu'à l'époque de Vespasien.

A trente et un milles au nord-est d'Onion, ou à un mille au sud de Zakazeek, est situé *Tel Basta*, dont les ruines marquent la position de Bubastis, *Pibeseth* de l'Écriture (2); et à quatorze milles plus au nord est situé *Belbays* qui a succédé à *Bubastis agria*. Tout près de là passait l'ancien canal (fleuve de Ptolémée) qui aboutissait à Arsinoé (Suez) sur la mer Rouge (3). Les ruines

---

(1) *Voy*. Flav. Joseph, *Antiquit*., XIII, 4.
(2) *Pi* est l'article égyptien; *beseth* est pour *Basta*.
(3) *Voyez* plus haut, p. 57, et Wilkinson, t. I, p. 310. L'ancien canal de Suez, aujourd'hui ensablé, commence à six milles environ à l'ouest de Tel-el-Wadi, ville toute moderne, fondée par Méhémet-Ali, et à quinze milles nord-est de Belbays. De Belbays il va directement, dans un trajet de trente-cinq milles, à l'est, jusqu'à Schaïkh-Hanaydik; là il se courbe brusquement pour se rendre dans les lacs amers, puis de là dans la mer Rouge. Entre Tel-el-Wadi et Schaïkh-Hanaydik on reconnaît encore, çà et là, des vestiges de cet ancien canal; on en voit aussi du côté de Suez, dans la direction des lacs amers. Au nord de cette ville sont des débris d'ancienne maçonnerie, peut-être des restes d'écluses. Parmi les lieux situés sur les bords de ce canal, le plus considérable est *Aboukescheyd*, qu'on suppose être l'ancienne *Heroopolis*. Le nom d'Aboukescheyd, indiqué dans le grand ouvrage de l'expédition française en

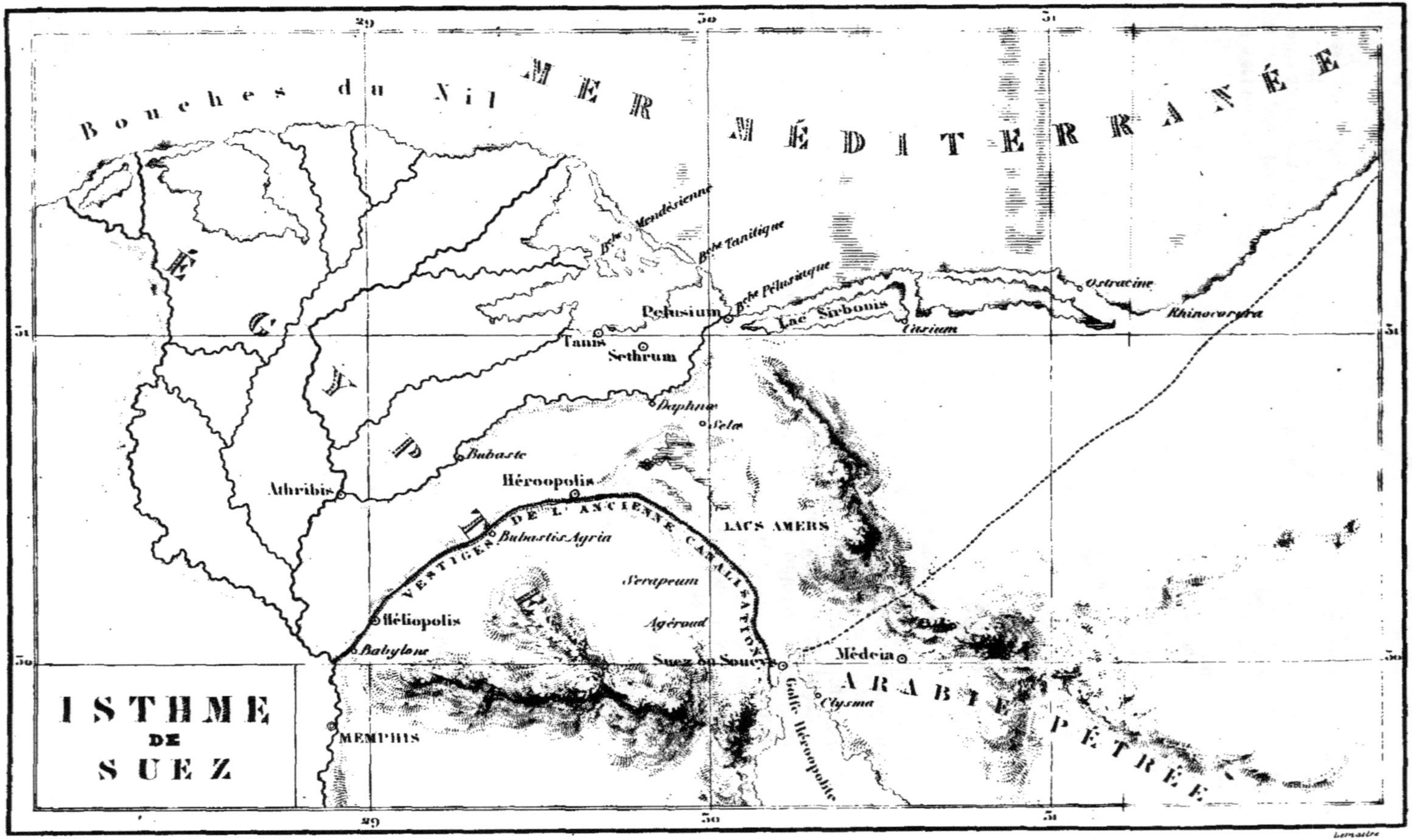
ISTHME
DE
SUEZ
MER MÉDITERRANÉE
Bouches du Nil
ÉGYPTE
ARABIE PÉTRÉE
Bche Mendésienne
Bche Tanitique
Bche Pélusiaque
Pelusium
Lac Sirbonis
Casium
Ostracine
Rhinocorura
Tanis
Sethrum
Daphne
Sela
Bubaste
Athribis
Héroopolis
VESTIGES DE L'ANCIENNE CANALISATION
Bubastis Agria
LACS AMERS
Serapeum
Agéroud
Héliopolis
Babylone
Suez ou Soueys
Médeia
Golfe Héroopolite
Clysma
MEMPHIS
29
30
31
Lemaître

de Tel Basta (*tel* signifie ruines) occupent une vaste étendue ; elles consistent principalement en tuiles non cuites et en monceaux de tessons de poterie. Sur les indications si précises d'Hérodote (1), on y reconnaît les vestiges de la rue qui conduisait du temple de Bubastis, la Diane des Grecs, au temple de Mercure. M. Wilkinson, qui a mesuré cette rue, l'a trouvée de deux mille deux cent cinquante pieds de long. Les temples étaient construits en granit rouge, comme l'attestent les débris. On n'y trouve que peu d'inscriptions hiéroglyphiques, sur lesquelles on lit seulement les noms de Rhamsès le Grand, d'Osorkon et d'Amyrtæus. M. Wilkinson y trouva des sculptures représentant Khem et d'autres divinités ; l'une des colonnes, d'environ vingt-deux pieds de long sur deux pieds huit pouces de diamètre, paraît avoir occupé le portique inférieur du temple.

Ces ruines, ainsi que toutes celles qu'on rencontre dans le Delta, ont une physionomie particulière, qui les distingue de celles de l'Égypte supérieure. Ici les enceintes des temples sont en pierre de grès, les colonnes se composent de différentes pièces, et le granit a été exclusivement réservé aux obélisques, aux statues, et aux pylônes de quelque monument important, tandis que dans le Delta les temples eux-mêmes sont en grande partie bâtis en granit ; les pylônes et vestibules ont des colonnes formées d'un seul bloc.

A environ douze milles au nord de Bubastis est situé Harbayt, *Pharbæthos* des anciens. On y trouve, parmi les ruines, des chapiteaux de colonnes romaines. Tel Defenneh, situé en ligne droite entre Salahih et l'ancienne Péluse, offre les ruines de la ville de *Daphne*, dont parle Hérodote, lib. II, 30. C'est le *Tahpanhes* de l'Écriture (1). Les Pharaons y tenaient une garnison pour tenir en respect les Syriens et les Perses.

Au nord-ouest de Daphne était la ville de Tanis, aujourd'hui *San, Zoan* de l'Écriture (à 31° 0′10″ lat. nord). Les ruines qu'on y voit sont d'une grande étendue. Les champs de Zoan dont parle Ézéchiel (XXX, 14) sont maintenant déserts ; c'est une vaste plaine, remplie de décombres, et où l'on ne trouve que quelques rares habitations. M. Wilkinson a donné une description détaillée des ruines de la ville de Tanis, qui était située sur la rive droite de la branche Tanitique du Nil (2).

Immédiatement au-dessous de la branche Tanitique était la branche Mendésienne, qui devait son nom à la ville de Mendes. De cette ville, qu'Aboulféda appelle *Oschmoun* (*Ostium?*), il ne reste plus que de faibles ruines. On a souvent confondu Mendes avec *Thmuis*, qui était situé plus au sud. Les ruines de cette dernière ville se voient aujourd'hui à *Tel-etmoï*. Au-dessus de Thmuis était *Leontopolis*, qui se retrouve encore dans le village de *Tel-Tanboul*, situé au sud-ouest de Tel-etmoï. La branche Mendésienne, aujourd'hui ensablée, prenait naissance presque en face de la branche Sébennytique ; elle passait près de la ville moderne de Menza'leh ; elle se confond aujourd hui avec la branche de Damiette.

Sebennytus, aujourd'hui *Semenhoud*, était sans doute situé sur la branche ou bouche Sébennytique, bien que la ville moderne se trouve sur la branche de Damiette. La branche Sébennytique paraît avoir été divisée en plusieurs canaux, dont l'un passait près de *Butos*, ville qui a donné son nom au *lacus Buticus*, aujourd'hui lac *Bourlos*.

Semenhoud à (30° 58′45″ latitude nord) est encore aujourd'hui une ville de quelque importance. Elle s'appelle *Gemnouti* en copte, qui signifie le *Dieu Gem* (Hercule égyptien). On y trouve quelques fragments de colonnes avec des inscriptions

---

Égypte, est, suivant M. Wilkinson, inconnu aux Arabes, qui appellent cet endroit *El-Saghia* (roue d'eau). On y trouve quelques traces de tombeaux, et des blocs de granit de l'époque de Rhamsès II (Sésostris). Ces blocs représentent trois figures assises, Rhé, Atmou et Rhamsès II. Rhé et Atmou étaient des divinités vénérées dans le Delta. Il existe encore beaucoup d'incertitude sur la situation de *Heroopolis* : les uns le placent sur les bords mêmes de la mer Rouge, les autres à quelque distance de cette mer. Dans le premier cas, ce pourrait bien être le *Phi-Hahiroth* des Israélites, campés sur les bords de la mer Rouge. Ce qui viendrait encore à l'appui de cette opinion, c'est le nom de *sinus Heroopolites* donné à cette partie du golfe.
(1) Hérod., II, 128.

(1) Jérém. II, 16 ; XLIII, 7 et 9 ; Ézéch. XXX, 7.
(2) *Modern Egypt*, vol. I, p. 460.

hiéroglyphiques. Hercule était une des plus anciennes divinités du pays, et vénérée à l'égal de l'Hercule de Tyr (1).

Bebayt-el-Haggar, *Iseum* des anciens, est à six milles environ au-dessous de Semenhoud. On y trouve de fort belles ruines, parmi lesquelles on remarque des blocs de granit sculptés, où l'on prétend avoir lu le nom d'Isis, divinité vénérée dans cet endroit. Les Égyptiens l'appelaient *Hebait*, lieu d'assemblée, d'où le nom moderne de Bebayt, auquel on a ajouté *El-Haggar*, qui signifie *pierres*. Le temple d'Isis était entouré d'un enceinte carrée en briques (τέμενος), d'environ quinze cents pieds, et plantée d'arbres. Le temple lui-même avait quatre cents pieds de long sur deux cents de large ; il était bâti en granit rouge et gris, d'une très-belle qualité, et couvert de sculptures en relief. Sa fondation remonte au règne de Ptolémée Philadelphe (2).

Quelques savants croient avoir retrouvé dans Menouf, sur le canal appelé Faraouneh, l'emplacement de *Nicium* ou de *Prosopis*, entre l'île de Natho et le canal Canopique. Plus bas à l'ouest, était *Byblus*, aujourd'hui *Babel*, et plus au nord *Xoïs*, dans une île où se trouvait un nilomètre.

En sortant du Delta pour remonter le Nil on rencontre la capitale actuelle de l'Égypte.

Le vieux Caire (*Musr el-Atikeh*) fut fondé par Gohar, général de Moez, en 968 de J. C. Il portait au moyen âge le nom de *Fostat* (Tente). Le sultan Saladin, chef de la dynastie des Eyoubites, fit entourer cette ville de murailles, et construisit la citadelle, pour résister efficacement aux attaques des croisés, qui en 1171 avaient brûlé une partie de la ville. L'époque de sa plus grande splendeur a été sous le règne des sultans mameluks. Sa décadence date du règne du sultan Sélim, qui en fit la conquête en 1517. Son commerce a commencé à décliner dès l'époque de la découverte du cap de Bonne-Espérance par les Portugais.

Le *Caire* ressemble aux autres villes de l'Orient, par l'architecture de ses édifices et par l'étroitesse ainsi que par l'irrégularité de ses rues. Non-seulement les bazars et les mosquées, mais encore l'intérieur des maisons présente le type pur de l'architecture arabe.

L'aspect du Caire est très-pittoresque. Dans les rues, où l'on touche presque du coude les deux murailles, des ânes galoppent, des spahis courent devant un cheval au trot en distribuant des coups de courbache, des chameaux s'avancent à la file, chargés de moellons ou portant des poutres placées en travers, de manière à broyer ou à percer les passants. Tous les voyageurs ont parlé de cette cohue tumultueuse, de ce pêle-mêle étourdissant que présentent les rues du Caire, qui sous ce rapport ne le céderaient pas aux quartiers les plus bruyants de Paris ou de Londres.

Un grand nombre de maisons sont bâties en pierre au lieu de l'être en bois. A chaque coin de rue on trouve une porte dans le goût arabe, une élégante fontaine, un minaret, en un mot, l'original d'une jolie vignette. (*Voir* l'ouvrage de M. Lane, les *Égyptiens modernes*). Ce qui produit surtout un effet charmant, ce sont les *moucharabiéh*, espèce de balcons garnis d'un treillage de bois travaillé, dont l'élégance et la coquetterie attirent les regards. En parcourant les rues de cette ville on croit, dit M. Ampère, relire les *Mille et une nuits* (1).

On y trouve environ quatre cents mosquées ; mais la plupart tombent en ruines. Il en est de très-anciennes et d'une belle architecture, telles sont celle d'Amrou, bâtie en 620 de J. C ; d'el-Hakem-el-Obéidy, en 1007, sous la dynastie des Fatimites ; du sultan Hassan, construite par ce prince en 1354 (2). On remarque encore la mosquée de Teyloun ; celle d'el-Moyed, bâtie en 1415, par le sultan Abou-el-Nasr-el-Moayed : on y voit son tombeau, ainsi que ceux de

---

(1) Hérod., II, 43, 44.
(2) *Voy.* la description de ces ruines dans Wilkinson, *Modern Egypt*, vol. I, p. 435.

(1) Suivant M. Lane, les contes des *Mille et une nuits*, qu'on récitait encore il y a quelques années dans les rues du Caire, furent transportés au sein des mœurs et de la vie arabe, et rédigés au Caire, dans la forme qu'ils ont à présent, vers le commencement du quinzième siècle.
(2) On travailla pendant trois ans à cette mosquée, et Macrizi assure que chaque jour on dépensait 1000 mithkals d'or.

sa femme et de ses enfants, Achmet et Ibrahim.

La mosquée d'Amrou est le plus ancien monument religieux de l'islamisme. C'est l'architecture musulmane à son état primitif. On peut y étudier le type original de cette architecture, type reproduit dans les autres mosquées du Caire, et de plus en plus modifié en Espagne et en Sicile. La mosquée d'Amrou présente l'aspect d'un grand cloître dont les côtés ont plusieurs rangées de colonnes, et entoure un espace découvert ; au milieu est une fontaine pour les ablutions. Du reste, un temple sans toit convient parfaitement à un pays où le ciel est presque toujours serein. L'ancienne religion des Perses ordonnait que les temples élevés en l'honneur de la divinité eussent le ciel pour voûte.

La mosquée du sultan Kalâoun-Sef-el-Dyn fut bâtie en 1282. Le sultan Kalâoun passait pour savant en médecine. On conserve dans cette mosquée plusieurs de ses caftans, et une grande ceinture en cuir qu'il portait, et sur laquelle il y avait autrefois des lames d'or incrustées. On attribue à ces dépouilles une vertu talismanique. Les malades, hommes et femmes, s'y rendent en grande dévotion, et, moyennant une légère rétribution au gardien, ils se couvrent d'un caftan vermoulu, et passent la ceinture autour de leurs reins. Sur le seuil de la porte d'entrée on voit une plaque de marbre rouge contre laquelle on frotte une pierre mystérieuse, que l'on tient renfermée dans une armoire. L'effet du frottement donne à quelques gouttes d'eau que l'on y répand une teinte rougeâtre. Les phthisiques se servent de cette eau pour colorer la langue. Il y a dans l'intérieur deux colonnes de marbre ; sur l'une, on y passe la langue pour guérir la jaunisse ; sur l'autre, les femmes stériles y pressent un citron et en sucent le jus pour se rendre fécondes.

La mosquée du sultan Bargoug a été bâtie en 1131 ; celle de l'émir Yakhour, en 1655 ; celle du sultan el-Ghouri, en 1522 ; celle de Kayd-bey, en 1463 ; celle d'el-Seyd-el-Zeynab, en 910. Ces temples, destinés aux prières, deviennent aussi des lieux de repos. Les musulmans y viennent manger et dormir. Souvent des marchands s'y introduisent pour y trafiquer. Les oisifs y vont passer le temps à conter des histoires.

La mosquée el-Azhar, fondée en 968, ressemble à une grande hôtellerie. Outre les lieux destinés aux prières, il y a plusieurs endroits où les ulémas donnent leurs leçons sur les lois et commentent le Koran. On trouve dans l'intérieur de cet édifice des quartiers, appelés *rouâgs*, où peuvent loger les étrangers. On y remarque ceux des Syriens, des Persans, des Kurdes, des Nubiens, des Turcs, des Indiens, des Maghrébins, des habitants de l'Hedjaz, de Bagdad, de Gobarth et de Dakarneh ; ceux du Saïd, des provinces de Bahyreh, Gharbyeh, Charkieh, et du Fayoum. Il y a aussi des logements destinés aux aveugles. On n'y vient que pour s'instruire. Ceux qui sont admis dans ces rouâgs suivent les cours d'études, et ne s'occupent que de lecture. C'est à cette condition que l'entrée leur en est ouverte. Ils sont entretenus aux frais de la mosquée. Chaque rouâg a son *nagher*, dépendant du directeur principal ; il est chargé de la surveillance. On distribue tous les jours trente-huit quintaux de pain, ainsi que de l'huile pour l'éclairage. A la fin de chaque mois on pourvoit aux besoins de ces étudiants par une légère rétribution en numéraire. L'entretien de cette mosquée et de ses dépendances se monte à douze cents soixante bourses par année. Une partie de cette somme est payée par le gouvernement sur le produit des rizaqs ; l'autre provient du revenu des immeubles appartenant à la mosquée ; ce sont des magasins, des maisons, des boutiques légués par leurs propriétaires. Chaque mosquée possède plus ou moins de ces legs, connus sous le nom de *ouaqfs* (legs religieux). La foule ne diminue pas dans cet utile établissement, autour duquel on a pratiqué un grand nombre d'issues, pour faciliter la sortie et l'entrée de la multitude (1).

Les tombeaux des califes occupaient l'emplacement de ce qu'on appelle aujourd'hui le bazar de Khan Khalid ; mais ils

---

(1) Il n'est pas difficile pour un Européen de visiter ces mosquées. Il suffit de se faire accompagner par un cawass et de s'habiller à la turque. Ce costume protège les chrétiens contre les insultes des musulmans.

sont tous détruits, à l'exception de celui d'Es-Saleh (Saladin) Eyoub. Ce monarque était le septième calife de la dynastie des Eyoubites; il mourut en 1250 ou 617 de l'hégire, comme l'indique l'inscription cufique placée au-dessus de la porte. Ce fut pendant le règne de ce calife que saint Louis, roi de France, tenta, en 1249, de s'emparer du Caire; tentative qui eut pour issue la défaite des croisés, la mort du comte d'Artois et la capture du roi. Quant aux tombeaux situés en dehors des murs, à l'est de la ville, et que les Européens désignent aussi par le nom de « tombes des califes, » ils sont d'une date beaucoup plus récente : ils renferment les dépouilles des rois mameluks qui régnèrent depuis 1382 jusqu'à l'invasion du sultan Sélim, en 1517. Au sud de la ville se trouvent les tombeaux de la famille de Méhémet-Ali et de ses nombreux enfants.

Le vice-roi habite la citadelle qui domine le Caire. Là fut ce château de la montagne dont parlent les chroniqueurs arabes et dans les murs duquel se sont accomplies tant de tragédies sanglantes; là, de nos jours, les mameluks ont été massacrés. Méhémet-Ali a bâti récemment dans l'intérieur de la citadelle une mosquée en albâtre. Champollion a lu sur des pierres qui ont servi à la construction de la citadelle, œuvre de Saladdin, le nom de Psamméticus II. Sur la plate-forme on jouit d'un coup d'œil magnifique sur toute la ville et une grande partie de la vallée du Nil : la vue s'étend jusqu'aux pyramides et à la pointe du Delta.

Toute la population s'agglomère dans les bazars. C'est là que se rencontre la foule des étrangers de tous les pays, et que les fellahs des provinces voisines viennent journellement vendre leurs denrées. Cette foule habituelle donne un surcroît de plus de vingt mille individus. Dans le reste de la ville la population est clair-semée : on voit des rues désertes et des maisons en ruines.

Les malheurs que la guerre a causés ont affaibli la population. Le Caire avait il y a vingt-cinq ans plus de deux cent cinquante mille âmes; à peine y en a-t-il aujourd'hui deux cent mille.

Les Arabes forment la majorité des habitants; les coptes en représentent environ un vingtième, et les juifs un cinquantième. On y compte deux cent quarante rues principales, vingt-cinq mille maisons habitées, quarante-six carrefours et trente-huit culs-de-sac.

Les bazars occupent une partie de la ville. On remarque celui de Ghouryeh, où se vendent les châles de Cachemire, les mousselines et les toileries étrangères; El-Achrafyeh, où se tiennent les marchands de papier; le Khan-el-Khalyly, occupé par les joailliers, les quincailliers, les marchands de cuivre et de tapis; le Nahhassyn, par les orfèvres; le Bondoukanyeh, par les droguistes et les merciers; le Hamzaouy, par les drapiers; le Serougyeh, par les selliers et les brodeurs; le Soug-el-Selah, par les armuriers. A Gémalyeh se trouvent les marchands de café et de tabac de Syrie. La grande rue de Margouh est destinée à la vente en détail des toileries du pays. L'okel des Gellabs sert au trafic des esclaves qui arrivent de l'intérieur de l'Afrique. Ces bazars, où la foule se rassemble chaque matin, ne sont que des rues couvertes dans plusieurs endroits, pour être à l'abri de la chaleur, et garnies, de chaque côté, de boutiques ouvertes pendant tout le jour aux besoins des consommateurs. Le marchand quitte sa maison le matin, et n'y rentre que le soir. Il mange et dort à midi dans sa boutique ou son magasin, seuls lieux où il s'occupe de ses affaires.

Le Caire renferme dans son enceinte onze cent soixante-dix cafés; dans plusieurs il y a des jets d'eau pour rafraîchir l'air pendant la saison des chaleurs. Les habitants s'y rassemblent le matin, et surtout à l'heure de l'ossr, pour entendre les conteurs d'histoires : chacun est accroupi, la pipe à la main, soit dans l'intérieur, soit au dehors sur des bancs de pierre, appelés *mastabbhs*. Souvent l'agha de la police y tient des espions déguisés pour voir ce qui se passe.

Il existe dans les différents quartiers du Caire trois cent citernes publiques, que l'on remplit chaque année à l'époque où les eaux s'écoulent dans le canal qui traverse la ville. On fait la distribution vers le mois de juin et de juillet, dès que le Nil commence à croître; car les habitants prétendent que les premières eaux qui se mêlent à celles que le fleuve conserve stagnantes dans les endroits où il se forme des lacs ont une teinte verdâtre, et portent avec elles des germes de corruption nuisibles à la santé. Alors on distribue chaque jour, gratis, au peuple, l'eau des citernes; les gens aisés la payent dix paras l'outre. Cet argent supplée à celui qui a été dépensé pour remplir ces réservoirs.

Les bains publics sont au nombre de soixante-cinq. On connaît la propreté de ces bains, dont les Égyptiens font un grand usage. C'est pour eux un remède efficace et un puissant palliatif dans les maladies chroniques. Il est vrai que rien ne provoque et ne rétablit aussi bien la transpiration, si nécessaire à la santé; lorsqu'une personne est alitée, au lieu de s'informer comment elle se porte, on lui demande comment elle sue. Si le corps n'est pas en moiteur, on éprouve un malaise. C'est pour éviter cela que les habitants se couvrent de pelisses pendant l'hiver. Les bains sont pour les femmes des lieux de réunions et d'amusements. Il y a des jours où ils ne sont ouverts que pour elles. La plupart s'y rendent accompagnées de leurs *ballânehs* et de leurs esclaves. Les *ballâneh* sont des baigneuses, qui lavent les femmes avec du *lyfeh* (filaments de dattier) trempé dans de l'eau de savon. On se sert, pour cette opération, d'une pâte composée de chaux, de cendre et d'orpiment, que l'on applique sur la partie velue. Dès que les picotements commencent à se faire sentir, la ballâneh enlève l'appareil. Un rideau, tiré devant la porte, indique que le bain est occupé par des femmes; aucun homme ne peut en approcher.

On fait souvent des parties de plaisir dans les bains. Alors les femmes transforment les appartements intérieurs en salles de musique et de festin. On y conduit des chanteuses, on y porte des pâtisseries, des sorbets; l'aloès et le benjoin y exhalent leurs parfums. La fête dure pendant tout le jour. C'est surtout quand une fille se marie que ces réunions ont lieu. L'avant-veille du mariage on accompagne la future au bain, en grande cérémonie; on lui tresse les cheveux et on l'épile, afin qu'elle soit digne du lit nuptial. Ses riches vêtements sont parfumés, des bijoux couvrent sa tête. Toutes les parentes et les amies viennent prendre part à cette fête, non moins marquante que celle du surlendemain. Une femme se souvient du jour de bain de ses noces comme d'un des plus beaux de sa vie. « C'était le jour du bain de mon mariage, dit elle, que telle chose est arrivée, que j'ai eu tel songe, etc. » Il semble que c'est pour elle une époque mémorable.

Les différentes industries sont distribuées, au Caire, dans des quartiers spéciaux, comme elles l'étaient au moyen âge dans les villes de la France ou de l'Allemagne. On compte douze cent soixante-cinq okels, situés dans les quartiers où l'on se livre au commerce et à l'industrie. Ces okels sont de grands bâtiments de forme carrée, ayant une cour au milieu, et des magasins au rez-de-chaussée pour recevoir les marchandises. L'étage supérieur, divisé par chambres séparées, sert d'habitation aux étrangers; une galerie circulaire qui règne autour facilite la communication. Dans le milieu de la cour il y a un oratoire avec une fontaine dont l'eau est destinée aux ablutions; les marchands y font leurs prières aux heures indiquées, pour ne pas se déranger de leurs magasins. Un portier, placé dans le vestibule de chaque okel, est chargé de veiller à la sûreté du lieu, de louer les magasins et les appartements, et d'en toucher les termes, dont il rend compte au propriétaire.

Cent quarante écoles, réparties dans toute la ville, sont ouvertes à l'instruction des enfants. On leur apprend des prières, la lecture et l'écriture. Dans chaque école un fagy est chargé de l'enseignement; les pères de famille lui donnent chaque semaine un modique salaire.

Le séjour au Caire est généralement sain, et convient aux personnes qui ont la poitrine délicate. La température y est plus élevée que celle de la plupart des lieux situés sous la même latitude. La température moyenne est de vingt-deux degrés. On assure que les plantations dont Méhémet-Ali et son fils Ibrahim ont embelli les abords de la ville ont déjà modifié le climat, en augmentant sensiblement la quantité de pluie qui tombe annuellement.

12.

Autrefois le Caire avait des bayadères publiques, comme l'Inde. Les ulémas se plaignirent, et ce fut longtemps sans succès, parce que le gouvernement tirait un impôt assez considérable de ces femmes organisées en corporation, et dont le plus grand nombre résidait hors de la ville, à Matarée. Enfin, les dévots turcs offrirent de payer l'impôt en question; ce fut alors que l'on exila toutes ces femmes à Esné, dans la Haute-Égypte.

Le Caire a été longtemps le centre littéraire de l'Orient; l'école du Caire remplaça l'école de Bagdad. Le fils de Tamerlan, dont la race devait faire fleurir l'astronomie aux bords de l'Oxus, entretenait des relations scientifiques avec les sultans d'Égypte. Un observatoire s'élevait sur le mont Mokatam ; une bibliothèque publique fut fondée. Des professeurs furent attachés à cette bibliothèque, appelée Maison de la science. Selon le récit, probablement exagéré, des historiens orientaux, la bibliothèque du Caire contenait seize cent mille volumes. Ce qui est certain, c'est qu'elle était fort considérable (1).

Ce que les savants admirent surtout au Caire, ce sont les belles collections d'antiquités égyptiennes de Clot-Bey, du docteur Abbot et de M. Rousset. Il y a aussi au Caire deux sociétés égyptiennes ; chacune possède une bibliothèque, où l'on trouve les ouvrages les plus utiles au voyageur qui veut étudier l'Égypte.

Presque en face de la demeure de Soliman-Pacha (colonel Selves), au vieux Caire, est l'île de *Rhodah*. Ce nom veut dire *jardin*; et en effet c'est un jardin charmant. Le bras du Nil semble ici une petite rivière qui coule parmi les kiosques et les plantations d'arbres exotiques (2). Des roseaux touffus bordent la rive, et la tradition indique ce point comme étant celui où la fille de Pharaon trouva le berceau de Moïse. En se tournant vers le sud, on aperçoit à droite le port du vieux Caire, à gauche les bâtiments du *Mekyas* ou Nilomètre, entremêlés de minarets et de coupoles, qui forment la pointe de l'île (1).

Le voisinage des pyramides (2) de Gizeh et des tombeaux de Sakkarah ajoute à l'intérêt que présente la ville du Caire.

Nous ne dirons ici que peu de chose de ces merveilles de l'antiquité, dont il a été question ailleurs (3). La grande pyramide avait, dans son intégrité, quatre cent cinquante et un pieds, selon les mesures prises par les savants de l'expédition d'Égypte; c'est à peu près la hauteur (moins onze pieds) du clocher de Strasbourg. Sauf un petit nombre de chambres, deux couloirs et deux étroits soupiraux, la pyramide est entièrement pleine. Les pierres dont elle se compose forment une masse véritablement effrayante. Cette masse, d'environ soixante-quinze millions de pieds cubes, pourrait fournir les matériaux d'un mur haut de six pieds, qui aurait mille lieues, et ferait le tour de la France. On se demande d'abord où l'on a pris ces matériaux. On admet généralement qu'ils ont été tirés des carrières de Tourah, de l'autre côté du Nil. Cependant la masse de la grande pyramide, selon M. Vays, a été construite avec la pierre même qui lui sert de base. Le revêtement seul, tant extérieur qu'intérieur, a été apporté de l'autre côté du Nil.

Hérodote parle d'une inscription tracée sur la grande pyramide ; des inscriptions en caractères antiques et inconnus existaient encore au moyen âge, selon les auteurs arabes; aujourd'hui, on ne lit rien sur les murs des pyramides. Cette contradiction apparente s'explique facilement; il est maintenant établi, grâce aux savantes recherches de M. Letronne, que la grande pyramide était primitivement couverte d'un revêtement en pierre

---

(1) *Voyez* Quatremère, *Recherches sur l'Égypte*, II, 495.
(2) L'île de Rhodah, grâce aux soins d'Ibrahim-Pacha, est devenue le Jardin des plantes du Caire.

(1) Le *Mekyas* est une colonne graduée, qui indique la hauteur des eaux du Nil. Il a été élevé par les Arabes, mais il avait été devancé par les nilomètres égyptiens. C'était d'après la hauteur atteinte chaque année par le Nil qu'on fixait la cote des impôts. Pour que l'année fût bonne il fallait que l'inondation atteignît seize coudées; c'est pour cela que seize petits enfants jouent autour de la statue du Nil qui est au Vatican, et dont on peut voir une copie dans le jardin des Tuileries.
(2) Le nom de *pyramide* vient, non pas du grec πῦρ, feu, mais du copte *pirama*, hauteur.
(3) *Voy.* l'*Égypte ancienne*, par M. Champollion-Figeac, p. 279 (collection de l'*Univers pittoresque*).

polie. C'est sur ce revêtement, dont une partie fut détruite par Saladın, et dont une partie subsistait encore au commencement du quinzième siècle, que se lisait sans doute l'inscription rapportée par Hérodote (1).

Il y a peu d'observations à faire dans l'intérieur des pyramides. On entre dans la grande pyramide du côté nord, par un corridor qui descend d'abord, puis remonte et conduit à la salle qu'on nomme la *chambre du roi*, et qui renferme un sarcophage de granit. Le travail de la maçonnerie est merveilleux, et la lumière agitée des torches est réfléchée par un mur du plus beau poli. De cette salle partent des conduits étroits qui vont aboutir au dehors. On est d'accord aujourd'hui à n'y voir que des ventilateurs nécessaires aux ouvriers pendant qu'ils travaillaient dans le cœur de la pyramide. Cinq chambres plus basses sont placées au-dessus de la chambre du roi ; on a reconnu qu'elles n'ont pas d'autre objet que d'alléger par leur vide le poids de la masse énorme de maçonnerie qui la presse. Après avoir visité cette chambre, on redescend la pente qu'on a gravie pour y monter ; on retrouve le corridor par lequel on est entré, et, en le reprenant où on l'a quitté, on arrive dans une autre chambre, placée presque au-dessous de la première et dans l'axe central de la pyramide ; cette chambre s'appelle la *chambre de la reine*. Beaucoup plus bas est une troisième chambre taillée dans le roc, et à laquelle on arrive soit par un puits, soit par un passage incliné qui va rejoindre l'entrée de la pyramide. Telle est la disposition de la grande pyramide ; celle des deux autres est analogue, seulement leur maçonnerie n'offre aucun vide, et les chambres qu'elles renferment sont creusées dans le roc.

L'entrée de la seconde pyramide fut découverte par Belzoni. Il en devina, pour ainsi dire, la présence à travers les débris amoncelés par le temps. Dans un des tombeaux voisins, on a lu le nom de *Chafra*, qui paraît être celui du roi Chéphren, le constructeur de la seconde pyramide.

La plus petite des pyramides, dont la hauteur n'atteint guère que le tiers de la plus grande, n'est pas la moins curieuse. C'était la plus ornée ; son revêtement était de granit, comme l'affirme Hérodote, et comme on le voit encore. Mais ce qui donne à cette pyramide un immense intérêt, c'est qu'on y trouve le cercueil en bois du roi Mycérinus, par qui elle fut construite, et le nom de ce roi écrit sur les planches du cercueil (1).

On a longuement discuté sur le but de ces constructions, symboles de la stabilité. Un fait remarquable, c'est que les pyramides sont orientées avec une grande précision. La légère direction qu'on y a signalée diffère à peine, dit M. Biot, de celle que Picard a cru reconnaître dans la méridienne de Tycho-Brahé.

Le *sphinx* (2) est placé au pied des pyramides, qu'il semble garder. Le corps de ce colosse a près de quatre-vingt-dix pieds de long et environ soixante-quatorze pieds de haut, la tête a vingt-six pieds du menton au sommet. « Cette grande figure mutilée, qui se dresse enfouie à demi dans le sable, est d'un effet prodigieux ; c'est comme une apparition éternelle. Le fantôme de pierre paraît attentif ; on dirait qu'il écoute et qu'il regarde. Sa grande oreille semble recueillir les traits du passé ; ses yeux, tournés vers l'orient, semblent épier l'avenir ; le regard a une profondeur et une fixité qui fascinent le spectateur. Le sphinx est taillé dans le rocher sur lequel il repose ; les assises du rocher partagent sa face en zones horizontales d'un effet étrange. On a profité, pour la bouche, d'une des lignes de séparation des couches. Sur cette figure, moitié statue, moitié montagne, toute mutilée qu'elle est, on découvre une majesté singulière, une grande sérénité et même une certaine douceur (3). »

---

(1) Les hiéroglyphes qu'on voit dans l'intérieur de la pyramide présentent le nom du roi *Choufou*, qui est sans doute le roi *Chéops*, auquel on attribue la construction de cette pyramide.

(1) Ces planches monumentales se trouvent aujourd'hui au musée de Londres.
(2) La figure du sphinx est, suivant Champollion, un hiéroglyphe qui signifie *Seigneur-roi* ; ce serait le portrait colossal du roi Thoutmosis IV.
(3) M. Ampère, *Recherches en Égypte et en*

Quelques voyageurs, entre autres Volney, avaient cru y reconnaître un profil de Nègre. Cette erreur, combattue par M. Letronne et M. Jomard, est due à l'effet de la mutilation qui a détruit une partie du nez. D'ailleurs, le visage n'était pas peint en noir, mais en rouge On reconnaît encore aujourd'hui des traces évidentes de cette couleur. Abdallatif, qui vit le sphinx au douzième siècle, dit positivement que le visage était rouge.

A une lieue du Caire est l'emplacement d'Héliopolis (ville du soleil) (1). De la ville célèbre où étudièrent Eudoxe et Platon il ne reste qu'un obélisque, qui est l'aîné de l'obélisque de Paris ; car on y lit le nom du roi Oriartsen I, qui vivait plusieurs siècles avant Sésostris (2). L'obélisque d'Héliopolis s'élève au milieu d'un jardin. La même inscription, sauf une légère variante, est gravée sur chacune des faces. La quatrième est entièrement occupée par les travaux de l'abeille maçonne ; un seul côté est entièrement libre. Cet obélisque, encore debout et intact, a survécu aux ravages des rois pasteurs et aux destructions de Cambyse. Il était placé en avant du temple du soleil. Comme d'ordinaire, un autre obélisque s'élevait en regard et formait le pendant du premier. Pococke vit encore des débris de la porte du temple. D'autres obélisques étaient debout au temps de Strabon ; deux d'entre eux avaient été érigés par un fils de Sésostris pour avoir recouvré la vue à la suite d'une expérience assez singulière sur la vertu des femmes de son empire (*Voyez* Diodore et Hérodote) (1). Au moyen âge, Héliopolis offrait des ruines bien plus considérables. Abdallatif y trouva encore les deux obélisques du temple du soleil, dont un seul est encore debout ; l'autre était déjà tombé. On sait la date précise de sa chute : elle eut lieu le 4 du ramadan de l'an 656 de l'hégire. Celui qui était encore debout au temps d'Abdallatif portait à son sommet un *pyramidion* en cuivre.

C'est au souvenir d'Héliopolis que se rattache le récit biblique de Joseph et de l'épouse de Putiphar (2). Il y avait aux portes de cette ville un temple juif, qu'un pontife, du nom d'Onias, avait élevé sous Ptolémée Philométor, et qui fut détruit par ordre de Vespasien après la conquête de la Judée. C'est le seul exemple d'un temple juif bâti à l'étranger. Ce temple devint le centre d'une population juive assez considérable. L'emplacement de la ville qu'ils habitaient se reconnaît encore à des tertres qu'on appelle *tertres des juifs*. C'est près d'Héliopolis qu'une pieuse tradition veut retrouver les souvenirs de la fuite de Saint-Joseph en Égypte. Une source coule au pied d'un sycomore, vénéré des pèlerins. Le sycomore cacha dans son sein Jésus et Marie ; l'eau de la source était amère : elle devint douce aussitôt que l'enfant-Dieu l'eut touchée de ses lèvres.

Dès le temps de Strabon, Héliopolis était déjà bien déchue de son ancienne

---

Nubie (*Revue des deux mondes*, année 1846, p. 683).

(1) Les Égyptiens désignaient le *soleil* par une *tête d'épervier*, et ils l'appelaient *Har* ou *Hor*, d'où l'on a fait *Horus*. C'est à Héliopolis qu'on rapporte la fable du phœnix. Cet oiseau merveilleux de l'Inde, qui revenait au bout d'un certain nombre d'années, était probablement l'épervier, symbole du soleil. Tacite nous apprend (*Annales*, VI, 28), que l'intervalle qui séparait deux apparitions successives du phœnix était de quatorze cent soixante et un ans. Or, ce nombre est précisément celui des années dont se compose la grande période astronomique, au bout de laquelle le soleil revient aux mêmes signes du zodiaque. C'était une époque solennelle de renouvellement et de félicité ; elle fut célébrée à l'avènement d'Antonin : des médailles furent frappées pour en garder le souvenir. — Héliopolis est la cité d'*On*, dont parle la Genèse. (*On*, en copte, signifie *ce qui brille*). *Phraha*, d'où l'on a fait *Pharaon*, signifie aussi en copte *soleil*. C'est le titre honorifique que prennent les rois d'Égypte dans les légendes hiéroglyphiques, où ils sont toujours assimilés à Horus.

(2) Oriartsen I, qui a sans doute érigé l'obélisque d'Héliopolis, y est qualifié de souverain de la Haute et de la Basse-Égypte. Ce nom est gravé aussi dans le sanctuaire de Karnac et sur les rochers du mont Sinaï. Les statues qui reproduisent l'image et le titre de ce roi sont d'une grande beauté, et la perfection des hiéroglyphes qui les décorent montre quelle était la perfection des arts de l'Égypte à l'époque où florissait la *ville du soleil* (Héliopolis).

(1) Deux des obélisques qui décoraient autrefois Héliopolis sont à Rome : l'un s'élève sur la *Piazza del Popolo*, l'autre derrière la place Antonine. Le premier est du temps de Sésostris ; le second ne remonte qu'à Psammétichus. C'est Auguste qui les fit transporter à Rome.

(2) *Petiphrah* (Putiphar) signifie *qui appartient au soleil* (prêtre du soleil). Le nom honorifique de *Psontophanech*, donné à Joseph, signifie *qui a conservé la vie*.

splendeur; elle portait des traces nombreuses des ravages de Cambyse; Strabon l'appelle déserte; il y cherchait déjà en vain le collége des prêtres au milieu desquels Platon et Eudoxe étaient venus étudier l'astronomie; personne ne savait où était ce collége.

En quittant le Caire pour remonter le Nil jusqu'à Assouan on trouve sur les deux rives du fleuve les localités dont nous allons donner une description sommaire (1).

Mitrahenny, sur la rive gauche, occupe une partie de l'emplacement de *Memphis*, dont on aperçoit les ruines à moitié chemin entre le village de Sakkara et le Nil. Du temps d'Aboulféda, au milieu du quatorzième siècle, les ruines de Memphis, en copte *Ma-nofre* (place du bien) étaient encore fort considérables (1); aujourd'hui il n'en reste qu'une statue colossale, renversée, de Rhamsès II, et quelques entablements de granit. Cette statue est probablement l'une de celles qui étaient placées devant le temple de Vulcain ou de Pthah (2). Elle est malheureusement brisée aux pieds, et il manque une partie de la tête; sa hauteur totale peut être évaluée à quarante-deux pieds huit pouces (anglais) sans le piédestal. La face, d'une grande beauté, est parfaitement conservée. La pierre est un calcaire siliceux blanc, très-compacte, et susceptible de recevoir le poli. Au cou du roi (que la statue représente) est suspendue une espèce d'amulette, semblable aux urim et thummim des Hébreux; on y lit le prénom royal, porté d'un côté par Phthah, et de l'autre par Pasht (Bubastis). Au centre et au côté de la ceinture sont les noms et prénoms de Rhamsès; il tient dans sa main un rouleau où se voit inscrit le nom d'Amfun-mai-Remeses. A côté du roi est figurée l'une de ses filles, petite statue qui atteint à peine aux genoux de la grande. Pendant l'inondation, cette statue colossale est presque submergée, et il est impossible d'examiner toutes les parties de l'an-

(1) La navigation du Nil se fait sur des barques appelées *canges* et *dahabiehs*. Ces dernières, très-confortablement disposées pour les voyageurs, se louent de 2,000 à 4,000 piastres par mois. Les canges, beaucoup plus petites, se louent de 900 à 1,300 piastres par mois (Wilkinson, *Modern Egypt*, t. I, p. 210).

Les matelots traînent la barque avec une désespérante lenteur; quelquefois ils se servent, pour faire avancer la barque, de longs bâtons qu'ils appuient sur un fond de sable et de rocher, comme on le voit dans les anciennes peintures égyptiennes; l'indolence de leur attitude irrite l'impatience du voyageur. Les mains derrière le dos, ils semblent des promeneurs peu pressés qui flânent sur le bord du Nil. Cependant ces jours de retard ont eux-mêmes leur charme. Il y a plaisir à se sentir glisser sur ce vaste et paisible fleuve, sous un ciel immense et calme, comme dans une gondole sur une lagune. L'aspect des bords du Nil est peu varié. La rive libyque offre une plaine basse qui se prolonge à droite (en remontant le fleuve), tandis qu'à gauche s'élèvent, comme un rempart blanchâtre, les montagnes de la chaîne Arabique, percées de grottes funèbres et de vastes carrières, d'où est sortie Memphis. Cependant le regard rêveur trouve toujours quelque objet qui l'arrête : c'est une file de chameaux qui se dessinent sur l'horizon; c'est un couvent copte dans la solitude; ce sont quelques barques qui descendent ou traversent le Nil; c'est un paysan (fellah) assis sur le rivage et suçant, comme ses ancêtres, des tiges d'une graminée; c'est un village, marqué par un bouquet de palmiers qui, s'élevant sur une butte autour de laquelle gisent les huttes des fellahs, semblent plantés sur les toits des maisons. Auprès des huttes en terre et en roseaux sont les tombes des habitants, pauvres tombes de boue desséchée. Cette misère est cruellement éclairée par un splendide coucher de soleil. Quand l'astre disparaît de l'horizon, le ciel a une couleur safranée, comme la robe de l'aurore dans Homère, κροκόπεπλος. Au nord et au midi, la teinte du firmament est verdâtre, et lilacée à l'orient; bientôt une légère brise fait onduler l'eau; puis la nuit tombe brusquement. — Le Nil (du sanscrit *nilas*, bleu foncé?) en s'abaissant, s'éloigne de plus en plus de la surface du sol qu'il doit féconder. Pour l'amener à une hauteur convenable on emploie deux moyens. Le plus simple et le plus imparfait est le travail de deux hommes abaissant de concert un lévier qui se relève par l'effet d'un contre-poids placé à l'une de ses extrémités; à l'au-

tre bout est un seau de cuir, qui tour à tour se remplit dans le fleuve et se verse dans une rigole. Ces hommes sont souvent presque nus. Le mouvement régulier et silencieux de leur corps bronzé arrête l'œil du voyageur. Ce procédé, qui était déjà connu des anciens Égyptiens, est bien imparfait; beaucoup de force est dépensé sans un grand résultat : l'eau s'échappe en partie du seau de cuir, souvent troué. Une telle machine s'appelle *chadouf*. Une autre machine, un peu meilleure, et que les anciens connaissaient également, porte le nom de *sakyeh*, ou roue à pots. Elle est mise en mouvement par des bœufs; un long chapelet de vases attachés à une corde ou roue à auges vont chercher l'eau, et l'élèvent à la surface du sol; là elle est déversée par l'inclinaison des vases ou des auges. (M. Ampère, *Recherches en Égypte*, dans la *Revue des deux mondes*, année 1847.)

(1) *Voyez* Champollion aîné, *Égypte ancienne* (*Univers pittoresque*), p. 287.

(2) Hérodot., II, 110; Diodor., I, 50, 57.

cienne Memphis. Il ne faut donc visiter Mitrahenny que vers le mois d'octobre, c'est-à-dire au moment des eaux basses. Le beau colosse dont nous venons de parler, fut découvert par Caviglia et Sloane, qui le destinèrent au Musée britannique; mais le gouvernement anglais a jusqu'à présent reculé devant les dépenses du transport. Tout près du colosse gît une petite statue en granit rouge; les poignets en sont brisés. Un peu au sud se voit un bloc de marbre sur lequel est sculpté le dieu Nil; un peu plus loin sont deux statues de granit rouge : l'une est entièrement détériorée par l'injure du temps, l'autre tient une longue stèle, surmontée du buste d'un roi, portant un collier de cornes avec un globe et deux plumes d'autruche. Sur la stèle est une colonne d'hiéroglyphes contenant le nom de Rhamsès le Grand, avec le titre de « Seigneur des assemblées, semblable à son père Phthah. » Voilà à peu près tout ce qui nous reste aujourd'hui des ruines de Memphis (1). Il est probable que l'emplacement de Memphis s'étend en grande partie jusqu'à Bedreschayn et Sakkara.

Toura ou *Masarah* (la presse) marque l'emplacement du *Troïcus pagus*, qui, au rapport de Strabon et Diodore (2), fut fondé par des prisonniers troyens. La montagne qu'on voit à l'est sans doute le Τρωϊκὸν ὄρος de Ptolémée; elle fournit les pierres avec lesquelles fut en partie construite la seconde pyramide (3). Ses carrières sont très-vastes; elles sont exploitées dès les temps les plus anciens, comme l'indiquent les tablettes hiéroglyphiques qu'on y voit et les noms des rois qui y sont inscrits. Celles du nord, où conduit un chemin de fer récemment construit par le viceroi, s'appellent plus particulièrement les « carrières de Toura; » tandis que celles du sud portent le nom de « carrières de Masarah. » Dans les premières on lit les noms d'Amunoph II et III, et de Néco ; dans les dernières, ceux d'Amès, Amyrtæus, Acoris, Ptolémée Philadelphe et Arsinoé. On y voit aussi les figures de quelques divinités, telles que Athor, Thoth, Amun, Maut et Khenso. Sur l'une des tablettes, dans les carrières de Masarah, est représenté Ames ou Amosis, le chef de la dix-huitième dynastie (1575 avant J. C.), conduisant un char de pierres traîné par six bœufs. L'inscription hiéroglyphique, placée au-dessus, est fort endommagée. Dans la partie la mieux conservée, M. Wilkinson a lu les titres du roi et de la reine, « aimés de Pthah et d'Atmou dans la vingt-deuxième année de sa majesté chérie, le roi, fils du soleil, Ames, auquel la vie fut donnée, et ouvert la porte...... les chambres...... pierre libre (pierre calcaire)...... bonne et dure pour bâtir la voûte d'assemblée qui est...... le temple de Phthah, le temple de Dieu et le temple d'Amun à Thèbes.. Il a produit.... avec des bœufs.... du roi qui vit.... (1) » Dans une autre carrière, au sud, on voit une tablette plus grande : elle représente le roi Amyrtæus offrant des sacrifices à Thoth, à la déesse Néhiméou et à Horus. Au-dessus du roi est une petite figure représentant un homme qui taille des pierres. Outre les cartouches hiéroglyphiques des rois, on y lit plusieurs noms et inscriptions en langue vulgaire; on y voit différents nombres et des marques indiquant la grosseur des pierres. Ces carrières sont non-seulement intéressantes par leur étendue et pour avoir fourni des matériaux de construction à plusieurs monuments remarquables, mais encore parce qu'elles montrent les méthodes dont se servaient les maçons égyptiens pour tailler les pierres. — La montagne de Masarah continue à fournir des matériaux de construction, non plus à Memphis, mais au Caire. L'aspect de la plaine du Nil et des pyramides sur les collines basses de la Libye produisent un très bel effet. En portant les regards du côté du village de Masarah, on aperçoit sur la gauche une chaussée ou route inclinée, qui aboutit au fleuve.

Le village de *Helwan*, situé sur la rive orientale, est connu pour le premier nilomètre que les Arabes y aient construit, vers l'an 700, sous le califat d'Abd-el-Mélek. Mais plus tard ce nilomètre fut, par le successeur d'Abd-el-Mélek, transporté à l'île de Rhodah, en face du vieux Caire, où il se trouve encore.

---
(1) Wilkinson, *Modern Egypt*, vol. I, p. 372.
(2) Strab., XVII, p. 556; Diod., I, 56.
(3) Hérod., II, 124.

(1) Wilkinson, *Modern Egypt*, vol. I, p. 119.

Aboulféda dépeint Helwan (qui signifie *doux*) comme un endroit charmant.

Presque en face d'Helwan, à une petite distance de la rive gauche, est le village de Bedreschayn, tout voisin de Mitrahenny, dont nous venons de parler. A quatre milles plus loin, en remontant le Nil, on passe devant Schobak et les pyramides de Dashour. A deux milles à l'ouest de Masghoun est situé *el-Kafr*, petit village, d'où l'une des principales routes conduit au Fayoum, à travers le désert (1).

(1) Le Fayoum était célèbre dans l'antiquité par ses vignes, le lac Mœris et le labyrinthe. Les ruines du fameux labyrinthe viennent d'être retrouvées par M. Lepsius. Ce savant y a découvert le nom d'Amenmehé III, qui est le Mœris des Grecs, et non Thoutmosis III, comme l'avait pensé Champollion. M. Linant a reconnu l'emplacement du lac Mœris. Avant lui on s'obstinait à chercher un lac dans un lac, le Mœris dans le Birket-el-Korn des modernes. C'était pourtant chose facile à comprendre que pour que le lac Mœris pût déverser ses eaux dans la plaine qui borde le Nil, il ne devait pas être enterré dans un fond, mais situé sur un terrain plus élevé que cette plaine. M. Linant a reconnu et suivi les contours de la digue qui entourait le réservoir gigantesque, alimenté par un long canal (Bahr-el-Youssef) dont il reste des vestiges; apres avoir reconstitué en esprit ce grand ouvrage, il a conçu la pensée hardie de le rétablir. Il a proposé à Méhémet-Ali de refaire l'œuvre des Pharaons; mais Méhémet-Ali veut atteindre un but semblable par le barrage du Nil. — Le lac de Birket-el-Korn (lac de la corne) a environ trente-cinq milles de long, sur sept de large dans sa plus grande étendue; il doit son nom à sa forme en croissant. Au milieu de ce lac est une île, appelée Djeziret-el-Korn, qui ne présente d'autres ruines que quelques briques. M. Wilkinson y a trouvé, à sa grande surprise, des serpents à cornes, et il assure en avoir tué un. Le lac a, au maximum, vingt-neuf pieds de profondeur. Les environs de Birket offrent, suivant M. Wilkinson, les restes les plus étendus de l'antiquité (*the most extensive remains of antiquity*); particulièrement à Kom-Weshin à l'est, a Dimay ou Nerba au nord, et Kasr-el-Kharoun au sud-ouest. Il y a dans le Fayoum les plus grandes espèces de *cyperus*; peut-être y retrouverait-on le *cyperus papyrus*. L'emplacement du Labyrinthe est marqué par la pyramide de Howara. Cette pyramide est dans un état très délabré, par suite des pierres qu'on en a retirées pour bâtir en partie les maisons de Medineh. Suivant les observations de M. Perring, elle recouvre un rocher qui s'élève a environ quarante pieds dans l'intérieur de la pyramide. Les restes du Labyrinthe consistent dans quelques fragments de colonnes en granit rouge, et en blocs de calcaire compact. Sur l'un de ces blocs, près de l'angle occidental de la pyramide de Howara, L'Hôte trouva le fragment d'une inscription grecque que M. Letronne a ainsi rétablie :

El-Kafr est la résidence d'un chef indigène, très-riche, qui porte le titre de *khebir*, grand, et offre à tous les voyageurs une généreuse hospitalité. Dans le voisinage se trouvait la ville d'*Acanthus* et un temple d'Osiris (1). Les collines près d'El-Kafr renferment quelques petits tombeaux.

Sur la même rive, et près de *Kafr-el-Iyat*, à l'extrémité d'une grande courbure du fleuve, se trouvent, d'après M. Wilkinson, les traces de la digue de Ménès. On se rappelle que, selon Hérodote, le Nil coulait jadis sous les montagnes de la Libye, et que Ménès, fondateur de Memphis, détourna le fleuve, à cent stades environ au-dessus de cette ville; la digue, qui devait empêcher le fleuve de rentrer dans son ancien lit et d'inonder Memphis, fut soigneusement surveillée par les rois jusqu'à l'époque des Perses (2). Cette surveillance devint plus tard inutile, par suite des terres alluviales qui s'accumulèrent dans cet endroit. Les alluvions ont exhaussé la rive, aux environs de Kafr-el-Iyat, au point où le fleuve se courbe fortement à l'est. On aperçoit de là les deux pyramides ruinées de Lisht, bâties en fragments de calcaire.

A trois milles au nord-ouest est une colline de forme conique, semblable à une pyramide. C'est un simple rocher, sans traces de maçonnerie. Dans cette partie de la basse chaîne Libyque on rencontre de nombreuses coquilles fossiles. Un peu plus loin, la vallée d'El-Ghomer vient aboutir au Nil, à la hauteur d'*Es-Suf* sur la rive orientale. Cette vallée est traversée par la route la plus méridionale, conduisant à l'isthme de Suez (3). A *Atfeh* (qu'il ne faut pas con-

« A la reine Cléopatre, déesse Philométor, sœur et femme du roi. »
(1) Diod., I, 97; Strab., XVII, 556.
(2) Hérod., II, 99.
(3) Plusieurs routes conduisent des bords du Nil a Suez; les principales, en partant du nord, sont celle de Belbais, celle du Caire (desservie par des diligences), et celle de Wadi-el-Ghomer, entre le Caire et Benisouef. On y rencontre un grand nombre de ces pétrifications siliceuses qui ont attiré l'attention de tous les voyageurs. La contrée comprise entre le Nil et Suez est généralement déserte; la végétation n'y est guère représentée que par quelques buissons rabougris (acacias et palmiers, plusieurs espèces de *colocynthis*, de *fagonia*, de *periploca*, de *spartium*). Les serpents y sont très-communs, ainsi

fondre avec Atfeh dans le Delta) se trouvent les ruines d'*Aphroditopolis*, ou de la cité d'Athor, la Vénus Égyptienne, dont le nom copte est *Tpeh*. On y vénérait, suivant Strabon, une vache blanche, emblème de la déesse.

Au sud ouest du petit village de *Rigga*, sur la rive opposée, se voit une pyramide, que les Arabes appellent *Haram-el-Haddab*, fausse pyramide, supposant qu'elle a pour base un rocher (1). Son architecture diffère de celle

que dans tout l'isthme; mais, chose remarquable, on n'en trouve presque plus au sud de Wadi Asker, ou à 29° 20', c'est-à-dire vers la limite où commencent les roches primitives (granit, syénite, porphyre, etc.) La route des pèlerins (Derb-el-Hadj) se confond avec celle de Suez jusqu'à El-Maklala et Ageroud; la les deux routes se divisent, en prenant deux directions différentes. La distance directe du Caire a Suez est de soixante-treize milles. Cette branche de communication avec l'Inde fit la fortune des républiques marchandes du moyen âge, elle fut négligée depuis que les Portugais eurent doublé le cap de Bonne-Espérance; aujourd'hui, elle paraît reprendre une nouvelle activité. Un service de paquebots est établi entre Suez et Bombay; le trajet est de dix-huit jours, si le vent est favorable. Les environs de Suez sont tristes et stériles. La ville est petite et insignifiante; mais elle a quelque intérêt historique : les Israélites y passèrent la mer Rouge pour se rendre dans la presqu'île du Sinaï (*Exod*. XIV, 21). M. Wilkinson suppose que ce passage a eu lieu un peu à l'est de la ville actuelle de Suez, probablement à l'endroit guéable que traversent les chameaux pour aller à la source de Ghurkudah. Il paraît que jadis le niveau de l'eau était beaucoup plus élevé qu'il ne l'est aujourd'hui, comme l'attestent les coquilles qui jonchent les plaines environnantes Le nom de Djebel-Attaka (montagne de la Délivrance) fait, dit-on, allusion à la sortie des Israélites de l'Égypte; Ageroud rappellerait les chars de Pharaon (*agelout* signifie *char*, en hébreu). Maktala est sans doute le Migdol de l'Écriture. Le nom de *Kolzim* ou *Kolzoum*, qui paraît être une corruption de celui de *Clysma*, s'applique tout à la fois à la rangée de collines au sud de Suez, et à la mer Rouge. Le clysma des Grecs (κλεῖσμα, écluse?) paraît avoir été une forteresse ou une ville. C'est là peut-être que stationnaient les troupes préposées à la garde des écluses du canal. La ville de Kolzim a probablement succédé à Arsinoé, fondée par Ptolémée Philadelphe, et elle a été à son tour remplacée par Suez. « A l'extrémité du golfe, dit Aboulféda, entre Tor et le territoire de l'Égypte, était située la ville de Kolzim.... Près de là est l'endroit ou Pharaon fut noyé. » Le golfe de Suez portait autrefois le nom de golfe de Kolzim ou Kolzoum.

(1) Cette pyramide présente de loin l'aspect d'un rocher taillé. Elle ne mérite pas l'épithète de *fausse*, que les Arabes lui ont donnée. C'est une vraie pyramide à degrés. M. Lepsius la cite à l'appui de son opinion, à savoir que les pyramides n'ont pas été élevées tout

des deux grandes pyramides de Giseh. A Maydoun, sur le canal, en face de la fausse pyramide, sont les ruines d'une ancienne ville; et à l'opposite de Zowyeh, à l'angle nord des basses collines qui dominent le Nil, est situé Broumbel, où se voient les ruines probablement de l'ancienne *Ancyropolis*, qui devait son nom aux pierres d'ancre, taillées dans les carrières du voisinage.

Zowyeh paraît être la cité d'Isis, *Iseum* (*Naési*, en copte), située près du canal qui allait à Nilopolis ou Pousiri. Ce canal formait avec le Nil et une partie du Bahr-Youssef l'île du nome Héracléopolite, dont le chef-lieu était Héracleopolis.

Le village de *Zayloun* a succédé à l'ancienne ville copte de Phannigot; son nom signifie *olive*. Strabon parle déjà des nombreux oliviers qui croissent dans cet endroit (1). Dallas, à un demi-mille au sud-ouest de Zayloun, est probablement le *Tlog* des coptes; et à Schenowih, près de Bouseh, sont les ruines d'une ancienne ville inconnue. *Bouseh* est une ville de quelque importance; ses habitants sont des chrétiens coptes. Il y a beaucoup de moines qui communiquent avec les couvents de Saint-Antoine et de Saint-Paul, dans le désert de l'est. Pococke suppose que c'est l'ancienne *Ptolémaïs*.

Le monastère de Saint-Antoine est à environ soixante-seize milles de la rive orientale du Nil. La route qui y conduit ne présente rien de remarquable. Ce monastère est habité par des Coptes, qui vivent des contributions volontaires de leurs frères d'Égypte. Leur principal saint est saint George de Cappadoce; mais leur patron est saint Antoine de la Thébaïde. C'était l'ami de Mar Bolos ou saint Paul, ermite qui fonda le monastère Dayr-Bolos, à quatorze milles de là, au sud-est, et à neuf milles des bords de la mer Rouge. Le monastère de Saint-Antoine est le principal monastère de l'Égypte. Son importance s'est accrue depuis qu'il est devenu le siège

d'une pièce du bas jusqu'en haut, mais qu'une pyramide plus petite a été enveloppée par des revêtements successifs, à peu près comme le cône du Vésuve s'est formé par un enveloppement de laves superposées.

(1) Strabon, XVII, p. 556.

de l'élection du patriarche. Il est situé au-dessous des montagnes calcaires de Kalalla, qui bornent au sud le Wadi-el-Arraba. Cette vallée, assez large, a reçu son nom des chars (arraba) sur lesquels on conduisait autrefois les provisions aux deux monastères.

Dans cette partie du désert de l'est toutes les montagnes sont calcaires, semblables à celles qui bordent la vallée du Nil depuis le Caire jusqu'aux grès de Hagar Silsili. Dans l'intérieur du désert, vers 28° 40′ latitude, commence une chaîne de montagnes primitives, qui s'étend de là jusqu'en Abyssinie, dans une direction presque parallèle à la mer. Cette chaîne s'élargit vers le sud, et au-dessous de la latitude de Kosséir elle envoie une branche à l'ouest, et traverse le Nil dans le voisinage d'Assouan. Les principales roches primitives du désert de Maazy sont les fameux porphyres d'Égypte, et différentes espèces de granit, de serpentine, etc.; dans l'Abadeh, on rencontre différentes espèces de schistes micacés, talqueux, et la brèche verte. Le long de la côte, à une assez petite distance de la mer, se trouve une chaîne basse de collines calcaires, qui borde à l'est la chaîne primitive; des pics de granit s'y élèvent semblables à des vertèbres sur le dos d'un animal. L'un de ces pics, nommé Ghareb, a deux mille mètres au-dessus du niveau de la mer.

La même formation se présente sur la côte opposée de la mer Rouge, dans la péninsule du mont Sinaï, où au calcaire succède le grès qui le sépare du granit. La jonction du calcaire et du grès dans le désert de Maazy a lieu au sud de Dayr-Bolos, vers 28° 42′, et les roches primitives commencent à se montrer un peu plus bas. C'est à la hauteur de Manfalout, à trente-sept milles de la mer Rouge, qu'on trouve les célèbres carrières de porphyre de Djebel-el-Dokhan (montagne de la fumée), qui ont fourni bien des matériaux aux monuments de Rome. On y trouve, entre autres, les ruines d'un temple, dans le style ionien, de l'époque de Trajan; il est resté inachevé. Plusieurs routes viennent y aboutir: l'une conduit à Keneh, sur le Nil, l'autre à Myos-Hormos, sur la mer Rouge. Sur les ruines de Myos-Hormos a été bâti un village entouré d'un fossé et défendu par quelques tours. Le port, qui est au nord, est en partie ensablé. Au pied des collines qu'on voit à l'est, est le *Fons Tadnos*, mentionné par Pline. Du temps de Strabon, Myos-Hormos (port de Vénus) était le principal port de la mer Rouge. Tout près de la côte il y a deux routes anciennes, allant l'une au nord à Abou-Durrag et Suez, l'autre au midi, à Souakin.

Non loin de *Fons Trajanus*, à peu près sous la latitude de Gow (*Antæopolis*), sont les carrières de granit du mont Claudien, aujourd'hui Djebel-el-Fatireh. Ces carrières, à vingt-quatre milles sud-est de celles de porphyre, sont très-considérables; elles fournissent une pierre à fond blanc, taché de noir. Elles étaient en pleine activité au siècle de Trajan et d'Adrien. On a trouvé parmi les ruines de *Fons Trajanus* plusieurs inscriptions grecques, publiées par M. Letronne.

Au vieux Kosséir, sur la mer Rouge, se voient les vestiges de la ville et du port de *Philotera*. C'est le nom d'une sœur de Ptolémée Philadelphe, qui fut donné à la ville jusque alors appelée *Ænnum*. Philotera ou Ænnum ainsi qu'Arsinoé étaient probablement les seuls ports de la mer Rouge à l'époque des Pharaons. C'est par là que se faisait alors le commerce avec le sud de l'Arabie et l'Inde. Les *multi portus*, dont parle Pline, étaient sans doute des petites baies où les navires de cabotage venaient se réfugier pendant la nuit ou quand la mer était houleuse. La fondation de Bérénice, Nechesia et Leucos Portus, est postérieure à celle de Philotera. Le commerce avec le nord de l'Arabie, la Syrie et d'autres parties de l'Asie, se faisait par des caravanes qui entraient en Égypte par l'isthme de Suez. C'est avec une de ces caravanes que les Ismaélites amenèrent Joseph en Égypte (*Genèse*, XXXVII, 25, 28). Les Pharaons n'encourageaient point la navigation sur la mer Méditerranée. La défiance des Égyptiens à l'égard des étrangers peut être ici comparée à celle des Chinois. Ils ne permettaient aux marchands d'aborder l'Égypte que par une seule embouchure du Nil, la branche Canopique. *Naucratis* était alors ce que Canton est aujourd'hui pour les Européens qui trafiquent avec la Chine.

La ville moderne de Kosséir est située sur une petite baie de la mer Rouge, à environ cinq milles au sud du vieux Kosséir. Elle est défendue par un petit fort, muni de quelques pièces de canon rouillées. C'est plutôt un village qu'une ville. Les habitants s'appellent *Embawieh*, parce qu'ils sont venus originairement de Emba (Yambo), sur la côte de l'Arabie.

Dans le Wadi-Gasous, entre Kosséir et Ras-Saffadjih est une station très-ancienne, où l'on voit un petit temple et une table d'hiéroglyphes, portant le nom d'Osirtasen II et de son prédécesseur Aman-Gori II. Le Djebel-ez-Zayt (montagne d'huile), situé tout près de la mer, entre 27° 50′ et 28° 3′, abonde en huile de naphthe; de là son nom. A E'-Gimsheh est une langue de terre où se trouvaient des mines de soufre exploitées par les anciens.

La route de Coptos à Philotera était divisée en huit stations ou *hydreumas* (aiguades), marquées par des citernes. La distance de ces stations entre elles était de six, huit à douze milles. La première, dont les vestiges sont difficiles à reconnaître, était à neuf milles environ de Coptos; elle n'est point indiquée sur les listes de Pline et de l'Itinéraire d'Antonin. Tout près de là sont les carrières de brèche verte d'où l'on a tiré des matériaux pour de magnifiques sarcophages et d'autres objets d'art de l'époque pharaonique et romaine. La vallée où sont ces carrières s'appelle Wadi-Fokhier (de *fokhar*, poterie). On y voit un assez grand nombre d'inscriptions très-anciennes, tant hiéroglyphiques que grecques. La triade du lieu était Khem, Horus et Isis.

M. Wilkinson a récemment parcouru l'ancienne route de Coptos à Bérénice, et il s'est assuré que la distance indiquée par Pline et l'Itinéraire d'Antonin est parfaitement exacte. A l'hydreuma de l'Aphrodite il trouva une inscription latine, mais dont la date était effacée. Il s'est assuré que le *Vicus Apollinis* était distinct de cette station, et qu'il se trouve dans une autre partie de la vallée.

Bérénice ou *Berenice Troglodytica* était située au fond d'une petite baie, à l'extrémité d'un golfe profond, le *Portus Immundus* des anciens (1). Ce port était formé par la *Lepte extrema*, pointe de terre appelée aujourd'hui Ras-el-Unf (cap du Nez), qui est à tort indiquée sur quelques cartes comme une île. Cette pointe de terre ou presqu'île est si étroite que l'on y faisait passer des navires (Diodore, III, 39). Du sommet du cap on aperçoit le pic de Saint-Jean ou l'île d'Émeraude (*Djeziret-Semergid*), qui paraît être l'île Ophiodès de Diodore. L'ancien port de Bérénice est aujourd'hui presque entièrement comblé de sable; à la marée basse son entrée est barrée par un banc de sable. La différence du flux et du reflux y est d'environ un pied.

La ville de Bérénice, aujourd'hui *Sakayt-el-Kobli* (Sakayt méridional), fut fondée par Ptolémée Philadelphe, qui lui donna le nom de sa mère. Elle était beaucoup plus grande que sa rivale, Myos-Hormos, qui avait l'étendue d'un hydreuma. Les maisons de Bérénice étaient construites avec des matériaux grossiers, des madrépores, etc., ramassés sur la côte. Au centre de la ville on voit les ruines d'un temple, dédié à Serapis, avec les noms hiéroglyphiques de Tibère et de Trajan, et quelques inscriptions grecques. Une route ancienne conduit de Bérénice à la montagne de basalte, aujourd'hui Om-Kerrebeh, à travers quelques ruines de stations et de villages. Un peu plus à l'orient est le *Mons Pentedactylus*, aujourd'hui Djebel-Feraïd, remarquable par ses cinq pics coniques, qu'on aperçoit de Bérénice. M. Wilkinson a fixé la position de *Nechesia* et de *Leucos Portus*, sur la côte, entre Bérénice et Philotera : le premier endroit correspond à Wadi-e'-Nukkari, et le dernier à El-Schouna (magasin). Nechesia présente les ruines d'un temple et une citadelle en pierres de taille. Leucos Portus est dans un état de dégradation extrême; les maisons sont construites avec des fragments de madrépores.

Les fameuses mines d'émeraude sont moins intéressantes qu'on ne le suppose; on les trouve à Djebel-Zabara et à Wadi-

---

(1) Comparez ce que nous avons dit à ce sujet dans les *Iles de la mer Érythrée*, dans le volume de l'*Univers pittoresque* qui contient les *Iles africaines*.

(2) Ptolémée, *Géorg.*, IV, 5.

Sakayt; elles sont maintenant abandonnées. Dans le gros village de Sakayt, presque exclusivement habité par des ouvriers mineurs, on voit quelques inscriptions grecques. Sur la route de Contra-Apollinopolis, aux mines d'émeraude, sont trois stations, qui n'offrent rien de bien remarquable. Après cette excursion sur la côte de la mer Rouge (1) et dans le désert d'Ababdeh. Revenons sur les rives du Nil.

Benisouef est le chef-lieu d'un beylik et la résidence d'un gouverneur. Méhémet-Ali y a fait construire, en 1826, une manufacture de soie et de coton. Du temps de Léon l'Africain il y avait des fabriques de toiles de lin très-célèbres, qui vendaient leurs produits aux principales villes du littoral. Il s'y tient toutes les semaines un marché. Benisouef présente le même tableau que les autres villes un peu considérables situées sur le Nil : de nombreux bateaux, attachés au rivage, ou sillonnant le fleuve; des femmes venant, soir et matin, puiser de l'eau ; des mendiants importuns demandant l'aumône ou (*sowab*) aux fidèles et *bakshish* (présent) aux chrétiens. Ces mendiants, qui se croiraient souillés du contact d'un chrétien, appellent tous les Européens *hawadji*, marchands. A Benisouef est la principale route du Fayoum. Au nord-est on aperçoit au loin la pyramide de briques de Illahoun. Sur la rive opposée est la vallée Wadi-Byad, qui conduit aux monastères de Saint-Antoine et de Saint-Paul.

Le village de Dayr-Byad, dans une île vis-à-vis de Benisouef, est habité par des descendants de la tribu arabe des Beni-Wasel; leur chef, cheik Ibrahim, était, il y a une vingtaine d'années, un des hommes les plus riches de la vallée du Nil. Quelques monceaux de ruines, désignés par les noms de *Tel-e'-Nassara* et *Tel-e'-Tine*, sur le côté méridional de l'île, marquent l'emplacement d'anciens villages; sur la rive opposée on voit des décombres plus considérables, vestiges d'antiques cités inconnues.

Isment, à deux milles de Benisouef, rappelle l'ancienne *Ismendes*; on n'y trouve pas de ruines. A l'ouest, dans l'intérieur des terres, est situé Anasieh ou *Om-el-Kiman* (la mer des remparts), l'ancienne cité d'Hercule, ou *Heracleopolis*. C'est là que l'ichneumon, l'ennemi du crocodile, recevait un culte particulier. Du temps de la domination romaine il y eut souvent des conflits sanglants entre les Héracléopolitains et leurs voisins du nome Crocodilopolite, qui vénéraient le crocodile. C'est à ces guerres qu'il faut peut-être attribuer, en partie, la destruction du fameux labyrinthe.

A Tanseh, Brangeh, Bitbeh, Sits, on voit les murs d'anciennes cités. Brangeh est, suivant Pococke, le *Cynopolis* d'autrefois. A Bitbeh, les musulmans vont adorer, dans une église chrétienne, le tombeau d'un santon.

Sur la rive orientale, derrière l'île située entre Feshn et Feut, se trouve *El-Haybih*, où l'on voit l'emplacement d'une ville fort ancienne (*Alyi?*), qui paraît remonter au règne de Thothmès III (1490 avant J. C.). Il y a quelques murs en briques et des débris de maisons. Au nord de là est une vaste bâtisse assise sur un rocher, et qui paraît être d'une date plus récente. Derrière cette masure est un enclos carré, qu'entoure un mur en briques non cuites; au centre est une caverne taillée dans le roc, où l'on a trouvé des tombeaux. Ces briques sont sans inscriptions hiéroglyphiques, tandis que celles qui formaient le mur de la ville offrent des cartouches où se lisent les noms du roi Tothmès III et du grand-prêtre Amun.

Près de Malatieh, à l'angle sud-ouest du Djebel-Cheik-Embarak se voient les vestiges d'une ville depuis longtemps abandonnée. Djebel-Cheik-Embarak est une montagne assez élevée, à laquelle succèdent des collines basses jusqu'à Djebel-e'-Tayr. Un peu au-dessus d'El-Meragha, sur la même rive, est le *Hagar-e'-Salam* (pierre de salut); c'est un rocher qui s'avance dans le fleuve, et auquel les bateliers du Nil attachent des croyances superstitieuses. A partir de ce point la chaîne des montagnes s'éloigne un peu du Nil, en se dirigeant

---

(1) D'après une analyse de M. Ure, l'eau de la mer Rouge est plus salée que celle de l'Océan : dans mille parties d'eau elle contient quarante-trois parties de sel (chlorure de sodium, de magnésium, de calcium, sulfate de soude et de magnésie); sa densité est de 1,035. L'eau de l'Océan renferme 36 millièmes de matières salines; sa densité est 1,028.

vers l'est. A *Sharona* sont les vestiges d'une ancienne ville, peut-être de *Pseneros*. A quelques milles au delà, sur la rive orientale, est situé *Kom-Ahmar* (le boulevard rouge); peut-être l'emplacement de *Musa*. On y voit des débris de briques et de maçonnerie et quelques cavernes.

Abou-Girgeh est une petite ville fellahe, située dans une riche plaine, à deux milles du Nil. Il existe aux environs des traces nombreuses de villes anciennes. A l'ouest, dans l'intérieur, se trouve *Behnesa*, qui occupe la place de la cité *Oxyrhinchus*. C'est là qu'était vénéré le poisson « au nez pointu, » ou l'*oxyrhinchus* (*Mormyrus oxyrhinchus*, G.), qui paraît être le *mizzeh* des habitants actuels. Behnesa est un des points de la vallée du Nil qui ont eu le plus a souffrir de l'envahissement des sables du désert. Au sud de cette ville on voit des monceaux de ruines, couverts de sable. Ces ruines n'ont pas encore été bien explorées. Behnesa est la résidence d'un gouverneur; c'était une place importante du temps des mameluks; elle était autrefois traversée par le Bahr-Youssef, ancien canal, restauré par le calife Youssef Salahedin (Saladin) (1). Ce canal, qui aboutit à Behnesa, a environ trente ou quarante pieds de largeur. Pour visiter Behnesa on quitte le Nil à Abou-Girgeh, et on se dirige à l'ouest, à travers des champs bien cultivés, dans une étendue de près de onze milles. C'est à Behnesa que se termine la rangée des collines sablonneuses, au delà desquelles, à l'ouest, il n'y a plus aucune apparence de végétation.

C'est de Behnesa qu'on se rend, dans trois journées, à la petite oasis, ou Ouah-el-Behnesa (*oasis Parva* des Romains; de *ouah*, mot égyptien, vient le grec *oasis*). Cette route est fort monotone; elle passe sur un plateau de sable à peine accidenté par quelques stériles vallées creusées par des torrents éphémères. Une autre route part du Fayoum; sa première station est Rayan. Les conducteurs sont des Arabes Bédouins, avec leurs chameaux et des outres d'eau. A quinze lieues environ au sud-est de Wadi-Rayan est la vallée de Moileh, remarquable par les ruines d'un couvent chrétien. On y voit deux églises, où se trouvent les figures des apôtres et de plusieurs saints. Il y a aussi des inscriptions coptes. L'oasis est située dans un enfoncement bordé de rochers et de collines. On y trouve des villages entourés de jardins, de champs cultivés et de plantations de palmiers. Le sol, mélangé de sable et d'argile, doit sa fertilité aux sources qui l'arrosent. L'argile empêche l'eau de se perdre dans la terre. Cette oasis, ainsi que les autres, ressemble à quelque portion de la vallée du Nil. Il y a plusieurs sources chaudes, dont on refroidit l'eau dans des vases poreux. Les plus remarquables sont à Bowitti et El-Kasr; leur température est d'environ 27° R. L'eau s'échauffant moins que l'air, ces sources paraissent chaudes la nuit, et froides le jour. C'est ainsi qu'il faut entendre ce que Quinte-Curce (lib IV) dit de la fontaine du Soleil dans l'oasis d'Ammon : *Sub lucis ortum tepida manat; media die frigida eadem fluit; inclinata in resperam, calescit; media nocte fervida æstuat.* Les seules ruines qu'on trouve dans la petite oasis sont près de Zubbo et d'El Kasr (le palais), où était un édifice romain construit dans le style dorique. Les dattes sont la principale richesse des habitants; l'espèce saydih, qu'on exporte dans de petits paniers, est fort estimée. Ils aiment beaucoup le vin de palmier, qu'ils obtiennent en coupant les jeunes pousses et recueillant le jus qui en découle; ils le sucrent avec du miel. Après la fermentation alcoolique, ce vin, qui a à peu près le goût du meilleur cidre, est fort enivrant. Les principaux jardins sont aux environs d'El-Kasr; ils sont riches en abricotiers, grenadiers, orangers, vignes, oliviers, figuiers, bananiers, jujubiers, nebeks (*rhamnus nabeca*). On y trouve même quelques pruniers, pommiers et poiriers.

Bien que les habitants de la petite oasis soient moins industrieux que les fellahs d'Égypte, ils soignent beaucoup la culture de leurs champs. Ils payent un impôt annuel d'environ 16,000 francs. Pendant l'été et l'automne, ils ont beaucoup à souffrir des fièvres pernicieuses et intermittentes qu'occasionnent des lacs d'eau stagnante. Il est donc prudent de ne

(1) Un chroniqueur arabe, Mohammed-el-Mokkari, raconte que ce canal avait été creusé par Joseph, au service de Pharaon, dont parle la Bible.

visiter les oasis que pendant l'hiver. La population est, d'après l'évaluation la plus récente, de 7,200 âmes. L'Ouah ou petite oasis est, selon M. Wilkinson, à 200 pieds au-dessus du niveau du Nil, sous la latitude de Benisouef. L'eau vient du Nil; arrêtée par une couche d'argile, elle s'infiltre sous des collines de sable, et vient à la surface du sol dans les vallées argileuses du Natron et de la petite oasis.

A une petite journée au sud de cette oasis se trouve El-Hayz, qui en est une dépendance. Il y a quelques champs fertiles, arrosés par des sources d'eau vive qui appartiennent aux habitants d'El-Kasr et Bowitti. On y voit les ruines d'un monastère.

A trois journées, au sud d'El-Hayz; est l'oasis et le village de Farafreh, contenant environ soixante à soixante-dix habitants mâles. Farafreh s'appelait autrefois *Trinytheos Oasis*. Il n'y a pas de ruines antiques. Une espèce de citadelle protège les habitants contre les attaques des Bédouins. Les productions sont à peu près les mêmes que celles des autres oasis. Les olives de Farafreh sont très-renommées. A six journées à l'ouest de Farafieh est une autre oasis, appelée *Ouadi-Zerzoura*, de l'étendue de la petite oasis. Elle fut découverte, il y a environ vingt-cinq ans, par un Arabe. Plus à l'ouest, dans la direction d'Augila, il y a Gebabo, Tazerbo et d'autres oasis, habitées par des Nègres, oasis sur lesquelles on a des renseignements plus certains.

Au-dessus de Girgeh est situé *El-Kays*, sur l'emplacement d'une ancienne cité, peut-être de *Cynopolis* (ville des Chiens). Ce qui viendrait à l'appui de cette opinion, c'est que sur la rive opposée, près de Hamatha, on trouve un des caveaux les plus riches en momies de chiens.

Dans les collines, sur la rive orientale, derrière Cheik-Hassan, sont de vastes carrières de calcaire. Près de là on voit des fragments de briques non cuites et de poterie. Il y a une inscription chrétienne dans l'une des niches pratiquées dans le rocher. Près de l'entrée du Wadi e' Serarieh le fleuve présente une grande courbure à l'ouest; il y a deux îles, avec des vestiges d'anciennes constructions. A l'angle nord-ouest de la rangée de collines, et à l'embouchure du Wadi-e'-Dayr, sont quelques carrières où l'on remarque deux grottes peintes : l'une a été malheureusement détruite par les Turcs, l'autre a perdu son portique et menace de crouler. Elle est très-petite, car elle n'a que sept pas de profondeur sur quatre de large : mais elle offre de l'intérêt à cause des objets qu'elle renferme. Son portique avec deux colonnes lui a valu le nom de *Babayn* (les deux portes). Les objets qu'on y voit consistent en offrandes à diverses divinités; quelques hiéroglyphes sont inachevés. Au fond de la grotte est un groupe de trois statues en relief, représentant le roi Pthamhen, fils de Rhamsès le Grand, entouré d'Athor et d'un autre dieu. Sur le mur latéral, à droite en entrant, le roi présente des offrandes à Phthah, Athor et Anubis, et à gauche, il présente des offrandes à Ammon, Athor et à une autre divinité. A l'entrée sont Osiris et Ao ou Gom, l'Hercule égyptien. A l'angle du rocher, en dehors de la grotte, Rhamsès III est représenté avec le dieu Savak à tête de crocodile; un sujet analogue se trouve sur les rocs de Tehneh ou Acoris.

Ici la chaîne arabique touche au fleuve. Sur la rive occidentale, presque en face de El-Serareh, est la ville de Samaloud, que l'on considère comme un chef-d'œuvre d'architecture fellahe. On y voit, sur le sommet du Djebel-el-Tayr (montagne des Oiseaux), le couvent de Sainte-Marie, habité par des moines coptes. D'après une tradition du pays, les oiseaux migrateurs s'assemblent tous les ans sur cette montagne pour se rendre, sous la conduite de quelques guides, dans l'intérieur de l'Afrique (1).

A trois ou quatre milles au sud du couvent on voit les vestiges de *Gisr-el-Agous* (chaussée du vieux). Cette chaussée ou digue traverse la vallée de même nom; elle était sans doute destinée à protéger la vallée du Nil contre quelque irruption dangereuse.

A Gisr-el-Agous on voit les vestiges d'un village abandonné; à quelques

(1) M. Ampère vit, vers le mois de janvier, des myriades d'oiseaux sur la cime du Djebel-el-Tayr.

milles plus loin est l'emplacement d'une ville ancienne (*Acoris?*), qu'on appelle aujourd'hui *Tehneh* ou *Mehneh*. Des monceaux de décombres occupent l'entrée du Wadi-Tehneh. Tout près de là, au sud de la ville, on voit, gravée sur un rocher, cette inscription grecque :

ὑπὲρ βασιλέως Πτολεμαίου
θεοῦ Ἐπιφανοῦς μεγάλου Εὐχαρίστου
Ἀκώρις Ἐρέως Ἰσίδι λωχιάδι σωτείρᾳ (1).

Au-dessous de cette inscription se voit, d'un côté la figure d'une déesse, et de l'autre celle d'un dieu, probablement Osiris.

Sur la rive opposée, à quelque distance du fleuve, est *Taha* ou Tahe-el-Amouc-dayn, qui du temps de Mourad-Bey était une place importante et la résidence d'un cheik puissant. Taha paraît occuper l'emplacement de l'ancienne ville copte de Théodosioun

Minieh (Meniet; de *moné*, *mansio*), sur la rive occidentale, est la résidence d'un *nazir* ou sous-gouverneur. Tous les dimanches il y a un marché. Il y a aussi une poste aux lettres. Les établissements de bains sont de construction arabe. Le palais où réside le nazir fut bâti par les mameluks et réparé par Abdin-Kaschif. Léon l'Africain parle de la prospérité de cette ville et de son commerce avec le Soudan. On y trouve quelques débris d'architecture gréco-romaine. M. Wilkinson n'y a vu aucune trace du temple d'Anubis dont parlent quelques voyageurs. Tout près du fleuve est le tombeau d'un cheik vénéré, qu'ombrage un beau sycomore. Les habitants de Minieh ont conservé dans leurs *cérémonies funèbres* quelques rits de l'antique Égypte. A certains jours de l'année, ils vont visiter leur nécropole. A côté de chaque tombe est une petite chambre, surmontée d'un dôme, qui rappelle les chambres funéraires creusées dans le roc. En quittant Minieh on approche d'un endroit périlleux pour les navigateurs; c'est la montagne d'Aboufeda. Le Nil y présente des contours et des courants capricieux.

(1) Pour le salut du roi Ptolémée, le Dieu Epiphanes, le grand Eucharistes, Acoris, fils d'Erlée, a Isis Lochias sauveur. *Voyez* Letronne, *Inscriptions grecques de l'Égypte*, Vol. I, p. 377.

Souadieh est une bourgade de quelque importance; on trouve aux environs des plantations de canne à sucre. Le vice-roi y a fait construire une distillerie de rhum. A deux milles au-dessus de Souadieh il y a des carrières anciennes de grès calcaire. A *Kom-Ahmar* (butte rouge) se voient les vestiges d'une antique cité, peut-être d'*Alabastron*. Ce qui vient à l'appui de cette opinion, c'est l'énorme quantité de fragments d'albâtre travaillé qui partout couvrent le sol. Tout près de là sont les collines de Metabara qui renferment quelques grottes sépulcrales peu connues.

Près de *Beni-Hassen*, sur la rive orientale, sont les riches catacombes taillées dans les rochers qui font saillie sur la vallée. Tout ce qui s'y trouve d'intéressant a été copié par Champollion, et plus tard par M. Wilkinson. Les colonnes à seize pans cannelés qui soutiennent les portiques de ces hypogées représentent l'archétype du style dorique.

Beni-Hassen paraît être la limite septentrionale que les crocodiles dépassent rarement. Les habitants de tous les villages, depuis Beni-Hassen jusqu'à Manfoulah, passent pour des voleurs incorrigibles. A un mille environ du premier village est le *Speos Artemidos* (grotte de Diane) qu'on appelle aujourd'hui *Stlab Antar*.

A quatre milles des tombeaux de Cheik-Timay, qui ne présentent rien de remarquable, sont les ruines d'Antinoé ou d'*Antinoopolis*, fondée par Adrien près de l'endroit où le favori de cet empereur s'était noyé dans le Nil. *Cheik-Abadeh* est le nom moderne de la ville d'Antinoüs. On y trouve les vestiges d'un théâtre romain et plusieurs colonnes, sur l'une desquelles on lit une inscription grecque votive (ἀγαθῇ τύχῃ), portant la date de la quatorzième année du règne de Marcus Aurelius Severus Alexander. Cette inscription est en partie effacée. « On cherche vainement, dit L'Hôte, dans les montagnes de Cheik-Abadeh les grottes sépulcrales des anciens habitants de *Besa* et d'Antinoé. Les immenses travaux d'excavation dont ces montagnes sont criblées, sur un espace d'environ deux lieues, ne sont que les vastes carrières d'où est sortie la ville romaine, avec quelques grottes et puits funéraires sans importance. On peut croire, d'après cela, que les habitants d'Antinoé étaient inhumés, non pas dans la montagne, mais dans cette partie de la plaine qui s'étend vers le sud-est, entre l'ancien hippodrome et le pied de la chaîne arabique, espace que couvrent aujourd'hui les tombeaux musulmans.

« Malgré leur étendue, les carrières d'Antinoé n'approchent pas de ce qu'on voit en ce genre derrière les villages de Deyr, situés à trois lieues au sud de Cheik-Abadeh. Il n'y a qu'une ville très-grande et très-ancienne qui ait pu, après une longue suite de siècles, laisser de pareilles traces d'exploitation. Ces carrières occupent deux gorges profondes de la montagne arabique; les plus septentrionales n'ont de remarquable que leur nombre et leur étendue; mais les autres, auxquelles on arrive après avoir traversé trois quarts de lieue de plaine et le vaste cimetière chrétien de Deyr Naçaarah, sont plus intéressantes; on y trouve une stèle portant la date de l'an XXXII du pharaon Thoutmosis IV (Mœris) (1). »

Oschounayn occupe l'emplacement d'*Hermopolis magna* (*Schmoûn* en copte), ville célèbre par le culte de Hermès ou Thoth. Dans les tombeaux qui sont au pied de la chaîne Libyque on trouve beaucoup de momies d'ibis, parfaitement bien conservées. Tout près de ces tombeaux est une stèle remarquable, sculptée sur un rocher du Djebel-Touna : elle représente le roi Atin-re-Bakhan avec sa femme, adorant le Soleil, qui darde des rayons terminées par des mains d'homme.

Mellawieh a le rang d'une ville (*Bender*) : il s'y tient un marché tous les dimanches. C'est la résidence d'un gouverneur. Un peu plus au sud sont les ruines de *Tel-el-Amarna*, qu'on suppose occuper l'emplacement de *Psinaula*. Ces ruines sont dispersées dans une grande plaine; les catacombes des environs contiennent plusieurs inscriptions grecques. Les monticules de Tanouf marquent la place de *Tanis superior*. A deux milles plus loin est *Darout-el-Chérif*, qui, suivant M. Wilkinson, représente *Thebaica Phylace*. A quelque distance de là est l'embouchure du Bahr-Youssef. Sur la rive opposée on aperçoit, dans les champs, les premiers palmiers thébains (*doum*). Ces arbres ne croissent pas dans l'Égypte inférieure, excepté dans les jardins. Leur fruit mûr et sec a exactement la couleur du pain d'épice; il contient un noyau cartilagineux, que les Éthiopiens mangent avant sa maturité. Ce palmier (*cucifera thebaïca*, Delisl.) est remarquable en ce que sa tige se divise supérieurement en deux branches, qui, à leur tour, présentent la division dichotomique.

Dayr-el-Kosséir, habité par des chrétiens, se trouve, d'après Hamilton, sur l'emplacement de Pescla, ville mentionnée dans l'*Itinéraire* d'Antonin.

Manfalout est la résidence d'un kaschef. C'est une petite ville intéressante; elle est entourée de beaux jardins. Aboulféda la décrit comme étant située sur le bord du Nil, tandis que Pococke la trouve déjà à un mille du fleuve.

Beni-Adi, à l'angle du désert libyque, a été le quartier général du nizam ou milice régulière du vice-roi. C'est le point de départ pour l'oasis de Dakhleh.

La position de l'*Ouah-el-Dakhleh* ou Gharbi (oasis intérieur), indiquée par des écrivains arabes, était inconnue jusqu'en 1819, époque où cette oasis fut visitée par Edmondstone et Drovetti. Les débris de briques, vestiges de villes ou de villages, prouvent qu'elle était jadis très-peuplée. El-Kasr et Kalamoun sont les principaux lieux habités de cette oasis; le premier contient douze cents à quinze cents habitants, et le dernier environ mille. Les cheiks d'El-Kasr se disent de la noble tribu des Koraïschites. A cinq milles sud-ouest d'El-Kasr est un temple romain, où se lisent les noms de Néron et Titus, et quelques sujets astronomiques. On y voit aussi la triade de Thèbes, Amun, Maout et Khonso. A dix milles environ à l'est de Kalamoun est le village d'Isment, où M. Wilkinson vit parmi les ruines une tête d'Athor ou Isis. A dix milles plus à l'est est Ballat, village de huit cents habitants. Sur la route d'Isment à Ballat sont les ruines d'une cité considérable, appelée Isment-el-Kharab (Isment ruiné). On y voit quelques restes d'édifices en briques de l'époque

---

(1) L'Hôte, *Lettres*, p. 46.

romaine. L'Ouah-el-Dakhleh est riche en olives, en riz et en dattes. Les habitants, au nombre de six mille deux cent cinquante, sont plus hospitaliers que ceux de la petite oasis. A quatre journées au nord est située l'oasis d'El-Farafreh.

A trois journées à l'est de Ouah-el-Dekhleh on rencontre la *grande oasis* ou *Ouah-el-Khargeh*, ou *Menamoun*. Sur cette route on trouve un petit temple et une source, appelée Ain-Amour, et entourée d'une enceinte de briques non cuites. Kneph, Amun et Maout en sont les principales divinités. Le premier objet qui frappe en entrant dans l'oasis d'El-Khargeh est un *columbarium*, ou chambre arquée, contenant de nombreuses urnes cinéraires. A un mille au sud est Kasr-ain-es-Sout (palais de la Fontaine d'Acacia), ainsi appelé à cause d'une source voisine. Il se compose d'une trentaine d'appartements ou corridors; des corniches de style égyptien décorent l'extérieur, et les matériaux sont en briques crues. Il paraît remonter à l'époque romaine. Le temple d'El-Khargeh est le monument le plus intéressant des oasis. Il était dédié à Amun ou Amunre. Les figures du sanctuaire, représentant des sujets fort extraordinaires, ne sont pas antérieures aux Ptolémées. On y trouve des inscriptions grecques portant la date de la première année du règne de Galba. Tout le temple a cent quarante-deux pieds de longueur sur soixante-trois de large et trente pieds de haut. Près de là était l'ancienne ville d'Ibis ou Hebi, capitale de la grande oasis. Au nord est une nécropole, ornée de pilastres et de corniches. On y voit représentés différents objets de l'époque chrétienne; le tau sacré $\frac{O}{I}$, symbole hiéroglyphique de la vie, y a été adopté par les chrétiens comme symbole de la foi. Beaucoup d'autres ruines se trouvent dans le voisinage d'El-Khargeh. A trois heures de marche de Bayris est le temple de Doush, dédié à Sérapis et à Isis. On y lit les noms de Domitien et d'Adrien. Sur le pylone est une inscription grecque, portant la date de la neuvième année de Trajan. Le nom de l'ancienne ville était *Cysis*.

Les productions de Ouah-El-Khargeh sont celles de la petite oasis; on y trouve, en outre, le palmier thébain et le séné sauvage. La grande oasis est cependant moins fertile que la petite. La population est d'environ quatre mille trois cents habitants. La longueur de la plaine centrale, du nord au sud, est de soixante-six milles. Les caravanes du Darfour passent par la grande oasis sur la route de Syout ou de Farschout.

Les auteurs anciens parlent peu des oasis, auxquelles ils donnent quelquefois le nom de νήσοι μακάρων, îles des bienheureux (Hérodote, III, 26). L'armée de Cambyse passa, dit-on, par la grande oasis, pour attaquer les Ammoniens; et c'est entre cette oasis et Siwah que les Perses périrent jusqu'au dernier. Nestorius mourut en exil dans la grande oasis, en 435. Condamné comme hérétique par le concile d'Éphèse, il fut d'abord relégué au monastère d'Antioche, et de là à Pétra.

Le Nil présente entre Manfalout et Osiout plusieurs grandes courbures, qui apportent des retards à la navigation. A l'extrémité d'une de ces courbures, et à une petite distance du rivage, est situé *Mankabat* ou *Mungabat* (place de pots), ville jadis renommée à cause de ses fabriques de poterie.

Osiout ou *Syout* (*Lycopolis* des anciens) est actuellement la capitale de la Haute-Égypte et la résidence d'un gouverneur. Cette ville se trouve à quelque distance du rivage; elle est assez considérable, bien construite et se fait remarquer par ses bazars, ses bains et quelques mosquées. Sa population est d'environ vingt mille habitants, dont mille chrétiens. Le palais du gouverneur est un édifice de belle apparence, situé au bord d'un canal, et entouré d'un mur. Il a été bâti par Ibrahim-Pacha. Osiout est le point d'arrivée des caravanes du Darfour, dont le principal commerce consiste en esclaves femelles. On trouve dans les anciens tombeaux du voisinage des momies de loups et de chacals, ce qui explique le nom de *Lycopolis* (ville des loups). La divinité protectrice de cette ville avait une tête de chacal. Plotin et le poète Coluthus étaient de Lycopolis. Aujourd'hui Syout fournit le Caire d'eunuques. Le nombre des victimes va, dit-on, jusqu'à trois cents par année. Les hypogées de Syout, bien moins conservés que ceux de Beni-Hassen, viennent d'être visités par M. Ampère. « J'ai d'abord visité, dit le savant touriste, la plus grande des grottes funèbres. Ce devait être une magnifique sépulture, à en juger par ses dimensions et par la grâce des ornements dont on aperçoit les restes ; aussi appartenait-elle, comme je m'en suis assuré, à un personnage important qui joignit à plusieurs titres bien connus un titre plus rare, c'est celui de prêtre du *Nil supérieur*. Le Nil supérieur avait donc des prêtres spécialement consacrés à son culte. Ce culte était bien placé à Syout, qui est aujourd'hui la capitale de l'Égypte supérieure. Dans une autre grotte, j'ai trouvé deux fois le nom de la ville écrit en hiéroglyphes, *Ci-ou-t*. Ce nom fait partie d'une inscription qui contient aussi un cartouche royal ancien, ce qui prouve que le nom actuel de la ville remonte aux vieux temps pharaoniques. »

L'état de délabrement dans lequel se trouvent les grottes de Syout les avait fait négliger par Champollion et L'Hôte. La ville voisine en retire tous les jours des matériaux de construction.

A partir de Syout la chaîne Libyque se dirige vers l'est ; dans l'angle qu'elle forme au-dessus de cette ville, on remarque plusieurs cavernes taillées dans le calcaire, lieux de sépulture des habitants de Lycopolis. Dans les premiers temps du christianisme ces lieux étaient habités par de saints ermites, que les empereurs grecs consultaient souvent comme des oracles.

A *El-Motmar* on trouve les buttes d'une ancienne ville (*Mouthis?*). L'acacia du Nil croît abondamment dans les environs. Au nord de l'angle saillant d'une montagne, derrière Motmar, est la route de Derb-Imoh, qui traverse une partie de la chaîne Libyque orientale, et va rejoindre la vallée du Nil près des hypogées de Gow.

Aboutig est l'*Abutis* des Romains et l'*Apothyneh* des Coptes, qui, suivant Champollion, signifie dépôt de grains. Du temps d'Aboulféda, les environs étaient très-fertiles en blé. Sur la rive orientale, un peu au-dessous de Gow-el-Kébir, se trouvent plusieurs cavernes dans l'angle saillant de la montagne, qui s'infléchit à l'est. Quelques-unes d'entre elles sont l'ouvrage des Romains. Gow ou Kow-el-Kebir est l'*Antæopolis* des anciens. On y voit les ruines du temple d'Antée, sur le bord du fleuve ; c'est une masse confuse de pierres, sur l'une desquelles on lit les noms hiéroglyphiques de Ptolémée Philopator et de la reine Arsinoé. Le portique du temple était encore debout en 1737, époque où le virent Norden et Pococke. Ce portique contient une inscription grecque assez mutilée, qui a été rétablie par M. Letronne. C'est dans le voisinage d'Antæopolis que la mythologie place le combat de Typhon avec Horus ; c'est là aussi que Hercule tua Antée.

En face de Djebel-Cheik-Herideh est *Tatah*, remarquable par ses monticules, qui paraissent indiquer l'emplacement d'*Hesopolis* ou *Hysopis*. Tatah est une ville de quelque importance. Les environs sont fertiles en céréales. Djebel-Cheik-Herideh est célèbre par l'antique tradition d'un serpent auquel on attribuait des guérisons miraculeuses. Peut-être faut-il rattacher à cette tradition l'origine du symbole d'Esculape.

Itfou, sur la rive occidentale, occupe l'emplacement d'*Aphroditopolis*. A quelque distance de là, au sud, sont les monastères Rouge et Blanc. On s'y rend par la route de Souhag. Souhag est un village fellah ; il a donné son nom à un grand canal qui arrose la plaine d'Osiout. Le monastère Blanc est situé à l'angle du désert ; il sert de foyer à plusieurs familles chrétiennes, et présente l'aspect d'un village. Dans le voisinage on trouve les ruines d'*Athribis* ou *Crocodilopolis*.

Akhmin (*Chmin* en copte) occupe, sur la rive orientale, l'emplacement de *Panopolis* ou *Chemmis*, qui était autrefois une des cités les plus considérables de la Thébaïde. C'est aujourd'hui un gros bourg, dont l'intérieur présente un aspect misérable. Il y a une petite église copte, où l'on voit un tableau représentant la Vierge et l'enfant Jésus. On trouve à Akhmin les vestiges du temple de Pan, qui, selon Étienne de Byzance, était représenté sous les formes de Priape (1). Les hypogées funéraires

(1) *Voyez*, sur l'ancienne Chemmis, Strabon,

13.

d'Akhmin se trouvent à une assez grande distance du fleuve. Les restes de peintures en stuc qu'on y rencontre parmi d'innombrables excavations, taillées sans symétrie, n'offrent que des sujets égyptio-grecs d'une époque assez récente et analogues à ceux d'Antæopolis; comme ces derniers, ils sont sans hiéroglyphes, et la grossièreté de leur exécution tient de la barbarie. L'Hôte a remarqué dans les parties les moins dégradées de quelques plafonds des portions de deux zodiaques à douze compartiments, où l'on aperçoit encore les figures du Sagittaire, du Taureau, du Scorpion, au milieu d'autres figures tout à fait méconnaissables; au centre de l'un d'eux il a discerné une tête humaine de forte proportion, ce qui donnait tout à fait à ce monument l'apparence du zodiaque de Palmyre. C'est là un nouvel exemple qui confirme pleinement les vues de M. Letronne sur l'époque romaine de toute représentation zodiacale en Égypte Il est fort à regretter que ce monument n'ait pas été copié à l'époque où il pouvait l'être. Aujourd'hui son enfouissement est complet, et L'Hôte renonça au projet d'en prendre copie. Quant à l'inscription grecque qui décorait la façade du propylone, elle est aujourd'hui plus fruste que jamais. (*Lettres* de L'Hôte, p. 87.)

Girgeh est une ville d'origine chrétienne. A l'époque où Pococke et Norden la visitèrent elle était située à un quart de mille du fleuve; aujourd'hui elle se trouve exactement sur le rivage, et le courant l'a, dans quelques points, fortement endommagée. Elle doit son nom à Saint-George, patron des chrétiens de l'Égypte.

Pour visiter les ruines d'Abydus on débarque à Girgeh, et on continue sa route par terre jusqu'à quatre lieues environ de la rive occidentale. On traverse une plaine où est située la ville de Bardis, assez célèbre du temps des mamelucks. Les ruines d'*Abydus*, aujourd'hui *Arabat-el Matfoun*, sont fort anciennes; elles consistent en deux édifices principaux qui remontent à l'époque de Rhamsès le Grand. Ces édifices paraissent avoir fait partie du fameux temple d'Osiris.

lib. XVII, p. 559, et Plutarque, *De Iside*.

(Voir sur Abydus, Strabon, XVII, p. 559, et Pline, V, 9.)

Samhoud, sur la rive occidentale, occupe l'emplacement d'une ville ancienne, appelée en copte *Semhooût* ou *Psenhooût*. Un peu plus loin est *Farchout*, résidence d'un mamour ou chef de district. Cette ville, aujourd'hui à demi ruinée, avait été le quartier général du nizam ou nouvelle milice du pacha. Ses habitants, qui descendent de la tribu arabe des Howari, étaient jadis gouvernés par un cheik indépendant. Ils étaient réputés pour l'élève des chevaux. Après Farchout vient le village de Bajoura, qui, à l'extrémité méridionale de la courbure du fleuve, avoisine *Haou*. La courbure que fait ici le Nil est si forte, que son cours se dirige au sud-ouest. Derrière la bourgade de Haou (en copte *Hou* ou *Ano*) se voient les ruines de *Diospolis parva*.

A *Kasr-es-Syad* (station du chasseur), sur la rive opposée, sont des monticules de l'ancienne ville de *Chenoboscion*, (*Senesct*, en copte), qui devait son nom aux nombreuses oies qu'on y nourrissait. On y voit quelques traces d'inscriptions grecques. Entre *Diospolis parva* et *Tentyris* était située l'île de *Tabenna* (en copte, *Tabunèse*). Ce fut là qu'en 356 après J. C. saint Pachôme bâtit un monastère, avec quatorze cents de ses frères.

Les ruines de *Tentyris* se trouvent à une petite distance du bord, au nord du village moderne de *Denderah*. Le temple d'Aphrodite ou Athor, sur le portique duquel est le fameux zodiaque de Denderah, paraît remonter au temps de l'empire romain. Ce zodiaque fut l'objet de longues discussions, tant sur son origine, que sur sa signification astronomique. Quelques-uns l'avaient fait remonter au temps des Pharaons. Visconti, Belzoni etc., élevèrent les premiers des doutes sur l'antiquité prétendue du temple de Denderah. En 1821, M. Letronne, sur une inscription grecque qui était jusqu'alors restée inaperçue, montra que l'un des zodiaques de Denderah datait du temps de Tibère, et l'autre (celui qui est aujourd'hui à Paris) du temps de Néron.

Enfin, le 16 novembre 1828, Champollion, deux heures après son arrivée à Denderah, avait lu sur les murs du temple, à la clarté de la lune et à la lueur d'un falot les noms de Tibère, de Claude et de Néron. C'en été fait : le prestige de la haute antiquité s'évanouissait. Le temple de Denderah appartenait à l'époque romaine, et Champollion, dans une lettre qui respire l'enthousiasme le plus vrai pour l'architecture de Denderah, n'hésitait pas à dire : « N'en déplaise à personne, les bas-reliefs sont détestables; » et il ajoutait : « La sculpture s'était déjà corrompue, tandis que l'architecture, moins sujette à varier, puisqu'elle est un *art chiffré,* s'était soutenue digne des dieux de l'Égypte et de l'admiration de tous les siècles. »

Le propylône qui précède le grand temple a été, dans ces derniers temps, attaqué par les agents du gouvernement qui en ont enlevé une bonne partie, et qui se disposaient à détruire le reste, quand un ordre du pacha, provoqué par les plaintes de quelques voyageurs, fit suspendre cette œuvre de destruction. Méhémet-Ali, en réparation de ce désastre, fit en même temps construire un double mur qui, partant de chaque côté du propylon, conduit à l'entrée du grand temple. Ce temple a été déblayé à l'intérieur, et l'on peut aujourd'hui pénétrer de plain-pied presque dans le sanctuaire. « J'espérais trouver là, dit L'Hôte, les légendes des fondateurs du monument, mais tous les cartouches sont restés vides, dans le sanctuaire aussi bien que dans les deux pièces qui le précèdent. Quant au portique, ses légendes nous sont connues par les lettres de Champollion. J'ai tenté de copier dans la salle du zodiaque située à la partie supérieure du temple, la portion du plafond restée en place, et qui se rattachait au zodiaque circulaire aujourd'hui déposé à la Bibliothèque royale. Malheureusement cette sculpture, comme celle des autres plafonds du temple, est tellement encroûtée de suie, qu'il est impossible d'en reconnaître les détails; cette suie d'ailleurs est très-dure, et ne pourrait s'enlever qu'après un long travail ; je n'ai donc pu copier de ce tableau que les parties reconnaissables, c'est-à-dire les barques symboliques et la figure de l'année qui les encadre; j'ai dû renoncer aux détails hiéroglyphiques,

si essentiels pourtant à l'interprétation du sujet. La nécropole de Tentyris était située dans la partie occidentale de la plaine qui séparait cette plaine de la montagne. Quelques tombeaux musulmans sont disséminés sur cet espace, que le désert a complétement envahi. » (*Lettres*, p. 109.)

Les huit colonnes du portique apparaissent intactes, brillantes de couleurs que le temps n'a pas effacées, et surmontées de leurs chapiteaux étranges, formés par des têtes de femmes à oreilles de génisses. Le zodiaque circulaire de Denderah fut découvert par Desaix, qui le signala le premier à l'attention de ses officiers. Il fut acheté fort cher sous la restauration, et devint alors le sujet d'un débat très-vif, auquel se mêlèrent les passions de l'époque.

Derrière le grand temple d'Athor est le petit temple d'Isis, et un peu vers le nord un édifice que Strabon appelle *Typhonion,* et qui devait ce nom aux images d'un dieu difforme dans lequel on a voulu reconnaître le mauvais principe de la mythologie égyptienne. Suivant Champollion, le *Typhonion* était consacré à la maternité de la déesse Athor, qu'on y voit allaitant son jeune enfant.

Les Tentyrites détestaient les crocodiles, tandis que les habitants voisins d'Ombos les adoraient. C'est ce qui donna souvent lieu à des conflits sanglants (1).

En face des ruines de Tentyris est la ville de *Keneh,* résidence d'un gouverneur. Elle occupe l'emplacement de *Cœnopolis.* Keneh est situé au point où le Nil se rapproche le plus de la mer Rouge, à la hauteur de Kosséir; c'est aujourd'hui l'entrepôt du commerce du blé avec la côte d'Arabie. Les convois ainsi que les pèlerins passent de là à Kosséir, où ils s'embarquent pour Djedda. On voit par là que Keneh et Kosséir ont remplacé *Coptos* et *Bérénice.* Keneh était autrefois célèbre pour ses fabriques de cruches d'eau poreuses (*zihr*), semblables aux alcarazas des Espagnols. La terre argileuse avec laquelle ces vases sont préparés provient du bassin d'une vallée profonde, au nord de la ville. On mêle la pâte avec les cendres d'une

(1) *Voyez* Pline, VIII, 25 ; Juvénal, *Sat.,* XV, 33.

graminée (*Poa cynosuroides*). — *Ballas*, sur la rive occidentale, est également renommé pour ses fabriques de poterie. C'est à Keneh que commence cette série non interrompue de monuments qui part de Denderah, franchit à Syène les frontières de l'Égypte, et se prolonge dans la Nubie inférieure jusqu'aux colossales merveilles d'Ipsamboul.

Kobt, à une petite distance du Nil, présente quelques débris de la ville de *Coptos*, qui fut détruite par ordre de l'empereur Dioclétien. Les vestiges des temples, de quelques édifices et d'un canal attestent l'opulence de cette cité, qui était jadis l'entrepôt du commerce de l'Égypte avec l'Arabie et l'Inde. Les habitants de Coptos avaient consacré à Isis un culte particulier.

Kous (en copte *Kos-Birbir*) a été bâti sur les ruines d'*Apollinopolis parva*. C'est une bourgade où réside un nazir. On y voya t encore il y a peu d'années un pylône avec une inscription grecque en l'honneur de Cléopâtre et de Ptolémée Alexandre I. A l'opposite de Kous est *Negadeh*, connue pour ses couvents coptes. Du temps d'Aboulféda (vers le milieu du quatorzième siècle), on y cultivait la canne à sucre. A quelques milles au sud de Kous, à Schenchour, sur la rive orientale, on voit les monticules d'une ancienne cité ; M. Prisse y découvrit un temple romain, dédié à Horus, avec le nom hiéroglyphique de la ville, *Sen-hor*.

Entre Schenchour et Thèbes le fleuve se courbe fortement à l'est ; un peu au-dessus de cette courbure est située Thèbes (*Diospolis magna*), en copte *Tape*.

Nous allons donner ici une description quelque peu détaillée des magnifiques ruines de Thèbes, d'après les récits de L'Hôte, de M. Ampère et de M. Wilkinson, qui les ont visitées tout récemment.

Thèbes était bâtie sur les deux rives du Nil. En remontant le fleuve on rencontre d'abord, sur la rive orientale, Karnac, qui renferme les plus majestueux édifices de l'ancienne Égypte. De là une avenue de sphinx conduisait au palais de *Louksor*. Sur la rive occidentale, presque en face de Karnac, on trouve le palais de *Gournah*. En continuant à remonter le fleuve, et en s'éloignant de ses bords, on arrive à un monument dans lequel on a voulu retrouver le fameux tombeau d'Osymandias, et que Champollion, qui l'a reconnu pour être l'œuvre de Rhamsès le Grand, a appelé le *Rhamasseum*. Remontant encore à peu près parallèlement au fleuve, mais en s'en rapprochant un peu, on parvient aux colosses de *Memnon*. Enfin, il reste un grand ensemble de monuments qu'on trouve plus loin, toujours en remontant le cours du fleuve ; c'est ce qu'on appelle *Medinet-Habou*. Ainsi, sur la rive droite, deux groupes de monuments : Karnac et Louksor ; sur la rive gauche, Gournah, le Rhamasseum, Médinet-Habou. Tels sont les points qu'il faut graver dans sa mémoire pour pouvoir se reconnaître dans la vaste plaine où fut Thèbes. La véritable ville d'Ammon ou Diospolis occupait la rive droite. La rive gauche confinait à la nécropole, laquelle était située, comme toujours, au couchant, parce que la région du couchant était la région des morts. Elle est représentée par une chaîne de collines nues, criblées de grottes funéraires.

Karnac (1). Après avoir traversé un petit bois de palmiers, on rencontre un vaste pylône, large comme la moitié de la façade des Invalides et haut comme la colonne de la place Vendôme. Il n'a pas été achevé. Par ce pylône on entre dans un vaste péristyle au milieu duquel s'élevaient douze colonnes. Toutes, une seule exceptée, ont été couchées par un tremblement de terre. Les tambours gisent accolés les uns aux autres, comme une pile de dames renversées. En face est un second pylône, placé en avant de la grande et merveilleuse salle à colonnes qu'on appelle la salle hypostyle de Karnac. Ici, on commence à éprouver le sentiment du gigantesque. Le tremblement a fait crouler un des massifs du second pylône, qui présente maintenant l'aspect d'un éboulement de montagne. Une statue colossale et mutilée se tient debout au seuil de la grande salle ; c'est l'image de Rhamsès le Grand, confondu avec Sésostris. « Les Égyptiens, écrivait

---

(1) Le chemin qui conduit à Karnac passe par des champs couverts de halfeh (*Poa cynosuroides*) ; bientôt on rencontre à droite un tertre avec le tombeau du cheik Abou-Djoad ; un peu plus loin, au sud, sont des débris de colonnes et d'un ancien mur. (Wilkinson.)

Champollion en présence de ces ruines colossales, concevaient en hommes de cent pieds de haut; l'imagination, qui en Europe s'élance bien au-dessus de nos portiques, s'arrête et tombe impuissante au pied des cent quarante colonnes de la salle de Karnac..... Je me garderai bien de rien décrire, car ou mes expressions ne vaudraient que la millième partie de ce qu'on doit dire en parlant de tels objets, ou bien si j'en traçais une faible esquisse, même très-décolorée, je passerais pour un enthousiaste et peut-être même pour un fou. »

Tous les voyageurs parlent avec enthousiasme des ruines de Karnac. « Le spectacle, s'écrie M. Ampère, que j'ai devant les yeux surpasse tout ce que j'ai vu sur la terre. »..... « Imaginez, ajoute-t-il plus loin, une forêt de tours; représentez-vous cent trente-quatre colonnes égales en grosseur à la colonne de la place Vendôme, dont les plus hautes ont soixante-dix pieds de hauteur (c'est presque la hauteur de notre obélisque) et onze pieds de diamètre, couvertes de bas-reliefs et d'hiéroglyphes; les chapiteaux ont soixante-cinq pieds de circonférence; la salle a trois cent dix-neuf pieds de long, presque autant que Saint-Pierre, et plus de cent cinquante pieds de large. Il est à peine besoin de dire que ni le temps ni les deux races de conquérants qui ont ravagé l'Égypte, les Pasteurs, peuple barbare, et les Perses, peuple fanatique, n'ont ébranlé cette impérissable architecture. Elle est exactement ce qu'elle était il y a trois mille ans, à l'époque florissante de Rhamsès..... Un tremblement de terre a renversé les douze colonnes de la cour, mais les cent trente-quatre colonnes de la grande salle n'ont pas chancelé. Le pylône, en tombant, a entraîné les trois colonnes les plus voisines de lui; la quatrième a tenu bon, et résiste encore aujourd'hui à ce poids immense de débris. Cette salle était entièrement couverte; on voit encore une des fenêtres qui l'éclairaient. Ce n'était point un temple, mais un vaste lieu de réunion destiné sans doute à ces assemblées solennelles qu'on appelait des panégyries. L'hiéroglyphe dont ce mot grec semble être une traduction se compose d'un signe qui veut dire tout et d'un toit supporté par des colonnes. Ce monument forme donc un immense hiéroglyphe..... »

La grande salle de Karnac (salle hypostyle) a été construite par Menephta I (Sethos de M. Lenormant), dont les exploits sont représentés sur les murs de l'édifice. Ces tableaux en bas-reliefs forment, pour ainsi dire, une épopée homérique. Chaque compartiment est comme un chant distinct. Pour suivre un ordre conforme à la succession des événements il faut se servir des indications données par L'Hôte dans ses lettres sur l'Égypte (p. 209 et suiv.) Sur le mur septentrional on voit Ménephta, debout sur un char, percer de ses flèches ses ennemis, qui tombent en foule dans mille attitudes désespérées. Le roi, le char, les coursiers, tout est gigantesque par rapport aux ennemis de l'Égypte. Le poitrail des chevaux lancés au galop domine la forteresse et couvre l'armée tout entière de vaincus. Plus loin, le vaillant Pharaon est aux prises avec un chef ennemi, qu'il tient à la gorge et va percer; son pied écrase un adversaire qu'il vient d'immoler. Ailleurs, on voit Menephta traîner après lui les peuples soumis par ses armes, et emporter plusieurs chefs sous son bras. Puis les vaincus font acte de soumission : ils abattent les forêts de leur pays, comme pour l'ouvrir devant les pas du vainqueur. Le roi revient en triomphe dans ses États, où il reçoit les hommages de ses peuples, et où les grands et les prêtres, inclinés devant lui et représentés avec une stature très-inférieure à la sienne, offrent en toute humilité leurs respects au Pharaon victorieux.

Sur le mur méridional de la grande salle de Karnac est représenté le roi égyptien Sésonch, traînant aux pieds de ses dieux un grand nombre de figures humaines; toutes portent écrit sur la poitrine le nom des peuples et des pays dont elles sont des personnifications. Champollion a lu très-distinctement, et tout le monde peut lire d'après lui, sur la poitrine de l une de ces figures *Ioudh melk*, ce qui veut dire en hébreu, non pas royaume, mais *roi de Juda*. Le roi Sésonch de Karnac est évidemment le roi égyptien *Sésac*, qui, d'après le récit de la Bible (Livre des Rois), a pris Jérusalem et emmené captif le roi Roboam.

D'un autre côté, Manéthon place ici, vers la fin du dixième siècle avant J. C., un *Sésonchis*, qui ne peut être que le même Sesonch. Cette concordance frappante entre le Livre des Rois, les monuments égyptiens et les listes de Manéthon, sont un point de repère de la plus haute importance pour la chronologie ancienne.

Au delà de cette merveilleuse salle, on trouve encore à Karnac un certain nombre de monuments, les uns en ruines, les autres assez bien conservés. Pour être moins considérables, ils n'en offrent pas moins d'intérêt. Rien n'est plus beau que les hiéroglyphes qui décorent l'obélisque qu'on aperçoit sur la gauche en sortant de la grande salle de Karnac. L'autre obélisque, placé en regard du premier, n'est plus debout. Ces deux obélisques ne furent érigés qu'après la mort de Thouthmosis ou Thouthmès, par la reine Amensé, au nom du régent Aménemhé, son second mari. En avant du pylône d'entrée s'élevaient deux autres obélisques de moindre grandeur, et qui furent érigés par Thouthmès I, dont ils portent les légendes; l'un de ces obélisques est renversé, l'autre est encore debout.

En pénétrant à travers les débris, on arrive à l'emplacement où furent élevés les plus antiques édifices de Karnac. Là était le sanctuaire des premiers Pharaons de la dix-huitième dynastie; là un roi bien plus ancien, Osortasen I, de la douzième, avant l'invasion des pasteurs, avait gravé son nom sur des colonnes qui ont échappé aux ravages de la conquête; ses cartouches se lisent sur les restes d'un sanctuaire en spath calcaire. A l'angle du palais de Thouthmosis était une petite chambre, fameuse sous le nom de *chambre de Karnac*. Elle n'est plus à Thèbes, mais à Paris. M. Prisse est parvenu à emporter les parois de la salle, et en a fait généreusement don à la France. Les murs de cette chambre montrent le roi Thoutmosis III offrant un hommage religieux à une suite de princes qui l'ont sans doute précédé. L'image de chaque personnage est accompagnée de son nom; c'est donc une chronologie figurée de la plus haute importance pour l'époque antérieure à la dix-huitième dynastie, c'est-à-dire

pour l'époque la moins riche en monuments historiques.

Si maintenant on laisse à gauche le palais de Karnac, et qu'on avance vers le sud, on trouve quatre grands pylônes placés à la suite et à une certaine distance les uns des autres. Le troisième est appelé pylône d'Horus, roi de la dix-huitième dynastie, sous laquelle l'art égyptien atteignit toute sa perfection. Aussi ce pylône, construit au seizième siècle avant l'ère chrétienne, est-il revêtu de bas-reliefs dont on ne saurait se lasser d'admirer la beauté (1). Ces magnifiques pylônes sont actuellement à demi démolis; on fouille pour chercher du salpêtre dans leurs entrailles. L'Hôte est arrivé à temps pour copier dans les matériaux de l'un des deux pylônes qui venaient à la suite du pylône d'Horus, les cartouches d'un Pharaon antérieur à la dix-huitième dynastie, ainsi que des fragments de bas-reliefs peints, des chevaux, etc.

Dans le voisinage du même pylône on trouve des colonnes polygonales et des cartouches également fort anciens. Enfin, les matériaux du pylône de la salle hypostyle, lequel date du seizième siècle avant J. C., présentent un grand nombre de fragments hiéroglyphiques d'époque très-ancienne, des portions d'architraves de grands édifices, sculptés et peints dans le plus beau style; on trouve là aussi des noms royaux, qui ne peuvent trouver place que dans les dynasties antérieures à la dix-huitième, notamment le cartouche prénom du roi Skhaï.

Près des pylônes est un temple dédié au dieu *Khons* (Mercure). Ce temple, élevé par les faibles descendants de Rhamsès II, offre les traces d'une usurpation qui a suivi le règne de Rhamsès II (2). Ce dieu Khons était l'un des personnages de la triade thébaine. Le

---

(1) L'Hôte a trouvé dans les matériaux du pylône d'Horus les restes d'un édifice contemporain des hypogées de Psinaula. La grosseur des pierres, les proportions gigantesques de certaines figures qu'on y avait sculptées, font voir que l'édifice auquel elles appartenaient ne le cédait pas aux plus grandes constructions élevées sous les 18e et 19e dynasties.

(2) M. Prisse a découvert dans ce temple douze chambres; dans l'une d'elles il a trouvé la figure d'un dieu à tête de lion.

temple est désigné, dans la Description de l'Egypte, sous le nom de *grand temple du sud.* Sur la gauche de ce monument on trouve un petit édifice, consacré à la déesse Athor, sous le règne de Ptolémée Évergète II et de Cléopatre; la partie extérieure de ce temple a été décorée sous l'empereur Auguste. La commission d'Égypte l'a nommé le *petit temple du sud.*

Telles sont les principales ruines de Karnac. On doit y joindre plusieurs édifices, et surtout trois pylônes gigantesques, s'élevant isolés l'un au sud, l'autre à l'est et un autre au nord, comme pour garder ces ruines, amas de palais, de temples, de portiques, que domine la salle aux cent trente-quatre colonnes, et du milieu desquelles s'élèvent deux élégants obelisques dont la pointe effilée se détache sur un ciel parfaitement pur. Il y a trente ans ces masses étaient muettes; maintenant elles ont une voix, et elles racontent plus de vingt siècles de l'histoire de l'Égypte.

De l'angle sud-ouest des ruines de Karnac part une allée de sphinx à tête de bélier qui se dirige vers le sud, et allait autrefois rejoindre le palais de Louksor. Une autre allée de sphinx, presque parallèle à la première, conduisait à une enceinte en briques vers le milieu de laquelle est une pièce d'eau ; cette enceinte renfermait plusieurs monuments et des débris de colonnes. Quel aspect majestueux devait offrir cette double file d'images mystérieuses et sacrées se prolongeant ainsi presque en ligne droite pendant une demi-lieue, et réunissant deux masses de palais telles que l'Europe n'en connaît point!

Louksor. Louksor est un bourg qui, comme Karnac, a donné son nom obscur à des débris célèbres (1); mais, tandis que les Arabes de Karnac ont eu le bon esprit de bâtir leurs huttes à côté des monuments, ceux de Louksor ont eu l'idée funeste de se loger parmi les ruines mêmes, de sorte que pour visiter ces ruines il faut entrer dans une vingtaine d'intérieurs misérables, où de pauvres familles de fellahs dorment, mangent, travaillent; les enfants se précipitent sur l'étranger en lui demandant l'aumône, les femmes se voilent, s'enfuient et se détournent en présence des infidèles. Louksor est, comme Karnac, un assemblage de monuments de différents siècles; mais cet assemblage est moins considérable. La partie la plus ancienne de ces monuments est l'œuvre d'Aménoph s III, que les Grecs appellent Memnon, et dont le double colosse s'élève sur la rive opposée. Ce roi, qui était de la famille des Thoutmosis, éleva le palais méridional, le grand sanctuaire, ainsi que les chambres adjacentes, la grande colonnade et le pylône qui la précède. Rhamsès II ajouta plus tard à ces constructions la grande cour, les propylées ou tours pyramidales, les obélisques et les statues.

Dans le palais d'Aménophis, plusieurs sculptures sont consacrées à représenter l'histoire de la naissance et de l'éducation du roi (1): Ces bas-reliefs offrent la beauté de l'époque où l'art égyptien avait atteint sa perfection.

Le palais d'Aménophis avait été détruit par les Perses, et reconstruit par Alexandre (le fils d'Alexandre le Grand, Ptolémée étant gouverneur de l'Égypte). Sa reconstruction est indiquée par une inscription dédicatoire, dans laquelle Alexandre prend le titre de fils d'Amoun, divinité protectrice de Tapé (Thèbes).

Au nord de ce monument, une galerie de colonnes conduit à un autre édifice, qui a été construit par Rhamsès le Grand. Ici, comme à Karnac, l'architecture majestueuse du Pharaon conquérant, de la dix-neuvième dynastie, domine, par ses proportions, l'architecture plus modeste du Pharaon de la dix-huitième. Le caractère de ces deux époques est empreint dans les deux monuments de Louksor. L'édifice de Rhamsès se compose d'une grande cour entourée par un portique et qui couvre une superficie de deux milles cinq cents mètres. C'est en avant du pylône qui précède l'entrée de cette grande cour que Rham-

---

(1) Louksor est la résidence d'un kachef, et un des quartiers généraux de la cavalerie turque. *'Louksor* est le pluriel de *'lkasr*, et signifie *les palais.*

(1) C'est au côté oriental que se trouvent des bas-reliefs représentant l'accouchement de la reine Maut-m'-Shoi, mère d'Aménophis. Deux enfants, nourris par la divinité du Nil, sont offerts à Amoun, le dieu protecteur de Thèbes. D'autres sujets se rapportent au culte de la triade de Thèbes.

sès éleva les deux obélisques dont l'un est encore debout et dont l'autre orne la place de la Concorde à Paris. Une allée (*dromos*) partant de ces obélisques aboutissait au grand palais de Karnac. Les quatre faces sont chargées d'hiéroglyphes d'une exécution admirable. Ce qu'il y a de remarquable, c'est que ces faces sont légèrement convexes (1) ; à la partie inférieure de l'obélisque de Paris, on lit le nom et le prénom de Rhamsès II ; il existe une légère fente au-dessus de cette inscription, qui n'apprend autre chose si ce n'est que le Pharaon Rhamsès II, fils du soleil, approuvé par le soleil, Dieu bienfaisant, maître du monde, vainqueur des peuples, etc., a réjoui Thèbes par des édifices grands et durables. »

Quatre colosses de trente pieds sont placés contre le pylône, auprès des obélisques. Ce sont des portraits de Rhamsès le Grand. La tête et le buste des colosses s'élèvent au-dessus du sable dans lequel leur corps est enfoui. Sur les massifs du pylône sont retracées des scènes de bataille analogues à celles qui représentent les victoires de Sétnos à Karnac.

En remontant la plaine de Thèbes du nord au sud, parallèlement au Nil, sur la rive gauche, on rencontre d'abord *Gournah*. C'est le nom d'un monument de l'âge de Rhamsès ; aucune partie de l'édifice ne date d'une époque antérieure ; il n'offre pas le même intérêt que Louksor et Karnac. Vu de face, il rappelle davantage un temple grec. Deux pylônes isolés, que réunissait une avenue de sphinx, élèvent à une certaine distance de l'édifice leurs massifs inclinés. Arrivé au monument lui-même, on est immédiatement en présence d'un portique de cent cinquante pieds, soutenu par dix colonnes. L'aspect qu'il offre n'a rien de gigantesque. Il y a bien ici une salle soutenue par des colonnes ; mais, au lieu d'en compter cent trente-quatre, on en compte six. Cependant le monument de Gournah date des mêmes règnes que la grande salle de Karnac. Les nombreuses représentations qui couvrent les murs de l'édifice retracent le Pharaon faisant hommage aux dieux et recevant d'eux la puissance et l'empire. C'est le roi qui est le prêtre, c'est lui qui offre l'encens ou les pains sacrés. Plus on étudie les monuments égyptiens, plus on est frappé de l'idée que la royauté participait, jusqu'à un certain point, du caractère de la divinité. C'est ainsi que dans une salle de Gournah on voit Rhamsès Ier, l'aïeul de Rhamsès-Sésostris, placé derrière Ammon, le grand dieu de Thèbes, recevoir, sous les emblèmes divins d'Osiris, avec lequel il semble identifié, les hommages religieux de son petit-fils.

M. Wilkinson a eu la généreuse idée de faire bâtir une petite maison à mi-côte de la montagne qui sépare la plaine de Thèbes de la vallée des tombes royales, pour que ceux qui viennent étudier les ruines puissent habiter ailleurs que dans leurs barques. C'est à peu de distance de cette maison qu'est situé le *Rhamesseum* (1). Ce monument, qu'on a nommé le Parthénon de Thèbes, est remarquable, entre autres, parce qu'il a passé pour le fameux tombeau d'Osymandias, dont Diodore de Sicile a fait une description si merveilleuse. Mais M. Letronne a montré que le tombeau d'Osymandias, tel que Diodore le décrit, différait du Rhamesseum par des traits essentiels, en sorte que le prétendu monument d'Osymandias serait invraisemblable et impossible. Le Rhamesseum paraît être un de ces monuments moitié palais et moitié temple, tels qu'en élevèrent sur les deux rives du Nil les rois de la dix-huitième et de la dix-neuvième dynastie. On y voyait le Pharaon rendant un hommage religieux aux divinités locales de Thèbes. Les exploits de Rhamsès le Grand y étaient sculptés sur les murailles, comme à Karnac et à Louksor. Un colosse en granit, de cinquante-trois pieds, le représentait assis sur son trône. Ce colosse est aujourd'hui brisé et gisant. C'est la plus grande ruine de statue qui existe ; son pied a plus de deux toises de long.

A peu de distance du Rhamesseum on trouve un vaste emplacement semé de débris que le limon du Nil a enfouis

---

(1) Cette disposition paraît avoir été prise pour empêcher la projection brusque de l'ombre.

(1) M. Lepsius vient de faire relever la disposition architecturale du Rhamesseum plus complètement qu'elle ne l'avait été jusqu'ici.

en partie et que recouvrent en partie les hautes herbes. Ces tronçons de colonnes et ces fragments de statues gigantesques sont les restes du palais de Memnon ; c'est le nom donné par les Grecs au Pharaon Aménophis III, de la dix-huitième dynastie. Il ne reste plus du Memnonium (Amenophium) que deux colosses encore intacts, assis au milieu de la plaine de Thèbes qu'ils remplissent de majesté. Celui qui est le plus au nord est connu sous le nom de *statue de Memnon*, célèbre pour les sons qu'il rendait au lever de l'aurore. Les bas-reliefs et les hiéroglyphes sculptés sur les trônes des deux colosses sont d'une perfection achevée. Soixante-douze inscriptions latines et grecques, les unes en prose et les autres en vers, couvrent la jambe énorme de la statue. Pour les lire, on monte sur le pied, qui a un mètre d'épaisseur. Ces inscriptions sont des souvenirs laissés par de nombreux visiteurs, qui tous affirment avoir entendu la merveilleuse voix. On remarque, au milieu de ces noms obscurs, le nom de l'empereur Adrien et celui de Sabine, son épouse.

M. Letronne, dans ses recherches sur la statue vocale de Memnon, est arrivé à plusieurs résultats curieux ; ainsi, le son rendu par cette statue, au lever de l'aurore, n'a commencé à se faire entendre que vers l'époque de Néron, peu de temps après qu'elle eut été en partie brisée par un tremblement de terre, et n'a plus été entendu depuis que Septime Sévère, dans son zèle dévot pour le paganisme, eût restauré le colosse mutilé. Il s'attendait qu'après cette restauration le Dieu rendrait de véritables oracles, comme on imaginait qu'il en avait autrefois rendu ; mais depuis cette reparation la statue resta muette. M. Letronne a expliqué ce phénomène vocal par le passage brusque de la température nocturne à la température du jour (1).

(1) C'est à tort, selon nous, qu'on a voulu contester la possibilité de ce fait ; car 1° il y a des pierres qui, à cause de leur sonorité, ont reçu le nom de *phonolithes* ; 2° on trouve de ces pierres dans la plaine même de Thèbes (Wilkinson) ; 3° ces pierres, en grande partie argileuses, sont susceptibles de se fendiller brusquement, par le passage du froid au chaud, et de donner ainsi naissance à un son métallique ; 4° tous ceux qui ont entendu le son vo-

Les Grecs s'imaginèrent qu'au lever de l'aurore Memnon saluait sa mère.

L'ensemble des édifices de Médinet-Habou se compose de deux groupes de monuments, dont l'un appartient à l'élégante architecture du temps des Thoutmosis et l'autre à l'architecture majestueuse de l'âge des Rhamsès. A côté d'un petit temple de Thoutmosis III se trouve ce qu'on a appelé le pavillon de Rhamsès-Meïamoun, petit palais précédé de bâtiments immenses. Ces deux architectures, au lieu d'être placées l'une à la suite de l'autre comme à Karnac et à Louksor, sont ici placées côte à côte. Le pavillon de Rhamsès-Meïamoun donne mieux qu'aucun autre en Égypte l'idée de ce qu'était une résidence royale. Au dehors, des consoles soutenues par des cariatides lui donnent un air d'élégance inaccoutumé ; sur un mur est représenté un tableau d'intérieur, une scène de harem : on voit Meïamoun entouré de jeunes femmes dans des attitudes gracieuses, mais chastes ; le roi joue avec l'une d'elles à une espèce de jeu dont les pièces rappellent les échecs par la figure, et le damier par l'uniformité. Des objets semblables à ceux qui sont dessinés ici ont été trouvés dans les tombes : on a trouvé aussi l'échiquier. Est-ce pour avoir vu ce jeu en Égypte que Platon a dit que les échecs avaient été inventés par le dieu Thot ?

En avançant vers le grand palais de Rhamsès Meïamoun, on passe bientôt des proportions élégantes d'une maison de plaisance royale à la majesté d'un édifice de représentation solennelle ; à la demeure intime de l'homme succède la résidence publique du Pharaon. Un grand pylône, dont les bas-reliefs rappellent les campagnes du roi et dont les inscriptions rappellent les noms des peuples qu'il a vaincus, conduit dans une première cour bordée à gauche d'une colonnade, à droite par une galerie que forment des piliers à figure humaine. Après avoir traversé cette première cour, où des chapiteaux imitant la fleur du lotus semblent s'épanouir à la surface du sol amoncelé autour de colonnes enfouies à demi ; après

cal de la statue de Memnon lui attribuent en effet un timbre métallique.

avoir franchi un second pylône, on arrive à une seconde cour entourée d'un péristyle soutenu ici par de magnifiques colonnes, là par de puissantes caryatides; cette cour est une des merveilles de l'Égypte. Nulle part la grandeur des Pharaons n'est représentée par une suite de bas-reliefs aussi remarquables que ceux de la grande cour de Médinet-Habou. Sur le mur méridional du péristyle le Pharaon triomphe de ses ennemis par les armes, et; assis sur son char dans la tranquille majesté du triomphe, il voit entasser devant lui des mains et des membres virils coupés. Sur le mur opposé, la royauté conquérante de Rhamses a déployé toute sa magnificence. On voit le Pharaon porté en triomphe dans une châsse comme une divinité, entouré de sa cour et des chefs de son armée, tour à tour encensé comme Dieu et brûlant lui-même l'encens sur l'autel d'Horus (1). Les murs extérieurs de la grande cour de Médinet Habou sont couverts de bas-reliefs comme les murs intérieurs. Sur la paroi du sud est un calendrier sa ré contenant l'indication des fêtes de chaque mois, c'est-à-dire un tableau complet de la vie religieuse des Égyptiens; mais ce curieux document est en partie enfoui sous le sol amoncelé contre le mur (2).

La nécropole de Thèbes était plus grande que la cité des vivants : elle recevait toujours sans rien rendre et sans rien perdre. Assurer la perpétuité du corps, symbole de l'immortalité de l'âme, c'était, on le sait, le grand but des Égyptiens. La montagne qui regarde Thèbes, du côté de l'ouest, est criblée de tombeaux dont les hôtes, comme l'indiquent les inscriptions hiéroglyphiques, appartenaient tous aux classes élevées de la société. Où étaient enfouis ceux d'une condition obscure?

L'asile sépulcral des Pharaons était plus mystérieux, plus séparé du monde des vivants. Pour l'atteindre il faut franchir cette montagne de l'ouest, et on ne peut le faire qu'avec assez de fatigue. Alors on arrive dans la vallée des Rois, gorge d'un aspect sévère, où rien ne rappelle la vie, et qui n'est habitée et habitable que par la mort. Là, dans le sein du roc, dans les profondeurs du sol calcaire, sont creusés des palais souterrains composés d'un grand nombre de chambres et formés quelquefois de plusieurs étages. Ces palais, dont tous les murs sont couverts d'hiéroglyphes et de peintures, et resplendissent aux flambeaux des couleurs les plus brillantes, ce sont les *tombeaux des rois*.

Pour arriver dans cette vallée funèbre on passe par El-Assasif, lieu remarquable par un groupe de ruines où l'on trouve le nom de Thoutmosis III. Près d'El-Assasif est un tombeau creusé dans la montagne, et qui a trois étages. Il est plus vaste qu'aucun des tombeaux des rois. Cependant ce n'est pas le tombeau d'un roi, mais seulement celui d'un prêtre nommé Pétemenof. Les sculptures et les hiéroglyphes qui couvrent les murs des galeries et des chambres sont d'une grande perfection. On n'a pas trouvé dans Thèbes les traces d'une maison, et on y trouve les tombeaux presque intacts. Il y a de ces tombeaux tant dans la vallée parallèle au Nil que dans une vallée adjacente moins fouillée, et qui semble avoir été le lieu de sépulture des Pharaons de la dix-huitième dynastie, comme l'autre était destinée à recevoir ceux de la dix-neuvième. Ces palais funèbres étaient creusés dans le roc, et avaient pour murs les solides parois de la montagne. Belzoni y fit l'un des premiers porter l'attention de l'Europe, en découvrant le plus beau de tous, celui du père de Rhamsès le Grand, de Séthos, qui a élevé la salle gigantesque de Karnac. Vingt et un tombeaux ont été retrouvés. Strabon dit que de son temps on en connaissait quarante. Nous en sommes donc seulement à la moitié des découvertes qu'il est permis d'espérer. Il y a, suivant M. Ampère, beaucoup à attendre de la vallée adjacente où étaient les Pharaons de la dix-huitième dynastie, et où l'on n'a encore trouvé que le tombeau d'Amménophis-Memnon et celui d'un de ces rois qui adoraient le soleil sous l'emblème d'un disque dont les rayons sont terminés par des mains. Il y a donc

---

(1) *Voyez* les *Lettres* de Champollion et de L'Hôte.

(2) Il serait du plus haut intérêt pour l'histoire des sciences de déblayer ce monument et d'en prendre une copie exacte.

encore là de belles trouvailles à faire.

Edfou (*Atbo* en copte), sur la rive occidentale du Nil, occupe une partie de l'emplacement d'*Apollinopolis magna*. On y voit les débris de deux temples, dont le plus grand paraît avoir été fondé par Ptolémée Philometor. Sur la rive opposée à Résédieh sont les quartiers généraux des Arabes Ababdeh. Entre Edfou et Djebel-Silsileh sont les ruines d'une ville fortifiée (*Toum* ou *Thmuis?*). A *Djebel-Silsileh* (montagne de la chaîne) se trouvent les fameuses carrières qui ont fourni des blocs de pierre à la plupart des temples égyptiens. Dans cet endroit le Nil est fort étroit, et son passage, resserré entre des montagnes, était, d'après une tradition arabe, fermé par une longue chaîne. Sur la rive droite, à l'entrée des carrières, était *Silsilis*, où le dieu Nil avait un temple vénéré.

Kom Ombo, l'ancien *Ombos*, est à environ seize milles de Djebel-Silsileh. On y voit les vestiges d'un temple construit par Ptolémée Philometor. Savak, à tête de crocodile, était la divinité d'Ombos. Le Nil, après s'être un peu élargi dans le voisinage d'Ombo, se resserre ensuite au sud, et la contrée prend de plus en plus l'aspect de la Nubie. Entre Ombo et Assouan, dans le voisinage de El-Khattara, on voit la jonction du grès calcaire avec le granit.

Souan ou *Assouan* (ouverture), à 24° 5' 30'' lat. nord, est l'ancienne *Syène*. Au rapport de Strabon et d'autres écrivains, cette ville était jadis située sous la ligne tropicale; les rayons du soleil, au solstice d'été, à l'heure de midi, y dardaient verticalement au fond d'un puits, c'est-à-dire sans jeter d'ombre. Ce récit, dont on a voulu contester l'exactitude, ne nous paraît pas entièrement dépourvu de vraisemblance. L'obliquité variable de l'écliptique est, en effet, un résultat acquis à la science. Seulement, les changements de cette obliquité ne sont bien sensibles qu'au bout d'un grand nombre d'années. Il se pourrait donc qu'à plusieurs milliers d'années avant l'ère chrétienne l'antique ville de Syène fût la limite du tropique du cancer.

Dans le voisinage d'Assouan sont les célèbres carrières de granit de la Haute-Égypte. Sur l'une des colonnes, qui depuis a disparu, on lisait une inscription latine, constatant qu'on avait découvert de nouvelles carrières près de *Philæ*, d'où l'on avait extrait des blocs, sous les règnes d'Alexandre Sévère et de Caracalla.

Les habitants d'Assouan sont la plupart Turcs, c'est-à-dire qu'ils descendent de la garnison qu'y avait laissée le sultan Sélim, lors de la conquête de l'Égypte. Le sol environnant est stérile et sablonneux. Il produit les meilleures dattes du pays. En face d'Assouan est l'île d'*Éléphantine*, aujourd'hui *Djeziret Assouan* (île d'Assouan), où l'on trouve quelques ruines remarquables. Elle est habitée par des Nubiens.

Anas el-Wogoud (île de *Philæ*) est à une petite distance au-dessus de la première cataracte du Nil. On y admire les vestiges d'un temple d'Isis, dont la construction, commencée par Ptolémée Philadelphe, fut achevée par les souverains successeurs de ce roi. En face de Philæ sont plusieurs buttes et les restes d'une stèle et d'un monolithe en granit; la première, portant le nom de Psammitichus Ier, est consacrée à Kneph et Saté.

A partir de là commence le territoire de la Nubie ou Basse-Éthiopie.

CHAPITRE VII.

SYSTÈME MONÉTAIRE, POIDS ET MESURES.

Monnaies. En Égypte on bat monnaie au nom du sultan de Constantinople; son chiffre est empreint sur toutes les pièces. L'établissement de la monnaie est régi pour le compte du vice-roi, par un directeur.

Les monnaies qu'on frappe au Caire sont: les *sequins-mahboub*, demi-séquins et quart de sequins; les pièces de 40 (*grouch*) et de 20 *paras*, celles de 10 et de 5, et les *médins*, qu'on ne voit plus dans la circulation, parce que le gouvernement s'est réservé de les envoyer pour son compte à Constantinople, en Syrie, et dans l'Archipel; c'est une branche de commerce assez productive, à laquelle se livraient autrefois les négociants grecs (1). »

(1) Mangin, *Histoire de l'Égypte sous le gouvernement de Mohammed-Aly*, t. II, p. 436.

Le *sequin-maboub* et ses fractions sont des pièces d'or dont la valeur a considérablement changé à différentes époques. Sa valeur moyenne est de 180 paras (54 francs); elle est montée aujourd'hui à 280 (84 francs). Le para vaut 30 centimes de notre monnaie; et les pièces de 40, 20, 10 et 5 paras ont un titre légal de 461 millièmes.

La piastre, qui sert de base aux monnaies étrangères, est en baisse continuelle; elle ne vaut maintenant que 40 centimes de France.

Les monnaies étrangères ayant cours en Égypte sont :
Le quadruple d'Espagne,
Le sequin de Venise,
Le ducat de Hollande,
Le sequin de Hongrie,
La piastre d'Espagne,
Le talari d'Allemagne.

On calcule le talari à 12 piastres et demi; le taux auquel il est porté n'est point en proportion avec celui des piastres, qui doit lui servir de base; mais sa rareté et les besoins du commerce causent cette différence, dont la progression augmente sensiblement. La piastre, qui pèse deux drachmes un quart, ne contient qu'un tiers d'argent; le reste est du cuivre.

On voit peu de numéraire en circulation, parce que les besoins des habitants sont très-limités, et chacun possède ce qui est nécessaire à sa subsistance.

L'altération des monnaies a été portée en Égypte à un assez haut degré. Le directeur de la monnaie achète le cuivre 80 paras le rotle de cent quarante-quatre drachmes; le vendeur lui fait une remise de 12 pour 100, qui est bonifiée au fondeur pour le déchet. La drachme d'argent est payée au fournisseur, d'après son marché, 36 paras en paras, ou bien 52, en pièces de 40 et de 20.

Le commerce fait aussi usage de monnaies fictives, telles que le fondoukly de 146 paras, le mahboub de 120 paras, la pataque de 90, et la pièce de 60.

Toutes les autres monnaies apportées d'Europe, et dont le cours n'est pas réglé, sont évaluées et estimées par les séraphs, qui les vendent et les achètent par spéculation.

Poids et mesures. On emploie, dans le commerce, diverses sortes de poids; mais il y a tant de désordre que des poids de même dénomination ont des valeurs différentes pour les diverses espèces de denrées.

On se sert du poids appelé *rotle* suivant la nature de la marchandise. Le grand rotle équivaut environ à un demi-kilogramme. Le rotle commun est d'à peu près quatre vingt grammes. Le rotle de trois cents grammes n'est que pour l'ambre glacé.

L'*oke* est d'un peu plus d'un kilogramme.

Les poids pour peser l'or et les bijoux ont une autre dénomination et une autre valeur. Ces poids sont le *mitkal*, qui équivaut à vingt-quatre karats; la drachme, qui en vaut seize, et le karat, égal à environ 0 gr. 2. Les perles et les pierres fines se vendent d'après ces poids.

Les mesures linéaires en usage dans toute l'Égypte sont :
Le *pyk stambouly*, égal à 677 millimètres : il sert à mesurer les objets de manufactures étrangères;
Le *pyk hendazeh*, égal à 627 millimètres, pour les toileries venant par la mer Rouge;
Le *pyk belady*, égal à 670 millimètres, pour les toiles tissées dans le pays. Ces différents pyks se divisent en vingt-quatre parties appelées *kyrats*.

L'*ardeb* est la seule mesure de capacité en usage; sa grandeur varie dans différentes provinces de la Haute-Égypte. On divise celui du Kaire, auquel tous les autres se rapportent, en six *oueybeh*; chaque oueybeh en quatre *roubs*. L'ardeb de riz est en même temps mesure de capacité et mesure pondérale. A Rosette son poids est de cent cinquante-six okes; à Damiette il est de deux cent vingt-cinq.

Le *feddan* est la principale mesure agraire. Il y en a de plusieurs espèces ; le feddan légal est un carré ayant de côté 20 *quassabs* chacun de 3 mèt. 85 de long, ce qui fait 5929 mètres carrés. Le fisc a raccourci le quassab, de manière à augmenter la superficie apparente, et, par conséquent le produit de la contribution foncière. Jomard l'a trouvé dans la Haute-Égypte, tantôt de 3 mèt. 60, tantôt de 3 mèt. 65. Aujourd'hui la mesure qui paraît adoptée est de 3 mèt. 64, et le feddan, au lieu d'en renfermer 400, n'en contient plus que 333 ⅓, diminution qui réduit la mesure agraire à 4416 mèt. ⅔ ; différence avec l'ancien feddan, 1512 mèt. 45. Ainsi la superficie imposable, sans avoir augmenté d'un mètre, doit rapporter au vice-roi environ un quart de plus, abstraction faite des différentes mesures dont on usait dans la Haute et dans la Basse-Égypte, même au temps de l'expédition française.

FIN DE L'ÉGYPTE MODERNE.

TABLE DES MATIÈRES.

CHAPITRE Iᵉʳ.

Précis de l'histoire de Mohammed-Ali. — Notices sur sa famille. — Ibrahim-Pacha. — Ismael-Pacha. — Zohra-Pacha. — Abbas-Pacha. — Avenir de la dynastie nouvelle. — Ahmed-Bey, defterdar. Pag. 1

CHAPITRE II.

Description de l'état physique de l'Égypte. — Considérations générales. — Situation, bornes et divisions de l'Égypte. — Nature de sol. — Isthme de Suez. — Le Nil. — Sources et cours du Nil. — Cataractes. — Crues. — Inondations du Nil. — Exhaussement progressif du sol. — Animaux. — Végétaux. — Climat et température. — Des vents et de leur influence. — Pluie et rosée. — Maladies. — Mortalité à Alexandrie. . . . . Pag. 49

CHAPITRE III.

Population de l'Égypte. — Coptes. — Fellahs. — Nubiens. — Bédouins. — Abadehs. — Bicharis. — Osmanlis. — Grecs. — Arméniens. — Syriens. — Juifs. — Esclaves blancs, esclaves noirs et abyssiniens. — Européens. — Durée de la vie chez la population égyptienne. . . . . Pag. 103

CHAPITRE IV.

Religions. . . . . Pag. 116

CHAPITRE V.

Armée de terre. — Marine. — Introduction de la tactique européenne. — Infanterie. Cavalerie. — Artillerie. — Arsenaux. — Écoles. — Établissements militaires. — Costumes du Nizam. — Armement. — Solde et taïm. — Administration de l'armée. — Mode de recrutement. — État moral du Nizam. — Tableau des forces de l'armée régulière, des troupes irrégulières et de la garde nationale. — Marine. — Arsenal de la marine. — École navale. — Tableau de la marine. . . . . Pag. 129

CHAPITRE VI.

Agriculture. — Commerce. — industrie. . . . . Pag. 143

CHAPITRE VII.

Topographie. . . . . Pag. 166

CHAPITRE VIII.

Système monétaire, poids et mesures. Pag. 205

PLACEMENT DES GRAVURES

DU VOLUME DE L'ÉGYPTE MODERNE.

Planches.		Pages.
1.	Mosquée d'Amrou à Fostât (vieux Kaire).	21
2.	Mosquée de Touloun.	63
3.	Mosquée El-Azhar, dite vulgairement des Fleurs.	50
4.	Mosquée du sultan Barqouq.	179
5.	Cour intérieure de la mosquée du sultan Barqouq.	ib.
6.	Mosquée du sultan Qâit-Bây.	
7.	Ancienne mosquée du khalife El-Hâkem, située près de la porte Bab-el-Nasr.	104
8.	Mosquée du sultan Hassan.	174
9.	Mosquée du sultan Hassan, vue du côté de la porte.	ib.
10.	Mosquée du sultan Hassan, le Naksourah, la tribune du Khateb.	74
11.	Mosquée du sultan Quelâoun.	
12.	Manbar (chaire) de la mosquée du sultan El-Mouyed.	ib.
13.	Manbar (chaire) de la mosquée du sultan Barqouq; chapiteaux de la mosquée de Touloun.	ib.
14.	1° Lustre du sanctuaire de la mosquée du sultan Hassan. — 2° Lustre de la mosquée du sultan Qâyt-Bây.	72
15.	Le Meqyas, à la pointe méridionale de l'île Raouddah.	19
16.	Le divan de Joseph (Yousouf SALAH-ED-DYN), à la cidatelle du Kaire.	142
17.	1° Le puits de la citadelle du Kaire. — 2° Abreuvoir public.	ib.
18.	Porte du Kaire, nommée Bab-el-Nasr (la porte de la Victoire).	206
19.	Tombeaux près du Kaire.	101
20.	Inscription de la mosquée de Touloun en koufique ancien.	65
21.	1° Inscription en koufique quadrangulaire représentant la mosquée de la Mekke. — 2° Titres de manuscrits koufiques. — 3° Fonds d'un vase offrant une inscription en anciens caractères neskys.	198
22.	Inscription karmatique du Meqyas.	88
23.	Inscription funéraire de l'an 589 de l'hégire (1193 de l'ère chrétienne).	144
24.	Inscription en caractère neskys.	198
25.	Sans-Giovanni degli Eremiti. Mosquée transformée en église (monuments arabes de la Sicile).	33
26.	Palais de la Ziza (él-Azyzah, la *Majestueuse*), façade principale (monuments arabes de la Sicile).	ib.
27.	Palais DELLA ZIZA, façade latérale (monuments arabes de la Sicile)	ib.

PLACEMENT DES GRAVURES.

Planches.		Pages.
28.	Palais DELLA ZIZA, vue intérieure (monuments arabes de la Sicile).	33
29.	La Cuba (EL-QOUBBAH, le dôme), près Palerme (monuments arabes de la Sicile).	101
30.	Pavillon de la Cuba (monuments arabes de la Sicile).	ib.
31.	La Favara (monuments arabes de la Sicile).	ib.
32.	Bains arabes à Céfalù (monuments arabes de la Sicile).	ib.
33.	Pont de l'AMIRAL, construit par les Arabes pour l'amiral du roi ROGER (monuments arabes de la Sicile).	33
34.	Mosquée d'Émir YAQOUB et d'IBRAHIM-AGA (dix-septième siècle de notre ère), (3ᵉ partie).	177
35.	La grande mosquée de Boulâq (dix-huitième siècle de notre ère)	200
	Cette planche est numérotée 25, par erreur.	
36.	Maison du CHEYK EL-BELED à Abou-Khalyl (2ᵉ partie).	
37.	Maison du cheik El-Beled à Nakras (2ᵉ partie).	Ces quatre planches doivent être placées à la fin de la 2ᵉ partie.
38.	Maison d'Ibrahim Kikya-el-Sennary (2ᵉ partie).	
39.	Maison d'OTHMAN-BEY (2ᵉ partie).	
40.	Khazins sur le Khalig (canal du Kaire) (3ᵉ partie).	180
41.	Plan de la mosquée d'Amrou.	21
42.	Okel de Zou-l-Fikhar (3ᵉ partie).	179
43.	Okel à Alexandrie, près le port Neuf (3ᵉ partie).	ib.
44.	Bazar et grande mosquée à Alexandrie.	170
45.	Aqueduc qui conduit l'eau à la citadelle du Kaire.	67
46.	Fontaines publiques, et couvent de derviches.	ib.
47.	Fontaine de la rue *Souq-el Asr* (marché de l'après-midi).	ib.
48.	Abreuvoir public.	ib.
49.	Mourad-Bey (2ᵉ partie).	39
50.	Costumes Égyptiens avant l'expédition française. *Aboutabaq*. Beys mamelouks.	241
51.	Kléber (2ᵉ partie)	13
	Cette planche porte par erreur le n° 49.	
52.	Desaix (2ᵉ partie)	ib.
	Cette planche porte par erreur le n° 50.	
53.	Mohammed Aly-Pacha (3ᵉ partie).	1
54.	Le camp du Pacha à Alexandrie (3ᵉ partie).	23
55.	Chameaux et dromadaires sellés. Corbeilles *Caffas* pour le transport des femmes (3ᵉ partie).	73
56.	Tombeaux de la famille Mohammed-Ali-Pacha dans le cimetière de l'*iman Chafey* (3ᵉ partie).	36
57. 58.	} Plan du Kaire (2ᵉ partie).	40
59.	Chadouf, machine à arroser (3ᵉ partie).	183
60.	Sakkié (3ᵉ partie).	144
61.	Bain (3ᵉ partie).	179
62.	Setti (3ᵉ partie).	103
63.	Boutique (3ᵉ partie).	164
64.	Four pour faire éclore les poulets (3ᵉ partie).	82
65.	Cange à voiles (3ᵉ partie).	183
66.	Wahabits (3ᵉ partie).	6

Planches.		Pages.
67.	La bastonnade (3ᵉ *partie*).	137
68.	Femmes de la haute Égypte et Fellahs (3ᵉ *partie*).	105
69.	Plan d'Alexandrie (2ᵉ *partie*).	29
70.	Isthme de Suez (3ᵉ *partie*).	58
71.	Le noreg, machine à battre le blé (3ᵉ *partie*).	90
72.	Marché des esclaves (3ᵉ *partie*).	114
73.	Le serment des drapeaux (3ᵉ *partie*).	8
74.	Palmiers (3ᵉ *partie*).	87
75.	Carte de l'Égypte ancienne. (Cette planche ne porte pas de numéro.)	1
76.	Abadehs (3ᵉ *partie*).	112

AVIS AU RELIEUR.

Ce volume se compose de trois parties, ayant chacune une pagination différente.

La première partie traite de l'Égypte sous la *domination arabe*.

La seconde partie traite de l'Égypte sous la *domination française*.

La troisième partie traite de l'Égypte sous la *domination de Mohammed-Ali*.

Les planches qui (dans le *placement des gravures*) portent l'indication de 2ᵉ *partie* doivent être jointes au texte de l'Égypte sous la domination française.

Les planches portant l'indication de 3ᵉ *partie* appartiennent au texte de l'Égypte sous la domination de Mohammed-Ali.

Celles qui n'ont point d'indication doivent être jointes au texte de l'Égypte sous la domination arabe, qui commence le volume.

www.ingramcontent.com/pod-product-compliance
Lightning Source LLC
Chambersburg PA
CBHW060132170426
43198CB00010B/1135